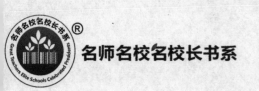

名师名校名校长书系

U0695619

高中数学
常见题型解析

基于培育
数学核心素养的试题研究

袁景涛 / 著

东北师范大学出版社

长 春

图书在版编目（CIP）数据

高中数学常见题型解析：基于培育数学核心素养的试题研究 / 袁景涛著. — 长春：东北师范大学出版社，2019.1

ISBN 978-7-5681-5447-5

Ⅰ.①高… Ⅱ.①袁… Ⅲ.①中学数学课—高中—题解 Ⅳ.①G634.605

中国版本图书馆CIP数据核字（2019）第019765号

□策划创意：刘　鹏

□责任编辑：何　宁　刘贝贝　　□封面设计：姜　龙

□责任校对：刘彦妮　张小娅　　□责任印制：张允豪

东北师范大学出版社出版发行

长春净月经济开发区金宝街 118 号（邮政编码：130117）

电话：0431-84568033

网址：http：//www.nenup.com

北京言之凿文化发展有限公司设计部制版

廊坊市金朗印刷有限公司印装

廊坊市广阳区廊万路 18 号（邮编：065000）

2022年6月第1版　　2022年6月第1次印刷

幅面尺寸：170mm×240mm　印张：18.75　字数：316千

定价：45.00元

探索求解数学试题基本思想方法

（代序）

掌握正确有效的解题方法和解题技巧，既可以提升学生数学解题效率，又可以促进学生数学核心素养的培育．

纵观历年高考数学试题，总能发现每年高考试题之间有许多相同之处，特别是一些常见的题型，几乎成为每年高考的必考试题，而这些试题形式对大部分学生来讲又是望而生怯的．究其原因，学生在学习过程中有一个极为严重的问题，那就是对这些问题没有形成题型的概念，更没有把握住相应的基本求解策略，因此每次遇到这些问题都束手无策．

高中数学常见题型中的"常见"是指在课本中一般不常见，但在高考试题、竞赛试题和高等院校自主招生试题中却常见，属于高频考点题型．"常见"题型的求解有它的基本策略，犹如其他竞技活动都有其基本套路．下围棋讲究"定式"；下象棋开局有基本"布局"，残局有"基本杀法"；足球比赛有"532""433"等阵型；篮球比赛也有"二打一、三打二"等基本套路．只有掌握其基本套路，在竞技活动中才能占得主动．求解数学题，特别是求解高考数学题，必须掌握足够多的"常见"题型的解题思路．在高考前的备考复习过程中，要充分理解"为什么"，理清试题中给出了哪些已知条件，需要解决什么问题，才能在高考中集中完成"是什么"．认真组织已知条件，按照要求完成解答过程，规范表述出来，让评卷老师看得明白，从而获得认同．

近年来，针对高中数学在高考和竞赛中经常出现的题型，贵州省铜仁第一中学展开了深入研究，认真分析试题背景，积极探索求解试题的思路和方法，对高考常见题型及其求解的基本策略做了基本的整理和归纳，并开设了选修课

"高中数学常见题型解析"，以提高学生的学习效率，让学生能够快速、准确地定位题型，从而提升数学解题效率．

选修课"高中数学常见题型解析"自 2012 年在铜仁第一中学 2013 届学生高二选修课开始实施以来，取得了很好的效果．又在其后几届学生的高二年级开设了本选修课，深受学生们喜爱，每次上课时学生均爆满，每次的课后巩固练习学生也都积极上交批改．学生普遍反馈，自从上了本选修课后，对相关题型的求解变得更方便、更准确、更快捷了．

为了让广大高中数学教师、学生、数学教学研究人员以及爱好者们能够更加了解高中数学常见题型的解题技巧和特点，掌握数学学习的规律，在高分之路上拾级而上，从而取得长足的进步，同时为了高中数学教育事业的蓬勃发展，贵州省特级教师袁景涛特意编著了《高中数学常见题型解析——基于培育数学核心素养的试题研究》一书，旨在更好地发挥高中数学教学的指导功能．

《高中数学常见题型解析——基于培育数学核心素养的试题研究》一书专门针对高考和竞赛中经常出现的题型进行研究，以专题讲座的形式呈现，每一讲都详细讲解了某种题型常用的方法及其使用情境和解题步骤．书中例题选题典型，解析详细、准确、规范，所录题型丰富，不仅有历年高考和高中数学竞赛常见题，还包括了自主招生试题．每种题型定位精准，后面还有详细的答案和解析过程，便于学生核对校正，不仅是学生理解掌握本讲题型解法的好资料，也可作为数学教师的教学工具性用书．

《高中数学常见题型解析——基于培育数学核心素养的试题研究》对中学生进行"数学解题"教育有很好的教学用途，它是较高层次的基础教育、开发智力的素质教育、生动活泼的业余教育以及现代数学的普及教育的一种载体．期望本书的发行能对学生数学核心素养的培育起到积极的促进作用．

草草数言，借以为序．

贵州师范大学

2017 年 6 月 10 日

课 程 综 述

（自序）

  数学源自古希腊语，是研究数量、结构、变化以及空间模型等概念的一门学科．透过抽象化和逻辑推理的使用，由计数、计算、量度和对物体形状及运动的观察中产生．数学的基本要素是逻辑和直观、分析和推理、共性和个性．

  高考数学就是依照高考数学考试大纲的要求进行高考复习备考的一门学科，要体现"立德树人、服务高考、引导教学"等功能．其中对知识要求有了解、理解和掌握三个层次，对试题类型和试卷结构都有严格的要求．涉及高考要求的有 150 多个知识点，有 $\frac{1}{3}$ 的知识点属于高频考点，各个章节所占分数的权重与高中各章节教学所占的课时比例大致相当，试题的难易程度大致按照容易题（难度在 0.7 以上）、中等题（难度在 0.4 至 0.7 之间）、难题（难度在 0.4 以下）比例为 $3:6:1$，全卷最佳难度在 0.55 左右．高考数学既要体现高考的选拔功能，又要体现对高中数学教学的指导功能．

  2016 年，中国学生发展核心素养总体框架正式发布，它以培养"全面发展的人"为核心，从文化基础、自主发展、社会参与三个方面，凝练出人文底蕴、科学精神、学会学习、健康生活、责任担当和实践创新六大素养．核心素养总体框架的发布，标志着基础教育改革正式迈入"立德树人""核心素养培育"的新时代．核心素养成为中小学教育教学研讨的主题词，各个学科也根据其学科特点出台了相应的学科核心素养，其中数学学科核心素养概括为数学抽象、逻辑推理、数学建模、直观想象、数学运算和数据分析六个方面．高中的数学教学要重视对学生学科核心素养的培育，考试的试题也要侧重对核心素养的发展情况进行考查．

  针对高中数学近几年在高考和竞赛中经常出现的题型，我开设了选修课"高中数学常见题型解析"，力求通过开展本课程使学生掌握数学问题的求解策略，了解命题教师的试题设计思路，以达到举一反三的效果．同时，能使学生知道评卷教师在阅卷给分的过程中通常抓住哪些给分关键点，从而培育学生的数学学科核心素养，通过高考高分的桥梁能够进入更好的大学学习．自2012年铜仁第一中学2013届学生高二选修课开始实施以来，又先后在2014届、2015届、2016届和2017届高二年级开设了本选修课，深受学生们喜爱．

《高中数学常见题型解析——基于培育数学核心素养的试题研究》最本质的特征是对中学生进行"数学解题"的教育，通过试题的设计与求解来培育学生的数学学科核心素养．试题背景主要来源于教体验，知识分析主要体现教思考，例题解析与练习巩固则展示了教表达．全书以高考试题、竞赛试题和自主招生试题为主体，展现出一个数学学习的新层面．

《高中数学常见题型解析——基于培育数学核心素养的试题研究》是按照典型试题的求解以专题形式进行编写的，分题型背景、知识分析、例题解析以及练习巩固等几个环节，可以作为校本选修课的教材使用，也可以作为高中学生的复习材料使用．学生可以按照复习需要选择阅读，练习巩固后面附有参考答案，方便进行核对校正，书后还配有几套模拟试题，可供学生进行自我检测使用．

本书在编写过程中得到了贵州师范大学吕传汉教授、项昭教授和贵州大学周国利教授的精心指导，也得到了山东省教育招生考试院宋宝和老师的鼓励和帮助，在此一并致谢．

2018年8月于贵州省铜仁一中

目 录

1

集合及其应用

【题型背景】

已知集合 $A = \{-2, -1, 0, 1, 2\}$，$B = \{x \mid (x-1)(x+2) < 0\}$，则 $A \cap B$ = （A）.

A. $\{-1, 0\}$ B. $\{0, 1\}$

C. $\{-1, 0, 1\}$ D. $\{-1, 0, 1, 2\}$

解析：主要考查学生对集合概念的理解、集合的表示方法、集合的运算等．集合 A 用列举法呈现，集合 B 则用描述法呈现，求两个集合的交集，充分考查了集合相关的基础知识，考查学生的数学运算与逻辑推理等数学学科核心素养．

【知识分析】

1. 集合的概念：一般地，把一些能够确定的不同的对象看成一个整体，就说这个整体是由这些对象的全体构成的集合（或集）. 构成集合的每一个对象叫做这个集合的元素（或成员）.

2. 集合中元素的特征：确定性、互异性与无序性.

3. 集合的表示方法：列举法，如 $A = \{a, b, c\}$；描述法，如 $A = \{x \mid x$ 满足的条件$\}$.

4. 元素与集合的关系：属于，如 $a \in A$；不属于，如 $b \notin A$.

5. 集合与集合的关系：包含，如 $A \subseteq B$；真包含，$A \subset B$；不包含，$A \nsubseteq B$.

6. 集合的运算：交集，$A \cap B = \{x \mid x \in A$ 且 $x \in B\}$；并集，$A \cup B = \{x \mid x \in A$ 或 $x \in B\}$；补集，$\complement_U A = \{x \mid x \in U$ 且 $x \notin A\}$.

试题命题及考查要点：充分体现集合的概念理解，集合的表示方法，集合的运算等．主要考查学生的数学抽象与数学运算等核心素养．

【例题解析】

例1. （2015 全国卷1）已知集合 $A = \{x \mid x = 3n + 2, \ n \in \mathbf{N}\}$，$B = \{6, 8, 12,$ $14\}$，则集合 $A \cap B$ 中元素的个数为(　　).

A. 5　　　　　　　B. 4　　　　　　　C. 3　　　　　　　D. 2

解析：集合 A 用描述法表示，集合 B 则用列举法表示，求集合 A 与集合 B 的交集，属于集合运算的基本要求，其间还包含了简单的数论知识，被 3 整除余 2 的数有 8 与 14，故选 D.

本题主要考查集合的基本概念与基本运算，侧重考查与培育学生的数学抽象、数学运算和逻辑推理等数学学科核心素养.

例2. 已知集合 $A = \{x \mid -1 < x < 2\}$，$B = \{x \mid 0 < x < 3\}$，则 $A \cup B = $（A）.

A. $(-1, 3)$　　　　　　　　　　B. $(-1, 0)$

C. $(0, 2)$　　　　　　　　　　D. $(2, 3)$

例3. （2015 年北京卷）若集合 $A = \{x \mid -5 < x < 2\}$，$B = \{x \mid -3 < x < 3\}$，则 $A \cap B = $（A）.

A. $\{x \mid -3 < x < 2\}$　　　　　　B. $\{x \mid -3 < x < 3\}$

C. $\{x \mid -5 < x < 2\}$　　　　　　D. $\{x \mid -5 < x < 3\}$

例4. （2018 年天津卷）已知集合 $A = \{x \mid x - 1 \geqslant 0\}$，$B = \{0, 1, 2\}$，则 $A \cap B = $（C）.

A. $\{0\}$　　　　B. $\{1\}$　　　　C. $\{1, 2\}$　　　　D. $\{0, 1, 2\}$

例5. 已知集合 $A = \{x \mid x^2 - 4x + 3 < 0\}$，$B = \{x \mid 2 < x < 4\}$，则 $A \cap B = $（C）.

A. $(1, 3)$　　　　B. $(1, 4)$　　　　C. $(2, 3)$　　　　D. $(2, 4)$

例6. 设全集 $U = \{1, 2, 3, 4, 5, 6\}$，$A = \{1, 2\}$，$B = \{2, 3, 4\}$，则 $A \cap (\complement_U B) = $（B）.

A. $(0, +\infty)$　　　　　　　　　B. $\{1\}$

C. $\{2\}$　　　　　　　　　　　D. $\{1, 2, 3, 4\}$

例7. 设集合 $A = \{1, 2, 4\}$，$B = \{x \mid x^2 - 4x + m = 0\}$. 若 $A \cap B = \{1\}$，则 $B = $（C）.

A. $\{1, -3\}$　　　B. $\{1, 0\}$　　　C. $\{1, 3\}$　　　D. $\{1, 5\}$

例8. （2017 年全国卷2）已知集合 $A = \{(x, y) \mid x^2 + y^2 = 1\}$，$B = \{(x,$

$y)|y=x\}$，则 $A\cap B$ 中元素的个数为（B）.

A. 3   B. 2   C. 1   D. 0

例9.（2017 年全国卷1）已知集合 $A=\{x|x<1\}$，$B=\{x|3^x<1\}$，则（A）.

A. $A\cap B=\{x|x<0\}$ B. $A\cup B=\mathbf{R}$

C. $A\cup B=\{x|x>1\}$ D. $A\cap B=\varnothing$

例10.（2016 年全国卷）设集合 $A=\{x|x^2-4x+3<0\}$，$B=\{x|2x-3>0\}$，则 $A\cap B=$（D）.

A. $\left(-3,\ -\dfrac{3}{2}\right)$ B. $\left(-3,\ \dfrac{3}{2}\right)$

C. $\left(1,\ \dfrac{3}{2}\right)$ D. $\left(\dfrac{3}{2},\ 3\right)$

例11.（2016 年全国卷2）已知集合 $A=\{1,\ 2,\ 3\}$，$B=\{x|(x+1)(x-2)<0,\ x\in\mathbf{Z}\}$，则 $A\cup B=$（C）.

A. $\{1\}$ B. $\{1,\ 2\}$

C. $\{0,\ 1,\ 2,\ 3\}$ D. $\{-1,\ 0,\ 1,\ 2,\ 3\}$

例12.（2018 年全国卷3）已知集合 $A=\{x|x-1\geqslant0\}$，$B=\{0,\ 1,\ 2\}$，则 $A\cap B=$（C）.

A. $\{0\}$ B. $\{1\}$ C. $\{1,\ 2\}$ D. $\{0,\ 1,\ 2\}$

例13.（2018 年全国高中数学联赛试题）设集合 $A=\{2,\ 0,\ 1,\ 8\}$，集合 $B=\{2a|a\in A\}$，则 $A\cup B$ 的所有元素之和是 __31__.

【练习巩固】

1.（2015 年重庆卷）已知集合 $A=\{1,\ 2,\ 3\}$，$B=\{2,\ 3\}$，则（ ）.

A. $A=B$ B. $A\cap B=\varnothing$ C. $A\subseteq B$ D. $B\subseteq A$

2. 已知集合 $A=\{1,\ 2,\ 3\}$，$B=\{1,\ 3\}$，则 $A\cap B=$（ ）.

A. $\{2\}$ B. $\{1,\ 2\}$ C. $\{1,\ 3\}$ D. $\{1,\ 2,\ 3\}$

3.（2015 年湖南卷）设 A，B 是两个集合，则"$A\cap B=A$"是"$A\subseteq B$"的（ ）.

A. 充分不必要条件   B. 必要不充分条件

C. 充要条件   D. 既不充分也不必要条件

4. (2015 年浙江卷) 已知集合 $P = \{x \mid x^2 - 2x \geqslant 0\}$, $Q = \{x \mid 1 < x \leqslant 3\}$, 则 $(\complement_{\mathbf{R}} P) \cap Q = ($).

    A. $[0, 1)$ B. $(0, 2]$ C. $(1, 2)$ D. $[1, 2]$

5. (2015 年四川卷) 设集合 $A = \{x \mid -1 < x < 2\}$, 集合 $B = \{x \mid 1 < x < 3\}$, 则 $A \cup B = ($).

    A. $\{x \mid -1 < x < 3\}$ B. $\{x \mid -1 < x < 1\}$

    C. $\{x \mid 1 < x < 2\}$ D. $\{x \mid 2 < x < 3\}$

6. 若集合 $M = \{x \mid (x+4)(x+1) = 0\}$, $N = \{x \mid (x-4)(x-1) = 0\}$, 则 $M \cap N = ($).

    A. $\{1, 4\}$ B. $\{-1, -4\}$ C. $\{0\}$ D. $\varnothing$

7. 若集合 $A = \{i, i^2, i^3, i^4\}$ (i 是虚数单位), $B = \{-1, 1\}$, 则 $A \cap B$ 等于 ( ).

    A. $\{-1\}$ B. $\{1\}$ C. $\{1, -1\}$ D. $\varnothing$

8. (2015 年陕西卷) 设集合 $M = \{x \mid x^2 = x\}$, $N = \{x \mid \lg x \leqslant 0\}$, 则 $M \cup N = ($).

    A. $[0, 1]$ B. $(0, 1]$ C. $[0, 1)$ D. $(-\infty, 1]$

9. 已知集合 $A = \{(x, y) \mid x^2 + y^2 \leqslant 1, x, y \in \mathbf{Z}\}$, $B = \{(x, y) \mid |x| \leqslant 2, |y| \leqslant 2, x, y \in \mathbf{Z}\}$, 定义集合 $A \oplus B = \{(x_1 + x_2, y_1 + y_2) \mid (x_1, y_1) \in A, (x_2, y_2) \in B\}$, 则 $A \oplus B$ 中元素的个数为( ).

    A. 77   B. 49   C. 45   D. 30

10. 设集合 $A = \{1, 2, 6\}$, $B = \{2, 4\}$, $C = \{x \in \mathbf{R} \mid -1 \leqslant x \leqslant 5\}$, 则 $(A \cup B) \cap C = ($).

    A. $\{2\}$ B. $\{1, 2, 4\}$

    C. $\{1, 2, 4, 6\}$ D. $\{x \in \mathbf{R} \mid -1 \leqslant x \leqslant 5\}$

11. (2017 年江苏卷) 已知集合 $A = \{1, 2\}$, $B = \{a, a^2 + 3\}$, 若 $A \cap B = \{1\}$, 则实数 a 的值为_____.

12. (2016 年山东卷) 设集合 $A = \{y \mid y = 2^x, x \in \mathbf{R}\}$, $B = \{x \mid x^2 - 1 < 0\}$, 则 $A \cup B = ($).

    A. $(-1, 1)$ B. $(0, 1)$

    C. $(-1, +\infty)$ D. $(0, +\infty)$

13. （2017 年北京卷）若集合 $A = \{x \mid -2 < x < 3\}$，$B = \{x \mid x < -1$ 或 $x > 3\}$，则 $A \cap B = ($).

    A. $\{x \mid -2 < x < -1\}$ B. $\{x \mid -2 < x < 3\}$

    C. $\{x \mid -1 < x < 1\}$ D. $\{x \mid 1 < x < 3\}$

14. （2016 年北京卷）已知集合 $A = \{x \mid |x| < 2\}$，$B = \{-1, 0, 1, 2, 3\}$，则 $A \cap B = ($).

    A. $\{0, 1\}$ B. $\{0, 1, 2\}$

    C. $\{-1, 0, 1\}$ D. $\{-1, 0, 1, 2\}$

15. （2016 年浙江卷）已知 $P = \{x \mid -1 < x < 1\}$，$Q = \{0 < x < 2\}$，则 $P \cup Q = ($).

    A. $(-1, 2)$ B. $(0, 1)$

    C. $(-1, 0)$ D. $(1, 2)$

16. （2018 年全国卷 2）已知集合 $A = \{(x, y) \mid x^2 + y^2 \leqslant 3, x \in \mathbf{Z}, y \in \mathbf{Z}\}$，则 A 中元素的个数为(   ).

    A. 9   B. 8   C. 5   D. 4

17. （2018 年全国卷 1）已知集合 $A = \{x \mid x^2 - x - 2 > 0\}$，则 $\complement_{R} A = ($).

    A. $\{x \mid -1 < x < 2\}$ B. $\{x \mid -1 \leqslant x \leqslant 2\}$

    C. $\{x \mid x < -1\} \cup \{x \mid x > 2\}$ D. $\{x \mid x \leqslant -1\} \cup \{x \mid x \geqslant 2\}$

【练习答案】

1. D   2. C   3. C   4. C   5. A   6. D   7. C   8. A   9. C   10. B

11. 1   12. C   13. A   14. C   15. A   16. A   17. B

第二讲

"双勾函数 $f(x) = x + \dfrac{1}{x}$" 及其应用

【题型背景】

已知 $x \in (0, \pi)$，求函数 $y = \dfrac{\sin x}{2} + \dfrac{2}{\sin x}$ 的最小值.

错解：$\because x \in (0, \pi)$，

$\therefore \sin x > 0$，由均值不等式有

$$\frac{\sin x}{2} + \frac{2}{\sin x} \geqslant 2\sqrt{\frac{\sin x}{2} \cdot \frac{2}{\sin x}} = 2,$$

$\therefore y_{\min} = 2.$

显然这个结论是错误的，因为当且仅当 $\dfrac{\sin x}{2} = \dfrac{2}{\sin x}$ 时才能取等号，而此时 $\sin x = 2$ 是不可能的.

那么，如何解决此类问题呢？我们回到研究基本函数的性质及其特征，并且运用其性质和特征解决相关问题上来.

【知识分析】

函数 $f(x) = x + \dfrac{1}{x}$ 是最常见的函数之一，它的图像与性质应用非常广泛，它的变化函数 $f(x) = x + \dfrac{p}{x}(p > 0)$ 的图像、性质及其特点也很鲜明，在高考和竞赛试题中比较常见. 利用它的图像与性质进行解题，是我们必须掌握的解题技巧之一.

函数 $f(x) = x + \dfrac{1}{x}$ 的定义域为 $(-\infty, 0) \cup (0, +\infty)$，是奇函数，值域为

$(-\infty, -2] \cup [2, +\infty)$，在 $(-\infty, -1)$ 上是增函数，在 $(-1, 0)$ 上是减函数，在 $(0, 1)$ 上是减函数，在 $(1, +\infty)$ 上是增函数.

函数 $f(x) = x + \dfrac{p}{x}(p > 0)$ 的定义域为 $(-\infty, 0) \cup (0, +\infty)$，是奇函数，值域为 $(-\infty, -2\sqrt{p}] \cup [2\sqrt{p}, +\infty)$，在 $(-\infty, -\sqrt{p})$ 上是增函数，在 $(-\sqrt{p}, 0)$ 上是减函数，在 $(0, \sqrt{p})$ 上是减函数，在 $(\sqrt{p}, +\infty)$ 上是增函数.

该函数单调性的证明可以用单调性的定义进行证明，也可以用导数进行证明.

因其函数图像的形状特点，我们把这类函数称为"双勾函数"，也叫"对勾函数".

本部分内容主要考查与培育学生的数学建模和逻辑推理等核心素养.

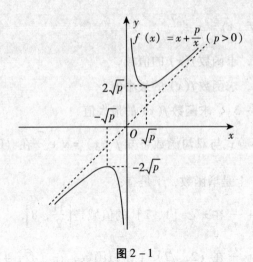

图 2 - 1

【例题解析】

例 1. 已知 $x \in (0, \pi)$，求函数 $y = \dfrac{\sin x}{2} + \dfrac{2}{\sin x}$ 的最小值.

解析：令 $t = \sin x \in (0, 1]$，即求 $y = \dfrac{t}{2} + \dfrac{2}{t}$ 在 $t \in (0, 1]$ 上的最小值.

由于函数 $y = \dfrac{t}{2} + \dfrac{2}{t}$ 在 $t \in (0, 1]$ 上是减函数，所以当 $t = 1$，即 $x = \dfrac{\pi}{2}$ 时，$y_{\min} = \dfrac{1}{2} + \dfrac{2}{1} = \dfrac{5}{2}$.

例2. （复旦大学自主招生试题）$f(\theta) = \cos\theta + \dfrac{1}{\cos\theta + 2}$ 的最大值是( ).

A. $\dfrac{1}{3}$ B. 1 C. $\dfrac{4}{3}$ D. $\dfrac{5}{3}$

解析： $f(\theta) = (\cos\theta + 2) + \dfrac{1}{\cos\theta + 2} - 2$，令 $t = \cos\theta + 2 \in [1, 3]$，

即求 $y = t + \dfrac{1}{t} - 2$ 在 $t \in [1, 3]$ 上的最大值.

函数 $y = t + \dfrac{1}{t} - 2$ 在 $t \in [1, 3]$ 上是增函数.

所以，当 $t = 3$ 时，即 $\cos\theta = 1$ 时，

$f(\theta)_{\max} = 3 + \dfrac{1}{3} - 2 = \dfrac{4}{3}$，选 C.

例3. 已知函数 $f(x) = x + \dfrac{7}{x}$.

（1）$x \in [1, 2]$，求函数 $f(x)$ 的值域.

（2）$x \in [2, 4]$，求函数 $f(x)$ 的最小值.

（3）$x \in [-7, -3]$，求函数 $f(x)$ 的最大值.

解析： 由均值不等式与双勾函数可知 $f(x) = x + \dfrac{7}{x}$ 在 $(0, \sqrt{7})$ 上是减函数，在 $(\sqrt{7}, +\infty)$ 上是增函数，于是有：

（1）$f(x) = x + \dfrac{7}{x}$ 在 $x \in [1, 2]$ 的值域是 $\left[\dfrac{11}{2}, 8\right]$.

（2）$f(x) = x + \dfrac{7}{x}$ 在 $(2, \sqrt{7})$ 上是减函数，在 $(\sqrt{7}, 4)$ 上是增函数，

所以，$f(x)_{\min} = f(\sqrt{7}) = \sqrt{7} + \dfrac{7}{\sqrt{7}} = 2\sqrt{7}$.

（3）$f(x) = x + \dfrac{7}{x}$ 在 $[-7, -3]$ 上是增函数，

所以，$f(x)_{\max} = f(-3) = -3 + \dfrac{7}{-3} = -\dfrac{16}{3}$.

例4. 已知 $k > 0$，$x > 0$，讨论函数 $g(x) = kx + \dfrac{1}{kx}$ 的单调性，并求其极值.

解析： $g(x) = kx + \dfrac{1}{kx} \geq 2\sqrt{kx \cdot \dfrac{1}{kx}} = 2$，当且仅当 $kx = \dfrac{1}{kx}$，即 $x = \dfrac{1}{k}$ 时

取等号.

所以, $g(x)$ 在 $\left(0, \dfrac{1}{k}\right)$ 上是减函数, 在 $\left(\dfrac{1}{k}, +\infty\right)$ 上是增函数,

所以, $g(x)_{极小值} = g\left(\dfrac{1}{k}\right) = 2$.

例 5. 建筑一个容积为 800 立方米、深 8 米的长方体水池（无盖）, 池壁、池底造价分别为每平方米 a 元和 $2a$ 元, 底面一边长为 x 米, 总造价为 y. 写出 y 与 x 的函数式. 问: 底面边长 x 为何值时总造价 y 最低, 最低总造价是多少?

解析: 设水池池底的一边长为 x 米, 则另一边长为 $\dfrac{100}{x}$ 米, 于是总造价为

$$y = f(x) = 2\left(x + \dfrac{100}{x}\right) \times 8 \times a + 100 \times 2a = 16a\left(x + \dfrac{100}{x}\right) + 200a,$$

函数 $y = f(x)$ 在 $(0, 10)$ 上是减函数, 在 $(10, +\infty)$ 上是增函数,

所以, 当 $x = 10$ 米时, 总造价 y 最低, 最低总造价为

$$y_{\min} = 16a \times 2\sqrt{10 \cdot \dfrac{100}{10}} + 200a = 520a\,（元）.$$

【练习巩固】

1. 求函数 $f(x) = \dfrac{x^2 + 5}{\sqrt{x^2 + 4}}$ 的最小值, 并且求其取得最小值时的 x 值.

2. 甲、乙两地相距 100 千米, 汽车从甲地到乙地匀速行驶, 速度为 x 千米/时, 不得超过 c（c 为常数）. 已知汽车每小时运输成本为可变成本 x^2 与固定成本 3600 之和. 为使全程运输成本 y 最小, 问: 汽车应以多大速度行驶?

3. 讨论函数 $f(x) = x + \dfrac{1}{x}$ 在 $[t, t+2]$（$t > 0$）上的最小值.

4. 请你运用类比的方法拟编应用双勾函数的性质特征求解的数学试题 1 至 3 个, 并尝试自己求解出来.（学生自己完成）

5. 已知 $x + y = -1$, 且 x, y 都为负实数, 求 $xy + \dfrac{1}{xy}$ 的取值范围.

【练习解析】

1. **解析:** $f(x) = \dfrac{x^2 + 5}{\sqrt{x^2 + 4}} = \sqrt{x^2 + 4} + \dfrac{1}{\sqrt{x^2 + 4}}$, 令 $t = \sqrt{x^2 + 4} \in [2,$

$+\infty)$，则函数为 $y = t + \dfrac{1}{t}$ 在 $[2, +\infty)$ 是增函数，

所以，当 $x = 0$ 时，$f(x)_{\min} = \dfrac{5}{2}$.

2. **解析：** 依题意有

$y = x^2 \cdot \dfrac{100}{x} + 3600 \cdot \dfrac{100}{x} = 100\left(x + \dfrac{3600}{x}\right) \geqslant 100 \times 2\sqrt{x \cdot \dfrac{3600}{x}} = 12000$.

（1）当 $0 < c < 60$ 时，函数在 $(0, c]$ 是减函数，

当 $x = c$ 时，$y_{\min} = 100\left(c + \dfrac{3600}{c}\right)$.

（2）当 $c \geqslant 60$ 时，函数在 $(0, 60)$ 上是减函数，在 $(60, c]$ 上是增函数，
所以，当 $x = 60$ 千米/时，全程运输成本最小：$y_{\min} = 12000$.

3. **解析：** 当 $0 < t < 1$ 时，$f(x)$ 在 $[t, 1]$ 上是减函数，在 $[1, t+2]$ 上是
增函数，$f_{\min}(x) = f(1) = 2$.

当 $t \geqslant 1$ 时，$f(x)$ 在 $[t, t+2]$ 上是增函数，$f(x)_{\min} = f(t) = t + \dfrac{1}{t}$.

4. **略**.

5. **解析：** 依题意有：$1 = (-x) + (-y) \geqslant 2\sqrt{xy}$，所以，$0 < xy \leqslant \dfrac{1}{4}$.

当且仅当 $x = y = -\dfrac{1}{2}$ 时取等号.

令 $xy = t \in \left(0, \dfrac{1}{4}\right]$

则 $xy + \dfrac{1}{xy} = t + \dfrac{1}{t} = f(t)$.

$\because$ 当 $t \in (0, 1)$ 时 $f(t) = t + \dfrac{1}{t}$ 为减函数，

$\therefore$ 当 $t = \dfrac{1}{4}$，即 $x = y = -\dfrac{1}{2}$ 时，$xy + \dfrac{1}{xy}$ 存在最小值，

最小值为 $\dfrac{1}{4} + \dfrac{1}{\frac{1}{4}} = \dfrac{17}{4}$.

"反比例函数 $y = \dfrac{1}{x}$" 及其应用

【题型背景】

已知函数 $f(x) = \dfrac{x}{x-a}(a > 0)$ 在 $(1, +\infty)$ 内单调递减，求实数 a 的取值范围.

解析: $f(x) = \dfrac{x}{x-a} = \dfrac{x-a+a}{x-a} = 1 + \dfrac{a}{x-a}$ 在 $(-\infty, a)$ 与 $(a, +\infty)$ 上分别是减函数，依题意有 $a \in (0, 1]$.

【知识分析】

反比例函数 $y = \dfrac{1}{x}$ 是最常见的函数之一，它的图像与性质应用非常广泛，它的变化函数 $y = \dfrac{k}{x}$，$y - n = \dfrac{k}{x-m}$，$y = \dfrac{ax+b}{cx+d}$ 的图像、性质及其特点也很鲜明，在高考和竞赛试题中比较常见. 学会利用它的图像与性质进行解题，是我们必须掌握的解题技巧之一.

函数 $y = \dfrac{k}{x}$ 向右平移 m 个单位，再向上平移 n 个单位，就得到函数 $y = \dfrac{k}{x-m} + n$，而且原函数 $y = \dfrac{k}{x}$ 具有的性质特征，函数 $y = \dfrac{k}{x-m} + n$ 也有. 函数 $y = \dfrac{ax+b}{cx+d}$ 可以变式为 $y = \dfrac{k}{x-m} + n$ 的形式，然后再利用相应的函数性质特征来解决相关问题.

本部分内容主要考查与培育学生的数学建模、数学运算与逻辑推理等核心素养.

【例题解析】

例1. 函数 $f(x) = \dfrac{1}{x-1}$ 在区间 $[a, b]$ 上的最大值是 1，最小值是 $\dfrac{1}{3}$，求 $a + b$ 的值.

解析：函数 $f(x) = \dfrac{1}{x-1}$ 在 $(-\infty, 1)$ 与 $(1, +\infty)$ 上分别是减函数，

依题意有 $\dfrac{1}{a-1} = 1$，$\dfrac{1}{b-1} = \dfrac{1}{3}$，于是 $a = 2$，$b = 4$，所以，$a + b = 6$.

例2. 数列 $\{a_n\}$ 的通项公式为 $a_n = \dfrac{n - \sqrt{97}}{n - \sqrt{98}}$，则数列 $\{a_n\}$ 中的最大项为(   ).

A. a_1 B. a_2 C. a_9 D. a_{10}

解析：相应的函数 $f(x) = \dfrac{x - \sqrt{97}}{x - \sqrt{98}} = \dfrac{x - \sqrt{98} + \sqrt{98} - \sqrt{97}}{x - \sqrt{98}} = 1 + \dfrac{\sqrt{98} - \sqrt{97}}{x - \sqrt{98}}$

在 $(0, \sqrt{98})$，$(\sqrt{98}, +\infty)$ 上分别是减函数，所以数列 $\{a_n\}$ 的最大项是 a_{10}，选 D.

例3. （上海交大自主招生）若存在实数 x，使 $f(x) = x$，则称 x 为 $f(x)$ 的不动点. 已知 $f(x) = \dfrac{2x + a}{x + b}$ 有两个关于原点对称的不动点.

（1）求 a，b 需满足的充要条件.

（2）试用 $y = f(x)$ 和 $y = x$ 的图形表示上述两个不动点的位置（画草图）.

解析：（1）依题意有

$x = \dfrac{2x + a}{x + b}$，即 $x^2 + (b - 2)x - a = 0$ 有两个互为相反数的根，

故 $\begin{cases} b - 2 = 0, \\ -a < 0, \end{cases}$ 即 $b = 2$，$a > 0$.

又因为 $f(x) = 2 + \dfrac{a - 4}{x + 2}$，所以 $a \neq 4$，

故 a，b 应满足 $b = 2$，$a > 0$ 且 $a \neq 4$.

(2)

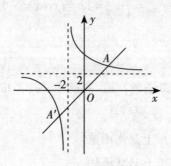

图 3 - 1

如图 3 - 1 所示，两个不动点的位置为 A 和 A'.

例 4：$f(x) = \arctan \dfrac{2 + 2x}{1 - 4x} + c$ 在 $\left(-\dfrac{1}{4},\ \dfrac{1}{4} \right)$ 上为奇函数，求 c 的值.

解析：$f(x)$ 为奇函数，则 $f(0) = 0$，解得 $c = -\arctan 2$，经检验知满足条件，故 $c = -\arctan 2$.

变式题：进一步判断函数 $f(x) = \arctan \dfrac{2 + 2x}{1 - 4x}$ 的单调性.

解析：令 $g(x) = \dfrac{2 + 2x}{1 - 4x} = \dfrac{1}{2}\left(-1 + \dfrac{-\dfrac{5}{4}}{x - \dfrac{1}{4}} \right)$，在 $\left(-\dfrac{1}{4},\ \dfrac{1}{4} \right)$ 上是增函数，

所以 $f(x)$ 在 $\left(-\dfrac{1}{4},\ \dfrac{1}{4} \right)$ 上是增函数.

再变式题：进一步求 $f(x) = \arctan \dfrac{2 + 2x}{1 - 4x}$ 在 $\left[-\dfrac{1}{8},\ \dfrac{1}{8} \right]$ 上的最大值与最小值.

解析：由以上知：$f(x)_{\max} = f\left(\dfrac{1}{8} \right) = \arctan \dfrac{9}{2}$，$f(x)_{\min} = f\left(-\dfrac{1}{8} \right) = \arctan \dfrac{7}{6}$.

例 5．求函数 $y = \dfrac{2 - \cos x}{4 - 3\cos x}$ 的最大值与最小值.

解析：$y = \dfrac{2 - \cos x}{4 - 3\cos x} = -\dfrac{\dfrac{1}{3}\left(-\cos x + \dfrac{4}{3} + \dfrac{2}{3} \right)}{\cos x - \dfrac{4}{3}} = -\dfrac{1}{3}\left(-1 + \dfrac{\dfrac{2}{3}}{\cos x - \dfrac{4}{3}} \right)$，

即 $f(t) = -\dfrac{1}{3}\left(-1 + \dfrac{\dfrac{2}{3}}{t - \dfrac{4}{3}} \right)$ 在 $[-1,\ 1]$ 上是增函数，

所以，当 $\cos x = 1$ 时，$y_{\max} = \dfrac{2-1}{4-3} = 1$. 当 $\cos x = -1$ 时，$y_{\min} = \dfrac{2+1}{4+3} = \dfrac{3}{7}$.

【练习巩固】

1. （2015 年湖南卷）设函数 $f(x) = \ln(1+x) - \ln(1-x)$，则函数 $f(x)$ 是（　　）.

A. 奇函数，在（0，1）上是增函数

B. 奇函数，在（0，1）上是减函数

C. 偶函数，在（0，1）上是增函数

D. 偶函数，在（0，1）上是减函数

2. 函数 $f(x) = \dfrac{2x}{x+1}$ 在 $[1，2]$ 上的值域是＿＿＿＿＿＿＿＿.

【练习解析】

1. **解析：** $f(x)$ 的定义域为（-1，1），

$$f(x) = \ln(1+x) - \ln(1-x) = \ln \frac{1+x}{1-x} = \ln\left(-1 + \frac{-2}{x-1}\right)，$$

显然 $f(x)$ 在（0，1）上是增函数.

又 $f(-x) = \ln \dfrac{1-x}{1+x} = \ln\left(\dfrac{1+x}{1-x}\right)^{-1} = -\ln \dfrac{1+x}{1-x} = -f(x)$，

所以 $f(x)$ 是奇函数，选 A.

2. **解析：** $f(x) = \dfrac{2x}{x+1} = \dfrac{2x+2-2}{x+1} = 2 + \dfrac{-2}{x+1}$，

显然 $f(x)$ 在 $[1，2]$ 上是增函数，$f(1) = 1$，$f(2) = \dfrac{4}{3}$，

所以函数 $f(x) = \dfrac{2x}{x+1}$ 在 $[1，2]$ 上的值域是 $\left[1，\dfrac{4}{3}\right]$.

均值不等式$\dfrac{a+b}{2} \geqslant \sqrt{ab}$（$a$，$b \in \mathbf{R}_+$）"及其应用

【题型背景】

（2012 年浙江省高考题）若正数 x，y 满足 $x + 3y = 5xy$，则 $3x + 4y$ 的最小值是_____．

解析： 由 $x + 3y = 5xy$，得 $\dfrac{1}{5y} + \dfrac{3}{5x} = 1$，

所以 $3x + 4y = (3x + 4y)\left(\dfrac{3}{5x} + \dfrac{1}{5y}\right) = \dfrac{9}{5} + \dfrac{3x}{5y} + \dfrac{12y}{5x} + \dfrac{4}{5} \geqslant \dfrac{13}{5} + 2\sqrt{\dfrac{3x}{5y} \cdot \dfrac{12y}{5x}}$

$= \dfrac{13}{5} + \dfrac{12}{5} = 5$，

当且仅当 $\dfrac{3x}{5y} = \dfrac{12y}{5x}$ 时，即 $x = 1$ 且 $y = \dfrac{1}{2}$ 时，$3x + 4y$ 取得最小值 5．

在近几年的高考数学中，类似的试题出现的频率比较高，已经成为高频考点之一．如果方法得当，可快速准确完成答题，达到事半功倍的效果．

【知识分析】

由 $(a - b)^2 \geqslant 0$ 得 $a^2 + b^2 \geqslant 2ab$，当且仅当 $a = b$ 取等号；当 a，$b \in \mathbf{R}_+$ 时，

由 $(\sqrt{a} - \sqrt{b})^2 \geqslant 0$，得 $\dfrac{a+b}{2} \geqslant \sqrt{ab}$，当且仅当 $a = b$ 取等号，$\dfrac{a+b}{2}$ 是正实数 a，b 的算术平均数，$\sqrt{ab}$ 是正实数 a，b 的几何平均数，于是可知 a，b 的算术平均数不小于几何平均数．特别要注意取等号的条件．在运用均值不等式求解相关最值问题时，一定要注意不等式成立的条件和取等号的条件，常常简记为"一正，二定，三相等"．

均值不等式是重要不等式应用中的最基本形式，但只要把最基本形式的本

质理解了，就可以融会贯通，求解其他类似的情形．

本部分内容主要考查与培育学生的逻辑推理、数学建模与数学运算等核心素养．

【例题解析】

例1. 已知 $a>0$，$b>0$，$a+b=2$，则 $y=\dfrac{1}{a}+\dfrac{4}{b}$ 的最小值是(　　)．

A. $\dfrac{7}{2}$ B. 4 C. $\dfrac{9}{2}$ D. 5

解析： 依题意有 $y=\dfrac{1}{a}+\dfrac{4}{b}=\dfrac{1}{2}(a+b)\left(\dfrac{1}{a}+\dfrac{4}{b}\right)=\dfrac{1}{2}\left(1+\dfrac{4a}{b}+\dfrac{b}{a}+4\right)\geqslant$

$\dfrac{1}{2}\left(5+2\sqrt{\dfrac{4a}{b}\cdot\dfrac{b}{a}}\right)=\dfrac{9}{2}$，当且仅当 $\dfrac{4a}{b}=\dfrac{b}{a}$，即 $a=\dfrac{2}{3}$，$b=\dfrac{4}{3}$ 时，$y_{\min}=\dfrac{9}{2}$，

选 C.

例2. 设 $a>0$，$b>0$，若 $\sqrt{3}$ 是 3^a 与 3^b 的等比中项，则 $\dfrac{1}{a}+\dfrac{1}{b}$ 的最小值为

(　　)．

A. 8 B. 4 C. 1 D. $\dfrac{1}{4}$

解析： 依题意有 $3^a\cdot 3^b=(\sqrt{3})^2$，即 $a+b=1$，

于是有 $\dfrac{1}{a}+\dfrac{1}{b}=(a+b)\left(\dfrac{1}{a}+\dfrac{1}{b}\right)=1+\dfrac{a}{b}+\dfrac{b}{a}+1\geqslant 2+2\sqrt{\dfrac{a}{b}\cdot\dfrac{b}{a}}=4$，

当且仅当 $\dfrac{a}{b}=\dfrac{b}{a}$，即 $a=b=\dfrac{1}{2}$ 时，$\left(\dfrac{1}{a}+\dfrac{1}{b}\right)_{\min}=4$，选 B.

例3. 已知 $a>0$，$b>0$，且 $a+b=1$，则 $\dfrac{1}{a}+\dfrac{2}{b}$ 的最小值为(　　)．

A. $4\sqrt{2}$ B. $3+2\sqrt{2}$ C. $2+2\sqrt{2}$ D. $3\sqrt{2}$

解析： 依题意有 $\dfrac{1}{a}+\dfrac{2}{b}=(a+b)\left(\dfrac{1}{a}+\dfrac{2}{b}\right)=1+\dfrac{2a}{b}+\dfrac{b}{a}+2\geqslant 3+$

$2\sqrt{\dfrac{2a}{b}\cdot\dfrac{b}{a}}=3+2\sqrt{2}$，

当且仅当 $\dfrac{2a}{b}=\dfrac{b}{a}$ 时，即 $a=\sqrt{2}-1$，$b=2-\sqrt{2}$ 时，$\left(\dfrac{1}{a}+\dfrac{2}{b}\right)_{\min}=3+2\sqrt{2}$，

选 B.

例4. （2010年山东省高考题）已知 x，$y \in \mathbf{R}^+$，且满足 $\frac{x}{3} + \frac{y}{4} = 1$，则 xy 的最大值为_____.

解析： 依题意有 $xy = 12 \cdot \frac{x}{3} \cdot \frac{y}{4} \leqslant 12 \cdot \left(\dfrac{\frac{x}{3} + \frac{y}{4}}{2} \right)^2 = 12 \cdot \left(\frac{1}{2} \right)^2 = 3$，

当且仅当 $\frac{x}{3} = \frac{y}{4} = \frac{1}{2}$，即 $x = \frac{3}{2}$，$y = 2$ 时，$(xy)_{\max} = 3$.

例5. 已知 a，b 都是正实数，函数 $y = 2ae^x + b$ 的图像过点 $(0，1)$，则 $\frac{1}{a} + \frac{1}{b}$ 的最小值是_____.

解析： 依题意有 $1 = 2ae^0 + b$，即 $2a + b = 1$，$a > 0$，$b > 0$，

于是有 $\frac{1}{a} + \frac{1}{b} = (2a + b)\left(\frac{1}{a} + \frac{1}{b} \right) = 2 + \frac{2a}{b} + \frac{b}{a} + 1 \geqslant 3 + 2\sqrt{\frac{2a}{b} \cdot \frac{b}{a}} = 3 + 2\sqrt{2}$，

当且仅当 $\frac{2a}{b} = \frac{b}{a}$，即 $a = \frac{2 - \sqrt{2}}{2}$，$b = \sqrt{2} - 1$ 时，$\left(\frac{1}{a} + \frac{1}{b} \right)_{\min} = 3 + 2\sqrt{2}$.

例6. 已知 a，b 都是正实数，且直线 $2x - (b - 3)y + 6 = 0$ 与直线 $bx + ay - 5 = 0$ 互相垂直，则 $2a + 3b$ 的最小值为_____.

解析： 依题意有 $-2b + a(b - 3) = 0$，即 $\frac{2}{a} + \frac{3}{b} = 1$，

于是有 $2a + 3b = (2a + 3b)\left(\frac{2}{a} + \frac{3}{b} \right) = 4 + \frac{6a}{b} + \frac{6b}{a} + 9 \geqslant 13 + 2\sqrt{\frac{6a}{b} \cdot \frac{6b}{a}} = 25$，

当且仅当 $\frac{a}{b} = \frac{b}{a}$，即 $a = b = 5$ 时，$(2a + 3b)_{\min} = 25$.

例7. 设实数 x，y 满足约束条件 $\begin{cases} 3x - y - 6 \leqslant 0, \\ x - y + 2 \geqslant 0, \\ x \geqslant 0，y \geqslant 0, \end{cases}$ 若目标函数 $z = ax + by$ （$a > 0$，$b > 0$）的最大值为12，则 $\frac{2}{a} + \frac{3}{b}$ 的最小值为_____.

解析： 依题意有 $4a + 6b = 12$，即 $\frac{4a + 6b}{12} = 1$，$\frac{2a + 3b}{6} = 1$，

于是有 $\dfrac{2}{a} + \dfrac{3}{b} = \left(\dfrac{2a+3b}{6}\right)\left(\dfrac{2}{a} + \dfrac{3}{b}\right) = \dfrac{13}{6} + \dfrac{a}{b} + \dfrac{b}{a} \geqslant \dfrac{13}{6} + 2\sqrt{\dfrac{a}{b} \cdot \dfrac{b}{a}} = \dfrac{25}{6}$,

当且仅当 $\dfrac{a}{b} = \dfrac{b}{a}$, 即 $a = \dfrac{6}{5}$, $b = \dfrac{6}{5}$ 时, $\left(\dfrac{2}{a} + \dfrac{3}{b}\right)_{\min} = \dfrac{25}{6}$.

【练习巩固】

1. 已知 $a > 0$, $b > 0$, 且 $\ln(a+b) = 0$, 则 $\dfrac{1}{a} + \dfrac{1}{b}$ 的最小值是_____.

2. 若两正实数 x, y 满足 $\dfrac{2}{x} + \dfrac{1}{y} = 1$, 且 $x + 2y > m^2 + 2m$ 恒成立, 则实数 m 的取值范围是(　　).

    A. $(-\infty, -2) \cup [4, +\infty)$ B. $(-\infty, -4] \cup [2, +\infty)$

    C. $(-2, 4)$ D. $(-4, 2)$

3. 函数 $y = \log_a(x+3) - 1$ $(a > 0, 且 a \neq 1)$ 的图像恒过定点 A, 若点 A 在直线 $mx + ny + 1 = 0$ $(m > 0, n > 0)$ 上, 则 $\dfrac{1}{m} + \dfrac{2}{n}$ 的最小值等于(　　).

    A. 16   B. 12   C. 9   D. 8

4. $\dfrac{4}{\cos^2 x} + \dfrac{9}{\sin^2 x}$ 的最小值是_____.

5. 已知 $x > 0$, $y > 0$, $\lg x + \lg y = 1$, 求 $z = \dfrac{2}{x} + \dfrac{5}{y}$ 的最小值.

6. 设 $\overrightarrow{OA} = (1, -2)$, $\overrightarrow{OB} = (a, -1)$, $\overrightarrow{OC} = (-b, 0)$, $a > 0$, $b > 0$, O 为原点, A, B, C 三点共线, 则 $\dfrac{1}{a} + \dfrac{2}{b}$ 的最小值是(　　).

    A. 4   B. 6   C. 8   D. 10

【练习解析】

1. **解析**: 由已知得 $a + b = 1$, 所以, $\dfrac{1}{a} + \dfrac{1}{b} = (a+b)\left(\dfrac{1}{a} + \dfrac{1}{b}\right) = 1 + \dfrac{b}{a}$ $+ \dfrac{a}{b} + 1 \geqslant 2 + 2 = 4$.

答案: 4.

2. **解析**: 依题意有 $x + 2y = (x + 2y)\left(\dfrac{2}{x} + \dfrac{1}{y}\right) = 2 + \dfrac{x}{y} + \dfrac{4y}{x} + 2 \geqslant 4 +$

$2\sqrt{\dfrac{x}{y} \cdot \dfrac{4y}{x}} = 8$，

当且仅当 $\dfrac{x}{y} = \dfrac{4y}{x}$，即 $x = 4$，$y = 2$ 时，$(x + 2y)_{\min} = 8$，

所以 $m^2 + 2m < 8$，即 $m^2 + 2m - 8 < 0$，故 $-4 < m < 2$.

答案：D.

3. 解析：依题意有，点 A（-2，-1），于是有 $2m + n = 1$，

所以 $\dfrac{1}{m} + \dfrac{2}{n} = (2m + n)\left(\dfrac{1}{m} + \dfrac{2}{n}\right) = 2 + \dfrac{4m}{n} + \dfrac{n}{m} + 2 \geqslant 4 + 2\sqrt{\dfrac{4m}{n} \cdot \dfrac{n}{m}} = 8$.

答案：D.

4. 解析：依题意有

$\dfrac{4}{\cos^2 x} + \dfrac{9}{\sin^2 x} = (\sin^2 x + \cos^2 x)\left(\dfrac{9}{\sin^2 x} + \dfrac{4}{\cos^2 x}\right) = 9 + \dfrac{4\sin^2 x}{\cos^2 x} + \dfrac{9\cos^2 x}{\sin^2 x} + 4 \geqslant 13 +$

$12 = 25$，

当且仅当 $\dfrac{4\sin^2 x}{\cos^2 x} = \dfrac{9\cos^2 x}{\sin^2 x}$，即 $\sin^2 x = \dfrac{3}{5}$，$\cos^2 x = \dfrac{2}{5}$ 时，$\left(\dfrac{4}{\cos^2 x} + \dfrac{9}{\sin^2 x}\right)_{\min}$

$= 25$.

答案：25.

5. 解析：由已知得 $xy = 10$，所以，$z = \dfrac{2}{x} + \dfrac{5}{y} \geqslant 2\sqrt{\dfrac{2}{x} \cdot \dfrac{5}{y}} = 2$，当且仅当

$\dfrac{2}{x} = \dfrac{5}{y}$，即 $x = 2$，$y = 5$ 时，$z_{\min} = 2$.

答案：2.

6. 解析：依题意有 $\overrightarrow{AB} = (a - 1, 1)$，$\overrightarrow{AC} = (-b - 1, 2)$，由 A，B，C 三点共线得 $2(a - 1) = -b - 1$，

即 $2a + b = 1$，所以 $\dfrac{1}{a} + \dfrac{2}{b} = (2a + b)\left(\dfrac{1}{a} + \dfrac{2}{b}\right) = 2 + \dfrac{4a}{b} + \dfrac{b}{a} + 2 \geqslant 4 + 4 = 8$.

答案：C.

第五讲

不等式的证明

【题型背景】

（2013 年全国新课标卷）设 a，b，c 均为正数，且 $a+b+c=1$.

求证：（1）$ab+bc+ca \leqslant \dfrac{1}{3}$.

（2）$\dfrac{a^2}{b}+\dfrac{b^2}{c}+\dfrac{c^2}{a} \geqslant 1$.

证明：（1）$1=(a+b+c)^2=a^2+b^2+c^2+2ab+2bc+2ca \geqslant 3(ab+bc+ca)$，所以，$ab+bc+ca \leqslant \dfrac{1}{3}$.

（2）用均值不等式证明：

$$\dfrac{a^2}{b}+b+\dfrac{b^2}{c}+c+\dfrac{c^2}{a}+a \geqslant 2\sqrt{\dfrac{a^2}{b}\cdot b}+2\sqrt{\dfrac{b^2}{c}\cdot c}+2\sqrt{\dfrac{c^2}{a}\cdot a}=2(a+b+$$

$c)=2$，所以，$\dfrac{a^2}{b}+\dfrac{b^2}{c}+\dfrac{c^2}{a} \geqslant 1$.

另证，用柯西不等式证明：

$$\left(\dfrac{a^2}{b}+\dfrac{b^2}{c}+\dfrac{c^2}{a}\right)(b+c+a) \geqslant \left(\dfrac{a}{\sqrt{b}}\cdot \sqrt{b}+\dfrac{b}{\sqrt{c}}\cdot \sqrt{c}+\dfrac{c}{\sqrt{a}}\cdot \sqrt{a}\right)^2=(a+b+c)^2=1,$$

所以，$\dfrac{a^2}{b}+\dfrac{b^2}{c}+\dfrac{c^2}{a} \geqslant 1$.

【知识分析】

1. 注重代数式的变形技巧.

2. 运用著名不等式：均值不等式、柯西不等式、排序不等式、切比雪夫不等式等.

均值不等式：若 $a > 0$，$b > 0$，则 $\sqrt{\dfrac{a^2 + b^2}{2}} \geqslant \dfrac{a + b}{2} \geqslant \sqrt{ab} \geqslant \dfrac{2}{\dfrac{1}{a} + \dfrac{1}{b}}$.

（当且仅当 $a = b$ 时等号成立）

若正实数 a_1，a_2，$\cdots$，a_n，则有

$$\sqrt{\dfrac{a_1^2 + a_2^2 + \cdots + a_n^2}{n}}\ （平方平均数）$$

$$\geqslant \dfrac{a_1 + a_2 + \cdots + a_n}{n}\ （算术平均数）$$

$$\geqslant \sqrt[n]{a_1 \cdot a_2 \cdots \cdot a_n}\ （几何平均数）$$

$$\geqslant \dfrac{n}{\dfrac{1}{a_1} + \dfrac{1}{a_2} + \cdots + \dfrac{1}{a_n}}\ （调和平均数）（当且仅当 a = b 时等号成立）.$$

柯西不等式：若正实数 a_1，a_2，$\cdots$，a_n，b_1，b_2，$\cdots$，b_n，则

$$(a_1^2 + a_2^2 + \cdots + a_n^2)(b_1^2 + b_2^2 + \cdots + b_n^2) \geqslant (a_1 b_1 + a_2 b_2 + \cdots + a_n b_n)^2$$

$$\left(当且仅当 \dfrac{a_1}{b_1} = \dfrac{a_2}{b_2} = \cdots = \dfrac{a_n}{b_n} 时等号成立\right).$$

证明：构造二次函数 $f(x) = (a_1 x - b_1)^2 + (a_2 x - b_2)^2 + \cdots + (a_n x - b_n)^2 = (a_1^2 + a_2^2 + \cdots + a_n^2)x^2 - 2(a_1 b_1 + a_2 b_2 + \cdots + a_n b_n)x + (b_1^2 + b_2^2 + \cdots + b_n^2)$，$f(x) \geqslant 0$ 恒成立，于是有

$$\Delta = 4(a_1 b_1 + a_2 b_2 + \cdots + a_n b_n)^2 - 4(a_1^2 + a_2^2 + \cdots + a_n^2)(b_1^2 + b_2^2 + \cdots + b_n^2) \leqslant 0,$$

即 $(a_1^2 + a_2^2 + \cdots + a_n^2)(b_1^2 + b_2^2 + \cdots + b_n^2) \geqslant (a_1 b_1 + a_2 b_2 + \cdots + a_n b_n)^2$.

排序不等式：若正实数 $a_1 \leqslant a_2 \leqslant \cdots \leqslant a_n$，$b_1 \leqslant b_2 \leqslant \cdots \leqslant b_n$，则有

$$a_1 b_1 + a_2 b_2 + \cdots + a_n b_n\ （同序和）$$

$$\geqslant a_1 b_{i1} + a_2 b_{i2} + \cdots + a_n b_{in}\ （乱序和）（b_{i1}，b_{i2}，\cdots，b_{in} 是 b_1，b_2，\cdots，b_n 的一个排列）$$

$$\geqslant a_1 b_n + a_2 b_{n-1} + \cdots + a_n b_1\ （逆序和）.$$

3. **函数方法**：建立相应的函数模型，运用函数的单调性与函数的最值进行求解.

4. **数学归纳法**：对于与正整数相关的数学命题，可采取数学归纳法进行证明.

5. **构造方法**：对于某些特定的数学命题，可以构造图形、函数与模型进行

特殊性证明，这属于巧证一类的方法，要具体问题具体分析.

本部分内容主要考查与培育学生的逻辑推理、数学建模与数学运算等核心素养.

【例题解析】

例1. 若直线 $ax - by + 2 = 0$ （$a > 0$，$b > 0$）被圆 $x^2 + y^2 + 2x - 4y + 1 = 0$ 截得的弦长为4，则 $\frac{1}{a} + \frac{1}{b}$ 的最小值是(　　).

A. $\frac{1}{4}$ 　　　　 B. $\sqrt{2}$ 　　　　 C. $\frac{3}{2} + \sqrt{2}$ 　　　　 D. $\frac{3}{2} + 2\sqrt{2}$

解析：依题意有：$(x + 1)^2 + (y - 2)^2 = 2^2$，显然直线经过圆的圆心，于是有 $-a - 2b + 2 = 0$，即 $\frac{a + 2b}{2} = 1$，

所以 $\frac{1}{a} + \frac{1}{b} = \frac{1}{2}(a + 2b)\left(\frac{1}{a} + \frac{1}{b}\right) = \frac{1}{2}\left(1 + \frac{a}{b} + \frac{2b}{a} + 2\right) \geqslant \frac{1}{2}(3 + 2\sqrt{2})$，

选 C.

例2. （2017年全国高中数学联赛试题）设实数 a，b，c 满足 $a + b + c = 0$，令 $d = \max\{|a|, |b|, |c|\}$. 证明：$|(1 + a)(1 + b)(1 + c)| \geqslant 1 - d^2$.

证明：当 $d \geqslant 1$ 时，不等式显然成立.

以下设 $0 \leqslant d < 1$，不妨设 a，b 不异号，即 $ab \geqslant 0$，那么有 $(1 + a)(1 + b) = 1 + a + b + ab \geqslant 1 + a + b = 1 - c \geqslant 1 - d > 0$，

因此 $|(1 + a)(1 + b)(1 + c)| \geqslant |(1 - c)(1 + c)| = 1 - c^2 = 1 - |c|^2 \geqslant 1 - d^2$.

例3. 设 $\min A$ 表示数集 A 中的最小数，$\max A$ 表示数集 A 中的最大数.

（1）若 a，$b > 0$，$h = \min\left\{a, \frac{b}{a^2 + b^2}\right\}$，求证：$h \leqslant \frac{\sqrt{2}}{2}$.

（2）若 $h = \max\left\{\frac{1}{\sqrt{a}}, \frac{a^2 + b^2}{\sqrt{ab}}, \frac{1}{\sqrt{b}}\right\}$，则 h 的最小值为_____.

解析：（1）若 a，$b > 0$，$h = \min\left\{a, \frac{b}{a^2 + b^2}\right\}$，可由 $h^2 \leqslant a \cdot \frac{b}{a^2 + b^2} = \frac{ab}{a^2 + b^2} \leqslant \frac{ab}{2ab} = \frac{1}{2}$，得 h 的最大值为 $\frac{\sqrt{2}}{2}$，即 $h \leqslant \frac{\sqrt{2}}{2}$.

（2）依题意有 $h^3 \geqslant \frac{1}{\sqrt{a}} \cdot \frac{a^2 + b^2}{\sqrt{ab}} \cdot \frac{1}{\sqrt{b}} = \frac{a^2 + b^2}{ab} \geqslant \frac{2ab}{ab} = 2$，

所以，当 $a = b$ 时，h 的最小值为 $\sqrt[3]{2}$.

例4. 已知 $-1 < a < b < 1$，求证：$\dfrac{a}{1+a^2} < \dfrac{b}{1+b^2}$.

解析： 构造函数 $f(x) = \dfrac{x}{1+x^2}$，在 $(-1,1)$ 上是奇函数且是增函数，

所以 $f(a) < f(b)$，即 $\dfrac{a}{1+a^2} < \dfrac{b}{1+b^2}$.

例5. (2003 全国高中数学联赛试题) 设 $\dfrac{3}{2} \leqslant x \leqslant 5$，证明不等式：$2\sqrt{x+1} + \sqrt{2x-3} + \sqrt{15-3x} < 2\sqrt{19}$.

证明： 由柯西不等式有

$(2\sqrt{x+1} + \sqrt{2x-3} + \sqrt{15-3x})^2 = (\sqrt{x+1} + \sqrt{x+1} + \sqrt{2x-3} + \sqrt{15-3x})^2$

$\leqslant (1^2+1^2+1^2+1^2)\left[(\sqrt{x+1})^2 + (\sqrt{x+1})^2 + (\sqrt{2x-3})^2 + (\sqrt{15-3x})^2\right]$

$= 4(x+1+x+1+2x-3+15-3x) = 4(14+x) \leqslant 4 \times 19$ （几个等号不能同时成立），

所以，$2\sqrt{x+1} + \sqrt{2x-3} + \sqrt{15-3x} < 2\sqrt{19}$.

例6. 已知 n 为正整数，求证：$2\sqrt{n} > 1 + \dfrac{1}{\sqrt{2}} + \dfrac{1}{\sqrt{3}} + \cdots + \dfrac{1}{\sqrt{n}} > 2(\sqrt{n+1}-1)$.

证明： 关注通项 $\dfrac{1}{\sqrt{k}} = \dfrac{2}{\sqrt{k}+\sqrt{k}} < \dfrac{2}{\sqrt{k}+\sqrt{k-1}} = 2(\sqrt{k}-\sqrt{k-1})$，

所以，$1 + \dfrac{1}{\sqrt{2}} + \dfrac{1}{\sqrt{3}} + \cdots + \dfrac{1}{\sqrt{n}} < 2\left[(\sqrt{1}-0) + (\sqrt{2}-\sqrt{1}) + (\sqrt{3}-\sqrt{2}) + \cdots + (\sqrt{n}-\sqrt{n-1})\right] = 2\sqrt{n}$.

关注通项 $\dfrac{1}{\sqrt{k}} = \dfrac{2}{\sqrt{k}+\sqrt{k}} > \dfrac{2}{\sqrt{k+1}+\sqrt{k}} = 2(\sqrt{k+1}-\sqrt{k})$，

所以，$1 + \dfrac{1}{\sqrt{2}} + \dfrac{1}{\sqrt{3}} + \cdots + \dfrac{1}{\sqrt{n}} > 2\left[(\sqrt{2}-\sqrt{1}) + (\sqrt{3}-\sqrt{2}) + (\sqrt{4}-\sqrt{3}) + \cdots + (\sqrt{n+1}-\sqrt{n})\right] = 2(\sqrt{n+1}-1)$.

所以，原不等式成立.

例7. 已知 $x > 0$，$y > 0$，$z > 0$，求证：$\sqrt{x^2+xy+y^2} + \sqrt{y^2+yz+z^2} > x+y+z$.

证明： $\sqrt{x^2+xy+y^2} + \sqrt{z^2+zy+y^2} = \sqrt{\left(x+\dfrac{y}{2}\right)^2 + \dfrac{3y^2}{4}} + \sqrt{\left(z+\dfrac{y}{2}\right)^2 + \dfrac{3y^2}{4}} >$

$$\sqrt{\left(x+\frac{y}{2}\right)^2}+\sqrt{\left(z+\frac{y}{2}\right)^2}=x+\frac{y}{2}+z+\frac{y}{2}=x+y+z.$$

所以，原不等式成立.

【练习巩固】

1. 设 $x>0$，$y>0$，$A=\dfrac{x+y}{1+x+y}$，$B=\dfrac{x}{1+x}+\dfrac{y}{1+y}$，则 A，B 的大小关系是（   ）.

A. $A=B$ B. $A<B$

C. $A\leqslant B$ D. $A>B$

2. 若 $|x-a|<h$，$|y-a|<h$，则下列不等式一定成立的是（   ）.

A. $|x-y|<h$ B. $|x-y|<2h$

C. $|x-y|>h$ D. $|x-y|>2h$

3. 已知 a，$b\in\mathbf{R}$，且 $a\neq b$，下列结论正确的是（   ）.

A. $a^2+3ab>2b^2$ B. $a^5+b^5>a^3b^2+a^2b^3$

C. $a^2+b^2\geqslant 2(a-b-1)$ D. $\dfrac{a}{b}+\dfrac{b}{a}>2$

4. 若正实数 x，y 满足条件 $\ln(x+y)=0$，则 $\dfrac{1}{x}+\dfrac{1}{y}$ 的最小值是_____.

5. 设 a，b，c 均为正数，且 $a+b+c=1$，求证：$\left(a+\dfrac{1}{a}\right)^2+\left(b+\dfrac{1}{b}\right)^2+\left(c+\dfrac{1}{c}\right)^2\geqslant\dfrac{100}{3}$.

【练习解析】

1. **解析**：由题意得，$1+x+y>1+x>0$，$1+x+y>1+y>0$，

所以 $\dfrac{x}{1+x+y}<\dfrac{x}{1+x}$，$\dfrac{y}{1+x+y}<\dfrac{y}{1+y}$，

所以 $A=\dfrac{x+y}{1+x+y}=\dfrac{x}{1+x+y}+\dfrac{y}{1+x+y}<\dfrac{x}{1+x}+\dfrac{y}{1+y}=B$，选 B.

2. **解析**：$|x-y|=|(x-a)+(a-y)|\leqslant|x-a|+|a-y|<h+h=2h$，选 B.

3. **解析**：$a^2+b^2-2(a-b-1)=(a-1)^2+(b+1)^2\geqslant 0$，选 C.

4. **答案：** 4.

由题意得，$x + y = 1 \geq 2\sqrt{xy}$，所以 $xy \leq \dfrac{1}{4}$，故 $\dfrac{1}{xy} \geq 4$，则 $\dfrac{1}{x} + \dfrac{1}{y} = \dfrac{x+y}{xy} = \dfrac{1}{xy} \geq 4$.

5. **解析：** 由 $(a+b+c) \cdot \left(\dfrac{1}{a} + \dfrac{1}{b} + \dfrac{1}{c} \right) \geq (1+1+1)^2$，得 $\dfrac{1}{a} + \dfrac{1}{b} + \dfrac{1}{c} \geq 9$.

$\left[\left(a + \dfrac{1}{a} \right)^2 + \left(b + \dfrac{1}{b} \right)^2 + \left(c + \dfrac{1}{c} \right)^2 \right] \cdot (1^2 + 1^2 + 1^2) \geq \left[\left(a + \dfrac{1}{a} \right) \cdot 1 + \left(b + \dfrac{1}{b} \right) \cdot 1 + \left(c + \dfrac{1}{c} \right) \cdot 1 \right]^2 = \left[(a+b+c) + \left(\dfrac{1}{a} + \dfrac{1}{b} + \dfrac{1}{c} \right) \right]^2 \geq (1+9)^2 = 100$,

所以，$\left(a + \dfrac{1}{a} \right)^2 + \left(b + \dfrac{1}{b} \right)^2 + \left(c + \dfrac{1}{c} \right)^2 \geq \dfrac{100}{3}$.

第六讲

算法案例选讲

数学学科中的算法主要是培养学生思考和解决问题的程序意识与规则意识，提升学生的数学建模与数据处理等核心能力．本部分内容所涉及的这两个重要的数学案例又彰显了中国的传统文化，主要考查与培育学生的数学运算与数据处理等核心素养．

一、利用"辗转相除法"与"更相减损术"求最大公约数

例1. 求 667 与 928 的最大公约数．

解析：（667，928）＝（667，261）＝（145，261）＝（145，116）＝（29，116）＝（29，0），

所以，667 与 928 的最大公约数是 29．

例2.（2015 课标全国 II 高考）如图 6－1 所示，程序框图的算法思路源于我国古代数学名著《九章算术》中的"更相减损术"．执行该程序框图，若输入的 a，b 分别为 14，18，则输出的 $a=$（ ）．

A. 0

B. 2

C. 4

D. 14

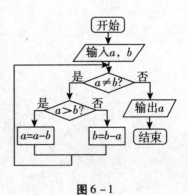

图 6－1

解析：（14，18）＝（14，4）＝（2，4）＝（2，0），

则 14 与 18 的最大公约数是 2，选 B．

例3. 求下列两数的最大公约数：

（1）228 与 2223．

（2）612 与 468．

解析：（1）（228，2223）=（228，171）=（57，171）=（57，0），则228与2223的最大公约数是57.

（2）（612，468）=（144，468）=（144，36）=（0，36），则612与468的最大公约数是36.

例4. 为计算 $S = 1 - \dfrac{1}{2} + \dfrac{1}{3} - \dfrac{1}{4} + \cdots + \dfrac{1}{99} - \dfrac{1}{100}$，设计了程序框图，如图6-2所示，则在空白框中应填入（　　）.

A. $i = i + 1$　　　　　　　B. $i = i + 2$

C. $i = i + 3$　　　　　　　D. $i = i + 4$

解析：由题可知，先分别对奇数项和偶数项累加，最后再相减.

所以隔项累加，故选B.

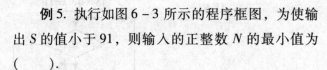

图6-2

例5. 执行如图6-3所示的程序框图，为使输出 S 的值小于91，则输入的正整数 N 的最小值为（　　）.

A. 5　　　　　　　　　　B. 4

C. 3　　　　　　　　　　D. 2

解析：由题可知，初始值 $t = 1$，$M = 100$，$S = 0$，要使输出 S 的值小于91，应满足 "$t \leqslant N$"，则进入循环体，从而 $S = 100$，$M = -10$，$t = 2$. 要使输出 S 的值小于91，应接着满足 "$t \leqslant N$"，则进入循环体，从而 $S = 90$，$M = 1$，$t = 3$，若此时输出 S，则 S 的值小于91，故 $t = 3$ 应不满足 "$t \leqslant N$"，跳出循环体，所以输入的 N 的最小值为2，故选D.

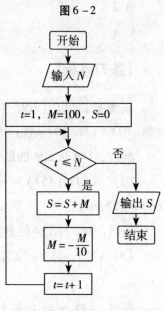

图6-3

二、"秦九韶算法" 与进制转化

例6. （1）将七进制数 $235_{(7)}$ 转化为十进制数.

（2）将五进制数 $44_{(5)}$ 转化为二进制数.

解析：（1） $235_{(7)} = 2 \times 7^2 + 3 \times 7^1 + 5 \times 7^0 = 124$.

（2） $44_{(5)} = 4 \times 5^1 + 4 \times 5^0 = 24$

$= 1 \times 2^4 + 1 \times 2^3 + 0 \times 2^2 + 0 \times 2^1 + 0 \times 2^0 = 11000_{(2)}$.

【巩固练习】

1. 求下列各组数的最大公约数.

（1）779 与 209.　　（2）242 与 154.　　（3）123 和 48.

2. （1）把 $10231_{(5)}$ 转化为四进制数.

（2）把 $1234_{(5)}$ 转化为六进制数.

3. 下列数中最大的是（　　）.

A. $110_{(2)}$ 　　　　B. 18 　　　　C. $16_{(8)}$ 　　　　D. $20_{(5)}$

4. （2017 年新课标卷2）执行如图 6-4 所示的程序框图，如果输入的 $a = -1$，则输出的 $S = ($　　$)$.

A. 2 　　　　　　　　　　B. 3

C. 4 　　　　　　　　　　D. 5

【练习解析】

1. 解析：（1） $(779, 209) = (152, 209) = (152, 57) = (38, 57) = (38, 19) = (0, 19)$ ，

所以，779 与 209 的最大公约数为 19.

（2） $(242, 154) = (88, 154) = (88, 66) = (22, 66) = (22, 0)$ ，

所以，242 与 154 的最大公约数为 22.

（3） $(123, 48) = (27, 48) = (27, 21) = (6, 21) = (6, 3) = (0, 3)$ ，

所以，123 与 48 的最大公约数为 3.

2. 解析：（1） $10231_{(5)} = 1 \times 5^4 + 0 \times 5^3 + 2 \times 5^2 + 3 \times 5^1 + 1 \times 5^0 = 691 = 2 \times 4^4 + 2 \times 4^3 + 3 \times 4^2 + 0 \times 4^1 + 3 \times 4^0 = 22303_{(4)}$.

（2） $1234_{(5)} = 1 \times 5^3 + 2 \times 5^2 + 3 \times 5^1 + 4 \times 5^0 = 194 = 5 \times 6^2 + 2 \times 6^1 + 2 \times 6^0 = 522_{(6)}$.

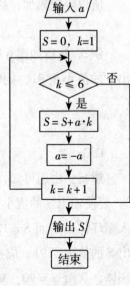

图 6-4

3. 解析：$110_{(2)} = 1 \times 2^2 + 1 \times 2^1 + 0 \times 2^0 = 6$，

$16_{(8)} = 1 \times 8^1 + 6 \times 8^0 = 14$，

$20_{(5)} = 2 \times 5^1 + 0 \times 5^0 = 10$，选 B.

4. 解析：执行程序框图，有 $S = 0$，$k = 1$，$a = -1$，代入循环，第一次满足循环，$S = -1$，$a = 1$，$k = 2$；

满足条件，第二次满足循环，$S = 1$，$a = -1$，$k = 3$；

满足条件，第三次满足循环，$S = -2$，$a = 1$，$k = 4$；

满足条件，第四次满足循环，$S = 2$，$a = -1$，$k = 5$；

满足条件，第五次满足循环，$S = -3$，$a = 1$，$k = 6$；

满足条件，第六次满足循环，$S = 3$，$a = -1$，$k = 7$；

$7 \leqslant 6$ 不成立，退出循环，输出 $S = 3$. 故选 B.

第七讲

"齐次式" 题型求解

【题型背景】

(2009 年辽宁卷) 已知 $\tan\theta = 2$，则 $\sin^2\theta + \sin\theta\cos\theta - 2\cos^2\theta = ($ $)$.

A. $-\dfrac{4}{3}$　　　　B. $\dfrac{5}{4}$　　　　C. $-\dfrac{3}{4}$　　　　D. $\dfrac{4}{5}$

解析：$\sin^2\theta + \sin\theta\cos\theta - 2\cos^2\theta = \dfrac{\sin^2\theta + \sin\theta\cos\theta - 2\cos^2\theta}{\sin^2\theta + \cos^2\theta} = \dfrac{\tan^2\theta + \tan\theta - 2}{\tan^2\theta + 1} = $

$\dfrac{4+2-2}{4+1} = \dfrac{4}{5}$，选 D.

【知识分析】

每项的次数相同的式子，称之为齐次式．其相应题型的求解可以将分子分母分别除以相同的量，转化成可直接应用已知条件进行求解，方便快捷．本试题的设计主要考查与培育学生的数学运算与逻辑推理等核心素养．

【例题解析】

例 1. 已知 $\tan\theta = 2$，则 $\sin^2\theta + 1 = ($ $)$.

A. 0　　　　B. $\dfrac{9}{5}$　　　　C. $\dfrac{4}{3}$　　　　D. $\dfrac{5}{3}$

解析：$\sin^2\theta + 1 = \dfrac{2\sin^2\theta + \cos^2\theta}{\sin^2\theta + \cos^2\theta} = \dfrac{2\tan^2\theta + 1}{\tan^2\theta + 1} = \dfrac{2 \times 2^2 + 1}{2^2 + 1} = \dfrac{9}{5}$，选 B.

例 2. 已知 $\sin\alpha - 3\cos\alpha = 0$，则 $\dfrac{\sin 2\alpha}{\cos^2\alpha - \sin^2\alpha} = $ _____.

解析：由已知得 $\tan\alpha = 3$，

所以，$\dfrac{\sin 2\alpha}{\cos^2\alpha - \sin^2\alpha} = \dfrac{2\sin\alpha\cos\alpha}{\cos^2\alpha - \sin^2\alpha} = \dfrac{2\tan\alpha}{1 - \tan^2\alpha} = \dfrac{2 \times 3}{1 - 3^2} = -\dfrac{3}{4}$.

例3. （2013年浙江卷）已知 $\alpha \in \mathbf{R}$，$\sin\alpha + 2\cos\alpha = \dfrac{\sqrt{10}}{2}$，则 $\tan 2\alpha = ($　　$)$.

A. $\dfrac{4}{3}$ 　　　　　　 B. $\dfrac{3}{4}$ 　　　　　　 C. $-\dfrac{3}{4}$ 　　　　　　 D. $-\dfrac{4}{3}$

解析： 由已知得，$\sin^2\alpha + 4\sin\alpha\cos\alpha + 4\cos^2\alpha = \dfrac{5}{2}$，

即 $\dfrac{\sin^2\alpha + 4\sin\alpha\cos\alpha + 4\cos^2\alpha}{\sin^2\alpha + \cos^2\alpha} = \dfrac{5}{2}$，即 $\dfrac{\tan^2\alpha + 4\tan\alpha + 4}{\tan^2\alpha + 1} = \dfrac{5}{2}$，

解之得，$\tan\alpha = 3$ 或 $\tan\alpha = -\dfrac{1}{3}$.

所以，$\tan 2\alpha = \dfrac{2\tan\alpha}{1 - \tan^2\alpha} = \dfrac{2 \times 3}{1 - 3^2} = -\dfrac{3}{4}$，

或 $\tan 2\alpha = \dfrac{2\tan\alpha}{1 - \tan^2\alpha} = \dfrac{2 \times \left(-\dfrac{1}{3}\right)}{1 - \left(-\dfrac{1}{3}\right)^2} = -\dfrac{3}{4}$，选 C.

例4. （2013年全国卷2）设 θ 为第二象限角，若 $\tan\left(\theta + \dfrac{\pi}{4}\right) = \dfrac{1}{2}$，则 $\sin\theta + \cos\theta = $ _____.

解析： 依题意有，$\dfrac{\tan\theta + 1}{1 - \tan\theta} = \dfrac{1}{2}$，解之得 $\tan\theta = -\dfrac{1}{3}$.

因为 θ 为第二象限角，

所以 $\cos\theta = -\sqrt{\dfrac{1}{\tan^2\theta + 1}} = -\dfrac{3\sqrt{10}}{10}$，$\sin\theta = \sqrt{1 - \cos^2\theta} = \dfrac{\sqrt{10}}{10}$，

所以 $\sin\theta + \cos\theta = -\dfrac{\sqrt{10}}{5}$.

例5. （2012年江西卷）若 $\dfrac{\sin\alpha + \cos\alpha}{\sin\alpha - \cos\alpha} = \dfrac{1}{2}$，则 $\tan 2\alpha = ($　　$)$.

A. $-\dfrac{3}{4}$ 　　　　　　 B. $\dfrac{3}{4}$ 　　　　　　 C. $-\dfrac{4}{3}$ 　　　　　　 D. $\dfrac{4}{3}$

解析： 依题意有，$\dfrac{\tan\alpha + 1}{\tan\alpha - 1} = \dfrac{1}{2}$，解之得 $\tan\alpha = -3$，

所以 $\tan 2\alpha = \dfrac{2\tan\alpha}{1 - \tan^2\alpha} = \dfrac{2 \times (-3)}{1 - (-3)^2} = \dfrac{3}{4}$，选 B.

例6. （2011 年福建卷）若 $\alpha \in \left(0, \dfrac{\pi}{2}\right)$，且 $\sin^2\alpha + \cos 2\alpha = \dfrac{1}{4}$，则 $\tan\alpha$ 的值

等于（　　）.

A. $\dfrac{\sqrt{2}}{2}$ 　　　　　　B. $\dfrac{\sqrt{3}}{3}$ 　　　　　　C. $\sqrt{2}$ 　　　　　　D. $\sqrt{3}$

解析：依题意有，$\dfrac{\cos^2\alpha}{\sin^2\alpha + \cos^2\alpha} = \dfrac{1}{4}$，即 $\dfrac{1}{\tan^2\alpha + 1} = \dfrac{1}{4}$，解之得 $\tan\alpha = \sqrt{3}$，

选 D.

例7. （2011 年福建卷）若 $\tan\alpha = 2$，则 $\dfrac{\sin 2\alpha}{\cos^2\alpha}$ 的值等于（　　）.

A. 2 　　　　　　B. 3 　　　　　　C. 4 　　　　　　D. 6

解析：依题意有，$\dfrac{\sin 2\alpha}{\cos^2\alpha} = \dfrac{2\sin\alpha\cos\alpha}{\cos^2\alpha} = 2\tan\alpha = 4$，选 C.

例8. 已知 $\sin\theta = \dfrac{4}{5}$，$\dfrac{\pi}{2} < \theta < \pi$.

（1）求 $\tan\theta$ 的值.

（2）求 $\dfrac{\sin^2\theta + 2\sin\theta\cos\theta}{3\sin^2\theta + \cos^2\theta}$ 的值.

解析：（1）依题意有，$\cos\theta = -\dfrac{3}{5}$，解之得 $\tan\theta = -\dfrac{4}{3}$.

（2）$\dfrac{\sin^2\theta + 2\sin\theta\cos\theta}{3\sin^2\theta + \cos^2\theta} = \dfrac{\tan^2\theta + 2\tan\theta}{3\tan^2\theta + 1} = \dfrac{\left(-\dfrac{4}{3}\right)^2 + 2\left(-\dfrac{4}{3}\right)}{3\left(-\dfrac{4}{3}\right)^2 + 1} = -\dfrac{8}{57}$.

【练习巩固】

1. 已知 $\tan\alpha = 2$，则 $\dfrac{2\sin^2\alpha + 1}{\sin 2\alpha} = （　　）$.

A. $\dfrac{5}{3}$ 　　　　　　B. $-\dfrac{13}{4}$ 　　　　　　C. $\dfrac{13}{5}$ 　　　　　　D. $\dfrac{13}{4}$

2. （2014 年湖南卷）已知 $\tan\left(\dfrac{\pi}{4} + \alpha\right) = 2$，求 $\dfrac{1}{2\sin\alpha\cos\alpha + \cos^2\alpha}$ 的值.

3. 已知 $\tan\alpha = \dfrac{1}{2}$，则 $\dfrac{\cos 2\alpha + \sin 2\alpha + 1}{\cos^2\alpha}$ 等于（　　）.

A. 3   B. 6   C. 12   D. $\dfrac{3}{2}$

4. 已知 $\tan \dfrac{\alpha}{2} = \dfrac{1}{2}$，求 $\dfrac{1+\sin 2\alpha}{1+\sin 2\alpha + \cos 2\alpha}$ 的值.

【练习解析】

1. **解析**：依题意有，$\dfrac{2\sin^2\alpha + 1}{\sin 2\alpha} = \dfrac{3\sin^2\alpha + \cos^2\alpha}{2\sin\alpha\cos\alpha} = \dfrac{3\tan^2\alpha + 1}{2\tan\alpha} = \dfrac{3\times 2^2 + 1}{2\times 2} = \dfrac{13}{4}$，

选 D.

2. **解析**：依题意有，$\dfrac{1+\tan\alpha}{1-\tan\alpha} = 2$，解之得 $\tan\alpha = \dfrac{1}{3}$，于是，原式 $= \dfrac{\tan^2\alpha + 1}{2\tan\alpha + 1} =$

$\dfrac{\dfrac{1}{9}+1}{\dfrac{2}{3}+1} = \dfrac{2}{3}$.

3. **解析**：$\dfrac{\cos 2\alpha + \sin 2\alpha + 1}{\cos^2\alpha} = \dfrac{2\sin\alpha\cos\alpha + 2\cos^2\alpha}{\cos^2\alpha} = 2\tan\alpha + 2 = 2\times\dfrac{1}{2} + 2 = 3$，

选 A.

4. **解析**：依题意有，$\tan\alpha = \dfrac{2\times\dfrac{1}{2}}{1-\dfrac{1}{4}} = \dfrac{4}{3}$，所以

$$\dfrac{1+\sin 2\alpha}{1+\sin 2\alpha + \cos 2\alpha} = \dfrac{\sin^2\alpha + 2\sin\alpha\cos\alpha + \cos^2\alpha}{2\sin\alpha\cos\alpha + 2\cos^2\alpha} = \dfrac{\tan^2\alpha + 2\tan\alpha + 1}{2\tan\alpha + 2} = \dfrac{\dfrac{16}{9}+\dfrac{8}{3}+1}{\dfrac{8}{3}+2}$$

$= \dfrac{7}{6}$.

第八讲

"和差化积与积化和差" 及其应用

【题型背景】

(2011 年华约试题) 若 $A + B = \dfrac{2\pi}{3}$，则 $\cos^2 A + \cos^2 B$ 的最小值和最大值分别为(   ).

A. $1 - \dfrac{\sqrt{3}}{3}$，$\dfrac{3}{2}$ B. $\dfrac{1}{2}$，$\dfrac{3}{2}$

C. $1 - \dfrac{\sqrt{3}}{3}$，$1 + \dfrac{\sqrt{3}}{3}$ D. $\dfrac{1}{2}$，$1 + \dfrac{\sqrt{2}}{3}$

解析：$\cos^2 A + \cos^2 B = \dfrac{1 + \cos 2A}{2} + \dfrac{1 + \cos 2B}{2} = 1 + \dfrac{1}{2}$（$\cos 2A + \cos 2B$）

$= 1 + \dfrac{1}{2} \times 2\cos(A + B)\cos(A - B) = 1 + \cos\dfrac{2\pi}{3}\cos\left[A - \left(\dfrac{2\pi}{3} - A\right)\right]$

$= 1 - \dfrac{1}{2}\cos\left(2A - \dfrac{2\pi}{3}\right) \in \left[\dfrac{1}{2}, \dfrac{3}{2}\right]$，

∴ 选 B.

【知识分析】

$\sin(\alpha + \beta) = \sin\alpha\cos\beta + \cos\alpha\sin\beta$ …… ①

$\sin(\alpha - \beta) = \sin\alpha\cos\beta - \cos\alpha\sin\beta$ …… ②

$\cos(\alpha + \beta) = \cos\alpha\cos\beta - \sin\alpha\sin\beta$ …… ③

$\cos(\alpha - \beta) = \cos\alpha\cos\beta + \sin\alpha\sin\beta$ …… ④

由①+②得：$\sin\alpha\cos\beta = \dfrac{1}{2}\left[\sin(\alpha + \beta) + \sin(\alpha - \beta)\right]$

由①－②得：$\cos\alpha\sin\beta = \dfrac{1}{2}\big[\sin(\alpha+\beta) - \sin(\alpha-\beta)\big]$

由③＋④得：$\cos\alpha\cos\beta = \dfrac{1}{2}\big[\cos(\alpha+\beta) + \cos(\alpha-\beta)\big]$

由③－④得：$\sin\alpha\sin\beta = -\dfrac{1}{2}\big[\cos(\alpha+\beta) - \cos(\alpha-\beta)\big]$

用 $\theta = \alpha+\beta$，$\varphi = \alpha-\beta$ 代替上述公式中相应的角度，于是有：

$$\sin\theta + \sin\varphi = 2\sin\dfrac{\theta+\varphi}{2}\cos\dfrac{\theta-\varphi}{2}$$

$$\sin\theta - \sin\varphi = 2\cos\dfrac{\theta+\varphi}{2}\sin\dfrac{\theta-\varphi}{2}$$

$$\cos\theta + \cos\varphi = 2\cos\dfrac{\theta+\varphi}{2}\cos\dfrac{\theta-\varphi}{2}$$

$$\cos\theta - \cos\varphi = -2\sin\dfrac{\theta+\varphi}{2}\sin\dfrac{\theta-\varphi}{2}$$

上述三组公式分别是两角和与差的正余弦公式、积化和差公式与和差化积公式．

可以简记为：$S(\sin)C(\cos)C(\cos)S(\sin)$，$C(\cos)C(\cos)S(\sin)S(\sin)$．

本部分内容主要考查与培育学生的数学运算、数学建模与逻辑推理等核心素养．

【例题解析】

例 1. （2013 年安徽卷）设函数 $f(x) = \sin x + \sin\left(x + \dfrac{\pi}{3}\right)$．

（1）求 $f(x)$ 的最小值，并求使 $f(x)$ 取得最小值的 x 的集合．

（2）说明函数 $y = f(x)$ 的图像可由 $y = \sin x$ 的图像经过怎样的变换得到．

解析：（1）$f(x) = \sin\left(x + \dfrac{\pi}{3}\right) + \sin x = 2\sin\left(x + \dfrac{\pi}{6}\right)\cos\dfrac{\pi}{6} = \sqrt{3}\sin\left(x + \dfrac{\pi}{6}\right)$．

由 $x + \dfrac{\pi}{6} = 2k\pi - \dfrac{\pi}{2}$，得 $x = 2k\pi - \dfrac{2\pi}{3}$，

所以 $f(x)$ 的最小值为 $-\sqrt{3}$，此时 x 的取值集合为 $\left\{ x \left| x = 2k\pi - \dfrac{2\pi}{3},\ k \in \mathbf{Z} \right. \right\}$．

（3）$y = \sin x$ 的图像 $\xrightarrow{\text{向左平移} \frac{\pi}{6} \text{个单位}}$ $y = \sin\left(x + \dfrac{\pi}{6}\right)$

$$\xrightarrow{\text{横坐标不变，纵坐标变为原来的}\sqrt{3}\text{倍}} y=\sqrt{3}\sin\left(x+\frac{\pi}{6}\right)\text{的图像}.$$

例2. 已知函数 $f(x)=4\sin\left(\omega x+\dfrac{\pi}{4}\right)\cos\omega x$（$\omega>0$）的最小正周期为 π.

（1）求 ω 的值.

（2）讨论 $f(x)$ 在区间 $\left[0,\dfrac{\pi}{2}\right]$ 上的单调性.

解析：（1）$f(x)=4\sin\left(\omega x+\dfrac{\pi}{4}\right)\cos\omega x=4\times\dfrac{1}{2}\left[\sin\left(2\omega x+\dfrac{\pi}{4}\right)+\sin\dfrac{\pi}{4}\right]$

$$=2\sin\left(2\omega x+\dfrac{\pi}{4}\right)+\sqrt{2},$$

依题意有 $\dfrac{2\pi}{2\omega}=\pi$，解之得 $\omega=1$.

（2）由（1）知 $f(x)=2\sin\left(2x+\dfrac{\pi}{4}\right)+\sqrt{2}$，

由 $0\leqslant x\leqslant\dfrac{\pi}{2}$ 得 $\dfrac{\pi}{4}\leqslant 2x+\dfrac{\pi}{4}\leqslant\dfrac{5\pi}{4}$. 由 $2x+\dfrac{\pi}{4}=\dfrac{\pi}{2}$ 得 $x=\dfrac{\pi}{8}$，

所以 $f(x)$ 在区间 $\left[0,\dfrac{\pi}{8}\right]$ 上是增函数，在区间 $\left[\dfrac{\pi}{8},\dfrac{\pi}{2}\right]$ 上是减函数.

例3.（复旦大学保送生）$\sec 50°+\tan 10°=$ _____（用数字表示）.

解析：原式 $=\dfrac{1}{\cos 50°}+\dfrac{\cos 80°}{\sin 80°}$

$$=\dfrac{1}{\sin 40°}+\dfrac{\cos 80°}{2\sin 40°\cos 40°}$$

$$=\dfrac{2\cos 40°+\cos 80°}{2\sin 40°\cos 40°}$$

$$=\dfrac{2\cos 40°+\sin 10°}{\cos 10°}$$

$$=\dfrac{2\cos(30°+10°)+\sin 10°}{\cos 10°}$$

$$=\dfrac{\sqrt{3}\cos 10°}{\cos 10°}$$

$$=\sqrt{3}.$$

例4.（复旦大学保送生）$\sin^2\alpha+\sin^2\left(\alpha+\dfrac{\pi}{3}\right)+\sin^2\left(\alpha-\dfrac{\pi}{3}\right)=$ _____.

解析： $\sin^2\alpha + \sin^2\left(\alpha + \dfrac{\pi}{3}\right) + \sin^2\left(\alpha - \dfrac{\pi}{3}\right)$

$$= \frac{1 - \cos 2\alpha}{2} + \frac{1 - \cos\left(2\alpha + \dfrac{2\pi}{3}\right)}{2} + \frac{1 - \cos\left(2\alpha - \dfrac{2\pi}{3}\right)}{2}$$

$$= \frac{3}{2} - \frac{1}{2}\cos 2\alpha - \frac{1}{2}\left[\cos\left(2\alpha + \frac{2\pi}{3}\right) + \cos\left(2\alpha - \frac{2\pi}{3}\right)\right]$$

$$= \frac{3}{2} - \frac{1}{2}\cos 2\alpha - \frac{1}{2} \times 2\cos 2\alpha \cos\frac{2\pi}{3}$$

$$= \frac{3}{2}.$$

答案： $\dfrac{3}{2}$.

例5. （华约）在三角形 ABC 中，三边长 a，b，c 满足 $a + c = 3b$，则 $\tan\dfrac{A}{2}$

$\tan\dfrac{C}{2}$ 的值为（　　）.

A. $\dfrac{1}{5}$　　　　　　B. $\dfrac{1}{4}$　　　　　　C. $\dfrac{1}{2}$　　　　　　D. $\dfrac{2}{3}$

解析： 由已知及正弦定理得 $\sin A + \sin C = 3\sin B$，

即 $2\sin\dfrac{A+C}{2}\cos\dfrac{A-C}{2} = 3 \times 2\sin\dfrac{A+C}{2}\cos\dfrac{A+C}{2}$，即 $\cos\dfrac{A-C}{2} = 3\cos\dfrac{A+C}{2}$，

所以 $\cos\dfrac{A}{2}\cos\dfrac{C}{2} + \sin\dfrac{A}{2}\sin\dfrac{C}{2} = 3\left(\cos\dfrac{A}{2}\cos\dfrac{C}{2} - \sin\dfrac{A}{2}\sin\dfrac{C}{2}\right)$，

即 $4\sin\dfrac{A}{2}\sin\dfrac{C}{2} = 2\cos\dfrac{A}{2}\cos\dfrac{C}{2}$，所以 $\tan\dfrac{A}{2}\tan\dfrac{C}{2} = \dfrac{1}{2}$，选 C.

例6. 已知：$\sin\alpha + \sin\beta = a$，$\cos\alpha + \cos\beta = a + 1$，求 $\sin(\alpha + \beta)$ 及 $\cos(\alpha + \beta)$.

解析： 依题意有，$2\sin\dfrac{\alpha+\beta}{2}\cos\dfrac{\alpha-\beta}{2} = a$　①，

$2\cos\dfrac{\alpha+\beta}{2}\cos\dfrac{\alpha-\beta}{2} = a + 1$　②，

由两式相除得，$\tan\dfrac{\alpha+\beta}{2} = \dfrac{a}{a+1}$.

由万能公式得，$\sin(\alpha + \beta) = \dfrac{2\tan\dfrac{\alpha+\beta}{2}}{1 + \tan^2\dfrac{\alpha+\beta}{2}} = \dfrac{\dfrac{2a}{a+1}}{1 + \left(\dfrac{a}{a+1}\right)^2} = \dfrac{2a^2 + 2a}{2a^2 + 2a + 1}$，

$$\cos(\alpha+\beta) = \frac{1-\tan^2\dfrac{\alpha+\beta}{2}}{1+\tan^2\dfrac{\alpha+\beta}{2}} = \frac{1-\left(\dfrac{a}{a+1}\right)^2}{1+\left(\dfrac{a}{a+1}\right)^2} = \frac{2a+1}{2a^2+2a+1}.$$

例7. （2018年全国卷2）已知 $\sin\alpha+\cos\beta=1$，$\cos\alpha+\sin\beta=0$，则 $\sin(\alpha+\beta)=$ _____.

解析： 由已知两式两边平方，$\sin^2\alpha+2\sin\alpha\cos\beta+\cos^2\beta=1$，

$$\cos^2\alpha+2\cos\alpha\sin\beta+\sin^2\beta=0,$$

两式相加得，$1+2\sin(\alpha+\beta)+1=1$，解之得，$\sin(\alpha+\beta)=-\dfrac{1}{2}$.

例8. （2013年湖南卷）已知函数 $f(x)=\cos x\cos\left(x-\dfrac{\pi}{3}\right)$.

（1）求 $f\left(\dfrac{2\pi}{3}\right)$ 的值.

（2）求使 $f(x)<\dfrac{1}{4}$ 成立的 x 的取值集合.

解析： （1）$f\left(\dfrac{2\pi}{3}\right)=\cos\dfrac{2\pi}{3}\cos\left(\dfrac{2\pi}{3}-\dfrac{\pi}{3}\right)=-\dfrac{1}{2}\times\dfrac{1}{2}=-\dfrac{1}{4}$.

（2）$f(x)=\cos x\cos\left(x-\dfrac{\pi}{3}\right)=\dfrac{1}{2}\left[\cos\left(2x-\dfrac{\pi}{3}\right)+\cos\dfrac{\pi}{3}\right]=\dfrac{1}{2}\cos\left(2x-\dfrac{\pi}{3}\right)+\dfrac{1}{4}$.

由 $f(x)<\dfrac{1}{4}$ 得，$\dfrac{1}{2}\cos\left(2x-\dfrac{\pi}{3}\right)+\dfrac{1}{4}<\dfrac{1}{4}$，即 $\cos\left(2x-\dfrac{\pi}{3}\right)<0$，

于是有 $2k\pi+\dfrac{\pi}{2}<2x-\dfrac{\pi}{3}<2k\pi+\dfrac{3\pi}{2}$（$k\in\mathbf{Z}$），

解之得，$k\pi+\dfrac{5\pi}{12}<x<k\pi+\dfrac{11\pi}{12}$，$k\in\mathbf{Z}$.

故所求不等式的解集为 $\left\{x\left|\,k\pi+\dfrac{5\pi}{12}<x<k\pi+\dfrac{11\pi}{12},\ k\in\mathbf{Z}\right.\right\}$.

例9. （2018年全国卷1）在平面四边形 $ABCD$ 中，$\angle ADC=90°$，$\angle A=45°$，$AB=2$，$BD=5$.

（1）求 $\cos\angle ADB$.

（2）若 $DC=2\sqrt{2}$，求 BC.

解析： （1）依题意，在 $\triangle ABD$ 中，由正弦定理有，$\dfrac{2}{\sin\angle ADB}=\dfrac{5}{\sin 45°}$，

解之得，$\sin\angle ADB = \dfrac{\sqrt{2}}{5}$，所以 $\cos\angle ADB = \dfrac{\sqrt{23}}{5}$.

(2) 在 $\triangle BDC$ 中，$\cos\angle BDC = \cos\left(\dfrac{\pi}{2} - \angle ADB\right) = \sin\angle ADB = \dfrac{\sqrt{2}}{5}$，

由余弦定理有 $BC^2 = 5^2 + \left(2\sqrt{2}\right)^2 - 2\times 5 \times 2\sqrt{2} \times \dfrac{\sqrt{2}}{5} = 25$，所以 $BC = 5$.

【练习巩固】

1. (2012 年天津卷) 已知函数 $f(x) = \sin\left(2x + \dfrac{\pi}{3}\right) + \sin\left(2x - \dfrac{\pi}{3}\right) + 2\cos^2 x - 1$ $(x \in \mathbf{R})$.

(1) 求函数 $f(x)$ 的最小正周期.

(2) 求函数 $f(x)$ 在区间 $\left[-\dfrac{\pi}{4}, \dfrac{\pi}{4}\right]$ 上的最大值和最小值.

2. (2011 年北京卷) 已知函数 $f(x) = 4\sin\left(x + \dfrac{\pi}{6}\right)\cos x - 1$.

(1) 求 $f(x)$ 的最小正周期.

(2) 求 $f(x)$ 在区间 $\left[-\dfrac{\pi}{6}, \dfrac{\pi}{4}\right]$ 上的最大值和最小值.

3. 设 $\triangle ABC$ 是锐角三角形，a，b，c 分别是内角 A，B，C 所对边长，

并且 $\sin^2 A = \sin\left(\dfrac{\pi}{3} + B\right)\sin\left(\dfrac{\pi}{3} - B\right) + \sin^2 B$.

(1) 求角 A 的值.

(2) 若 $\overrightarrow{AB} \cdot \overrightarrow{AC} = 12$，$a = 2\sqrt{7}$，求 b，c（其中 $b < c$）.

【练习解析】

1. **解析**：$f(x) = 2\sin 2x\cos\dfrac{\pi}{3} + \cos 2x = \sin 2x + \cos 2x = \sqrt{2}\sin\left(2x + \dfrac{\pi}{4}\right)$.

(1) 所求 $f(x)$ 的最小正周期为 $T = \dfrac{2\pi}{2} = \pi$.

(2) 由 $-\dfrac{\pi}{4} \leqslant x \leqslant \dfrac{\pi}{4}$，得 $-\dfrac{\pi}{4} \leqslant 2x + \dfrac{\pi}{4} \leqslant \dfrac{3\pi}{4}$，由函数 $f(x)$ 的单调性知，

$f(x)_{\max} = f\left(\dfrac{\pi}{8}\right) = \sqrt{2}$，$f(x)_{\min} = f\left(-\dfrac{\pi}{4}\right) = -1$.

2. **解析：** $f(x) = 4 \times \dfrac{1}{2}\left[\sin\left(2x + \dfrac{\pi}{6}\right) + \sin\dfrac{\pi}{6}\right] - 1 = 2\sin\left(2x + \dfrac{\pi}{6}\right)$.

（1）所求 $f(x)$ 的最小正周期为 $T = \dfrac{2\pi}{2} = \pi$.

（2）由 $-\dfrac{\pi}{6} \leqslant x \leqslant \dfrac{\pi}{4}$，得 $-\dfrac{\pi}{6} \leqslant 2x + \dfrac{\pi}{6} \leqslant \dfrac{2\pi}{3}$，由函数 $f(x)$ 的单调性知，

$f(x)_{\max} = f\left(\dfrac{\pi}{6}\right) = 2, f(x)_{\min} = f\left(-\dfrac{\pi}{6}\right) = -1$.

3. **解析：**（1）由已知有，$\dfrac{1 - \cos 2A}{2} = -\dfrac{1}{2}\left[\cos\dfrac{2\pi}{3} - \cos 2B\right] + \dfrac{1 - \cos 2B}{2}$，

所以 $\cos 2A = -\dfrac{1}{2}$，即 $2A = \dfrac{2\pi}{3}$，所以 $A = \dfrac{\pi}{3}$.

（2）依题意有，$\begin{cases} \dfrac{1}{2}bc = 12, \\ b^2 + c^2 - 2bc \times \dfrac{1}{2} = (2\sqrt{7})^2, \end{cases}$ 解之得 $\begin{cases} b = 4, \\ c = 6. \end{cases}$

第⑨讲

"梵塔之谜与递推公式" 及其应用

【题型背景】

梵塔之谜（也叫梵塔问题）：在世界的古地轴中心——印度贝拉勒斯圣庙的梵塔上有 64 片金叶. 梵天（印度古代创造之神）当时授言：从现在起，每次移动一片，小片必须在大片的上面，把 64 片金叶全部移到另一根塔针上，移完就是世界末日了.

这个故事由喜爱数学的历史学家鲍尔记载成文并流传至今. 当代科学计算得，$1 + 2 + 2^2 + 2^3 + \cdots + 2^{63} = 2^{64} - 1 = 18446744073709551615$ 次. 若每秒移动一片，夜以继日，岁岁如此，代代不停，共需 5800 多亿年才能移完. 而太阳系的寿命不会超过 200 亿年，这个时间是太阳系寿命的 30 倍之多. 梵天当时就估计到这是个无穷大数，故敢开这样的玩笑.

【知识分析】

梵塔之谜其实就是一道数列题：

已知数列 $\{a_n\}$ 满足 $\begin{cases} a_1 = 1, \\ a_{n+1} = 2a_n + 1, \end{cases}$ 求数列 $\{a_n\}$ 的通项公式 a_n.

由已知即有 $a_{n+1} + 1 = 2(a_n + 1)$，所以数列 $\{a_n + 1\}$ 是以 $a_1 + 1 = 2$ 为首项，2 为公比的等比数列.

图 9 - 1

所以，$a_n + 1 = 2 \cdot 2^{n-1}$，即有 $a_n = 2^n - 1$.

于是 $a_{64} = 2^{64} - 1$，即为一个相当庞大的数字.

一般问题：已知数列 $\{a_n\}$ 满足 $\begin{cases} a_1 = a, \\ a_{n+1} = qa_n + r, \end{cases}$ （$q \neq 0$，$q \neq 1$），求数列 $\{a_n\}$ 的通项公式 a_n.

由已知可设 $a_{n+1} + m = q(a_n + m)$（m 为待定数），于是有 $qm - m = r$，即 $m = \dfrac{r}{q-1}$，所以数列 $\left\{a_n + \dfrac{r}{q-1}\right\}$ 是以 $a_1 + \dfrac{r}{q-1} = a + \dfrac{r}{q-1}$ 为首项，q 为公比的等比数列，

所以，$a_n + \dfrac{r}{q-1} = \left(a + \dfrac{r}{q-1}\right) \cdot q^{n-1}$，即有 $a_n = \left(a + \dfrac{r}{q-1}\right) \cdot q^{n-1} - \dfrac{r}{q-1}$，应用类似的方法可求解相关的递推数列问题.

本试题主要考查与培育学生的建模、运算、直观想象与逻辑推理等核心素养.

【例题解析】

例1. 已知数列 $\{a_n\}$ 满足：$a_1 = 1$，$a_{n+1} = 3a_n + 4$（$n \in \mathbf{N}^*$），求该数列的前 n 项和 S_n.

解析：由 $a_{n+1} = 3a_n + 4$，得 $a_{n+1} + 2 = 3(a_n + 2)$，

所以数列 $\{a_n + 2\}$ 是以 $a_1 + 2 = 3$ 为首项，3 为公比的等比数列.

所以 $a_n + 2 = 3 \cdot 3^{n-1}$，即 $a_n = 3^n - 2$，

故 $S_n = \dfrac{3(1 - 3^n)}{1 - 3} - 2n = \dfrac{3^{n+1}}{2} - 2n - \dfrac{3}{2}$.

例2. 已知数列 $\{a_n\}$ 满足：$a_1 = 5$，$a_{n+1} = 2a_n - 1$（$n \in \mathbf{N}^*$），求该数列的通项公式 a_n.

解析：由 $a_{n+1} = 2a_n - 1$，得 $a_{n+1} - 1 = 2(a_n - 1)$，

所以数列 $\{a_n - 1\}$ 是以 $a_1 - 1 = 4$ 为首项，2 为公比的等比数列.

所以 $a_n - 1 = 4 \cdot 2^{n-1}$，即 $a_n = 2^{n+1} + 1$.

例3. 已知数列 $\{a_n\}$ 中，$a_1 = 1$，前 n 项和为 S_n，且 $S_{n+1} = \dfrac{3}{2} S_n + 1$（$n \in \mathbf{N}^*$），求数列 $\{a_n\}$ 的通项公式 a_n.

解析：由 $S_{n+1} = \dfrac{3}{2} S_n + 1$，得 $S_{n+1} + 2 = \dfrac{3}{2}(S_n + 2)$，

所以数列 $\{S_n+2\}$ 是以 $S_1+2=3$ 为首项，$\dfrac{3}{2}$ 为公比的等比数列.

所以 $S_n+2=3\left(\dfrac{3}{2}\right)^{n-1}$，

即 $S_n=3\left(\dfrac{3}{2}\right)^{n-1}-2$.

当 $n\geqslant 2$ 时，$a_n=S_n-S_{n-1}=3\left(\dfrac{3}{2}\right)^{n-1}-3\left(\dfrac{3}{2}\right)^{n-2}=\left(\dfrac{3}{2}\right)^{n-1}$，

所以 $a_n=\left(\dfrac{3}{2}\right)^{n-1}$ $(n\in\mathbf{N}^*)$.

例4. 已知定义在 $\mathbf{R}$ 上的函数 $f(x)$ 是奇函数，且满足 $f(x+3)=f(x)$，$f(-2)=-3$，若数列 $\{a_n\}$ 中，$a_1=-1$，且前 n 项和 S_n 满足 $\dfrac{S_n}{n}=\dfrac{2a_n}{n}+1$，则 $f(a_5)+f(a_6)=$ _____.

解析： 由 $\dfrac{S_n}{n}=\dfrac{2a_n}{n}+1$，得 $S_n=2a_n+n$ (1)，$S_{n+1}=2a_{n+1}+n+1$ (2).

由 (2)－(1)，整理得 $a_{n+1}=2a_n-1$，用上述方法求得 $a_{n+1}-1=2(a_n-1)$.

所以数列 $\{a_n-1\}$ 是以 $a_1-1=-2$ 为首项，2 为公比的等比数列，

所以 $a_n-1=-2\cdot 2^{n-1}$，即 $a_n=1-2^n$.

所以 $f(a_5)=f(-31)=f(-1)=-f(1)=-f(-2)=-(-3)=3$，

$f(a_6)=f(-63)=f(0)=0$.

所以 $f(a_5)+f(a_6)=3+0=3$.

例5. （全国高中数学联赛试题）已知数列 a_0，a_1，a_2，$\cdots$，a_n，$\cdots$ 满足关系式 $(3-a_{n+1})(6+a_n)=18$，且 $a_0=3$，求 $\displaystyle\sum_{i=0}^{n}\dfrac{1}{a_i}$ 的值.

解析： 由 $(3-a_{n+1})(6+a_n)=18$，得

$\dfrac{1}{a_{n+1}}=2\cdot\dfrac{1}{a_n}+\dfrac{1}{3}$，即 $\dfrac{1}{a_{n+1}}+\dfrac{1}{3}=2\left(\dfrac{1}{a_n}+\dfrac{1}{3}\right)$.

所以数列 $\left\{\dfrac{1}{a_n}+\dfrac{1}{3}\right\}$ 是以 $\dfrac{1}{a_0}+\dfrac{1}{3}=\dfrac{2}{3}$ 为首项，2 为公比的等比数列，

所以 $\dfrac{1}{a_n}+\dfrac{1}{3}=\dfrac{2}{3}\cdot 2^n$，

即 $\dfrac{1}{a_n}=\dfrac{1}{3}\cdot 2^{n+1}-\dfrac{1}{3}$，

$$\sum_{i=0}^{n} \frac{1}{a_i} = \frac{1}{3} \cdot \frac{2(1 - 2^{n+1})}{1-2} - \frac{1}{3}(n+1) = \frac{1}{3}(2^{n+2} - n - 3).$$

【练习巩固】

1. 已知数列 $\{a_n\}$ 满足：$a_1 = 1$，$a_{n+1} = 3a_n + 2$（$n \in \mathbf{N}^*$），求通项公式 a_n.

2. 已知数列 $\{a_n\}$ 满足：$a_1 = 4$，$a_{n+1} = 3a_n + 2n - 1$（$n \in \mathbf{N}^*$），求通项公式 a_n.

3. 已知数列 $\{a_n\}$ 满足：$a_1 = \frac{1}{2}$，$a_{n+1} = \frac{3 - a_n}{2}$（$n \in \mathbf{N}^*$），求通项公式 a_n.

4. 已知数列 $\{a_n\}$ 的前 n 项和为 S_n，且 $S_n = n - 5a_n - 85$，$n \in \mathbf{N}^*$.

（1）证明 $\{a_n - 1\}$ 是等比数列.

（2）求数列 $\{a_n\}$ 的通项公式 a_n.

5. 已知数列 $\{a_n\}$ 满足 $a_1 = 1$，$a_{n+1} = 3a_n + 1$.

（1）证明 $\left\{a_n + \frac{1}{2}\right\}$ 是等比数列，并求数列 $\{a_n\}$ 的通项公式.

（2）证明：$\frac{1}{a_1} + \frac{1}{a_2} + \frac{1}{a_3} + \cdots + \frac{1}{a_n} < \frac{3}{2}$.

【练习解析】

1. **解析**：依题意有，$a_{n+1} + 1 = 3(a_n + 1)$，则数列 $\{a_n + 1\}$ 是以 $a_1 + 1 = 2$ 为首项，3 为公比的等比数列，则 $a_n + 1 = 2 \times 3^{n-1}$，即 $a_n = 2 \times 3^{n-1} - 1$.

2. **解析**：依题意有，$a_{n+1} + (n+1) = 3(a_n + n)$，则数列 $\{a_n + n\}$ 是以 $a_1 + 1 = 5$ 为首项，3 为公比的等比数列，则 $a_n + n = 5 \times 3^{n-1}$，即 $a_n = 5 \times 3^{n-1} - n$.

3. **解析**：依题意有，$a_{n+1} - 1 = -\frac{1}{2}(a_n - 1)$，则数列 $\{a_n - 1\}$ 是以 $a_1 - 1 = -\frac{1}{2}$ 为首项，$-\frac{1}{2}$ 为公比的等比数列，则 $a_n - 1 = -\frac{1}{2} \times \left(-\frac{1}{2}\right)^{n-1}$，即 $a_n = \left(-\frac{1}{2}\right)^n + 1$.

4. **解析**：

（1）依题意有，$a_1 = 1 - 5a_1 - 85$，解之得，$a_1 = -14$. $S_{n+1} = n + 1 - 5a_{n+1} - 85$，$S_n = n - 5a_n - 85$，两式求差整理得，$a_{n+1} = \frac{5}{6}a_n + \frac{1}{6}$，即 $a_{n+1} - 1 = \frac{5}{6}(a_n - $

1)，所以数列 $\{a_n - 1\}$ 是以 $a_1 - 1 = -15$ 为首项，$\dfrac{5}{6}$ 为公比的等比数列.

(2) 由（1）得 $a_n - 1 = -15 \times \left(\dfrac{5}{6}\right)^{n-1}$，

所以 $a_n = -15 \times \left(\dfrac{5}{6}\right)^{n-1} + 1$.

5. 答案：

(1) $a_n = \dfrac{1}{2} \times 3^n - \dfrac{1}{2}$.

(2) 略.

第十讲

龟兔赛跑与数列极限

【题型背景】

龟兔赛跑悖论：古希腊的学者曾经提出一个著名的龟兔赛跑悖论．它是这样说的：乌龟先爬了一段在 A_1 点，兔子在起点 B 点，兔子想要追上乌龟．但是，它在追乌龟的同时乌龟在往前爬．兔子想要追上乌龟，就必须到达乌龟开始所在的点 A_1．当它到达 A_1 点时，乌龟又爬了一段到达 A_2 点（它们之间的相对距离减小了）．然后兔子又必须追赶到达 A_2 点，可是此时乌龟又到达 A_3 点（它们之间的相对距离继续缩小）．兔子想追上乌龟必须到达 A_3 点，可是乌龟已经爬到 A_4 点……这样下去，兔子和乌龟之间的距离会越来越小．也就是说，一直跑下去，兔子和乌龟之间的距离会达到无穷小，但是，兔子无论如何也追不上乌龟．如图 10 - 1 所示．

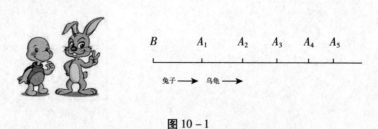

图 10 - 1

【知识分析】

可以看到，这个悖论在逻辑上是没有问题的，那么究竟是哪里出问题了呢？经过分析可以发现，这个问题的关键就在于无限小是不是有尽头？兔子和乌龟之间的相对距离会随着运动变成无限小，但是只有这个相对距离变成 0，兔子才能够追上乌龟，否则它们之间就隔着一道正无限小的鸿沟．可是，在现实之中，兔子的确追上了乌龟（兔子速度大于乌龟），那么在数学的理想模型中，正无限小是否有个尽头呢？

我们假定兔子的速度是乌龟的两倍，兔子追乌龟的第一段距离为 1 个单位，即 $a_1 = BA_1 = 1$，第二段距离为 $a_2 = A_1A_2 = \dfrac{1}{2}$，第三段距离为 $a_3 = A_2A_3 = \dfrac{1}{4}$，…，

于是得到等比数列 $\{a_n\}$：首项 $a_1 = 1$，公比 $q = \dfrac{1}{2}$，其前 n 项和为

$$S_n = \frac{1 \times \left[1 - \left(\dfrac{1}{2}\right)^n\right]}{1 - \dfrac{1}{2}},$$

所有项之和为 $S = \lim\limits_{n\to\infty} S_n = \lim\limits_{n\to\infty} \dfrac{1 \times \left[1 - \left(\dfrac{1}{2}\right)^n\right]}{1 - \dfrac{1}{2}} = \dfrac{1}{1 - \dfrac{1}{2}} = 2.$

这是一个具体的有限的距离，说明兔子在有限时间内是可以追上乌龟的．

一般地，已知等比数列 $\{a_n\}$ 的首项为 a_1，公比 q 满足 $|q| < 1$，则其所有项之和为

$$S = \lim_{n\to +\infty} S_n = \lim_{n\to +\infty} \frac{a_1(1 - q^n)}{1 - q} = \frac{a_1}{1 - q}.$$

本试题主要考查学生对数学文化理解，侧重考查与培育学生的数学运算、数学建模与逻辑推理等核心素养．

问题：循环小数 $0.9999\cdots$ 是小于 1，还是等于 1？即 $0.\dot{9} < 1$，还是 $0.\dot{9} = 1$？

一种理解：很显然，$0.9999\cdots$ 比 1 还是小那么一点点，

但是 $0.\dot{9} = 0.\dot{6} + 0.\dot{3} = \dfrac{2}{3} + \dfrac{1}{3} = 1$，好像也对．

正解：$0.\dot{9} = 0.9 + 0.09 + 0.009 + \cdots = \dfrac{9}{10} + \dfrac{9}{10^2} + \dfrac{9}{10^3} + \cdots = \dfrac{\dfrac{9}{10}}{1 - \dfrac{1}{10}} = 1.$

于是有下面的循环小数转化成分数的计算方法．

如：$0.\dot{1} = \dfrac{1}{10} + \dfrac{1}{10^2} + \dfrac{1}{10^3} + \cdots = \dfrac{\dfrac{1}{10}}{1 - \dfrac{1}{10}} = \dfrac{1}{9}$，

$$0.\dot{2} = \frac{2}{10} + \frac{2}{10^2} + \frac{2}{10^3} + \cdots = \frac{\frac{2}{10}}{1 - \frac{1}{10}} = \frac{2}{9},$$

$$0.\dot{3} = \frac{3}{9}, \quad 0.\dot{4} = \frac{4}{9}, \quad 0.\dot{5} = \frac{5}{9}, \quad \cdots$$

$$0.\dot{1}\dot{2} = \frac{12}{100} + \frac{12}{100^2} + \frac{12}{100^3} + \cdots = \frac{\frac{12}{100}}{1 - \frac{1}{100}} = \frac{12}{99},$$

$$0.\dot{7}\dot{5} = \frac{75}{99}, \quad 0.\dot{1}2\dot{3} = \frac{123}{999}, \quad 0.\dot{1}23\dot{4} = \frac{1234}{9999}, \quad \cdots$$

【例题解析】

例1. $\lim\limits_{n \to \infty} \left(1 + \frac{2^2 + 3^2}{5^2} + \frac{2^3 + 3^3}{5^3} + \cdots + \frac{2^n + 3^n}{5^n}\right)$ 的值是( ).

A. 2   B. $2\frac{1}{6}$ C. $2\frac{5}{6}$ D. 3

解析：原式 $= \lim\limits_{n \to \infty} \left[\frac{2}{5} + \left(\frac{2}{5}\right)^2 + \left(\frac{2}{5}\right)^3 + \cdots + \left(\frac{2}{5}\right)^n\right] + \lim\limits_{n \to \infty} \left[\frac{3}{5} + \left(\frac{3}{5}\right)^2 + \left(\frac{3}{5}\right)^3 + \cdots + \left(\frac{3}{5}\right)^n\right]$

$= \dfrac{\frac{2}{5}}{1 - \frac{2}{5}} + \dfrac{\frac{3}{5}}{1 - \frac{3}{5}} = \frac{2}{3} + \frac{3}{2} = \frac{13}{6}$，选 B.

例2. 如图 10-2 所示，在半径为 r 的圆内作内接正六边形，再作正六边形的内切圆，又在此内切圆内作内接正六边形，如此无限继续下去，设 S_n 为前 n 个圆的面积之和，则 $\lim\limits_{n \to \infty} S_n = ($).

A. $2\pi r^2$ B. $\frac{8}{3}\pi r^2$

C. $4\pi r^2$ D. $6\pi r^2$

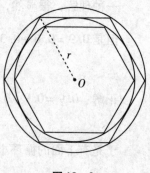

图 10-2

解析：依题意有 $S_1 = \pi r^2$，$S_2 = \pi\left(\frac{\sqrt{3}}{2}r\right)^2$，

$q = \dfrac{S_2}{S_1} = \dfrac{\frac{3}{4}\pi r^2}{\pi r^2} = \dfrac{3}{4}$，所以 $S = \lim\limits_{n\to\infty} S_n = \dfrac{\pi r^2}{1-\frac{3}{4}} = 4\pi r^2$，选 C.

例 3. 若多项式 $(1+x)^m = a_0 + a_1 x + a_2 x^2 + \cdots + a_m x^m$ 满足：$a_1 + 2a_2 + 3a_3 + \cdots + m a_m = 80$，则 $\lim\limits_{n\to\infty}\left(\dfrac{1}{a_4} + \dfrac{1}{a_4^2} + \dfrac{1}{a_4^3} + \cdots + \dfrac{1}{a_4^n}\right)$ 的值是（　　）．

A. $\dfrac{1}{3}$ 　　B. $\dfrac{1}{4}$ 　　C. $\dfrac{1}{5}$ 　　D. $\dfrac{1}{6}$

解析： 依题意，两边求导 $m(1+x)^{m-1} = 0 + a_1 + 2a_2 x + 3a_3 x^2 + \cdots + m a_m x^{m-1}$，

令 $x=1$，则 $m \times 2^{m-1} = a_1 + 2a_2 + 3a_3 + \cdots + m a_m = 80$，解之得 $m=5$，

所以 $a_4 = C_5^4 = 5$，$\dfrac{1}{a_4} = \dfrac{1}{5}$，即 $S = \dfrac{\frac{1}{5}}{1-\frac{1}{5}} = \dfrac{1}{4}$，选 B.

例 4.（清华大学自主招生）如图 $10-3$ 所示，设正三角形的边长为 a，T_{n+1} 是 T_n 的中点三角形，A_n 为 T_n 除去 T_{n+1} 后剩下的三个三角形内切圆的面积之和，求 $\lim\limits_{n\to\infty}\sum\limits_{k=1}^{n} A_n$.

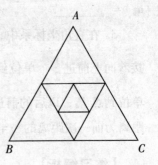

图 $10-3$

解析： $A_1 = 3\pi\left(\dfrac{1}{3} \times \dfrac{\sqrt{3}}{2} \times \dfrac{1}{2}a\right)^2 = \dfrac{9\pi a^2}{144}$，

$q = \dfrac{A_{n+1}}{A_n} = \dfrac{1}{4}$，

所以 $S = \lim\limits_{n\to\infty}\left(\sum\limits_{k=1}^{n} A_n\right) = \lim\limits_{n\to\infty}\dfrac{9\pi a^2}{144} \times \dfrac{1-\left(\frac{1}{4}\right)^n}{1-\frac{1}{4}} = \dfrac{\pi}{12}a^2$.

例 5.（清华大学自主招生）设 $\dfrac{\sqrt{5}+1}{\sqrt{5}-1}$ 的整数部分为 A，小数部分为 B.

（1）求 A，B 的值．

（2）求 $\lim\limits_{n\to\infty}(1 + B + B^2 + \cdots + B^n)$ 的值．

解析： $\dfrac{\sqrt{5}+1}{\sqrt{5}-1} = \dfrac{6+2\sqrt{5}}{4} = \dfrac{3+\sqrt{5}}{2}$，

49

（1）依题意，$A = \left[\dfrac{3+\sqrt{5}}{2} \right] = 2$，$B = \dfrac{3+\sqrt{5}}{2} - 2 = \dfrac{\sqrt{5}-1}{2}$.

（2）$\lim\limits_{n \to \infty}(1 + B + B^2 + \cdots + B^n) = \dfrac{1}{1 - \dfrac{\sqrt{5}-1}{2}} = \dfrac{2}{3 - \sqrt{5}} = \dfrac{3+\sqrt{5}}{2}$.

【练习巩固】

1. 等比数列 $\{a_n\}$ 的首项 $a_1 = -1$，前 n 项和为 S_n，若 $\dfrac{S_{10}}{S_5} = \dfrac{31}{32}$，则 $\lim\limits_{n \to \infty} S_n$ 等于（　　）．

A. $\dfrac{2}{3}$　　　　　　B. $-\dfrac{2}{3}$　　　　　　C. 2　　　　　　D. -2

2. 已知等比数列 $\{a_n\}$ 满足：$a_1 + a_2 = 9$，$a_1 a_2 a_3 = 27$，则 $\lim\limits_{n \to \infty}(a_1 + a_2 + \cdots + a_n) = $ _____．

3. 在直角坐标系中，一个质点从原点出发沿 x 轴向右前进 1 个单位到点 P_1，接着向上前进 $\dfrac{1}{2}$ 个单位到点 P_2，再向左前进 $\dfrac{1}{4}$ 个单位到点 P_3，再向下前进 $\dfrac{1}{8}$ 个单位到点 P_4；以后的前进方向按向右、向上、向左、向下的顺序，每次前进的距离为前一次距离的一半．这样无限继续下去，求该质点到达的极限位置．

【练习解析】

1. **解析**：依题意有，$\dfrac{\dfrac{a_1(1 - q^{10})}{1 - q}}{\dfrac{a_1(1 - q^5)}{1 - q}} = \dfrac{31}{32}$，即 $1 + q^5 = \dfrac{31}{32}$，解之得 $q = -\dfrac{1}{2}$，

$\lim\limits_{n \to \infty} S_n = \dfrac{-1}{1 - \left(-\dfrac{1}{2}\right)} = -\dfrac{2}{3}$，选 B.

2. **解析**：依题意有，$a_1 = 6$，$a_2 = 3$，$q = \dfrac{1}{2}$，

则 $\lim\limits_{n \to \infty}(a_1 + a_2 + \cdots + a_n) = \dfrac{6}{1 - \dfrac{1}{2}} = 12$.

3. **解析**：依题意有，

$$x = 1 - \frac{1}{4} + \frac{1}{16} - \frac{1}{64} + \cdots = \frac{1}{1 - \left(-\frac{1}{4} \right)} = \frac{4}{5},$$

$$y = \frac{1}{2} - \frac{1}{8} + \frac{1}{32} - \frac{1}{128} + \cdots = \frac{\frac{1}{2}}{1 - \left(-\frac{1}{4} \right)} = \frac{2}{5},$$

所以，该质点到达的极限位置是点 $P\left(\frac{4}{5}, \frac{2}{5} \right)$.

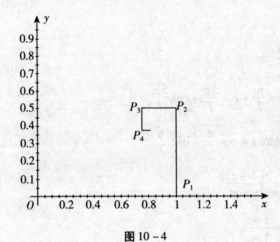

图 10 - 4

第⑪讲

三角函数、数列、复数综合试题

【题型背景】

例． 求值：$\cos\dfrac{\pi}{7} + \cos\dfrac{3\pi}{7} + \cos\dfrac{5\pi}{7} = $ _____．

解析： 选择复数 $z = \cos\dfrac{\pi}{7} + i\sin\dfrac{\pi}{7}$，

则 $z + z^3 + z^5 = \dfrac{z(1 - z^6)}{1 - z^2}$

$$= \dfrac{z - z^7}{1 - z^2}$$

$$= \dfrac{z + 1}{1 - z^2}$$

$$= \dfrac{1}{1 - z}$$

$$= \dfrac{1}{1 - \cos\dfrac{\pi}{7} - i\sin\dfrac{\pi}{7}}$$

$$= \dfrac{1}{2\sin^2\dfrac{\pi}{14} - i\left(2\sin\dfrac{\pi}{14}\cos\dfrac{\pi}{14}\right)}$$

$$= \dfrac{1}{2\sin\dfrac{\pi}{14}\left(\sin\dfrac{\pi}{14} - i\cos\dfrac{\pi}{14}\right)}$$

$$= \dfrac{\sin\dfrac{\pi}{14} + i\cos\dfrac{\pi}{14}}{2\sin\dfrac{\pi}{14}}$$

$$= \frac{1}{2} + i\left(\frac{1}{2}\cot\frac{\pi}{14} \right),$$

所以 $\cos\frac{\pi}{7} + \cos\frac{3\pi}{7} + \cos\frac{5\pi}{7} = \frac{1}{2}$.

同时，还可以得到 $\sin\frac{\pi}{7} + \sin\frac{3\pi}{7} + \sin\frac{5\pi}{7} = \frac{1}{2}\cot\frac{\pi}{14}$,

其解法体现了复数运算的优势.

如果用三角函数直接求值，计算下面的更简单的算式：

$$\cos\frac{\pi}{5} + \cos\frac{3\pi}{5} = 2\cos\frac{2\pi}{5}\cos\frac{\pi}{5}$$

$$= \frac{4\sin\frac{\pi}{5}\cos\frac{\pi}{5}\cos\frac{2\pi}{5}}{2\sin\frac{\pi}{5}}$$

$$= \frac{\sin\frac{4\pi}{5}}{2\sin\frac{\pi}{5}}$$

$$= \frac{\sin\frac{\pi}{5}}{2\sin\frac{\pi}{5}}$$

$$= \frac{1}{2}.$$

考试对三角函数的运算要求是比较高的．本题主要考查与培育学生的数学运算与逻辑推理等核心素养.

【知识分析】

选择一般情况进行探讨与研究：

选择复数 $z = \cos\frac{\pi}{2n+1} + i\sin\frac{\pi}{2n+1}$,

$$z + z^3 + \cdots + z^{2n-1} = \frac{z(1-z^{2n})}{1-z^2} = \frac{z-z^{2n+1}}{1-z^2} = \frac{z+1}{1-z^2} = \frac{1}{1-z}$$

$$= \frac{1}{1 - \cos\frac{\pi}{2n+1} - i\sin\frac{\pi}{2n+1}}$$

$$= \cfrac{1}{2\sin^2\cfrac{\pi}{2(2n+1)} - i\left(2\sin\cfrac{\pi}{2(2n+1)}\cos\cfrac{\pi}{2(2n+1)}\right)}$$

$$= \cfrac{1}{2\sin\cfrac{\pi}{2(2n+1)}\left(\sin\cfrac{\pi}{2(2n+1)} - i\cos\cfrac{\pi}{2(2n+1)}\right)}$$

$$= \cfrac{\sin\cfrac{\pi}{2(2n+1)} + i\cos\cfrac{\pi}{2(2n+1)}}{2\sin\cfrac{\pi}{2(2n+1)}}$$

$$= \frac{1}{2} + i\left(\frac{1}{2}\cot\frac{\pi}{2(2n+1)}\right),$$

所以 $\cos\dfrac{\pi}{2n+1} + \cos\dfrac{3\pi}{2n+1} + \cdots + \cos\dfrac{(2n-1)\pi}{2n+1} = \dfrac{1}{2}$,

同时，也可以得到 $\sin\dfrac{\pi}{2n+1} + \sin\dfrac{3\pi}{2n+1} + \cdots + \sin\dfrac{(2n-1)\pi}{2n+1}$

$$= \frac{1}{2}\cot\frac{\pi}{2(2n+1)}.$$

【例题解析】

下面的例题改编自相应的数学竞赛试题或者高校自主招生试题.

例1. 求值 $\cos\dfrac{\pi}{2019} + \cos\dfrac{3\pi}{2019} + \cdots + \cos\dfrac{2017\pi}{2019} = \underline{\qquad}$ （答案显然为 $\dfrac{1}{2}$）.

例2. 求值 $\cos\dfrac{\pi}{9} + \cos\dfrac{3\pi}{9} + \cos\dfrac{5\pi}{9} + \cos\dfrac{7\pi}{9} = \underline{\qquad}$ （答案显然为 $\dfrac{1}{2}$）.

例3. 化简 $\sin\dfrac{\pi}{2019} + \sin\dfrac{3\pi}{2019} + \cdots + \sin\dfrac{2017\pi}{2019} = ($ \qquad $)$.

A. $\dfrac{1}{2}$

B. $\cfrac{\cos\cfrac{\pi}{2019}}{2\sin\cfrac{\pi}{2019}}$

C. $\cfrac{\cos\cfrac{\pi}{4038}}{2\sin\cfrac{\pi}{4038}}$

D. $\cfrac{\sin\cfrac{\pi}{4038}}{2\cos\cfrac{\pi}{4038}}$

（答案显然为 C）.

【练习巩固】

1. 求值 $\cos \dfrac{\pi}{n} + \cos \dfrac{3\pi}{n} + \cdots + \cos \dfrac{(2n-1)\pi}{n} =$ _____.

2. 求值 $\cos \dfrac{\pi}{2018} + \cos \dfrac{3\pi}{2018} + \cdots + \cos \dfrac{4035\pi}{2018} =$ _____.

【练习答案】

1. 答案：$\dfrac{1}{2}$.

2. 答案：$\dfrac{1}{2}$.

第十二讲

数学归纳法

【题型背景】

用数学归纳法证明：$1 + \dfrac{1}{2^2} + \dfrac{1}{3^2} + \cdots + \dfrac{1}{n^2} \geqslant \dfrac{3n}{2n+1}$ （$n \in \mathbf{N}^*$）.

解析：用数学归纳法证明不等式，在第二步用上归纳假设后，还需应用证明不等式的一般方法（比较法、放缩法等）来证明.

证明：

（1）当 $n = 1$ 时，左边 $= 1$，右边 $= 1$，

∴左≥右，即命题成立.

（2）假设当 $n = k$（$k \in \mathbf{N}^*$，$k \geqslant 1$）时，命题成立，

即 $1 + \dfrac{1}{2^2} + \dfrac{1}{3^2} + \cdots + \dfrac{1}{k^2} \geqslant \dfrac{3k}{2k+1}$.

那么当 $n = k+1$ 时，要证 $1 + \dfrac{1}{2^2} + \dfrac{1}{3^2} + \cdots + \dfrac{1}{k^2} + \dfrac{1}{(k+1)^2} \geqslant \dfrac{3(k+1)}{2(k+1)+1}$，

只要证 $\dfrac{3k}{2k+1} + \dfrac{1}{(k+1)^2} \geqslant \dfrac{3(k+1)}{2(k+1)+1}$.

因为 $\dfrac{3k}{2k+1} + \dfrac{1}{(k+1)^2} - \dfrac{3(k+1)}{2(k+1)+1} = \dfrac{k^2 + 2k}{(k+1)^2(2k+1)(2k+3)} > 0$，

∴当 $n = k+1$ 时命题成立.

由（1）（2）可知，不等式对一切 $n \in \mathbf{N}^*$ 均成立.

【知识分析】

1. 归纳法：由一系列有限的特殊事例得出一般结论的推理方法，叫作

归纳法.

2. 数学归纳法：先证明当 n 取第一个值 n_0 时，命题成立，然后假设当 $n = k$ $(k \in \mathbf{N}^*$, $k \geq n_0)$ 时命题成立，证明当 $n = k + 1$ 时，命题也成立，这种证明方法叫做数学归纳法.

3. 用数学归纳法证明一个与正整数有关的命题的步骤：

(1) 证明当 n 取第一个值 n_0 时，命题成立.

(2) 假设 $n = k$ $(k \in \mathbf{N}^*$, $k \geq n_0)$ 时，命题成立.

证明当 $n = k + 1$ 时，命题也成立.

在完成了这两个步骤以后，就可以断定命题对从 n_0 开始的所有正整数都成立.

数学归纳法的基本形式：设 $P(n)$ 是关于自然数 n 的命题，若

(1) $P(n_0)$ 成立（奠基）；

(2) 假设 $P(k)$ 成立（$k \geq n_0$），可以推出 $P(k+1)$ 成立（归纳），

则 $P(n)$ 对一切大于等于 n_0 的自然数 n 都成立.

数学归纳法的应用：证明恒等式和不等式，解决数的整除性，几何计算，数列的通项与和等问题.

本部分内容主要考查与培育学生的逻辑推理、数学建模与数学运算等核心素养.

【例题解析】

例 1. 用数学归纳法证明：$(3n + 1)7^n - 1$ $(n \in \mathbf{N}^*)$ 能被 9 整除.

解析：用数学归纳法证明整除问题，关键是在 $n = k + 1$ 时如何"凑"出归纳假设.

令 $f(n) = (3n + 1)7^n - 1$.

(1) $f(1) = (3 \times 1 + 1) \times 7^1 - 1 = 27$，虽然能被 9 整除.

(2) 假设 $f(k)$ $(k \in \mathbf{N}^*)$ 能被 9 整除，

则 $f(k + 1) - f(k) = [(3k + 4) \cdot 7^{k+1} - 1] - [(3k + 1) \cdot 7^k - 1]$

$$= 9(2k + 3) \cdot 7^k,$$

∴ $f(k + 1) = f(k) + 9(2k + 3) \cdot 7^k$ 能被 9 整除.

由 (1) (2) 知，对一切 $n \in \mathbf{N}^*$，命题均成立.

例2. 已知数列$\{a_n\}$的前n项和$S_n = n^2 a_n (n \geq 2)$，而$a_1 = 1$，通过计算a_2，a_3，a_4，猜想$a_n = ($ $)$.

A. $\dfrac{2}{(n+1)^2}$ B. $\dfrac{2}{n(n+1)}$

C. $\dfrac{2}{n^2-1}$ D. $\dfrac{2}{2n-1}$

解析：由$S_n = n^2 a_n$，知$S_{n+1} = (n+1)^2 a_{n+1}$，

所以$S_{n+1} - S_n = (n+1)^2 a_{n+1} - n^2 a_n$，

$a_{n+1} = (n+1)^2 a_{n+1} - n^2 a_n$，即$a_{n+1} = \dfrac{n}{n+2} a_n$.

计算得，$a_2 = \dfrac{1}{3} = \dfrac{2}{2\times 3}$，$a_3 = \dfrac{1}{6} = \dfrac{2}{3\times 4}$，$a_4 = \dfrac{1}{10} = \dfrac{2}{4\times 5}$，猜想$a_n = \dfrac{2}{n(n+1)}$，选B.

证明：$a_n = \dfrac{n-1}{n+1} \cdot \dfrac{n-2}{n} \cdot \dfrac{n-3}{n-1} \cdot \dfrac{n-4}{n-2} \cdot \cdots \cdot \dfrac{4}{6} \cdot \dfrac{3}{5} \cdot \dfrac{2}{4} \cdot \dfrac{1}{3} \cdot 1 = \dfrac{2}{n(n+1)}$.

例3. 在数列$\{a_n\}$中，$a_1 = 1$，当$n \geq 2$时，a_n，S_n，$S_n - \dfrac{1}{2}$成等比数列.

（1）求a_2，a_3，a_4，并推出a_n的表达式.

（2）用数学归纳法证明所得的结论.

解析：（1）因为a_n，S_n，$S_n - \dfrac{1}{2}$成等比数列，$S_n^2 = a_n \left(S_n - \dfrac{1}{2} \right)$，

$a_1 = 1$，依次代入计算得，$a_2 = -\dfrac{2}{3}$，$a_3 = -\dfrac{2}{15}$，$a_4 = -\dfrac{2}{35}$，

猜想，当$n \geq 2$时，$a_n = -\dfrac{2}{(2n-3)(2n-1)}$，

所以$a_n = \begin{cases} 1, & n=1, \\ -\dfrac{2}{(2n-3)(2n-1)}, & n \geq 2. \end{cases}$

（2）① 当$n = 1$，2，3，4时，由（1）知猜想成立.

② 假设$n = k$（$k \geq 2$，$k \in \mathbf{N}^*$）时猜想成立，即$a_k = -\dfrac{2}{(2k-3)(2k-1)}$，

$S_k^2 = -\dfrac{2}{(2k-3)(2k-1)}\left(S_k - \dfrac{1}{2}\right)$，解之得 $S_k = \dfrac{1}{2k-1}$，或 $S_k = -\dfrac{1}{2k-3}$（舍去）．

由 $S_{k+1}^2 = a_{k+1}\left(S_{k+1} - \dfrac{1}{2}\right)$ 得，$\left(\dfrac{1}{2k-1} + a_{k+1}\right)^2 = a_{k+1}\left(\dfrac{1}{2k-1} + a_{k+1} - \dfrac{1}{2}\right)$，

解之得，$a_{k+1} = -\dfrac{2}{(2k-1)(2k+1)}$

$\qquad\qquad = -\dfrac{2}{[2(k+1)-3][2(k+1)-1]}$，

所以，$n = k+1$ 时猜想成立；

由①②即证猜想成立，即 $a_n = \begin{cases} 1, & n=1, \\ -\dfrac{2}{(2n-3)(2n-1)}, & n \geq 2. \end{cases}$

例 4. 设数列 $\{a_n\}$ 的前 n 项和为 S_n，且方程 $x^2 - a_n x - a_n = 0$ 有一个根为 $S_n - 1$，$n = 1$，2，3，$\cdots$

（1）求 a_1，a_2．

（2）猜想数列 $\{S_n\}$ 的通项公式，并给出严格的证明．

解析：（1）由题意知，方程 $x^2 - a_1 x - a_1 = 0$ 有一个根为 $a_1 - 1$，

于是 $(a_1 - 1)^2 - a_1(a_1 - 1) - a_1 = 0$，解之得，$a_1 = \dfrac{1}{2}$．

当 $n = 2$ 时，$x^2 - a_2 x - a_2 = 0$ 有一个根为 $S_2 - 1 = \dfrac{1}{2} + a_2 - 1 = a_2 - \dfrac{1}{2}$，

所以 $\left(a_2 - \dfrac{1}{2}\right)^2 - a_2\left(a_2 - \dfrac{1}{2}\right) - a_2 = 0$，解之得，$a_2 = \dfrac{1}{6}$．

（2）由已知 $(S_n - 1)^2 - (S_n - S_{n-1})(S_n - 1) - (S_n - S_{n-1}) = 0 (n \geq 2)$，

化简得 $S_n = \dfrac{1}{2 - S_{n-1}}$，于是有 $S_1 = \dfrac{1}{2}$，$S_2 = \dfrac{2}{3}$，$S_3 = \dfrac{3}{4}$，猜想 $S_n = \dfrac{n}{n+1}$．

下面用数学归纳法证明这个结论．

① $n = 1$，2 时，已知结论成立．

② 假设 $n = k$ $(k \in \mathbf{N}^*, k \geq 1)$ 时结论成立，即 $S_k = \dfrac{k}{k+1}$，

则 $S_{k+1} = \dfrac{1}{2 - S_k} = \dfrac{1}{2 - \dfrac{k}{k+1}} = \dfrac{k+1}{k+2}$，故 $n = k+1$ 时猜想也成立．

综上，由①②可知 $S_n = \dfrac{n}{n+1}$ 对所有正整数 n 都成立.

例 5. 对任意正偶数 n，求证：$1 - \dfrac{1}{2} + \dfrac{1}{3} - \dfrac{1}{4} + \cdots + \dfrac{1}{n-1} - \dfrac{1}{n} = 2\left(\dfrac{1}{n+2} + \dfrac{1}{n+4} + \cdots + \dfrac{1}{2n}\right)$.

证明：（1）当 $n=2$ 时，左边 $= 1 - \dfrac{1}{2} = \dfrac{1}{2}$，右边 $= 2\left(\dfrac{1}{2 \times 2}\right) = \dfrac{1}{2}$，所以原等式成立.

（2）假设当 $n = 2k$（$k \in \mathbf{N}^*$）时，原等式成立，即

$$1 - \dfrac{1}{2} + \dfrac{1}{3} - \dfrac{1}{4} + \cdots + \dfrac{1}{2k-1} - \dfrac{1}{2k} = 2\left(\dfrac{1}{2k+2} + \dfrac{1}{2k+4} + \cdots + \dfrac{1}{2 \times 2k}\right),$$

所以，$n = 2k+2$ 时，

$$\text{左边} = 1 - \dfrac{1}{2} + \dfrac{1}{3} - \dfrac{1}{4} + \cdots + \dfrac{1}{2k-1} - \dfrac{1}{2k} + \dfrac{1}{2k+1} - \dfrac{1}{2k+2}$$

$$= 2\left(\dfrac{1}{2k+2} + \dfrac{1}{2k+4} + \cdots + \dfrac{1}{2 \times 2k}\right) + \dfrac{1}{2k+1} - \dfrac{1}{2k+2}$$

$$= 2\left(\dfrac{1}{2k+2} + \dfrac{1}{2k+4} + \cdots + \dfrac{1}{2 \times 2k} + \dfrac{1}{4k+2} - \dfrac{1}{4k+4}\right)$$

$$= 2\left[\dfrac{1}{2k+2+2} + \dfrac{1}{2k+2+4} + \cdots + \dfrac{1}{2k+2+2k} + \dfrac{1}{2(2k+2)}\right],$$

所以当 $n = 2k+2$ 时，原等式成立，

综上，由（1）（2）即证原等式对任意的正偶数均成立.

例 6.（2006 年江西卷）已知数列 $\{a_n\}$ 满足：$a_1 = \dfrac{3}{2}$，且 $a_n = \dfrac{3na_{n-1}}{2a_{n-1} + n - 1}$（$n \geqslant 2$，$n \in \mathbf{N}^*$）.

（1）求数列 $\{a_n\}$ 的通项公式.

（2）证明：对于一切正整数 n，不等式 $a_1 \cdot a_2 \cdot a_3 \cdots a_n < 2 \cdot n!$

解析：（1）将条件变为 $1 - \dfrac{n}{a_n} = \dfrac{1}{3}\left(1 - \dfrac{n-1}{a_{n-1}}\right)$，因此 $\left\{1 - \dfrac{n}{a_n}\right\}$ 为一个等比数列，其首项为 $1 - \dfrac{1}{a_1} = \dfrac{1}{3}$，公比 $\dfrac{1}{3}$，从而 $1 - \dfrac{n}{a_n} = \dfrac{1}{3^n}$，据此得 $a_n = \dfrac{n \cdot 3^n}{3^n - 1}$（$n \geqslant 1$）.

（2）证明：据（1）得，$a_1 \cdot a_2 \cdot a_3 \cdots a_n = \dfrac{n}{\left(1-\dfrac{1}{3}\right) \cdot \left(1-\dfrac{1}{3^2}\right)\cdots\left(1-\dfrac{1}{3^n}\right)}$.

为证 $a_1 \cdot a_2 \cdot a_3 \cdots a_n < 2 \cdot n!$，

只要证当 $n \in \mathbf{N}^*$ 时，有 $\left(1-\dfrac{1}{3}\right) \cdot \left(1-\dfrac{1}{3^2}\right)\cdots\left(1-\dfrac{1}{3^n}\right) > \dfrac{1}{2}$.

显然，左端每个因式都是正数，先证明，对每个 $n \in \mathbf{N}^*$，有

$$\left(1-\frac{1}{3}\right) \cdot \left(1-\frac{1}{3^2}\right)\cdots\left(1-\frac{1}{3^n}\right) \geqslant 1 - \left(\frac{1}{3}+\frac{1}{3^2}+\cdots+\frac{1}{3^n}\right).$$

用数学归纳法证明：

① 当 $n=1$ 时，不等式显然成立.

② 设 $n=k$ 时，不等式成立，

即 $\left(1-\dfrac{1}{3}\right) \cdot \left(1-\dfrac{1}{3^2}\right)\cdots\left(1-\dfrac{1}{3^k}\right) \geqslant 1 - \left(\dfrac{1}{3}+\dfrac{1}{3^2}+\cdots+\dfrac{1}{3^k}\right)$，

则当 $n=k+1$ 时，

$$\left(1-\frac{1}{3}\right) \cdot \left(1-\frac{1}{3^2}\right)\cdots\left(1-\frac{1}{3^k}\right) \cdot \left(1-\frac{1}{3^{k+1}}\right)$$

$$\geqslant \left[1-\left(\frac{1}{3}+\frac{1}{3^2}+\cdots+\frac{1}{3^k}\right)\right] \cdot \left(1-\frac{1}{3^{k+1}}\right)$$

$$= 1 - \left(\frac{1}{3}+\frac{1}{3^2}+\cdots+\frac{1}{3^k}\right) - \frac{1}{3^{k+1}} + \frac{1}{3^{k+1}}\left(\frac{1}{3}+\frac{1}{3^2}+\cdots+\frac{1}{3^k}\right)$$

$$\geqslant 1 - \left(\frac{1}{3}+\frac{1}{3^2}+\cdots+\frac{1}{3^k}+\frac{1}{3^{k+1}}\right),$$

即当 $n=k+1$ 时，不等式也成立.

故对一切 $n \in \mathbf{N}^*$，不等式都成立.

即 $\left(1-\dfrac{1}{3}\right) \cdot \left(1-\dfrac{1}{3^2}\right)\cdots\left(1-\dfrac{1}{3^n}\right) \geqslant 1 - \left(\dfrac{1}{3}+\dfrac{1}{3^2}+\cdots+\dfrac{1}{3^n}\right)$

$$= 1 - \frac{\dfrac{1}{3}\left[1-\left(\dfrac{1}{3}\right)^n\right]}{1-\dfrac{1}{3}}$$

$$= 1 - \frac{1}{2}\left[1-\left(\frac{1}{3}\right)^n\right]$$

$$= \frac{1}{2}+\frac{1}{2}\left(\frac{1}{3}\right)^n > \frac{1}{2},$$

从而结论成立．

例 7.（2007 年湖北卷）（1）用数学归纳法证明：当 $x > -1$ 时，$(1+x)^m \geqslant 1+mx$．

（2）对于 $n \geqslant 6$，已知 $\left(1 - \dfrac{1}{n+3}\right)^n < \dfrac{1}{2}$，求证：$\left(1 - \dfrac{m}{n+3}\right)^n < \left(\dfrac{1}{2}\right)^m$，$m = 1$，$2$，$\cdots$，$n$．

（3）求出满足等式 $3^n + 4^n + \cdots + (n+2)^n = (n+3)^n$ 的所有正整数 n．

解析：（1）用数学归纳法证明：

① 当 $m = 1$ 时，原不等式成立；

当 $m = 2$ 时，左边 $= 1 + 2x + x^2$，右边 $= 1 + 2x$，

因为 $x^2 \geqslant 0$，所以左边 $\geqslant$ 右边，原不等式成立．

② 假设当 $m = k$ 时，不等式成立，即 $(1+x)^k \geqslant 1+kx$，则当 $m = k+1$ 时，

$\because x > -1$，

$\therefore 1+x > 0$，于是在不等式 $(1+x)^k \geqslant 1+kx$ 两边同乘以 $(1+x)$ 得

$(1+x)^k \cdot (1+x) \geqslant (1+kx)(1+x) = 1+(k+1)x+kx^2 \geqslant 1+(k+1)x$，

所以 $(1+x)^{k+1} \geqslant 1+(k+1)x$．即当 $m = k+1$ 时，不等式也成立．

综合①②可知，对一切正整数 m，不等式都成立．

（2）证：当 $n \geqslant 6$，$m \leqslant n$ 时，由（1）得，$\left(1 - \dfrac{1}{n+3}\right)^m \geqslant 1 - \dfrac{m}{n+3} > 0$，

于是 $\left(1 - \dfrac{m}{n+3}\right)^n \leqslant \left(1 - \dfrac{1}{n+3}\right)^{nm} = \left[\left(1 - \dfrac{1}{n+3}\right)^n\right]^m < \left(\dfrac{1}{2}\right)^m$，$m = 1$，$2$，$\cdots$，$n$．

（3）解：由（2）知，当 $n \geqslant 6$ 时，

$\left(1 - \dfrac{1}{n+3}\right)^n + \left(1 - \dfrac{2}{n+3}\right)^n + \cdots + \left(1 - \dfrac{n}{n+3}\right)^n < \dfrac{1}{2} + \left(\dfrac{1}{2}\right)^2 + \cdots + \left(\dfrac{1}{2}\right)^n$

$= 1 - \dfrac{1}{2^n} < 1$，

$\therefore \left(\dfrac{n+2}{n+3}\right)^n + \left(\dfrac{n+1}{n+3}\right)^n + \cdots + \left(\dfrac{3}{n+3}\right)^n < 1$．

即 $3^n + 4^n + \cdots + (n+2)^n < (n+3)^n$，即当 $n \geqslant 6$ 时，不存在满足该等式的正整数 n．

故只需要讨论 $n = 1$，2，3，4，5 时的情形：

当 $n=1$ 时，$3\neq 4$，等式不成立.

当 $n=2$ 时，$3^2+4^2=5^2$，等式成立.

当 $n=3$ 时，$3^3+4^3+5^3=6^3$，等式成立.

当 $n=4$ 时，$3^4+4^4+5^4+6^4$ 为偶数，而 7^4 为奇数，故 $3^4+4^4+5^4+6^4\neq 7^4$，等式不成立.

当 $n=5$ 时，同 $n=4$ 的情形，可分析出等式不成立.

综上，所求的正整数 n 只有 $n=2$，3.

【练习巩固】

1. 用数学归纳法证明"$1+\dfrac{1}{2}+\dfrac{1}{3}+\cdots+\dfrac{1}{2^n-1}<n\ (n\in\mathbf{N}^*,\ n>1)$"时，由 $n=k(k>1)$ 不等式成立，推证 $n=k+1$ 时，左边应增加的项数是(　　).

 A. 2^{k-1} B. 2^k-1 C. 2^k D. 2^k+1

2. 在数列 $\{a_n\}$ 中，$a_1=\dfrac{1}{3}$ 且 $S_n=n(2n-1)a_n$，通过计算 a_2，a_3，a_4 猜想 a_n 的表达式是_____.

3. 用数学归纳法证明"$n^3+(n+1)^3+(n+2)^3\ (n\in\mathbf{N}^*)$ 能被 9 整除"，要利用归纳假设证 $n=k+1$ 时的情况，只需展开(　　).

 A. $(k+3)^3$ B. $(k+2)^3$

 C. $(k+1)^3$ D. $(k+1)^3+(k+2)^3$

【练习解析】

1. **解析**：增加的项数为 $(2^{k+1}-1)-(2^k-1)=2^k$. 选 C.

2. **解析**：$\because a_1=\dfrac{1}{3}$ 且 $S_n=n(2n-1)a_n$，

$\dfrac{1}{3}+a_2=2\times(2\times 2-1)a_2$，解之得 $a_2=\dfrac{1}{3\times 5}$，

$\dfrac{1}{3}+\dfrac{1}{15}+a_3=3\times(2\times 3-1)a_3$，解之得 $a_3=\dfrac{1}{5\times 7}$，同理得 $a_4=\dfrac{1}{7\times 9}$，

猜想：$a_n=\dfrac{1}{(2n-1)(2n+1)}$.

3. **答案**：A.

第十三讲

对称问题

【题型背景】

（2009 年高考题）已知圆 C_1: $(x+1)^2+(y-1)^2=1$，圆 C_2 与圆 C_1 关于直线 $x-y-1=0$ 对称，则圆 C_2 的方程为（　　）.

A. $(x+2)^2+(y-2)^2=1$　　　　B. $(x-2)^2+(y+2)^2=1$

C. $(x+2)^2+(y+2)^2=1$　　　　D. $(x-2)^2+(y-2)^2=1$

解析： 把圆心 C_1 的横坐标 -1 代入直线方程 $-1-y-1=0$，解之得圆心 C_2 的纵坐标 $y=-2$，

同理，把圆心 C_1 的纵坐标 1 代入直线方程 $x-1-1=0$，解之得圆心 C_2 的横坐标 $x=2$，

所以，所求圆 C_2 的方程为 $(x-2)^2+(y+2)^2=1$，选 B.

【知识分析】

1. 点 $M(x,y)$ 关于原点 $O(0,0)$ 的对称点为 $M_1(-x,-y)$.

2. 点 $M(x,y)$ 关于点 $N(a,b)$ 的对称点为 $M_2(2a-x,2b-y)$.

3. 点 $M(x,y)$ 关于 x 轴的对称点为 $M_3(x,-y)$.

4. 点 $M(x,y)$ 关于 y 轴的对称点为 $M_4(-x,y)$.

5. 点 $M(x,y)$ 关于直线 $y=x$ 的对称点为 $M_5(y,x)$.

6. 点 $M(x,y)$ 关于直线 $y=-x$ 的对称点为 $M_6(-y,-x)$.

7. 点 $M(x,y)$ 关于直线 $y=x+c$ 的对称点为 $M_7(y-c,x+c)$.

8. 点 $M(x,y)$ 关于直线 $y=-x+c$ 的对称点为 $M_8(-y+c,-x+c)$.

9. 点 $M(x,y)$ 关于直线 $Ax+By+C=0$ 的对称点为 $M_9(m,n)$ 满足：

$$\begin{cases} A \cdot \dfrac{x+m}{2} + B \cdot \dfrac{y+n}{2} + C = 0, \\ \dfrac{y-n}{x-m} \cdot \left(-\dfrac{A}{B}\right) = -1, \end{cases}$$ （表达式要有意义）.

10. 求曲线关于点和直线的对称曲线问题，可参照上述相应的对称来求解.

本部分内容主要考查与培育学生的直观想象、数学运算与逻辑推理等核心素养.

【例题解析】

例 1.（2005 年高考题）若两不同点 P，Q 的坐标分别为 (a, b)，$(3-b, 3-a)$，则线段 PQ 的垂直平分线 l 的斜率为 _____.

圆 $(x-2)^2 + (y-3)^2 = 1$ 关于直线 l 的对称圆的方程为 _____.

解析： 依题意有，直线 PQ 的斜率 $k_{PQ} = \dfrac{3-a-b}{3-b-a} = 1$，则线段 PQ 的垂直平分线 l 的斜率为 $k = -1$.

线段 PQ 的垂直平分线 l 的方程为 $y - \dfrac{b+3-a}{2} = -\left(x - \dfrac{a+3-b}{2}\right)$，即 $y = -x+3$. 依题意，圆心 $M(2, 3)$ 关于 l 的对称点为 $N(0, 1)$，故所求圆 $(x-2)^2 + (y-3)^2 = 1$ 关于直线 l 的对称圆的方程为 $x^2 + (y-1)^2 = 1$.

例 2. 已知直线 $l: 2x - 3y + 1 = 0$，点 $A(-1, -2)$，求：

（1）点 A 关于直线 l 的对称点 A' 的坐标.

（2）直线 $m: 3x - 2y - 6 = 0$ 关于直线 l 的对称直线 m' 的方程.

（3）直线 l 关于点 A 的对称直线 l' 的方程.

解析：（1）设 $A'(m, n)$，则

$$\begin{cases} \dfrac{n+2}{m+1} = -\dfrac{3}{2}, \\ 2 \cdot \dfrac{m-1}{2} - 3 \cdot \dfrac{n-2}{2} + 1 = 0, \end{cases}$$ 解之得 $$\begin{cases} m = -\dfrac{33}{13}, \\ n = \dfrac{4}{13}, \end{cases}$$ 所求点 $A'\left(-\dfrac{33}{13}, \dfrac{4}{13}\right)$.

（2）设直线 m' 上任意一点 $M'(x, y)$，

点 M' 关于直线 l 的对称点 $M\left(\dfrac{5x+12y-4}{13}, \dfrac{12x-5y+6}{13}\right)$ 在直线 m 上，

所以，$3 \cdot \dfrac{5x+12y-4}{13} - 2 \cdot \dfrac{12x-5y+6}{13} - 6 = 0$，即 $9x - 46y + 102 = 0$，

故所求直线 m' 的方程为 $9x - 46y + 102 = 0$.

（3）设直线 l' 上任意一点 $P(x, y)$，则点 P 关于点 A 的对称点 $Q(-2-x, -4-y)$ 在直线 l 上，于是 $2(-2-x) - 3(-4-y) + 1 = 0$，即所求直线 l' 的方程为 $2x - 3y - 9 = 0$.

例3. 已知线段 AB 的端点 B 的坐标是 $(4, 3)$，端点 A 在圆 $(x+1)^2 + y^2 = 4$ 上运动，求线段 AB 的中点 M 的轨迹方程.

解析： 依题意，设 $M(x, y)$，由对称性可得 $A(2x-4, 2y-3)$ 在圆上，

于是有 $(2x - 4 + 1)^2 + (2y - 3)^2 = 4$，即 $\left(x - \dfrac{3}{2}\right)^2 + \left(y - \dfrac{3}{2}\right)^2 = 1$，

所以，所求线段 AB 的中点 M 的轨迹方程为 $\left(x - \dfrac{3}{2}\right)^2 + \left(y - \dfrac{3}{2}\right)^2 = 1$.

例4. 若直线 $l_1 : y = k(x - 4)$ 与直线 l_2 关于点 $M(2, 1)$ 对称，则直线 l_2 恒过定点（　　）.

A. $(0, 4)$ 　　　　　　　　　　B. $(0, 2)$

C. $(-2, 4)$ 　　　　　　　　　D. $(4, -2)$

解析： 依题意，设直线 l_2 上任意一点 $A(x, y)$，所以，点 A 关于点 M 的对称点 $N(4-x, 2-y)$ 在直线 l_1 上，于是，$2 - y = k[(4-x) - 4]$，即 $y = kx + 2$ 为直线 l_2 的方程，显然，直线 l_2 恒过定点 $(0, 2)$，选 B.

例5. 一束光线从点 $A(-1, 1)$ 出发经 x 轴反射到达圆 $C : (x-2)^2 + (y-3)^2 = 1$ 上一点的最短路程是（　　）.

A. $3\sqrt{2} - 1$ 　　　B. $2\sqrt{6}$ 　　　　C. 5 　　　　　D. 4

解析： 依题意有，点 $A(-1, 1)$ 关于 x 轴的对称点为 $A'(-1, -1)$，则 $|A'C| = \sqrt{3^2 + 4^2} = 5$，所以，所求最短路程是 $5 - 1 = 4$，选 D.

例6. 已知圆 $x^2 + y^2 = 9$ 与圆 $x^2 + y^2 + 4x + 4y - 1 = 0$ 关于直线 l 对称，则直线 l 的方程为 ＿＿＿＿＿＿＿.

解析： 由已知得，两圆的圆心分别为 $O(0, 0)$，$C(-2, -2)$，显然，所求直线 l 的方程为 $y + 1 = -(x + 1)$，即 $x + y + 2 = 0$.

另解： 两个方程作差得 $4x + 4y + 8 = 0$，化简得 $x + y + 2 = 0$，即为所求直线 l 的方程.

例7. 函数 $f(x) = \begin{cases} \log_3 x, & x > 0 \\ \cos \pi x, & x \leqslant 0 \end{cases}$ 的图像上关于 y 轴对称的点共有（　　）.

A. 0 对　　　　　　B. 1 对　　　　　　C. 2 对　　　　　　D. 3 对

解析：函数 $y = \cos \pi x$ 是偶函数，而函数 $y = \log_3 x$ 与 $y = \cos \pi x$ 在 $x > 0$ 上有 3 个交点，于是所求对称点共有 3 对，选 D.

【练习巩固】

1. 直线 l_1：$y = 2x + 1$ 关于点 $M(1，1)$ 对称的直线 l_2 的方程是(　　).

A. $y = 2x - 1$ 　　　　　　　　B. $y = -2x + 1$

C. $y = -2x + 3$ 　　　　　　　　D. $y = 2x - 3$

2. （复旦大学自主招生试题）已知曲线 C：$\dfrac{x^2}{4} + y^2 = 1$，曲线 C 关于直线 $y = x + 1$ 的对称曲线为 C_1，曲线 C_1 与曲线 C_2 关于直线 $x + y - 5 = 0$ 对称，求曲线 C_1 与曲线 C_2 的方程.

3. 已知双曲线 E：$\dfrac{x^2}{a^2} - \dfrac{y^2}{b^2} = 1$（$a，b > 0$）的左焦点为 $F(-3，0)$，过点 F 的直线与 E 相交于 A，B 两点，若线段 AB 的中点为 $N(12，15)$，则 E 的方程为(　　).

A. $\dfrac{x^2}{3} - \dfrac{y^2}{6} = 1$ 　　　　　　　　B. $\dfrac{x^2}{4} - \dfrac{y^2}{5} = 1$

C. $\dfrac{x^2}{5} - \dfrac{y^2}{4} = 1$ 　　　　　　　　D. $\dfrac{x^2}{6} - \dfrac{y^2}{3} = 1$

4. 动点 A 在圆 $x^2 + y^2 = 1$ 上移动时，它与定点 $B(3，0)$ 连线的中点的轨迹方程是(　　).

A. $(x + 3)^2 + y^2 = 4$ 　　　　　　B. $(x - 3)^2 + y^2 = 1$

C. $\left(x - \dfrac{3}{2}\right)^2 + y^2 = \dfrac{1}{4}$ 　　　　　　D. $\left(x + \dfrac{3}{2}\right)^2 + y^2 = \dfrac{1}{4}$

【练习解析】

1. **解析**：依题意，设直线 l_2 上任意一点 $A(x，y)$，所以，点 A 关于点 M 的对称点 $N(2 - x，2 - y)$ 在直线 l_1 上，于是，$2 - y = 2(2 - x) + 1$，即 $y = 2x - 3$ 为直线 l_2 的方程，选 D.

2. **解析**：设曲线 C_1 上任意一点为 $A(x，y)$，则点 A 关于直线 $y = x + 1$ 的对

称点 $B(y-1,\ x+1)$ 在曲线 C 上，于是有 $\dfrac{(y-1)^2}{4}+(x+1)^2=1$，即曲线 C_1 的

方程为 $(x+1)^2+\dfrac{(y-1)^2}{4}=1$. 同理，设曲线 C_2 上任意一点为 $M(x,\ y)$，则点 M

关于直线 $x+y-5=0$ 的对称点 $N(5-y,\ 5-x)$ 在曲线 C_1 上，于是有 $(5-y+1)^2+$

$\dfrac{(5-x-1)^2}{4}=1$，即曲线 C_2 的方程为 $\dfrac{(x-4)^2}{4}+(y-6)^2=1$.

3. **解析：** 依题意有，$c=3$，由点差法得 $\dfrac{12b^2}{15a^2}=1$，解之得 $a^2=4$，$b^2=5$，

选 B.

4. **解析：** 设线段 AB 的中点 $M(x,\ y)$，由对称性知动点 $A(2x-3,\ 2y)$ 在圆

上，于是 $(2x-3)^2+(2y)^2=1$，即所求点 M 的轨迹方程为 $\left(x-\dfrac{3}{2}\right)^2+y^2=$

$\dfrac{1}{4}$，选 C.

第⑭讲

圆锥曲线统一定义求解一类最值问题

【题型背景】

(1999 年全国高中数学竞赛试题) 给定点 $A(-2, 2)$，已知点 B 是椭圆 $\dfrac{x^2}{25} + \dfrac{y^2}{16} = 1$ 上的动点，点 F 是左焦点，当 $|AB| + \dfrac{5}{3}|BF|$ 取最小值时，求点 B 的坐标．

　　解析：依题意，如图 $14-1$ 所示，有

$$|AB| + \frac{5}{3}|BF| = |AB| + d \geqslant -2 - \left(-\frac{25}{3}\right) = \frac{19}{3}.$$

由 $\dfrac{x^2}{25} + \dfrac{2^2}{16} = 1$，解之得 $x = \pm\dfrac{5\sqrt{3}}{2}$（正值舍去），

所以，当点 B 的坐标为 $\left(-\dfrac{5\sqrt{3}}{2}, 2\right)$ 时，

$|AB| + \dfrac{5}{3}|BF|$ 取最小值 $\dfrac{19}{3}$．

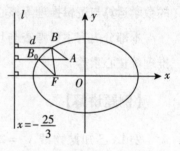

图 $14-1$

【知识分析】

　　已知点 $A(m, n)$ 是圆锥曲线"内部"的一个定点，点 B 是圆锥曲线上的一个动点，点 F 是圆锥曲线的焦点，e 是其离心率，求 $|AB| + \dfrac{1}{e}|BF|$ 的最小值，同时求取得最小值时相应的点 B 的坐标．这个问题转化的本质就是将 $\dfrac{1}{e}|BF|$ 转化为点 B 到相应准线的距离．

69

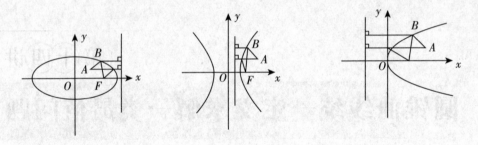

图 14 - 2

所以，有 $|AB| + \dfrac{1}{e}|BF| = |AB| + d \geqslant |AA_1|$（$d$ 为点 B 到相应准线的距离，点 A_1 为点 A 在准线上的投影点）. 此时，点 B 的纵坐标为 n，可以解出相应的横坐标.

此类试题主要运用圆锥曲线的统一定义，把曲线上的点到焦点距离的 $\dfrac{1}{e}$，转化为到准线的距离，再利用求几何最小值的思想方法进行求解，以考查学生的数学运算与逻辑推理等核心素养，属于综合应用的范畴.

本部分内容主要考查与培育学生的直观想象、数学建模、数学运算与逻辑推理等核心素养.

【例题讲解】

例1. 已知抛物线 $y^2 = 2x$ 的焦点是 F，点 P 是抛物线上的动点，又有点 $A(3, 2)$，求 $|PA| + |PF|$ 的最小值，并求出取最小值时 P 点的坐标.

解析： 依题意有，$|PA| + |PF| = |PA| + d \geqslant 3 - \left(-\dfrac{1}{2}\right) = \dfrac{7}{2}$，由 $2^2 = 2x$ 解之得 $x = 2$，所以，当点 P 的坐标为 $(2, 2)$ 时，$|PA| + |PF|$ 取得最小值 $\dfrac{7}{2}$.

例2. 已知点 P 为双曲线 $\dfrac{x^2}{16} - \dfrac{y^2}{9} = 1$ 右支上的一动点，点 $A\left(\dfrac{46}{5}, 3\right)$，点 F 为双曲线的右焦点，当 $|PA| + \dfrac{4}{5}|PF|$ 取得最小值时，点 P 的坐标为 _____，其最小值为 _____.

解析： 依题意有，$|PA| + \dfrac{4}{5}|PF| = |PA| + d \geqslant \dfrac{46}{5} - \dfrac{16}{5} = \dfrac{30}{5} = 6$，由 $\dfrac{x^2}{16} - \dfrac{3^2}{9} =$

1，解之得 $x = 4\sqrt{2}$，所以当 $P(4\sqrt{2}, 3)$ 时，$|PA| + \dfrac{4}{5}|PF|$ 取得最小值6.

例3. 设点 A 是双曲线 $\dfrac{x^2}{144} - \dfrac{y^2}{25} = 1$ 上的一点，定点 $P\left(\dfrac{14^2}{13}, 2\right)$，右焦点为 F，则 $|AP| + \dfrac{12}{13}|AF|$ 的最小值是_____.

解析： 依题意有，$|AP| + \dfrac{12}{13}|AF| = |AP| + d \geq \dfrac{14^2}{13} - \dfrac{12^2}{13} = \dfrac{26 \times 2}{13} = 4$，由 $\dfrac{x^2}{144} - \dfrac{2^2}{25} = 1$，解之得 $x = \dfrac{12\sqrt{29}}{5}$，所以，当 $A\left(\dfrac{12\sqrt{29}}{5}, 2\right)$ 时，$|AP| + \dfrac{12}{13}|AF|$ 取得最小值4.

例4. 设点 M 是椭圆 $\dfrac{x^2}{9} + \dfrac{y^2}{25} = 1$ 上的一点，点 A（2，2），点 F 为上焦点，则当 $|MA| + \dfrac{5}{4}|MF|$ 取最小值时，点 M 的坐标是_____.

解析： 依题意有，$|MA| + \dfrac{5}{4}|MF| = |MA| + d \geq \dfrac{25}{4} - 2 = \dfrac{25 - 8}{4} = \dfrac{17}{4}$，由 $\dfrac{2^2}{9} + \dfrac{y^2}{25} = 1$，解之得 $y = \dfrac{5\sqrt{5}}{3}$，所以，当 $M\left(2, \dfrac{5\sqrt{5}}{3}\right)$ 时，$|MA| + \dfrac{5}{4}|MF|$ 取得最小值 $\dfrac{17}{4}$.

【练习巩固】

1. 点 P 在抛物线 $x^2 = 4y$ 的图像上，F 为其焦点，点 A（-1，3）.
若要使 $|PF| + |PA|$ 最小，则相应点 P 的坐标是_____.

2. 设点 P 是抛物线 $y^2 = 2014x$ 上的一点，点 $A\left(\dfrac{1013}{2}, 2\right)$，点 F 为其焦点，则 $|PA| + |PF|$ 的最小值是_____.

3. 点 M 是双曲线 $x^2 - y^2 = 1$ 上的一点，点 $A\left(\dfrac{3\sqrt{2}}{2}, 2\right)$，右焦点为 F，当 $|MA| + \dfrac{\sqrt{2}}{2}|MF|$ 取最小值时，点 M 的坐标是_____.

【练习解析】

1. **解析：** 依题意有，$|PA| + |PF| = |PA| + d \geq 3 - (-1) = 4$，由 $(-1)^2 = $

$4y$，解之得 $y = \dfrac{1}{4}$，所以，当 $P\left(-1, \dfrac{1}{4}\right)$ 时，$|PA| + |PF|$ 取得最小值 4.

2. **解析**：依题意有，$|PA| + |PF| = |PA| + d \geqslant \dfrac{1013}{2} - \left(-\dfrac{1007}{2}\right) = \dfrac{2020}{2} =$

1010，由 $2^2 = 2014x$，解之得 $x = \dfrac{2}{1007}$，所以，当 $P\left(\dfrac{2}{1007}, 2\right)$ 时，$|PA| +$

$|PF|$ 取得最小值 1010.

3. **解析**：依题意有，$|MA| + \dfrac{\sqrt{2}}{2}|MF| = |MA| + d \geqslant \dfrac{3\sqrt{2}}{2} - \dfrac{\sqrt{2}}{2} = \sqrt{2}$，由 $x^2 - 2^2$

$= 1$，解之得 $x = \sqrt{5}$，所以，当点 M 的坐标为 $(\sqrt{5}, 2)$ 时，$|MA| + \dfrac{\sqrt{2}}{2}|MF|$ 取得

最小值 $\sqrt{2}$.

第十五讲

用点差法求解圆锥曲线相关试题

【题型背景】

(2012 年新课标卷) 已知双曲线 E 的中心为原点，$F(3, 0)$ 是 E 的右焦点，过 F 的直线 l 与 E 相交于 A，B 两点，且 AB 的中点为 $N(-12, -15)$，则 E 的方程为（　　）.

A. $\dfrac{x^2}{3} - \dfrac{y^2}{6} = 1$　　　　　　　B. $\dfrac{x^2}{4} - \dfrac{y^2}{5} = 1$

C. $\dfrac{x^2}{6} - \dfrac{y^2}{3} = 1$　　　　　　　D. $\dfrac{x^2}{5} - \dfrac{y^2}{4} = 1$

解析：设双曲线 E 的方程为 $\dfrac{x^2}{a^2} - \dfrac{y^2}{b^2} = 1$，依题意，设点 $A(x_1, y_1)$，$B(x_2, y_2)$，则 $\dfrac{x_1^2}{a^2} - \dfrac{y_1^2}{b^2} = 1$，$\dfrac{x_2^2}{a^2} - \dfrac{y_2^2}{b^2} = 1$，两式求差得 $\dfrac{x_1^2 - x_2^2}{a^2} - \dfrac{y_1^2 - y_2^2}{b^2} = 0$，化简得 $\dfrac{y_1 - y_2}{x_1 - x_2}$

$= \dfrac{b^2(x_1 + x_2)}{a^2(y_1 + y_2)}$，

即 $\dfrac{0 + 15}{3 + 12} = \dfrac{12b^2}{15a^2}$，即 $4b^2 = 5a^2$，$c = 3$，$c^2 = a^2 + b^2$，

解之得，$a^2 = 4$，$b^2 = 5$，所求双曲线 E 的方程为 $\dfrac{x^2}{4} - \dfrac{y^2}{5} = 1$，选 B.

从一道高考试题的求解可以看出点差法应用的重要性.

【知识分析】

直线 l：$y = kx + t$ 与椭圆 C：$\dfrac{x^2}{a^2} + \dfrac{y^2}{b^2} = 1$，相交于两点 $A(x_1, y_1)$，$B(x_2, y_2)$，且弦 AB 的中点为 $M(x_0, y_0)$，则类似的相关问题可以用 $A(x_1, y_1)$，

$B(x_2, y_2)$ 满足椭圆 C：$\dfrac{x^2}{a^2} + \dfrac{y^2}{b^2} = 1$ 的方程得，$\begin{cases} \dfrac{x_1^2}{a^2} + \dfrac{y_1^2}{b^2} = 1 & (1), \\[2mm] \dfrac{x_2^2}{a^2} + \dfrac{y_2^2}{b^2} = 1 & (2), \end{cases}$

由方程（1）与方程（2）作差得，$\dfrac{x_1^2 - x_2^2}{a^2} + \dfrac{y_1^2 - y_2^2}{b^2} = 0$，

化简得，$\dfrac{y_1 - y_2}{x_1 - x_2} = -\dfrac{b^2}{a^2} \cdot \dfrac{x_1 + x_2}{y_1 + y_2}$，

即 $k = -\dfrac{b^2}{a^2} \cdot \dfrac{x_0}{y_0}$，然后再进行相关问题的求解.

这样类似的求解方法，称为"点差法". 同理，直线与双曲线的类似相关问题，直线与抛物线的相关问题，也可以用"点差法"进行求解. 使用"点差法"的关键条件：与坐标的差相关，即斜率；与坐标的和相关，即中点坐标.

本部分内容主要考查与培育学生的数学运算、逻辑推理与数学建模等核心素养.

【例题解析】

例1. 已知椭圆 $\dfrac{x^2}{25} + \dfrac{y^2}{16} = 1$ 内有一定点 $M(3, 2)$，过 M 的直线 l 与椭圆相交于 A，B 两点，且线段 AB 的中点为 M，求直线 l 的方程.

解析： 依题意，设点 $A(x_1, y_1)$，$B(x_2, y_2)$，则 $\dfrac{x_1^2}{25} + \dfrac{y_1^2}{16} = 1$，$\dfrac{x_2^2}{25} + \dfrac{y_2^2}{16} = 1$，两式求差得 $\dfrac{x_1^2 - x_2^2}{25} + \dfrac{y_1^2 - y_2^2}{16} = 0$，化简得 $\dfrac{y_1 - y_2}{x_1 - x_2} = -\dfrac{16(x_1 + x_2)}{25(y_1 + y_2)}$，即 $k = -\dfrac{16 \times 3}{25 \times 2} = -\dfrac{24}{25}$，故所求直线 l 的方程为 $y - 2 = -\dfrac{24}{25}(x - 3)$，即 $24x + 25y - 122 = 0$.

例2. 在平面直角坐标系 xOy 中，已知椭圆 C：$\dfrac{x^2}{a^2} + \dfrac{y^2}{b^2} = 1$（$a > b > 0$）的离心率为 $\dfrac{1}{2}$，直线 l：$y = \sqrt{3}$ 与椭圆 C 相切.

（1）求椭圆 C 的方程.

（2）设 AB 是椭圆 C 上两个动点，点 $P\left(-1, \dfrac{3}{2}\right)$ 满足 $\overrightarrow{PA} + \overrightarrow{PB} = \lambda \overrightarrow{PO}$（$0 <$

$\lambda < 4$，且 $\lambda \neq 2$），求直线 AB 的斜率．

解析：（1）依题意有，$\frac{c}{a} = \frac{1}{2}$，$b = \sqrt{3}$，于是有 $a = 2$，$c = 1$，故所求椭圆 C 的方程为 $\frac{x^2}{4} + \frac{y^2}{3} = 1$.

（2）依题意，设点 $A(x_1, y_1)$，$B(x_2, y_2)$，则 $\frac{x_1^2}{4} + \frac{y_1^2}{3} = 1$，$\frac{x_2^2}{4} + \frac{y_2^2}{3} = 1$，两式求差得 $\frac{x_1^2 - x_2^2}{4} + \frac{y_1^2 - y_2^2}{3} = 0$，化简得 $\frac{y_1 - y_2}{x_1 - x_2} = -\frac{3(x_1 + x_2)}{4(y_1 + y_2)}$. 由 $\overrightarrow{PA} + \overrightarrow{PB} = \lambda \overrightarrow{PO}$，即 $\left(x_1 + 1, y_1 - \frac{3}{2}\right) + \left(x_2 + 1, y_2 - \frac{3}{2}\right) = \lambda \left(1, -\frac{3}{2}\right)$，于是有，$x_1 + x_2 = \lambda - 2$，$y_1 + y_2 = \frac{3}{2}(2 - \lambda)$，所以，$k = -\frac{3(\lambda - 2)}{4 \times \frac{3}{2}(2 - \lambda)} = \frac{1}{2}$.

例3.（2011年陕西卷）设椭圆 C：$\frac{x^2}{a^2} + \frac{y^2}{b^2} = 1$（$a > b > 0$）过点 $(0, 4)$，离心率为 $\frac{3}{5}$.

（1）求 C 的方程.

（2）求过点 $(3, 0)$ 且斜率为 $\frac{4}{5}$ 的直线被 C 所截线段的中点坐标.

解析：（1）依题意有，$\frac{c}{a} = \frac{3}{5}$，$b = 4$，解之得，$a = 5$，所求椭圆 C 的方程为 $\frac{x^2}{25} + \frac{y^2}{16} = 1$.

（2）依题意，设点 $A(x_1, y_1)$，$B(x_2, y_2)$，则 $\frac{x_1^2}{25} + \frac{y_1^2}{16} = 1$，$\frac{x_2^2}{25} + \frac{y_2^2}{16} = 1$，两式求差得 $\frac{x_1^2 - x_2^2}{25} + \frac{y_1^2 - y_2^2}{16} = 0$，化简得 $\frac{y_1 - y_2}{x_1 - x_2} = -\frac{16(x_1 + x_2)}{25(y_1 + y_2)}$. 设线段的中点坐标 (x_0, y_0)，即 $\frac{4}{5} = -\frac{16x_0}{25y_0}$，$\frac{y_0 - 0}{x_0 - 3} = \frac{4}{5}$，联立解之得，$x_0 = \frac{3}{2}$，$y_0 = -\frac{6}{5}$，故所求线段的中点坐标为 $\left(\frac{3}{2}, -\frac{6}{5}\right)$.

例4. 已知点 P 是圆 O：$x^2 + y^2 = 9$ 上的任意一点，过点 P 作 PD 垂直 x 轴于点 D，动点 Q 满足 $\overrightarrow{DQ} = \frac{2}{3}\overrightarrow{DP}$.

（1）求动点 Q 的轨迹方程．

（2）已知点 $E(1,1)$，在动点 Q 的轨迹上是否存在不重合的两点 M，N，使 $\overrightarrow{OE}=\dfrac{1}{2}(\overrightarrow{OM}+\overrightarrow{ON})$（$O$ 是坐标原点）．若存在，求出直线 MN 的方程；若不存在，请说明理由．

解析：（1）依题意，设点 $Q(x,y)$，则点 $P\left(x,\dfrac{3y}{2}\right)$ 在圆 O 上，于是有 $x^2+\left(\dfrac{3y}{2}\right)^2=9$，即 $\dfrac{x^2}{9}+\dfrac{y^2}{4}=1$．

（2）依题意，设点 $M(x_1,y_1)$，$N(x_2,y_2)$，则 $\dfrac{x_1^2}{9}+\dfrac{y_1^2}{4}=1$，$\dfrac{x_2^2}{9}+\dfrac{y_2^2}{4}=1$，

两式求差得 $\dfrac{x_1^2-x_2^2}{9}+\dfrac{y_1^2-y_2^2}{4}=0$，化简得 $\dfrac{y_1-y_2}{x_1-x_2}=-\dfrac{4(x_1+x_2)}{9(y_1+y_2)}$，

由已知有 $x_1+x_2=2$，$y_1+y_2=2$，则 $k=-\dfrac{4\times2}{9\times2}=-\dfrac{4}{9}$，

故所求直线 MN 的方程为 $y-1=-\dfrac{4}{9}(x-1)$，即 $4x+9y-13=0$．

例5.（2018 年全国卷3）已知点 $M(-1,1)$ 和抛物线 C：$y^2=4x$，过 C 的焦点且斜率为 k 的直线与 C 交于 A，B 两点．若 $\angle AMB=90°$，则 $k=$ _____．

解析：依题意，设点 $A(x_1,y_1)$，$B(x_2,y_2)$，则有 $y_1^2=4x_1$，$y_2^2=4x_2$，两式求差得，$y_1^2-y_2^2=4(x_1-x_2)$，化简得，$\dfrac{y_1-y_2}{x_1-x_2}=\dfrac{4}{y_1+y_2}$，即 $k=\dfrac{4}{y_1+y_2}$．

设线段 AB 的中点为 $N(x_0,y_0)$，过点 A 作准线的垂线于 A_1，过点 B 作准线的垂线于 B_1，由已知得 $|MN|=\dfrac{|AB|}{2}=\dfrac{|FA|+|FB|}{2}=\dfrac{|AA_1|+|BB_1|}{2}$，所以直线 MN 平行于 x 轴，于是有 $y_0=1$，即 $y_1+y_2=2$，所以，$k=\dfrac{4}{y_1+y_2}=\dfrac{4}{2}=2$．

例6.（2018 年全国卷3）已知斜率为 k 的直线 l 与椭圆 C：$\dfrac{x^2}{4}+\dfrac{y^2}{3}=1$ 交于 A，B 两点，线段 AB 的中点为 $M(1,m)(m>0)$．

（1）证明：$k<-\dfrac{1}{2}$．

（2）设 F 为 C 的右焦点，P 为 C 上一点，且 $\overrightarrow{FP}+\overrightarrow{FA}+\overrightarrow{FB}=\mathbf{0}$．证明：$|\overrightarrow{FA}|$，$|\overrightarrow{FP}|$，$|\overrightarrow{FB}|$ 成等差数列，并求出该数列的公差．

解析：（1）依题意，设点 $A(x_1, y_1)$，$B(x_2, y_2)$，

有 $x_1 + x_2 = 2$，$y_1 + y_2 = 2m$，且 $\dfrac{x_1^2}{4} + \dfrac{y_1^2}{3} = 1$，$\dfrac{x_2^2}{4} + \dfrac{y_2^2}{3} = 1$，

两式求差得 $\dfrac{x_1^2 - x_2^2}{4} + \dfrac{y_1^2 - y_2^2}{3} = 0$，化简得 $\dfrac{y_1 - y_2}{x_1 - x_2} = -\dfrac{3(x_1 + x_2)}{4(y_1 + y_2)}$，即 $k = -\dfrac{3}{4m}$，

由已知可得 $0 < m < \dfrac{3}{2}$，故 $k = -\dfrac{3}{4m} < -\dfrac{3}{4} \cdot \dfrac{2}{3} = -\dfrac{1}{2}$.

（2）由已知 $\overrightarrow{FP} + \overrightarrow{FA} + \overrightarrow{FB} = \mathbf{0}$ 得，点 F 是 $\triangle PAB$ 的重心，设 $P(x_3, y_3)$，

$\begin{cases} \dfrac{x_1 + x_2 + x_3}{3} = 1 \\ \dfrac{y_1 + y_2 + y_3}{3} = 0 \end{cases}$，则 $\begin{cases} x_3 = 3 - (x_1 + x_2) = 3 - 2 = 1 \\ y_3 = -(y_1 + y_2) = -2m \end{cases}$，所以点 $P(1, -2m)$，

由焦半径公式得，$|FA| = a - ex_1 = 2 - \dfrac{1}{2}x_1$，$|FB| = 2 - \dfrac{1}{2}x_2$，

$|FP| = 2 - \dfrac{1}{2} \times 1 = \dfrac{3}{2}$，

所以 $|FA| + |FB| = 4 - \dfrac{1}{2}(x_1 + x_2) = 4 - \dfrac{1}{2} \times 2 = 3 = 2|FP|$，

所以 $|FA|$，$|FP|$，$|FB|$ 成等差数列.

设公差为 d，

则 $2d = |FB| - |FA| = \dfrac{1}{2}(x_1 - x_2)$.

由 $P(1, -2m)$ 在椭圆 C 上，$\dfrac{1}{4} + \dfrac{4m^2}{3} = 1$，解之得 $m = \dfrac{3}{4}$，

所以线段 AB 的中点为 $\left(1, \dfrac{3}{4}\right)$，$k = -\dfrac{3}{4} \cdot \dfrac{4}{3} = -1$，

直线 AB 的方程为 $y - \dfrac{3}{4} = -(x - 1)$，

即 $y = -x + \dfrac{7}{4}$，代入椭圆方程中并整理得，$7x^2 - 14x + \dfrac{1}{4} = 0$，

所以 $x_1 + x_2 = \dfrac{14}{7} = 2$，$x_1 x_2 = \dfrac{1}{28}$，

所以 $(x_1 - x_2)^2 = (x_1 + x_2)^2 - 4x_1 x_2 = 4 - \dfrac{4}{28} = \dfrac{27}{7}$，

所以 $2|d| = \dfrac{1}{2}|x_1 - x_2| = \dfrac{1}{2} \cdot \dfrac{3\sqrt{21}}{7} = \dfrac{3\sqrt{21}}{14}$，

故 $|d| = \dfrac{3\sqrt{21}}{28}$，即该等差数列的公差为 $\dfrac{3\sqrt{21}}{28}$ 或 $-\dfrac{3\sqrt{21}}{28}$.

例 7. （2013 年全国卷 2）在平面直角坐标系 xOy 中，过椭圆 $M: \dfrac{x^2}{a^2} + \dfrac{y^2}{b^2} = 1$ $(a > b > 0)$ 右焦点的直线 $x + y - \sqrt{3} = 0$ 交 M 于 A，B 两点，P 为 AB 的中点，且 OP 的斜率为 $\dfrac{1}{2}$.

（1）求椭圆 M 的方程.

（2）C，D 为 M 上两点，若四边形 $ACBD$ 的对角线 $CD \perp AB$，求四边形 $ACBD$ 面积的最大值.

解析：（1）设 $A(x_1, y_1)$，$B(x_2, y_2)$，$P(x_0, y_0)$，

则 $\begin{cases} \dfrac{x_1^2}{a^2} + \dfrac{y_1^2}{b^2} = 1, \\ \dfrac{x_2^2}{a^2} + \dfrac{y_2^2}{b^2} = 1, \end{cases}$ 两式作差化简得，$\dfrac{y_1 - y_2}{x_1 - x_2} = -\dfrac{b^2}{a^2} \cdot \dfrac{x_1 + x_2}{y_1 + y_2}$，即 $-\dfrac{b^2}{a^2} \cdot \dfrac{x_0}{y_0} = -1$.

依题意有，$-\dfrac{b^2}{a^2} \cdot \dfrac{2}{1} = -1$，所以 $a^2 = 2b^2$.

又依题意，$\begin{cases} a^2 = 2b^2 \\ c = \sqrt{3} \\ a^2 = b^2 + c^2 \end{cases}$，解之得 $a = \sqrt{6}$，$b = c = \sqrt{3}$，

所以，所求椭圆 M 的方程为 $\dfrac{x^2}{6} + \dfrac{y^2}{3} = 1$.

（2）由 $\begin{cases} x + y - \sqrt{3} = 0, \\ \dfrac{x^2}{6} + \dfrac{y^2}{3} = 1, \end{cases}$ 解之得，$A\left(\dfrac{4\sqrt{3}}{3}, -\dfrac{\sqrt{3}}{3}\right)$，$B(0, \sqrt{3})$，

所以 $|AB| = \dfrac{4\sqrt{6}}{3}$.

依题意，设直线 CD 的方程为 $y = x + n$ $\left(-\dfrac{5\sqrt{3}}{3} < n < \sqrt{3}\right)$，$C(x_3, y_3)$，$D(x_4, y_4)$，

由 $\begin{cases} y = x + n, \\ \dfrac{x^2}{6} + \dfrac{y^2}{3} = 1, \end{cases}$ 化简得，$3x^2 + 4nx + 2n^2 - 6 = 0$，

解之得，$x = \dfrac{-2n \pm \sqrt{2(9-n^2)}}{3}$，

所以 $|CD| = \sqrt{1+k^2}\,|x_3 - x_4| = \sqrt{2} \cdot \dfrac{2\sqrt{2(9-n^2)}}{3} = \dfrac{4}{3}\sqrt{9-n^2}$.

由已知，四边形 $ABCD$ 的面积 $S = \dfrac{1}{2}|AB| \cdot |CD| = \dfrac{8\sqrt{6}}{9} \cdot \sqrt{9-n^2}$,

当 $n = 0$ 时，$S_{\max} = \dfrac{8\sqrt{6}}{3}$. 所以，四边形 $ACBD$ 的面积的最大值为 $S_{\max} = \dfrac{8\sqrt{6}}{3}$.

可见，在求解解析几何中直线与圆锥曲线相关的试题中，涉及到弦的中点坐标与弦所在直线斜率的相关问题，采用点差法进行求解可以优化解题过程，从而快速准确求解试题.

【练习巩固】

1. 若椭圆 $\dfrac{x^2}{36} + \dfrac{y^2}{9} = 1$ 的弦被点 $(4，2)$ 平分，则此弦所在直线的斜率是（   ）.

A. 2　　　　　　B. -2　　　　　　C. $\dfrac{1}{3}$　　　　　　D. $-\dfrac{1}{2}$

2. 已知椭圆 C：$\dfrac{x^2}{4} + \dfrac{y^2}{3} = 1$，试确定 m 的取值范围，使对于直线 l：$y = 4x + m$，椭圆 C 上有不同的两点关于这条直线对称.

3. 直线 $mx + y - 3m + 3 = 0$ 与抛物线 $y^2 = 4x$ 的斜率为 1 的平行弦的中点轨迹有公共点，则 m 的取值范围是（   ）.

A. $\left(-\dfrac{5}{2}，0\right)$　　　　　　　　　　B. $\left(-\infty，-\dfrac{5}{2}\right) \cup (0，+\infty)$

C. $(-\infty，0) \cup \left(\dfrac{5}{2}，+\infty\right)$　　　　　　D. $\left(0，\dfrac{5}{2}\right)$

4. 在双曲线 $\dfrac{y^2}{12} - \dfrac{x^2}{13} = 1$ 的一支上不同的三点 $A(x_1，y_1)$，$B(\sqrt{26}，6)$，$C(x_2，y_2)$ 与焦点 $F(0，5)$ 的距离成等差数列.

（1）求 $y_1 + y_2$.

（2）证明线段 AC 的垂直平分线经过某一定点，并求出该定点的坐标.

【练习答案】

1. 答案：D.

2. 答案：$m \in \left(-\dfrac{2\sqrt{13}}{13}, \dfrac{2\sqrt{13}}{13} \right)$.

3. 答案：C.

4. 答案：（1）$y_1 + y_2 = 12$；（2）略.

圆锥曲线统一极坐标方程求焦半径

【题型背景】

(2012 年重庆卷) 过抛物线 $y^2 = 2x$ 的焦点 F 作直线交抛物线于 A, B 两点, 若 $|AB| = \dfrac{25}{12}$, $|AF| < |BF|$, 则 $|AF| =$ _____.

解析: $|AB| = |AF| + |BF| = \dfrac{1}{\cos\theta} + \dfrac{1}{1+\cos\theta} = \dfrac{2}{\sin^2\theta} = \dfrac{25}{12}$.

解之得, $\sin^2\theta = \dfrac{24}{25}$, $\cos^2\theta = \dfrac{1}{25}$, 所以 $|AF| = \dfrac{1}{1+\dfrac{1}{5}} = \dfrac{5}{6}$.

【知识分析】

以焦点 F 极点, 对称轴为极轴建立极坐标系, 依照圆锥曲线统一的定义, 就能推导出圆锥曲线统一的极坐标方程为 $\rho = \dfrac{ep}{1 - e\cos\theta}$ (e 为离心率, p 为焦点到相应准线的距离), 可利用本方程快捷地求解圆锥曲线的焦半径和焦点弦的相关问题.

本部分内容主要考查与培育学生的直观想象、数学建模、数学运算与逻辑推理等核心素养.

【例题解析】

例 1. 过抛物线 $y^2 = 4x$ 的焦点 F 作直线交抛物线于 A, B 两点, 若 $|AF| = 3$, 则 $|BF| =$ _____.

解析: 依题意有, $|FA| = \dfrac{2}{1 - \cos\theta} = 3$, 解之得, $\cos\theta = \dfrac{1}{3}$, $|BF| = \dfrac{2}{1 + \cos\theta}$

$$= \frac{2}{1+\frac{1}{3}} = \frac{3}{2}.$$

例2. 已知 F 是椭圆 C 的一个焦点，B 是短轴的一个端点，线段 BF 的延长线交 C 于点 D，且 $\overrightarrow{BF} = 2\overrightarrow{FD}$，则 C 的离心率为_____.

解析： 由 $\overrightarrow{BF} = 2\overrightarrow{FD}$ 得，$\frac{ep}{1-e\cos\theta} = \frac{2ep}{1+e\cos\theta}$，$3e\cos\theta = 1$，则 $3e^2 = 1$，所以 $e = \frac{\sqrt{3}}{3}$.

例3. （2013年江西卷）已知点 $A(2, 0)$，抛物线 $C：x^2 = 4y$ 的焦点为 F，射线 FA 与抛物线 C 相交于点 M，与其准线相交于点 N，则 $|FM|:|MN| = $（　　）.

A. $2:\sqrt{5}$　　　　B. $1:2$　　　　C. $1:\sqrt{5}$　　　　D. $1:3$

解析： $|FM|:|MN| = \cos\theta = 1:\sqrt{5}$，选 C.

例4. 已知过抛物线 $y^2 = 2px$（$p>0$）的焦点，斜率为 $2\sqrt{2}$ 的直线交抛物线于 A，B 两点，且 $|AB| = 9$，求该抛物线的方程.

解析： 依题意有，$\tan\theta = 2\sqrt{2}$，则 $\sin^2\theta = \frac{8}{9}$，$\cos^2\theta = \frac{1}{9}$，

$$|AB| = \rho_1 + \rho_2 = \frac{p}{1-\cos\theta} + \frac{p}{1+\cos\theta} = \frac{2p}{\sin^2\theta} = \frac{2p}{\frac{8}{9}} = 9,$$ 解之得，$2p = 8$，

故所求抛物线的方程为 $y^2 = 8x$.

例5. （2001年复旦大学保送生）椭圆 $\rho = \frac{3}{4-2\cos\theta}$ 的焦距是_____.

解析： 由 $\rho = \frac{3}{4-2\cos\theta}$ 得，$\rho = \frac{\frac{1}{2} \cdot \frac{3}{2}}{1-\frac{1}{2}\cos\theta}$，

于是 $\frac{c}{a} = \frac{1}{2}$，$\frac{b^2}{c} = \frac{3}{2}$，$a^2 = b^2 + c^2$，联立解之得，$a = 1$，$b = \frac{\sqrt{3}}{2}$，$c = \frac{1}{2}$，故所求椭圆的焦距为 $2c = 1$.

例6. 已知抛物线 $y^2 = 2px(p>0)$，过焦点 F 的任意一条弦 AB，是否存在常数 λ，使 $\frac{1}{|FA|} + \frac{1}{|FB|} = \lambda$，若存在，求出 λ 的值；若不存在，请说明理由.

解析：依题意有，$\lambda = \dfrac{1}{|FA|} + \dfrac{1}{|FB|} = \dfrac{1-\cos\theta}{p} + \dfrac{1+\cos\theta}{p} = \dfrac{2}{p}$.

例 7.（2011 年华约自主招生）AB 为过抛物线 $y^2 = 4x$ 的焦点 F 的弦，O 为坐标原点，且 $\angle OFA = 135°$，C 为抛物线准线与 x 轴的交点，则 $\angle ACB$ 的正切值为（　　）.

A. $2\sqrt{2}$　　　　　　B. $\dfrac{4\sqrt{2}}{5}$　　　　　　C. $\dfrac{4\sqrt{2}}{3}$　　　　　　D. $\dfrac{2\sqrt{2}}{3}$

解析：依题意有，$|FA| = \dfrac{2}{1-\dfrac{\sqrt{2}}{2}} = 2(2+\sqrt{2})$，

同理，$|FB| = \dfrac{2}{1+\dfrac{\sqrt{2}}{2}} = 2(2-\sqrt{2})$，$|AB| = 8$.

在 $\triangle FCA$ 中，由余弦定理求出 $|AC|^2 = 36 + 24\sqrt{2}$.

在 $\triangle ACB$ 中，由余弦定理求出 $|BC|^2 = 36 - 24\sqrt{2}$.

在 $\triangle ABC$ 中，令 $\theta = \angle ACB$，由余弦定理求出

$$\cos\theta = \dfrac{|AC|^2 + |BC|^2 - |AB|^2}{2|AC||BC|} = \dfrac{72-64}{2\times 12} = \dfrac{1}{3},$$

所以，其正切值为 $\tan\theta = 2\sqrt{2}$，选 A.

例 8. 已知 F 为抛物线 $C:y^2 = 4x$ 的焦点，过 F 作两条互相垂直的直线 l_1，l_2，直线 l_1 与 C 交于 A，B 两点，直线 l_2 与 C 交于 C，D 两点，则 $|AB| + |DE|$ 的最小值为（　　）.

A. 16　　　　　　B. 14　　　　　　C. 12　　　　　　D. 10

解析：依题意有，$|AB| = \dfrac{4}{\sin^2\theta}$，$|DE| = \dfrac{4}{\sin^2\left(\theta + \dfrac{\pi}{2}\right)} = \dfrac{4}{\cos^2\theta}$，

所以，$|AB| + |DE| = \dfrac{4}{\sin^2\theta} + \dfrac{4}{\cos^2\theta} = \dfrac{4}{\sin^2\theta\cos^2\theta} = \dfrac{16}{\sin^2 2\theta} \geqslant 16$，选 A.

【练习巩固】

1. 设抛物线 $C:y^2 = 4x$，F 为抛物线 C 的焦点，过 F 的斜率为 1 的直线 l 与抛物线 C 相交于 A，B 两点，求弦长 $|AB|$ 的大小.

2. 设抛物线 $C:y^2 = 4x$，F 为抛物线 C 的焦点，过 F 作直线 l 与抛物线 C 相

交于 A，B 两点，求 $\dfrac{1}{|FA|} + \dfrac{1}{|FB|}$ 的值.

3.（2013 年天津卷）设椭圆 $\dfrac{x^2}{a^2} + \dfrac{y^2}{b^2} = 1$（$a > b > 0$）的左焦点为 F，离心率为 $\dfrac{\sqrt{3}}{3}$，过点 F 且与 x 轴垂直的直线被椭圆截得的线段长为 $\dfrac{4\sqrt{3}}{3}$，求椭圆的方程.

4.（2008 年复旦大学自主招生）对所有满足 $1 \leqslant n \leqslant m \leqslant 5$ 的 m，n，极坐标方程 $\rho = \dfrac{1}{1 - C_m^n \cos\theta}$ 表示的不同双曲线条数为（ ）.

A. 6   B. 9   C. 12   D. 15

【练习解析】

1. 解析：$|AB| = \dfrac{4}{\sin^2 \dfrac{\pi}{4}} = \dfrac{4}{\left(\dfrac{\sqrt{2}}{2}\right)^2} = 8$.

2. 解析：$\dfrac{1}{|FA|} + \dfrac{1}{|FB|} = \dfrac{1 - \cos\theta}{p} + \dfrac{1 + \cos\theta}{p} = \dfrac{2}{p} = \dfrac{2}{2} = 1$.

3. 解析：依题意有，$\rho = \dfrac{ep}{e\cos\theta} = \dfrac{\dfrac{c}{a} \cdot \dfrac{b^2}{c}}{1 - \dfrac{c}{a}\cos\dfrac{\pi}{2}} = \dfrac{b^2}{a}$，所以 $\begin{cases} \dfrac{c}{a} = \dfrac{\sqrt{3}}{3}, \\ a^2 = b^2 + c^2, \\ \dfrac{2b^2}{a} = \dfrac{4\sqrt{3}}{3}, \end{cases}$

解之得 $\begin{cases} a = \sqrt{3}, \\ b = \sqrt{2}, \\ c = 1, \end{cases}$ 故所求椭圆方程为 $\dfrac{x^2}{3} + \dfrac{y^2}{2} = 1$.

4. 解析：依题意有，双曲线的离心率 $e = C_m^n$，由已知得正整数 m，n 满足 $1 \leqslant n \leqslant m \leqslant 5$，

于是有，$e_1 = C_5^1 = C_5^4 = 5$，$e_2 = C_5^2 = C_5^3 = 10$，

$e_3 = C_4^1 = C_4^3 = 4$，$e_4 = C_4^2 = 6$，$e_5 = C_3^1 = C_3^2 = 3$，$e_6 = C_2^1 = 2$，

$e_7 = C_1^1 = C_2^2 = C_3^3 = C_4^4 = C_5^5 = 1$（不能作为双曲线的离心率，舍去），选 A.

直线的参数方程

【题型背景】

在直角坐标系 xOy 中，直线 l 的参数方程为 $\begin{cases} x = 3 - \dfrac{\sqrt{2}}{2}t, \\ y = \sqrt{5} + \dfrac{\sqrt{2}}{2}t, \end{cases}$ （t 为参数），在极坐标系（与直角坐标系 xOy 取相同的长度单位，且以原点 O 为极点，以 x 轴正半轴为极轴）中，圆 C 的方程为 $\rho = 2\sqrt{5}\sin\theta$.

（1）求圆 C 的直角坐标方程.

（2）设圆 C 与直线 l 交于点 A，B. 若点 P 的坐标为 $(3, \sqrt{5})$，求 $|PA| + |PB|$ 的值.

解析：（1）由 $\rho = 2\sqrt{5}\sin\theta$ 得，$x^2 + y^2 = 2\sqrt{5}y$，即 $x^2 + (y - \sqrt{5})^2 = 5$.

（2）把 $\begin{cases} x = 3 - \dfrac{\sqrt{2}}{2}t, \\ y = \sqrt{5} + \dfrac{\sqrt{2}}{2}t, \end{cases}$ 代入方程 $x^2 + (y - \sqrt{5})^2 = 5$ 中，化简得，$t^2 - 3\sqrt{2}t + 4 = 0$，

所以，$|PA| + |PB| = |t_1| + |t_2| = t_1 + t_2 = 3\sqrt{2}$.

【知识分析】

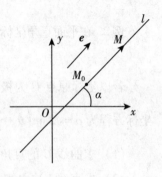

如图 17-1 所示，过定点 $M_0(x_0, y_0)$ 倾斜角为 α 的直线的参数方程为 $\begin{cases} x = x_0 + t\cos\alpha, \\ y = y_0 + t\sin\alpha, \end{cases}$ （t 为参数）.

设 $M(x, y)$ 为直线上的任意一点，参数 t 的几何

图 17-1

意义是指从点 M_0 到点 M 的位移，可以用有向线段 $\overrightarrow{M_0M}$ 的数量来表示，带符号.

即直线 l 的单位方向向量 $e = (\cos\alpha, \sin\alpha)$，$\alpha$ 是直线 l 的倾斜角，$\overrightarrow{M_0M} = te = t(\cos\alpha, \sin\alpha)$.

【例题解析】

例 1. 在直角坐标平面内，以坐标原点 O 为极点，x 轴的非负半轴为极轴建立极坐标系，已知点 M 的极坐标为 $\left(4\sqrt{2}, \dfrac{\pi}{4}\right)$，曲线 C 的参数方程为

$$\begin{cases} x = 1 + \sqrt{2}\cos\alpha, \\ y = \sqrt{2}\sin\alpha, \end{cases} \quad (\alpha \text{ 为参数}).$$

（1）求点 M 到曲线 C 上的点的距离的最小值.

（2）过点 M，倾斜角为 $\dfrac{\pi}{4}$ 的直线与曲线 C 相交于点 A，B，求 $|MA| + |MB|$ 的值.

解析：（1）点 M 的直角坐标为 $(4, 4)$，曲线 C 的直角坐标方程为 $(x-1)^2 + y^2 = 2$，所以，点 M 到曲线 C 上点的距离的最小值为

$$|MC| - \sqrt{2} = \sqrt{(4-1)^2 + (4-0)^2} - \sqrt{2} = 5 - \sqrt{2}.$$

（2）设直线 AB 的参数方程为 $\begin{cases} x = 4 + \dfrac{\sqrt{2}}{2}t, \\ y = 4 + \dfrac{\sqrt{2}}{2}t, \end{cases}$（$t$ 为参数），代入圆 C 的方程中并

且化简得，$t^2 + 7\sqrt{2}t + 23 = 0$，所以，$|MA| + |MB| = |t_1| + |t_2| = |t_1 + t_2| = 7\sqrt{2}.$

例 2. 在平面直角坐标系中，直线 l 的参数方程为 $\begin{cases} x = -1 + \dfrac{3}{5}t, \\ y = -1 + \dfrac{4}{5}t, \end{cases}$（$t$ 为参数）.

若以坐标原点 O 为极点，x 轴正半轴为极轴建立极坐标系，则曲线 C 的极坐标方程为 $\rho = \sqrt{2}\sin\left(\theta + \dfrac{\pi}{4}\right)$.

（1）求曲线 C 的直角坐标方程.

（2）求直线 l 被曲线 C 所截得的弦长.

解析：（1）曲线 C 的方程可化为 $\rho^2 = \sqrt{2}\rho\left(\sin\theta \times \dfrac{\sqrt{2}}{2} + \cos\theta \times \dfrac{\sqrt{2}}{2}\right)$，即 $\rho^2 = \rho\sin\theta + \rho\cos\theta$，所以 $x^2 + y^2 - x - y = 0$ 为曲线 C 的直角坐标方程.

（2）把直线 l 的参数方程代入圆 C 的直角坐标方程中并化简得 $t^2 - \dfrac{21}{5}t + 4 = 0$，故所求直线 l 被曲线 C 所截得的弦长为 $|t_1 + t_2| = \dfrac{21}{5}$.

例 3. 在直角坐标系中，以原点为极点，x 轴的正半轴为极轴建立极坐标系，已知曲线 C：$\rho\sin^2\theta = 2a\cos\theta$（$a > 0$），过点 $P(-2, -4)$ 的直线

$$l: \begin{cases} x = -2 + \dfrac{\sqrt{2}}{2}t, \\ y = -4 + \dfrac{\sqrt{2}}{2}t, \end{cases} \quad (t\ \text{为参数}) \ \text{与曲线}\ C\ \text{相交于}\ M,\ N\ \text{两点}.$$

（1）求曲线 C 和直线 l 的普通方程.

（2）若 $|PM|$，$|MN|$，$|PN|$ 成等比数列，求实数 a 的值.

解析：（1）曲线 C 的方程可化为 $\rho^2\sin^2\theta = 2a\rho\cos\theta$，即 $y^2 = 2ax$，

直线 l 的普通方程为 $x - y - 2 = 0$.

（2）把 l 的参数方程代入曲线 C 的直角坐标方程中并化简得

$t^2 - 2\sqrt{2}(a+4)t + 8(a+4) = 0$，$t_1 + t_2 = 2\sqrt{2}(a+4)$，$t_1 t_2 = 8(a+4)$，

依题意有，$|MN|^2 = |PM| \cdot |PN|$，即 $|t_1 - t_2|^2 = t_1 t_2$，即 $|t_1 + t_2|^2 = 5t_1 t_2$，

所以，$8(a+4)^2 = 5 \times 8(a+4)$，即 $a^2 + 3a - 4 = 0$，解之得 $a = 1$.

例 4. 已知圆锥曲线 C：$\begin{cases} x = 2\cos\theta, \\ y = \sqrt{3}\sin\theta, \end{cases}$（$\theta$ 为参数）和定点 $A(0, \sqrt{3})$，F_1，F_2 是此圆锥曲线的左、右焦点.

（1）以原点 O 为极点，以 x 轴的正半轴为极轴建立极坐标系，求直线 AF_2 的极坐标方程.

（2）经过点 F_1，且与直线 AF_2 垂直的直线 l 交此圆锥曲线于 M，N 两点，求 $||MF_1| - |NF_1||$ 的值.

解析：（1）直线 AF_2 的直角坐标方程为 $\dfrac{x}{1} + \dfrac{y}{\sqrt{3}} = 1$，即 $\sqrt{3}x + y = \sqrt{3}$，

所以 $\sqrt{3}\rho\cos\alpha + \rho\sin\alpha = \sqrt{3}$，即 $2\rho\sin\left(\alpha + \dfrac{\pi}{3}\right) = \sqrt{3}$ 为所求极坐标方程.

（2）设直线 l 的参数方程为 $\begin{cases} x = -1 + \dfrac{\sqrt{3}}{2}t, \\ y = \dfrac{1}{2}t, \end{cases}$ （t 为参数），

代入椭圆方程 $\dfrac{x^2}{4} + \dfrac{y^2}{3} = 1$，化简得 $13t^2 - 12\sqrt{3}t - 36 = 0$，

$$||MF_1| - |NF_1|| = ||t_1| - |t_2|| = |t_1 + t_2| = \frac{12\sqrt{3}}{13}.$$

例5. 已知直线 l 的参数方程为 $\begin{cases} x = 1 + \dfrac{4}{5}t, \\ y = -1 - \dfrac{3}{5}t, \end{cases}$ （t 为参数），若以直角坐标系

xOy 的原点为极点，x 轴的非负半轴为极轴，选取相同的长度单位建立极坐标系，圆 C 的极坐标方程为 $\rho = \sqrt{2}\cos\left(\theta + \dfrac{\pi}{4}\right)$.

（1）将直线 l 的参数方程化为普通方程，圆 C 的极坐标方程化为直角坐标方程.

（2）求圆 C 被直线 l 所截得的弦长.

解析：（1）直线 l 的普通方程为 $\dfrac{y+1}{x-1} = \dfrac{-3}{4}$，即 $3x + 4y + 1 = 0$，

圆 C 的方程为 $\rho^2 = \sqrt{2}\rho\left(\dfrac{\sqrt{2}}{2}\cos\theta - \dfrac{\sqrt{2}}{2}\sin\theta\right)$，普通方程为 $x^2 + y^2 - x + y = 0.$

（2）把直线 l 的参数方程代入圆的普通方程中并化简得 $t^2 - \dfrac{7}{5}t = 0$，

圆 C 被直线 l 所截得的弦长为 $|AB| = |t_1 - t_2| = \dfrac{7}{5}.$

例6. 在平面直角坐标系中，直线 l 的参数方程是 $\begin{cases} x = t, \\ y = \sqrt{3}t, \end{cases}$ （t 为参数），以坐标原点为极点，x 轴的正半轴为极轴，建立极坐标系，已知曲线 C 的极坐标方程为 $\rho^2\cos^2\theta + \rho^2\sin^2\theta - 2\rho\sin\theta - 3 = 0.$

（1）求直线 l 的普通方程和曲线 C 的直角坐标方程.

（2）若直线 l 与曲线 C 相交于 A，B 两点，求 $|AB|$.

解析：（1）直线 l 的普通方程为 $y = \sqrt{3}x$，曲线 C 的直角坐标方程为 $x^2 + y^2$

$-2y-3=0$，即 $x^2+(y-1)^2=4$.

（2）将直线 l 的参数方程代入圆 C 的直角坐标方程并化简得，$4t^2-2\sqrt{3}t-3$

$=0$，$|AB|=|t_1-t_2|=\sqrt{(t_1+t_2)^2-4t_1t_2}=\sqrt{\left(\dfrac{2\sqrt{3}}{4}\right)^2-4\times\left(-\dfrac{3}{4}\right)}=\dfrac{\sqrt{15}}{2}$.

【练习巩固】

1. 已知曲线 C 的极坐标方程为 $\rho\sin^2\theta=4\cos\theta$，直线 l 的参数方程为 $\begin{cases} x=t\cos\alpha, \\ y=1+\sin\alpha, \end{cases}$（$t$ 为参数，$0\leqslant\alpha\leqslant\pi$）.

（1）将曲线 C 的极坐标方程化为直角坐标方程.

（2）若直线 l 经过点（1，0），求直线 l 被曲线 C 截得的线段 AB 的长.

2. 已知曲线 C 的极坐标方程为 $\rho=4\cos\theta$，以极点为直角坐标系原点，以极轴为 x 轴的正半轴，建立平面直角坐标系，直线 l 的参数方程为 $\begin{cases} x=m+\dfrac{\sqrt{2}}{2}t, \\ y=\dfrac{\sqrt{2}}{2}t, \end{cases}$（$t$ 为参数）.

（1）将曲线 C 的极坐标方程化为直角坐标方程，将直线 l 的参数方程化为普通方程.

（2）若直线 l 与曲线 C 相交于 A，B 两点，且 $|AB|=\sqrt{14}$，试求实数 m 值.

3. 极坐标方程为 $2\rho\cos\theta-\rho\sin\theta-1=0$ 的直线 l 与 x 轴的交点为 P，与椭圆 $C：\begin{cases} x=\cos\theta, \\ y=2\sin\theta, \end{cases}$（$\theta$ 为参数）交于 A，B 两点.

（1）求直线 l 的参数方程与椭圆 C 的直角坐标方程.

（2）求 $|PA|+|PB|$ 的值.

【练习解析】

略.

第十八讲

应用向量求空间中的角

【题型背景】

(2014 年全国卷) 如图 18 - 1 所示, 三棱锥 $ABC - A_1B_1C_1$ 中, 侧面 BB_1C_1C 为菱形, $AB \perp B_1C$.

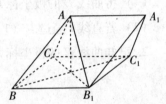

(1) 证明: $AC = AB_1$.

(2) 若 $AC \perp AB_1$, $\angle CBB_1 = 60°$, $AB = BC$, 求二面角 $A - A_1B_1 - C_1$ 的余弦值.

图 18 - 1

解析: (1) 如图 18 - 2 所示, 连接 BC_1, 交 B_1C 于 O, 连接 AO. 因为侧面 BB_1C_1C 为菱形, 所以 $B_1C \perp BC_1$, 且 O 为 B_1C 与 BC_1 的中点. 又 $AB \perp B_1C$, 所以 $B_1C \perp$ 平面 ABO, 故 $B_1C \perp AO$. 又 $B_1O = CO$, 故 $AC = AB_1$.

(2) 因为 $AC \perp AB_1$, 且 O 为 B_1C 的中点, 所以 $AO = CO$.

又因为 $AB = BC$, 所以 $\triangle BOA \cong \triangle BOC$,

故 $OA \perp OB$, 从而 OA, OB, OB_1 两两互相垂直.

以 O 为坐标原点, $\overrightarrow{OB}$ 的方向为 x 轴正方向,

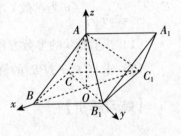

$|\overrightarrow{OB}|$ 为单位长, 建立如图 18 - 2 所示的空间直角坐标系 $O - xyz$. 因为 $\angle CBB_1 = 60°$,

所以 $\triangle CBB_1$ 为等边三角形. 又 $AB = BC$,

则 $A\left(0, 0, \dfrac{\sqrt{3}}{3}\right)$, $B(1, 0, 0)$,

图 18 - 2

$B_1\left(0, \dfrac{\sqrt{3}}{3}, 0\right)$, $C\left(0, -\dfrac{\sqrt{3}}{3}, 0\right)$,

$$\overrightarrow{AB_1} = \left(0, \ \frac{\sqrt{3}}{3}, \ -\frac{\sqrt{3}}{3}\right), \ \overrightarrow{A_1B_1} = \overrightarrow{AB} = \left(1, \ 0, \ -\frac{\sqrt{3}}{3}\right),$$

$$\overrightarrow{B_1C_1} = \overrightarrow{BC} = \left(-1, \ -\frac{\sqrt{3}}{3}, \ 0\right).$$

设 $\boldsymbol{n} = (x, \ y, \ z)$ 是平面 AA_1B_1 的法向量，则 $\begin{cases} \boldsymbol{n} \cdot \overrightarrow{AB_1} = 0, \\ \boldsymbol{n} \cdot \overrightarrow{A_1B_1} = 0, \end{cases}$

即 $\begin{cases} \dfrac{\sqrt{3}}{3}y - \dfrac{\sqrt{3}}{3}z = 0, \\ x - \dfrac{\sqrt{3}}{3}z = 0, \end{cases}$

所以可取 $\boldsymbol{n} = (1, \ \sqrt{3}, \ \sqrt{3})$.

设 $\boldsymbol{m}$ 是平面 $A_1B_1C_1$ 的法向量，则 $\begin{cases} \boldsymbol{m} \cdot \overrightarrow{A_1B_1} = 0, \\ \boldsymbol{n} \cdot \overrightarrow{B_1C_1} = 0, \end{cases}$

同理，可取 $\boldsymbol{m} = (1, \ -\sqrt{3}, \ \sqrt{3})$，

则 $\cos\langle \boldsymbol{n}, \ \boldsymbol{m} \rangle = \dfrac{\boldsymbol{n} \cdot \boldsymbol{m}}{|\boldsymbol{n}| \cdot |\boldsymbol{m}|} = \dfrac{1}{7}$，所以二面角 $A - A_1B_1 - C_1$ 的余弦值为 $\dfrac{1}{7}$.

【知识分析】

1. 异面直线所成的角. 异面直线 a，b 的方向向量分别为 $\boldsymbol{a}$，$\boldsymbol{b}$，设异面直线所成的角为 θ，则 $\cos\theta = \dfrac{|\boldsymbol{a} \cdot \boldsymbol{b}|}{|\boldsymbol{a}| \cdot |\boldsymbol{b}|}$.

2. 直线与平面所成的角. 设直线 a 的方向向量为 $\boldsymbol{a}$，平面 α 的法向量为 $\boldsymbol{m}$，直线 a 与平面 α 所成的角为 θ，直线 a 与平面 α 的法向量所成的角为 φ，则 $\sin\theta = \cos\varphi = \dfrac{|\boldsymbol{a} \cdot \boldsymbol{m}|}{|\boldsymbol{a}| \cdot |\boldsymbol{b}|}$.

3. 平面与平面所成的角. 设平面 α，β 的法向量分别为 $\boldsymbol{m}$，$\boldsymbol{n}$，平面 α，β 所成的角为 θ，则 $\cos\theta = \dfrac{\boldsymbol{m} \cdot \boldsymbol{n}}{|\boldsymbol{m}| \cdot |\boldsymbol{n}|}$（$\theta$ 为锐角或钝角以具体情况来确定）.

本部分内容主要考查与培育学生的直观想象、逻辑推理与数学运算等核心素养.

【例题解析】

例 1. 如图 18 - 3 所示，四面体 $ABCD$ 中，$\triangle ABC$ 是正三角形，$\triangle ACD$ 是直角三角形，$\angle ABD = \angle CBD$，$AB = BD$.

(1) 证明：平面 $ACD \perp$ 平面 ABC.

(2) 过 AC 的平面交 BD 于点 E，若平面 AEC 把四面体 $ABCD$ 分成体积相等的两部分，求二面角 $D - AE - C$ 的余弦值.

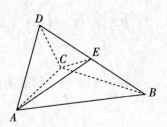

图 18 - 3

解析：（1）由题设可得，$\triangle ABD \cong \triangle CBD$，从而 $AD = DC$.

又 $\triangle ACD$ 是直角三角形，所以 $\angle ADC = 90°$.

取 AC 的中点 O，连接 DO，BO，则 $DO \perp AC$，$DO = AO$.

又由于 $\triangle ABC$ 是正三角形，故 $BO \perp AC$，

所以 $\angle DOB$ 为二面角 $D - AC - B$ 的平面角.

在 $Rt\triangle AOB$ 中，$BO^2 + AO^2 = AB^2$.

又 $AB = BD$，所以 $BO^2 + DO^2 = BO^2 + AO^2 = AB^2 = BD^2$，

故 $\angle DOB = 90°$，所以平面 $ACD \perp$ 平面 ABC.

(2) 由题设及（1）知，OA，OB，OD 两两垂直，以 O 为坐标原点，$\overrightarrow{OA}$ 的方向为 x 轴正方向，$|\overrightarrow{OA}|$ 为单位长，建立如图 18 - 4 所示的空间直角坐标系 $O - xyz$，

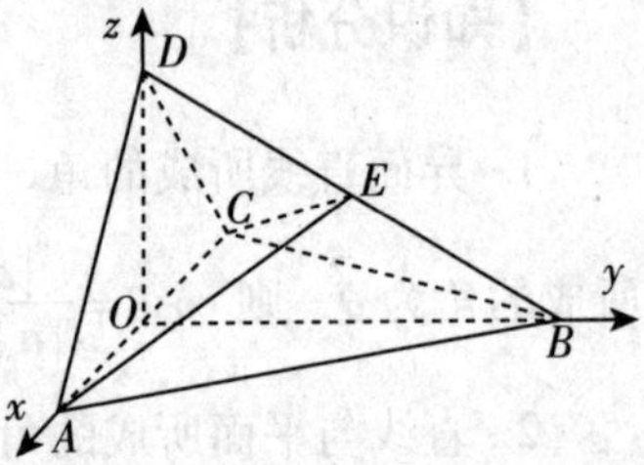

则 $A(1, 0, 0)$，$B(0, \sqrt{3}, 0)$，$C(-1, 0, 0)$，$D(0, 0, 1)$.

图 18 - 4

由题设知，四面体 $ABCE$ 的体积为四面体 $ABCD$ 的体积的 $\dfrac{1}{2}$，从而可知点 E 到平面 ABC 的距离为点 D 到平面 ABC 的距离的 $\dfrac{1}{2}$，

即 E 为 DB 的中点，得 $E\left(0, \dfrac{\sqrt{3}}{2}, \dfrac{1}{2}\right)$.

故 $\overrightarrow{AD} = (-1, 0, 1)$，$\overrightarrow{AC} = (-2, 0, 0)$，$\overrightarrow{AE} = \left(-1, \dfrac{\sqrt{3}}{2}, \dfrac{1}{2}\right)$.

设 $\boldsymbol{n}=(x,\ y,\ z)$ 是平面 DAE 的法向量,

则 $\begin{cases} \boldsymbol{n}\cdot\overrightarrow{AD}=0, \\ \boldsymbol{n}\cdot\overrightarrow{AE}=0, \end{cases}$ 即 $\begin{cases} -x+z=0, \\ -x+\dfrac{\sqrt{3}}{2}y+\dfrac{1}{2}z=0, \end{cases}$

可取 $\boldsymbol{n}=\left(1,\ \dfrac{\sqrt{3}}{3},\ 1\right)$.

设 $\boldsymbol{m}$ 是平面 AEC 的法向量,则 $\begin{cases} \boldsymbol{m}\cdot\overrightarrow{AC}=0, \\ \boldsymbol{m}\cdot\overrightarrow{AE}=0, \end{cases}$ 同理,可取 $\boldsymbol{m}=(0,\ -1,\ \sqrt{3})$.

则 $\cos\langle\boldsymbol{n},\ \boldsymbol{m}\rangle=\dfrac{\boldsymbol{n}\cdot\boldsymbol{m}}{|\boldsymbol{n}||\boldsymbol{m}|}=\dfrac{\sqrt{7}}{7}$,所以二面角 $D-AE-C$ 的余弦值为 $\dfrac{\sqrt{7}}{7}$.

注意:

(1) 求解本题要注意两点:一是两平面的法向量的夹角不一定是所求的二面角,二是利用方程思想进行向量运算时,要细心认真,准确计算.

(2) 设 $\boldsymbol{m}$,$\boldsymbol{n}$ 分别为平面 α,β 的法向量,则二面角 θ 与 $\langle\boldsymbol{m},\ \boldsymbol{n}\rangle$ 互补或相等,故有 $|\cos\theta|=|\cos\langle\boldsymbol{m},\ \boldsymbol{n}\rangle|=\dfrac{|\boldsymbol{m}\cdot\boldsymbol{n}|}{|\boldsymbol{m}||\boldsymbol{n}|}$. 求解时一定要注意结合实际图形判断所求角是锐角还是钝角.

例 2. (铜仁市 2015 年诊断检测试题) 如图 18-5 所示,四棱锥 $P-ABCD$ 中,底面 $ABCD$ 为平行四边形,$PA\perp$ 底面 $ABCD$,M 是棱 PD 的中点,且 $PA=AB=AC=2$,$BC=2\sqrt{2}$.

(1) 求二面角 $M-AB-C$ 的大小.

(2) 如果 N 是棱 AB 上一点,且直线 CN 与平面 MAB 所成角的正弦值为 $\dfrac{\sqrt{10}}{5}$,求 $\dfrac{AN}{NB}$ 的值.

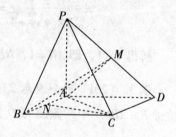

图 18-5

解析:(1) 如图 18-6 所示,建立空间直角坐标系,则 $A(0,0,0)$,$P(0,0,2)$,$B(2,0,0)$,$C(0,2,0)$,$D(-2,2,0)$.

因为 M 是棱 PD 的中点,所以 $M(-1,1,1)$.

所以 $\overrightarrow{AM}=(-1,\ 1,\ 1)$,$\overrightarrow{AB}=(2,\ 0,\ 0)$.

设 $\boldsymbol{n}=(x,y,z)$ 为平面 MAB 的法向量,所以

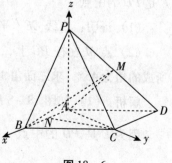

图 18-6

$$\begin{cases} \boldsymbol{n} \cdot \overrightarrow{AM} = 0, \\ \boldsymbol{n} \cdot \overrightarrow{AB} = 0, \end{cases} \text{即} \begin{cases} -x + y + z = 0, \\ 2x = 0, \end{cases}$$

令 $y = 1$，则 $\begin{cases} x = 0, \\ y = 1, \\ z = -1, \end{cases}$ 所以平面 MAB 的法向量 $\boldsymbol{n} = (0,\ 1,\ -1)$.

因为 $PA \perp$ 平面 $ABCD$，所以 $\overrightarrow{AP} = (0,\ 0,\ 2)$ 是平面 ABC 的一个法向量.

所以 $\cos\langle \boldsymbol{n},\ \overrightarrow{AP} \rangle = \dfrac{\boldsymbol{n} \cdot \overrightarrow{AP}}{|\overrightarrow{AP}| \, |\boldsymbol{n}|} = \dfrac{-2}{2 \times \sqrt{2}} = -\dfrac{\sqrt{2}}{2}.$

因为二面角 $M - AB - C$ 为锐二面角，所以二面角 $M - AB - C$ 的大小为 $\dfrac{\pi}{4}$.

(2) 因为 N 是棱 AB 上一点，所以设 $N(x,\ 0,\ 0)$，$\overrightarrow{NC} = (-x,\ 2,\ 0)$.

设直线 CN 与平面 MAB 所成的角为 α，

因为平面 MAB 的法向量 $\boldsymbol{n} = (0,\ 1,\ -1)$，

所以 $\sin\alpha = \cos\left(\dfrac{\pi}{2} - \alpha \right) = \left| \dfrac{\boldsymbol{n} \cdot \overrightarrow{NC}}{|\boldsymbol{n}| \cdot |\overrightarrow{NC}|} \right|$

$$= \dfrac{2}{\sqrt{2} \times \sqrt{x^2 + 4}} = \dfrac{\sqrt{10}}{5}.$$

解得 $x = 1$，即 $AN = 1$，$NB = 1$，所以 $\dfrac{AN}{NB} = 1$.

例 3. (2017 年全国卷 2) 如图 18-7 所示，四棱锥 $P - ABCD$ 中，侧面 PAD 为等边三角形且垂直于底面 $ABCD$，$AB = BC = \dfrac{1}{2}AD$，$\angle BAD = \angle ABC = 90°$，$E$ 是 PD 的中点.

(1) 证明：直线 $CE \parallel$ 平面 PAB.

(2) 点 M 在棱 PC 上，且直线 BM 与底面 $ABCD$ 所成的角为 $45°$，求二面角 $M - AB - D$ 的余弦值.

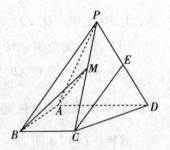

图 18-7

解析：(1) 如图 18-8 所示，取 PA 的中点 F，连接 EF，BF.

因为 E 是 PD 的中点，所以 $EF \parallel AD$，$EF = \dfrac{1}{2}AD$. 由 $\angle BAD = \angle ABC = 90°$

得，$BC /\!/ AD$. 又 $BC = \dfrac{1}{2}AD$，所以 $EF \underline{\!/\!/} BC$.

所以四边形 $BCEF$ 为平行四边形，$CE /\!/ BF$.

又 $BF \subset$ 平面 PAB，$CE \not\subset$ 平面 PAB，故 $CE /\!/$ 平面 PAB.

（2）由已知得 $BA \perp AD$，以 A 为坐标原点，

$\overrightarrow{AB}$ 的方向为 x 轴正方向，$|\overrightarrow{AB}|$ 为单位长，建立如图 $18-8$ 所示的空间直角坐标系 $A-xyz$，则 $A(0,$ $0,0)$，$B(1,0,0)$，$C(1,1,0)$，$P(0,1,$ $\sqrt{3})$，$\overrightarrow{PC} = (1,0,-\sqrt{3})$，$\overrightarrow{AB} = (1,0,0)$，设 $M(x,y,z)$ $(0 < x < 1)$，

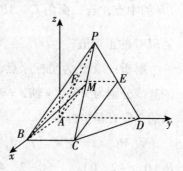

图 $18-8$

则 $\overrightarrow{BM} = (x-1,y,z)$，$\overrightarrow{PM} = (x,y-1,z-$ $\sqrt{3})$，因为 BM 与底面 $ABCD$ 所成的角为 $45°$，而

$\boldsymbol{n}(0,0,1)$ 是底面 $ABCD$ 的法向量，所以 $\dfrac{\sqrt{2}}{2} = \dfrac{|z|}{\sqrt{(x-1)^2 + y^2 + z^2}}$，即 $(x-1)^2 +$ $y^2 - z^2 = 0$. ①

又 M 在棱 PC 上，设 $\overrightarrow{PM} = \lambda \overrightarrow{PC}$，则 $x = \lambda$，$y = 1$，$z = \sqrt{3} - \sqrt{3}\lambda$. ②

由①②解得，$\begin{cases} x = 1 + \dfrac{\sqrt{2}}{2}, \\ y = 1, \\ z = -\dfrac{\sqrt{6}}{2}, \end{cases}$（舍去），或 $\begin{cases} x = 1 - \dfrac{\sqrt{2}}{2}, \\ y = 1, \\ z = \dfrac{\sqrt{6}}{2}. \end{cases}$

所以 $M\left(1 - \dfrac{\sqrt{2}}{2}, 1, \dfrac{\sqrt{6}}{2}\right)$，从而 $\overrightarrow{AM} = \left(1 - \dfrac{\sqrt{2}}{2}, 1, \dfrac{\sqrt{6}}{2}\right)$.

设 $\boldsymbol{m} = (x_0, y_0, z_0)$ 是平面 ABM 的法向量，

则 $\begin{cases} \boldsymbol{m} \cdot \overrightarrow{AM} = 0, \\ \boldsymbol{m} \cdot \overrightarrow{AB} = 0, \end{cases}$ 即 $\begin{cases} (2 - \sqrt{2})x_0 + 2y_0 + \sqrt{6}z_0 = 0, \\ x_0 = 0, \end{cases}$

所以可取 $\boldsymbol{m} = (0, -\sqrt{6}, 2)$.

于是 $\cos\langle \boldsymbol{m}, \boldsymbol{n} \rangle = \dfrac{\boldsymbol{m} \cdot \boldsymbol{n}}{|\boldsymbol{m}||\boldsymbol{n}|} = \dfrac{\sqrt{10}}{5}$，因此二面角 $M-AB-D$ 的余弦值为

$\dfrac{\sqrt{10}}{5}$.

例 5. 如图 18 – 9 所示，在三棱锥 $A-BCD$ 中，$AD \perp$ 平面 BCD，$CB = CD$，$AD = BD = 4$，P，Q 分别在线段 AB，AC 上，$AP = 3PB$，$AQ = 3QC$，M 是 BD 的中点，若二面角 $C-AB-D$ 的大小为 $\frac{\pi}{3}$，求 $\angle BDC$ 的正切值.

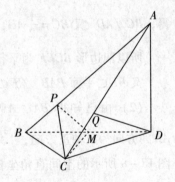

图 18 – 9

解析： 以 M 为坐标原点，MC，MD，ME 所在的直线分别为 x 轴，y 轴，z 轴建立如图 18 – 10 所示的空间直角坐标系.

设 $MC = t$，则 $C\ (t,\ 0,\ 0)$，$D\ (0,\ 2,\ 0)$，$B\ (0,\ -2,\ 0)$，$A\ (0,\ 2,\ 4)$，

则 $\overrightarrow{BC} = (t,\ 2,\ 0)$，$\overrightarrow{BA} = (0,\ 4,\ 4)$，设 $\boldsymbol{n}_1 = (x,\ y,\ z)$ 是平面 ABC 的一个法向量，则

$$\begin{cases} \boldsymbol{n}_1 \cdot \overrightarrow{BC} = 0, \\ \boldsymbol{n}_1 \cdot \overrightarrow{BA} = 0, \end{cases} \text{即} \begin{cases} 4y + 4z = 0, \\ tx + 2y = 0, \end{cases} \text{取} \ \boldsymbol{n}_1 = (2,\ -t,\ t).$$

由已知得到平面 ABD 的一个法向量为 $\boldsymbol{n}_2 = (1,\ 0,\ 0)$，

所以，$\cos \langle \boldsymbol{n}_1,\ \boldsymbol{n}_2 \rangle = \dfrac{2}{1 \times \sqrt{4 + (-t)^2 + t^2}}$

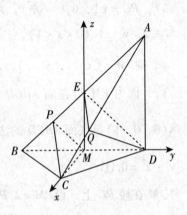

图 18 – 10

$= \dfrac{1}{2}$，

解之得 $t = \sqrt{6}$. 在 $\mathrm{Rt}\triangle MCD$ 中，$\tan \angle MDC = \dfrac{MC}{DM} = \dfrac{\sqrt{6}}{2}$，

所以 $\angle BDC$ 的正切值为 $\dfrac{\sqrt{6}}{2}$.

例 6. （2018 年全国卷 3）如图 18 – 11 所示，边长为 2 的正方形 $ABCD$ 所在的平面与半圆弧 $\overset{\frown}{CD}$ 所在平面垂直，M 是 $\overset{\frown}{CD}$ 上异于 C，D 的点.

（1）证明：平面 $AMD \perp$ 平面 BMC.

（2）当三棱锥 $M-ABC$ 体积最大时，求面 MAB

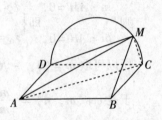

图 18 – 11

与面 MCD 所成二面角的正弦值.

解析：（1）由题设知，平面 $CMD \perp$ 平面 $ABCD$，交线为 CD. 因为 $BC \perp CD$，$BC \subset$ 平面 $ABCD$，所以 $BC \perp$ 平面 CMD，故 $BC \perp DM$.

因为 M 为 $\overparen{CD}$ 上异于 C，D 的点，且 DC 为直径，所以 $DM \perp CM$.

又 $BC \cap CM = C$，所以 $DM \perp$ 平面 BMC.

而 $DM \subset$ 平面 AMD，故平面 $AMD \perp$ 平面 BMC.

（2）以 D 为坐标原点，$\overrightarrow{DA}$ 的方向为 x 轴正方向，建立如图 $18-12$ 所示的空间直角坐标系 $D-xyz$.

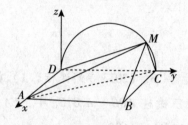

图 $18-12$

当三棱锥 $M-ABC$ 体积最大时，M 为 $\overparen{CD}$ 的中点.

由题设得，$D(0,0,0)$，$A(2,0,0)$，$B(2,2,0)$，$C(0,2,0)$，$M(0,1,1)$，

$\overrightarrow{AM}=(-2,1,1)$，$\overrightarrow{AB}=(0,2,0)$，$\overrightarrow{DA}=(2,0,0)$.

设 $\boldsymbol{n}=(x,y,z)$ 是平面 MAB 的法向量，

则 $\begin{cases} \boldsymbol{n} \cdot \overrightarrow{AM}=0, \\ \boldsymbol{n} \cdot \overrightarrow{AB}=0, \end{cases}$ 即 $\begin{cases} -2x+y+z=0, \\ 2y=0, \end{cases}$ 可取 $\boldsymbol{n}=(1,0,2)$.

$\overrightarrow{DA}$ 是平面 MCD 的法向量，因此 $\cos\langle \boldsymbol{n}, \overrightarrow{DA}\rangle = \dfrac{\boldsymbol{n} \cdot \overrightarrow{DA}}{|\boldsymbol{n}||\overrightarrow{DA}|} = \dfrac{\sqrt{5}}{5}$，

$\sin\langle \boldsymbol{n}, \overrightarrow{DA}\rangle = \dfrac{2\sqrt{5}}{5}$，所以面 MAB 与面 MCD 所成二面角的正弦值是 $\dfrac{2\sqrt{5}}{5}$.

【练习巩固】

1. 【2014 新课标，理 11】直三棱柱 $ABC-A_1B_1C_1$ 中，$\angle BCA=90°$，M，N 分别是 A_1B_1，A_1C_1 的中点，$BC=CA=CC_1$，则 BM 与 AN 所成的角的余弦值为（　　）.

A. $\dfrac{1}{10}$　　　　　　　　　　B. $\dfrac{2}{5}$

C. $\dfrac{\sqrt{30}}{10}$　　　　　　　　　D. $\dfrac{\sqrt{2}}{2}$

2. 如图 18 – 13 所示，在直三棱柱 $ABC - A_1B_1C_1$ 中，$AC = 3$，$BC = 4$，$AB = 5$，$AA_1 = 4$，点 D 是 AB 的中点．

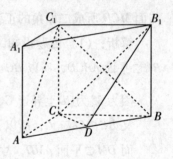

(1) 求证：$AC_1 /\!/$ 平面 CDB_1．

(2) 求异面直线 AC_1 与 B_1C 所成的角．

图 18 – 13

3. （2013 年新课标卷 1）如图 18 – 14 所示，三棱柱 $ABC - A_1B_1C_1$ 中，$CA = CB$，$AB = AA_1$，$\angle BAA_1 = 60°$．

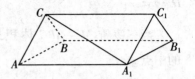

(1) 证明 $AB \perp A_1C$．

图 18 – 14

(2) 若平面 $ABC \perp$ 平面 AA_1B_1B，$AB = CB = 2$，求直线 A_1C 与平面 BB_1C_1C 所成角的正弦值．

4. 如图 18 – 15 所示，在四棱锥 $P - ABCD$ 中，底面 $ABCD$ 是直角梯形，$AB /\!/ DC$，$AB \perp AD$，平面 PAD $\perp$ 平面 $ABCD$，若 $AB = 8$，$DC = 2$，$AD = 6\sqrt{2}$，$PA = 4$，$\angle PAD = 45°$，且 $AO = \dfrac{1}{3}AD$．

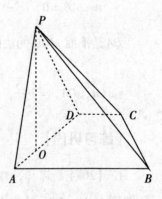

(1) 求证：$PO \perp$ 平面 $ABCD$．

(2) 设平面 PAD 与平面 PBC 所成二面角的大小为 θ（$0° < \theta \leqslant 90°$），求 $\cos\theta$ 的值．

图 18 – 15

【练习解析】

略．

第(十九)讲

应用向量求空间中的距离

【题型背景】

（2013 年高考题改编）如图 19-1 所示，直棱柱 $ABC-A_1B_1C_1$ 中，D，E 分别是 AB，BB_1 的中点，$AA_1=AC=CB=\dfrac{\sqrt{2}}{2}AB=2$.

（1）证明：BC_1 // 平面 A_1CD.

（2）求点 D 到平面 A_1CE 的距离.

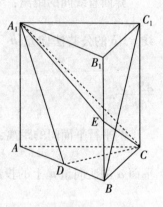

图 19-1

解析：（1）如图 19-2 所示，连接 AC_1 交 A_1C 于点 F，连接 DF，由三角形中位线定理知，DF // BC_1，因为 $DF\subset$ 平面 A_1DC，$BC_1\not\subset$ 平面 A_1DC，所以 BC_1 // 平面 A_1CD.

（2）如图 19-2 所示，建立坐标系，则相应点的坐标分别是 $A(2,0,0)$，$B(0,2,0)$，$A_1(2,0,2)$，$D(1,1,0)$，$E(0,2,1)$.

设平面 A_1CE 的法向量为 $\boldsymbol{n}=(x,y,z)$，

由 $\overrightarrow{CA_1}=(2,0,2)$，$\overrightarrow{CE}=(0,2,1)$，

由垂直关系得 $\begin{cases}2x+2z=0,\\2y+z=0,\end{cases}$

取 $x=2$，则 $y=1$，$z=-2$，

所以平面 A_1CE 的法向量为 $\boldsymbol{n}=(2,1,-2)$.

又因为 $\overrightarrow{CD}=(1,1,0)$，设 $\theta=\langle\overrightarrow{CD},\boldsymbol{n}\rangle$，

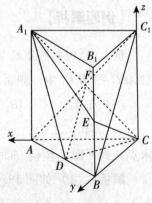

图 19-2

则点 D 到平面 A_1CE 的距离为

$$d = \left| \overrightarrow{CD} \right| \cos\theta = \left| \overrightarrow{CD} \right| \cdot \frac{\overrightarrow{CD} \cdot \boldsymbol{n}}{\left| \overrightarrow{CD} \right| \cdot \left| \boldsymbol{n} \right|} = \frac{\overrightarrow{CD} \cdot \boldsymbol{n}}{\left| \boldsymbol{n} \right|} = \frac{2+1+0}{3} = 1.$$

【知识分析】

点到平面的距离：空间中的点 A 与平面 α 上的点 M 组成的向量 $\overrightarrow{AM}$ 在平面 α 的法向量 $\boldsymbol{n}$ 上的投影长. 即 $d = \left| \overrightarrow{AM} \right| \cos\theta = \left| \overrightarrow{AM} \right| \cdot \frac{\overrightarrow{AM} \cdot \boldsymbol{n}}{\left| \overrightarrow{AM} \right| \left| \boldsymbol{n} \right|} = \frac{\overrightarrow{AM} \cdot \boldsymbol{n}}{\left| \boldsymbol{n} \right|}$.

异面直线间的距离：异面直线 a，b 上分别取一点 A，B，向量 $\overrightarrow{AB}$ 在异面直线 a，b 的公共法向量 $\boldsymbol{n}$ 上的投影长. 即 $d = \left| \overrightarrow{AB} \right| \cos\theta = \left| \overrightarrow{AB} \right| \cdot \frac{\overrightarrow{AB} \cdot \boldsymbol{n}}{\left| \overrightarrow{AB} \right| \left| \boldsymbol{n} \right|} = \frac{\overrightarrow{AB} \cdot \boldsymbol{n}}{\left| \boldsymbol{n} \right|}$.

两平行平面间的距离：在两平行平面 α，β 上分别取一点 A，B，向量 $\overrightarrow{AB}$ 在平面 α 的法向量 $\boldsymbol{n}$ 上的投影长. 即 $d = \left| \overrightarrow{AB} \right| \cos\theta = \left| \overrightarrow{AB} \right| \cdot \frac{\overrightarrow{AB} \cdot \boldsymbol{n}}{\left| \overrightarrow{AB} \right| \left| \boldsymbol{n} \right|} = \frac{\overrightarrow{AB} \cdot \boldsymbol{n}}{\left| \boldsymbol{n} \right|}$.

本部分内容主要考查与培育学生的直观想象、逻辑推理与数学运算等核心素养.

【例题解析】

例1. （2014 年全国卷）如图 19 - 3 所示，三棱柱 $ABC - A_1B_1C_1$ 中，侧面 BB_1C_1C 为菱形，$AB \perp B_1C$.

（1）证明：$AC = AB_1$.

（2）若 $AC \perp AB_1$，$\angle CBB_1 = 60°$，$AB = BC = 2$，求点 A 到平面 $A_1B_1C_1$ 的距离.

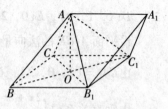

图 19 - 3

解析：（1）如图 19 - 3 所示，连接 BC_1 与 B_1C 相交于点 O，连接 AO，依题意有 $B_1C \perp BC_1$，$B_1C \perp AB$，于是有 $B_1C \perp$ 平面 ABC_1，即 $B_1O \perp AO$，

所以 $\triangle AOC \cong \triangle AOB_1$，即 $AC = AB_1$.

（2）如图 19-4 所示建立坐标系，

则依题意有相应点的坐标为

$B(\sqrt{3}, 0, 0)$，$B_1(0, 1, 0)$，$A(0, 0, 1)$，

$C(0, -1, 0)$．

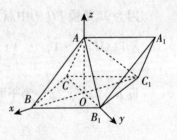

图 19-4

设 $\boldsymbol{n} = (x, y, z)$ 是平面 $A_1B_1C_1$ 的一个法向量，

由 $\overrightarrow{C_1B_1} = \overrightarrow{CB} = (\sqrt{3}, 1, 0)$，$\overrightarrow{C_1A_1} = \overrightarrow{CA} = (0,$

$1, 1)$，

于是 $\begin{cases} \sqrt{3}x + y = 0, \\ y + z = 0, \end{cases}$ 取 $x = 1$，则 $y = -\sqrt{3}$，$z = \sqrt{3}$，即 $\boldsymbol{n} = (1, -\sqrt{3}, \sqrt{3})$ 是平

面 $A_1B_1C_1$ 的一个法向量，又 $\overrightarrow{AA_1} = \overrightarrow{BB_1} = (-\sqrt{3}, 1, 0)$．

所以，点 A 到平面 $A_1B_1C_1$ 的距离为

$$d = |\overrightarrow{AA_1}||\cos\theta| = |\overrightarrow{AA_1}| \cdot \frac{|\overrightarrow{AA_1} \cdot \boldsymbol{n}|}{|\overrightarrow{AA_1}||\boldsymbol{n}|} = \frac{|-2\sqrt{3}|}{\sqrt{7}} = \frac{2\sqrt{21}}{7}.$$

例 2. 如图 19-5 所示，四棱锥 $P-ABCD$ 中，

底面 $ABCD$ 为平行四边形，$PA \perp$ 底面 $ABCD$，M 是

棱 PD 的中点，且 $PA = AB = AC = 2$，$BC = 2\sqrt{2}$．

（1）求证：$CD \perp$ 平面 PAC．

（2）求点 P 到平面 ABM 的距离．

（3）如果 N 是棱 AB 上一点，且直线 CN 与平

面 MAB 所成角的正弦值为 $\frac{\sqrt{10}}{5}$，求 $\frac{AN}{NB}$ 的值．

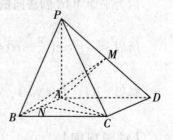

图 19-5

解析：（1）如图 19-6 所示，依题意有

$BC^2 = AB^2 + AC^2$．由勾股定理的逆定理知 $AB \perp AC$.

因为 $AB \perp AP$，所以 $AB \perp$ 平面 PAC．

又因为 $CD // BA$，所以 $CD \perp$ 平面 PAC．

（2）如图 19-6 所示，建立空间直角坐标系，

则 $A(0, 0, 0)$，$P(0, 0, 2)$，$B(2, 0, 0)$，

$C(0, 2, 0)$，$D(-2, 2, 0)$．

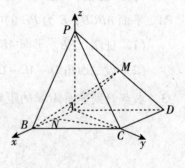

图 19-6

因为 M 是棱 PD 的中点，所以 $M(-1, 1, 1)$，

所以 $\overrightarrow{AM} = (-1, 1, 1)$，$\overrightarrow{AB} = (2, 0, 0)$．

设 $\boldsymbol{n} = (x, y, z)$ 为平面 MAB 的法向量，所以 $\begin{cases} \boldsymbol{n} \cdot \overrightarrow{AM} = 0, \\ \boldsymbol{n} \cdot \overrightarrow{AB} = 0, \end{cases}$

即 $\begin{cases} -x + y + z = 0, \\ 2x = 0, \end{cases}$ 令 $y = 1$，则 $\begin{cases} x = 0, \\ y = 1, \\ z = -1, \end{cases}$

所以平面 MAB 的法向量 $\boldsymbol{n} = (0, 1, -1)$．

又因为 $\overrightarrow{AP} = (0, 0, 2)$，

所以点 P 到平面 MAB 的距离为 $d = \dfrac{|\overrightarrow{PA} \cdot \boldsymbol{n}|}{|\boldsymbol{n}|} = \dfrac{2}{\sqrt{2}} = \sqrt{2}$．

(3) 因为 N 是棱 AB 上一点，所以设 $N(x, 0, 0)$，$\overrightarrow{NC} = (-x, 2, 0)$．

设直线 CN 与平面 MAB 所成的角为 α，

因为平面 MAB 的法向量 $\boldsymbol{n} = (0, 1, -1)$，

所以 $\sin\alpha = \cos\left(\dfrac{\pi}{2} - \alpha\right) = \left| \dfrac{\boldsymbol{n} \cdot \overrightarrow{NC}}{|\boldsymbol{n}||\overrightarrow{NC}|} \right| = \dfrac{2}{\sqrt{2} \times \sqrt{x^2 + 4}} = \dfrac{\sqrt{10}}{5}$．

解得 $x = 1$，即 $AN = 1$，$NB = 1$，所以 $\dfrac{AN}{NB} = 1$．

【练习巩固】

1. (2014 年全国新课标卷高考题改编) 如图 19－7，四棱锥 $P - ABCD$ 中，底面 $ABCD$ 为矩形，$PA \perp$ 平面 $ABCD$，E 为 PD 的中点．

(1) 证明：$PB \parallel$ 平面 AEC；

(2) 设二面角 $D - AE - C$ 为 $60°$，$AP = 1$，$AD = \sqrt{3}$，求点 P 到平面 ACE 的距离．

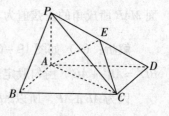

图 19－7

2. 已知三棱柱 $ABC - A_1B_1C_1$ 中，侧棱垂直于底面，$AC = BC$，点 D 是 AB 的中点.

（1）求证：$BC_1 /\!/$ 平面 CA_1D；

（2）若底面 ABC 是边长为 2 的正三角形，$BB_1 = \sqrt{3}$，求点 B_1 到平面 A_1CD 的距离.

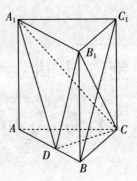

图 19-8

【练习解析】

略.

第二十讲

"不等式 $\ln(1+x) \leqslant x$" 的应用

【题型背景】

(2017 年全国卷 3) 已知函数 $f(x) = x - 1 - a\ln x$.

(1) 若 $f(x) \geqslant 0$,求 a 的值.

(2) 设 m 为整数,且对于任意正整数 n , $\left(1+\dfrac{1}{2}\right)\left(1+\dfrac{1}{2^2}\right)\cdots\left(1+\dfrac{1}{2^n}\right) < m$,

求 m 的最小值.

解析: (1) $f(x)$ 的定义域为 $(0, +\infty)$, $f'(x) = 1 - \dfrac{a}{x} = \dfrac{x-a}{x}$.

① 若 $a \leqslant 0$, $f(x)$ 为增函数,因为 $f\left(\dfrac{1}{2}\right) = -\dfrac{1}{2} + a\ln 2$,所以不满足题意.

② 若 $a > 0$,由 $f'(x) = 1 - \dfrac{a}{x} = \dfrac{x-a}{x}$ 知,当 $x \in (0, a)$ 时, $f'(x) < 0$;当 $x \in (a, +\infty)$ 时, $f'(x) > 0$. 所以 $f(x)$ 在 $(0, a)$ 上单调递减,在 $(a, +\infty)$ 上单调递增,故 $x = a$ 是 $f(x)$ 在 $(0, +\infty)$ 的唯一最小值点.

由于 $f(1) = 0$,所以当且仅当 $a = 1$ 时, $f(x) \geqslant 0$,故 $a = 1$.

(2) 由 (1) 知,当 $a = 1$ 时,有 $f(x) = x - 1 - \ln x \geqslant f(1) = 0$,

所以 $\ln x \leqslant x - 1$.

令 $x = 1 + \dfrac{1}{2^k}$,有 $\ln\left(1+\dfrac{1}{2^k}\right) < \dfrac{1}{2^k}$, $k \in \mathbf{Z}^*$,

所以 $\ln\left[\left(1+\dfrac{1}{2}\right)\left(1+\dfrac{1}{2^2}\right)\cdots\left(1+\dfrac{1}{2^n}\right)\right] = \ln\left(1+\dfrac{1}{2}\right) + \ln\left(1+\dfrac{1}{2^2}\right) + \cdots + $

$\ln\left(1+\dfrac{1}{2^n}\right) < \dfrac{1}{2} + \dfrac{1}{2^2} + \cdots + \dfrac{1}{2^n} = \dfrac{\dfrac{1}{2}\left(1-\dfrac{1}{2^n}\right)}{1-\dfrac{1}{2}} = 1 - \dfrac{1}{2^n} < 1$,

所以 $\left(1+\dfrac{1}{2}\right)\left(1+\dfrac{1}{2^2}\right)\cdots\left(1+\dfrac{1}{2^n}\right) < \mathrm{e}$.

而 $\left(1+\dfrac{1}{2}\right)\left(1+\dfrac{1}{2^2}\right)\left(1+\dfrac{1}{2^3}\right)=\dfrac{3}{2}\cdot\dfrac{5}{4}\cdot\dfrac{9}{8}=\dfrac{135}{64}>2$,

依题意, 可知 m 的最小值为 3.

【知识分析】

函数 $f(x)=1-x+\ln x$ 的导数 $f'(x)=-1+\dfrac{1}{x}=\dfrac{1-x}{x}$, 显然 $f(x)$ 在 $(0,$
1) 上是增函数, 在 $(1,+\infty)$ 上是减函数, 于是有 $f(x)_{\max}=f(1)=0$, 即
$1-x+\ln x\leqslant 0$, $x\leqslant \mathrm{e}^{x-1}$.

用 $1+x$ 代替 x 就有不等式 $\ln(1+x)\leqslant x$, 即 $1+x\leqslant \mathrm{e}^x$.

当 $x>0$ 时, 有 $\ln(1+x)^{\frac{1}{x}}<1$, 即 $(1+x)^{\frac{1}{x}}<\mathrm{e}$, 其本质就是两个重要极限
中的一个: $\lim\limits_{x\to 0}(1+x)^{\frac{1}{x}}=\mathrm{e}$. 该不等式的应用极其广泛, 特别是用来解决函数导
数的综合应用试题, 在高考中经常出现.

本部分内容主要考查与培育学生的数学运算、逻辑推理与数学建模等核心
素养.

【例题解析】

例1. 已知函数 $f(x)=\dfrac{1}{\ln(x+1)-x}$, 则 $y=f(x)$ 的图像大致为(　　).

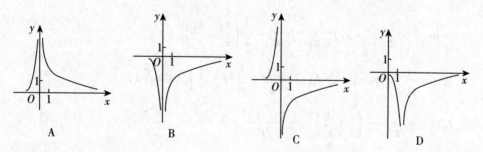

A　　　　　　B　　　　　　C　　　　　　D

解析: $y=f(x)$ 的定义域为 $\{x\,|\,x>-1$ 且 $x\neq 0\}$, 排除 D.

因为 $f'(x)=\dfrac{-\left(\dfrac{1}{x+1}-1\right)}{[\ln(x+1)-x]^2}=\dfrac{x}{(x+1)\,[\ln(x+1)-x]^2}$,

所以当 $x\in(-1,0)$ 时, $f'(x)<0$, $y=f(x)$ 在 $(-1,0)$ 上是减函数;

当 $x \in (0, +\infty)$ 时，$f'(x) > 0$，$y = f(x)$ 在 $(0, +\infty)$ 上是增函数．排除 A 和 C，故选择 B．

例2.（2018年贵阳市铜仁市模拟考试题）已知函数 $f(x) = \ln x + \dfrac{1}{2}x^2 - ax + a, (a \in \mathbf{R})$．

（1）若函数 $f(x)$ 在 $(0, +\infty)$ 上为单调增函数，求 a 的取值范围．

（2）若函数 $f(x)$ 在 $x = x_1$ 和 $x = x_2$ 处取得极值，且 $x_2 \geqslant \sqrt{e} x_1$（e 为自然对数的底数），求 $f(x_2) - f(x_1)$ 的最大值．

解析：（1）因为 $f'(x) = \dfrac{1}{x} + x - a$（$x > 0$），又因为 $f(x)$ 在 $(0, +\infty)$ 上单调递增，所以恒有 $f'(x) \geqslant 0$，即 $\dfrac{1}{x} + x - a \geqslant 0$（$x > 0$）恒成立，$a \leqslant \left(x + \dfrac{1}{x}\right)_{\min}$，而 $x + \dfrac{1}{x} \geqslant 2\sqrt{x \cdot \dfrac{1}{x}} = 2$，当且仅当 $x = 1$ 时取"="，故 $a \leqslant 2$．

即函数 $f(x)$ 在 $(0, +\infty)$ 上为单调增函数时，a 的取值范围是 $(-\infty, 2]$．

（2）$f(x_2) - f(x_1) = \ln \dfrac{x_2}{x_1} + \dfrac{1}{2}(x_2^2 - x_1^2) - a(x_2 - x_1)$，

又 $f'(x) = \dfrac{1}{x} + x - a = \dfrac{x^2 - ax + 1}{x}$（$x > 0$），所以 x_1, x_2 是方程 $x^2 - ax + 1 = 0$ 的两个实根，由韦达定理得 $x_1 + x_2 = a$，$x_1 x_2 = 1$，

$\therefore f(x_2) - f(x_1) = \ln \dfrac{x_2}{x_1} + \dfrac{1}{2}(x_2^2 - x_1^2) - a(x_2 - x_1)$

$= \ln \dfrac{x_2}{x_1} - \dfrac{1}{2}(x_2^2 - x_1^2)\dfrac{1}{x_1 x_2} = \ln \dfrac{x_2}{x_1} - \dfrac{1}{2}\left(\dfrac{x_2}{x_1} - \dfrac{x_1}{x_2}\right)$．

设 $t = \dfrac{x_2}{x_1}$（$t \geqslant \sqrt{e}$），令 $h(t) = \ln t - \dfrac{1}{2}\left(t - \dfrac{1}{t}\right)$（$t \geqslant \sqrt{e}$），

$h'(t) = \dfrac{1}{t} - \dfrac{1}{2}\left(1 + \dfrac{1}{t^2}\right) = -\dfrac{(t-1)^2}{2t^2} < 0$，

$\therefore h(t)$ 在 $[\sqrt{e}, +\infty)$ 上是减函数，$h(t) \leqslant h(\sqrt{e}) = \dfrac{1}{2}\left(1 - \sqrt{e} + \dfrac{\sqrt{e}}{e}\right)$，

故 $f(x_2) - f(x_1)$ 的最大值为 $\dfrac{1}{2}\left(1 - \sqrt{e} + \dfrac{\sqrt{e}}{e}\right)$．

例3. 已知函数 $f(x) = \ln(x+1) - x$．

（1）求 $f(x)$ 的最大值．

（2）设 $g(x) = f(x) - ax^2(a \geqslant 0)$ ，l 是曲线 $y = g(x)$ 的一条切线，证明：曲线 $y = g(x)$ 上的任意一点都不可能在直线 l 的上方．

（3）求证：$\left(1 + \dfrac{2}{2 \times 3}\right)\left(1 + \dfrac{4}{3 \times 5}\right)\left(1 + \dfrac{8}{5 \times 9}\right) \cdots \left[1 + \dfrac{2^n}{(2^{n-1}+1)(2^n+1)}\right] < e$ （其中 e 为自然对数的底数，$n \in \mathbf{N}^*$）．

解析：（1）$f(x)$ 的定义域为 $(-1, +\infty)$，$f'(x) = \dfrac{1}{x+1} - 1 = -\dfrac{x}{x+1}$，令 $f'(x) = 0$，得 $x = 0$．

当 $-1 < x < 0$ 时，$f'(x) > 0$，$\therefore f(x)$ 在 $(-1, 0)$ 上是增函数；当 $x > 0$ 时，$f'(x) < 0$，$\therefore f(x)$ 在 $(0, +\infty)$ 上是减函数，故 $f(x)$ 在 $x = 0$ 处取得最大值 $f(0) = 0$．

（2）由（1）得，$g(x) = \ln(x+1) - ax^2 - x(a \geqslant 0)$，

设 $M(x_0, g(x_0))$ 是曲线 $g(x)$ 上的一点，

则 $y = g(x)$ 在点 M 处的切线方程为 $y - g(x_0) = g'(x_0)(x - x_0)$，

即 $y = \left(\dfrac{1}{x_0+1} - 2ax_0 - 1\right)(x - x_0) + y(x_0)$．

令 $h(x) = g(x) - \left[\left(\dfrac{1}{x_0+1} - 2ax_0 - 1\right)(x - x_0) + y(x_0)\right]$，

则 $h'(x) = \dfrac{1}{x+1} - 2ax - 1 - \left(\dfrac{1}{x_0+1} - 2ax_0 - 1\right)$．

$\because h'(x_0) = 0$，$h(x)$ 在 $(x_0, +\infty)$ 上是减函数，在 $(-1, x_0)$ 上是增函数，

$\therefore h(x)$ 在 $x = x_0$ 处取得最大值 $h(x_0) = 0$，即 $h(x) \leqslant 0$ 恒成立，

故曲线 $y = g(x)$ 上的任意一点不可能在直线 l 的上方．

另解：$g'(x) = \dfrac{1}{x+1} - 2ax - 1$，$g''(x) = \dfrac{-1}{(x+1)^2} - 2a < 0$，

所以函数 $g(x)$ 是一个上凸函数，故曲线 $y = g(x)$ 上的任意一点不可能在直线 l 的上方．

（3）由（1）知，$\ln(x+1) \leqslant x$ 在 $(-1, +\infty)$ 上恒成立，当且仅当 $x = 0$ 时等号成立，故当 $x > -1$ 且 $x \neq 0$ 时，有 $\ln(x+1) < x$．

又因为 $\dfrac{2^n}{(2^{n-1}+1)(2^n+1)} = 2\left(\dfrac{1}{2^{n-1}+1} - \dfrac{1}{2^n+1}\right)$，所以

$$\ln\left\{\left(1+\frac{2}{2\times 3}\right)\left(1+\frac{4}{3\times 5}\right)\left(1+\frac{8}{5\times 9}\right)\cdots\left[1+\frac{2^n}{\left(2^{n-1}+1\right)\left(2^n+1\right)}\right]\right\}$$

$$=\ln\left(1+\frac{2}{2\times 3}\right)+\ln\left(1+\frac{4}{3\times 5}\right)+\ln\left(1+\frac{8}{5\times 9}\right)+\cdots+\ln\left[1+\frac{2^n}{\left(2^{n-1}+1\right)\left(2^n+1\right)}\right]$$

$$<\frac{2}{2\times 3}+\frac{4}{3\times 5}+\frac{8}{5\times 9}+\cdots+\frac{2^n}{\left(2^{n-1}+1\right)\left(2^n+1\right)}$$

$$=2\left[\left(\frac{1}{2}-\frac{1}{3}\right)+\left(\frac{1}{3}-\frac{1}{5}\right)+\left(\frac{1}{5}-\frac{1}{9}\right)+\cdots+\left(\frac{1}{2^{n-1}+1}-\frac{1}{2^n+1}\right)\right]$$

$$=2\left(\frac{1}{2}-\frac{1}{2^n+1}\right)$$

$$=1-\frac{2}{2^n+1}<1,$$

所以$\left(1+\frac{2}{2\times 3}\right)\left(1+\frac{4}{3\times 5}\right)\left(1+\frac{8}{5\times 9}\right)\cdots\left[1+\frac{2^n}{\left(2^{n-1}+1\right)\left(2^n+1\right)}\right]<e.$

例4. 已知函数$f(x)=\left(1+\frac{1}{x}\right)\ln x+\frac{1}{x}-x.$

(1) 求函数$f(x)$的单调区间.

(2) 求证：$\ln\frac{e^n}{n}<1+\frac{1}{2}+\frac{2}{3}+\cdots+\frac{n-1}{n}$ ($n>2$, $n\in\mathbf{N}^*$).

解析：(1) 函数$f(x)$的定义域为$(0,+\infty)$,

$$f'(x)=\left(-\frac{1}{x^2}\right)\ln x+\left(1+\frac{1}{x}\right)\frac{1}{x}-\frac{1}{x^2}-1=\frac{-\ln x+x-x^2}{x^2}.$$

令$g(x)=-\ln x+x-x^2$, $g'(x)=-\frac{1}{x}+1-2x=-\frac{2x^2-x+1}{x}<0,$

所以$g(x)$在$(0,+\infty)$上是减函数，又$g(1)=0,$

当$0<x<1$时，$g(x)>0$，$f'(x)>0$，$f(x)$为增函数.

当$x>1$时，$g(x)<0$，$f'(x)<0$，$f(x)$为减函数.

所以$f(x)$的单调递增区间是$(0,1)$，单调递减区间是$(1,+\infty)$.

(2) 由(1)知，$f(x)\leqslant f(1)$，即$\left(1+\frac{1}{x}\right)\ln x+\frac{1}{x}-x\leqslant 0$，$(x+1)\ln x+(1$

$-x^2)\leqslant 0$. 即$\ln x+1-x\leqslant 0$，化简得$\ln x\leqslant x-1$（当且仅当$x=1$时等号成立）.

$$\ln\frac{e^n}{n}=n+\ln\frac{1}{n}=n+\ln\left(1\cdot\frac{1}{2}\cdot\frac{2}{3}\cdots\frac{n-1}{n}\right)$$

$$=n+\ln 1+\ln\frac{1}{2}+\ln\frac{2}{3}+\cdots+\ln\frac{n-1}{n}$$

$$< n + (1-1) + \left(\frac{1}{2} - 1\right) + \left(\frac{2}{3} - 1\right) + \cdots + \left(\frac{n-1}{n} - 1\right)$$

$$= 1 + \frac{1}{2} + \frac{2}{3} + \cdots + \frac{n-1}{n}.$$

所以，原不等式成立.

例5.（贵州省 2018 年适应性考试题）如图 20－1 所示，在矩形 $ABCD$ 中，$A(1, 0)$，$B(1+x, 0)$，且 $x > 0$，D 在曲线 $y = \frac{1}{x}$ 上，BC 与曲线 $y = \frac{1}{x}$ 交于点 E，四边形 $ABEF$ 为矩形.

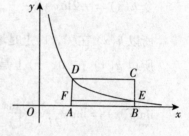

图 20－1

（1）用 x 分别表示矩形 $ABCD$，曲边梯形 $ABED$ 及矩形 $ABEF$ 的面积，并用不等式表示它们的大小关系.

（2）求证：$\left(\frac{2018}{2017}\right)^{2018} > e$（e 为自然对数的底数）.

（3）设矩形 $ABEF$ 的面积为 $f(x)$，若 $f(x) < \frac{x\ln x}{2a(x-1)}$ 对任意的 $x \in (0, 1)$ 恒成立，求实数 a 的取值范围.

解析：（1）通过图形面积观察，直观获得不等式：

$$\frac{x}{1+x} < \ln(1+x) < x \quad (x > 0).$$

（2）运用（1）的不等式：$\dfrac{\frac{1}{2017}}{1+\frac{1}{2017}} < \ln\left(1 + \frac{1}{2017}\right)$，

即 $\frac{1}{2018} < \ln\frac{2018}{2017}$，$\ln\left(\frac{2018}{2017}\right)^{2018} > 1$，所以 $\left(\frac{2018}{2017}\right)^{2018} > e$.

另解：由 $\ln(1+x) < x$ 得，$\ln x < x - 1 \quad (x > 0)$，

$\therefore \ln\frac{2017}{2018} < \frac{2017}{2018} - 1$，即 $\ln\left(\frac{2017}{2018}\right)^{2018} < -1$，即 $\left(\frac{2017}{2018}\right)^{2018} < \frac{1}{e}$，

所以 $\left(\frac{2018}{2017}\right)^{2018} > e$.

（3）依题意有，$\frac{x}{1+x} < \frac{x\ln x}{2a(x-1)}$ 对于 $\forall x \in (0, 1)$ 都成立，所以有 $a > 0$，

所以 $a < \dfrac{(x+1)\ln x}{2(x-1)}$. 令 $g(x) = \dfrac{(x+1)\ln x}{2(x-1)}$, $x \in (0, 1)$,

$$g'(x) = \frac{\left(\ln x + 1 + \dfrac{1}{x}\right) \cdot 2(x-1) - 2(x+1)\ln x}{4(x-1)^2} = \frac{2\left(-2\ln x + x - \dfrac{1}{x}\right)}{4(x-1)^2}.$$

令 $h(x) = -2\ln x + x - \dfrac{1}{x}$, 则 $h'(x) = -\dfrac{2}{x} + 1 + \dfrac{1}{x^2} = \dfrac{(x-1)^2}{x^2} > 0$,

所以 $h(x)$ 在 $(0, 1)$ 上是增函数, $h(x) < h(1) = 0$, 即 $g'(x) < 0$,

所以 $g(x)$ 在 $(0, 1)$ 上是减函数,

$$\lim_{x \to 1} g(x) = \lim_{x \to 1} \frac{(x+1)\ln x}{2(x-1)} = \lim_{x \to 1} \frac{\ln x + 1 + \dfrac{1}{x}}{2} = 1,$$

所以 $0 < a \leqslant 1$, 即实数 $a \in (0, 1]$.

【练习巩固】

1. 已知函数 $f(x)$ 满足满足 $f(x) = f'(1) e^{x-1} - f(0)x + \dfrac{1}{2}x^2$.

(1) 求 $f(x)$ 的解析式及单调区间.

(2) 若 $f(x) \geqslant \dfrac{1}{2}x^2 + ax + b$, 求 $(a+1)b$ 的最大值.

2. 已知函数 $f(x) = \dfrac{1 + \ln x}{x}$.

(1) 若函数 $f(x)$ 在区间 $\left(a, a + \dfrac{1}{3}\right)$ $(a > 0)$ 上存在极值点, 求实数 a 的取值范围.

(2) 当 $x \geqslant 1$ 时, 不等式 $f(x) \geqslant \dfrac{k}{x+1}$ 恒成立, 求实数 k 的取值范围.

3. 已知函数 $f(x) = ax^2 - (a+2)x + \ln x$.

(1) 当 $a = 1$ 时, 求曲线 $y = f(x)$ 在点 $(1, f(1))$ 处的切线方程.

(2) 当 $a > 0$ 时, 若 $f(x)$ 在区间 $[1, e]$ 上的最小值为 -2, 求 a 的取值范围.

(3) 若对任意的 x_1, $x_2 \in (0, +\infty)$, $x_1 < x_2$, 且 $f(x_1) + 2x_1 < f(x_2) + 2x_2$ 恒成立, 求 a 的取值范围.

4. 已知函数 $f(x) = \dfrac{a(x-1)}{x^2}$, 其中 $a > 0$.

（1）求函数 $f(x)$ 的单调区间.

（2）若直线 $x - y - 1 = 0$ 是曲线 $y = f(x)$ 的切线，求实数 a 的值.

（3）设 $g(x) = x\ln x - x^2 f(x)$，求 $g(x)$ 在区间 $[1，e]$ 上的最大值（其中 e 为自然对数的底数）.

【练习解析】

略.

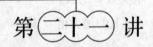

第二十一讲

复数的运算

【题型背景】

1. (2014 年全国卷) $\dfrac{(1+i)^3}{(1-i)^2} = ($ $)$.

A. $1+i$　　　　　　　　　　B. $1-i$

C. $-1+i$　　　　　　　　　D. $-1-i$

解析：依题意有，$\dfrac{(1+i)^3}{(1-i)^2} = \dfrac{2i(1+i)}{-2i} = -1-i$，选 D.

2. 设复数 z_1，z_2 在复平面内的对应点关于虚轴对称，$z_1 = 2+i$，则 $z_1 z_2 = ($ $)$.

A. -5　　　　　　　　　　B. 5

C. $-4+i$　　　　　　　　　D. $-4-i$

解析：依题意有，$z_2 = -2+i$，所以 $z_1 z_2 = (2+i)(-2+i) = i^2 - 4 = -1 - 4 = -5$，选 A.

【知识分析】

复数的代数形式运算：复数 $z_1 = a + bi$，$z_2 = c + di$ （a，b，c，$d \in \mathbf{R}$）.

$z_1 + z_2 = (a+c) + (b+d)i$；

$z_1 - z_2 = (a-c) + (b-d)i$；

$z_1 \cdot z_2 = (a+bi) \cdot (c+di) = (ac-bd) + (ad+bc)i$；

$\dfrac{z_1}{z_2} = \dfrac{a+bi}{c+di} = \dfrac{(a+bi)(c-di)}{c^2+d^2}$ （分母不为 0）.

复数的几何形式运算：

加法：平行四边形法则或者三角形法则；减法：三角形法则；乘法与除法按照旋转来确定．

复数的三角形式运算，在乘法、除法、乘方和开方的运算上优势比较明显．

若 $z_1 = r_1(\cos\alpha + i\sin\alpha)$，$z_2 = r_2(\cos\beta + i\sin\beta)$，

则 $z_1 z_2 = r_1 r_2 [\cos(\alpha+\beta) + i\sin(\alpha+\beta)]$，

$\dfrac{z_1}{z_2} = \dfrac{r_1}{r_2}[\cos(\alpha-\beta) + i\sin(\alpha-\beta)]$（分母不为 0）．

若 $z = r(\cos\theta + i\sin\theta)$，则 $z^n = r^n(\cos n\theta + i\sin n\theta)$．

$z = r[\cos(\theta+2k\pi) + i\sin(\theta+2k\pi)]$ 的 n 次方根为

$$\sqrt[n]{r}\left(\cos\frac{\theta+2k\pi}{n} + i\sin\frac{\theta+2k\pi}{n}\right) \quad (k = 0,\ 1,\ 2,\ \cdots,\ n-1)．$$

本部分内容主要考查与培育学生的数学运算、逻辑推理与数学建模等核心素养．

【例题解析】

例 1. （2013 年全国卷）$(1+\sqrt{3}i)^3 = (\quad)$．

A. -8　　　　　　B. 8　　　　　　　　C. $-8i$　　　　　　D. $8i$

解析：$(1+\sqrt{3}i)^3 = \left[2\left(\cos\dfrac{\pi}{3} + i\sin\dfrac{\pi}{3}\right)\right]^3 = 8(\cos\pi + i\sin\pi) = -8$，选 A．

例 2. 下面是关于复数 $z = \dfrac{2}{-1+i}$ 的四个命题：P_1：$|z| = 2$；P_2：$z^2 = 2i$；P_3：z 的共轭复数为 $1+i$；P_4：z 的虚部为 -1．其中的真命题为（　　）．

A. P_2，P_3　　　　　　　　　　B. P_1，P_2

C. P_2，P_4　　　　　　　　　　D. P_3，P_4

解析：$|z| = \dfrac{2}{\sqrt{2}} = \sqrt{2}$，命题 P_1 是假命题；$z^2 = \dfrac{4}{-2i} = 2i$，命题 P_2 是真命题；

$z = \dfrac{2}{-1+i} = \dfrac{2(-1-i)}{2} = -1-i$，$\bar{z} = -1+i$，命题 P_3 是假命题；z 的虚部是 -1，

命题 P_4 是真命题；选 C．

例 3. （2018 年全国卷 3）$(1+i)(2-i) = (\quad)$．

A. $-3-i$　　　　　　　　　　B. $-3+i$

C. $3-i$　　　　　　　　　　D. $3+i$

答案：D.

例4. （2018 年全国卷2） $\dfrac{1+2i}{1-2i} =$ （　　）.

A. $-\dfrac{4}{5} - \dfrac{3}{5}i$　　　　　　　　　　B. $-\dfrac{4}{5} + \dfrac{3}{5}i$

C. $-\dfrac{3}{5} - \dfrac{4}{5}i$　　　　　　　　　　D. $-\dfrac{3}{5} + \dfrac{4}{5}i$

答案：D.

例5. （2018 全国卷1）设 $z = \dfrac{1-i}{1+i} + 2i$，则 $|z| = $（　　）.

A. 0　　　　　　B. $\dfrac{1}{2}$　　　　　　C. 1　　　　　　D. $\sqrt{2}$

答案：C.

例6. （2017 年全国卷3）设复数 z 满足 $(1+i)z = 2i$，则 $|z| = $（　　）.

A. $\dfrac{1}{2}$　　　　　B. $\dfrac{\sqrt{2}}{2}$　　　　　C. $\sqrt{2}$　　　　　D. 2

答案：C.

例7. （2016 年全国卷1）设 $(1+i)x = 1 + yi$，其中 x，y 是实数，则 $|x+yi| = $（　　）.

A. 1　　　　　B. $\sqrt{2}$　　　　　C. $\sqrt{3}$　　　　　D. 2

解析： 由 $(1+i)x = 1 + yi$ 可知，$x + xi = 1 + yi$，故 $\begin{cases} x = 1, \\ x = y, \end{cases}$ 解得，$\begin{cases} x = 1, \\ y = 1. \end{cases}$

所以，$|x + yi| = \sqrt{x^2 + y^2} = \sqrt{2}$.

答案：B.

例8. （2017 年山东卷）已知 $a \in \mathbf{R}$，i 是虚数单位，若 $z = a + \sqrt{3}i$，$z \cdot \bar{z} = 4$，则 $a = $（　　）.

A. 1 或 -1　　　　　　　　　　B. $\sqrt{7}$ 或 $-\sqrt{7}$

C. $-\sqrt{3}$　　　　　　　　　　D. $\sqrt{3}$

答案：A.

例9. （复旦大学自主招生）已知 $|z| = 1$，求 $|z^2 + z + 4|$ 的最小值.

解析： 设 $z = \cos\theta + i\sin\theta$，则

$$|z^2 + z + 4| = |\cos 2\theta + i\sin 2\theta + \cos\theta + i\sin\theta + 4|$$

$$= \sqrt{(\cos 2\theta + \cos \theta + 4)^2 + (\sin 2\theta + \sin \theta)^2}$$

$$= \sqrt{16 \cos^2 \theta + 10 \cos \theta + 10}$$

$$= \sqrt{16\left(\cos \theta + \frac{5}{16}\right)^2 + \frac{135}{16}}$$

$$\leqslant \frac{3\sqrt{15}}{4},$$

当 $\cos \theta = -\dfrac{5}{16}$ 时取等号，所以 $|z^2 + z + 4|$ 的最小值为 $\dfrac{3\sqrt{15}}{4}$.

例 10. 设复数 $z = 3 + i$（i 为虚数单位）在复平面中对应点 A，将 OA 绕原点 O 逆时针旋转 $90°$ 得到 OB，则点 B 在（   ）.

A. 第一象限　　　　　　　　　　B. 第二象限

C. 第三象限　　　　　　　　　　D. 第四象限

解析： 依题意有，$z_n = (3 + i) i = -1 + 3i$，选 B.

例 11. 设 $f(n) = \left(\dfrac{1+i}{1-i}\right)^n + \left(\dfrac{1-i}{1+i}\right)^n$ $(n \in \mathbf{N}^*)$，则集合 $\{f(n)\}$ 中元素的个数为（   ）.

A. 1　　　　　　　B. 2　　　　　　　C. 3　　　　　　　D. 无数个

解析： 依题意有，$f(n) = i^n + (-i)^n$，其结果可以为 2，0，-2，选 C.

例 12. 已知复数 $z = \dfrac{i + i^2 + i^3 + \cdots + i^{2014}}{1 + i}$，则复数 z 在复平面内对应的点为 _____.

答案：$(0, 1)$.

例 13. （2018 年高中数学联赛）已知复数 z_1，z_2，z_3 满足 $|z_1| = |z_2| = |z_3| = 1$，$|z_1 + z_2 + z_3| = r$，其中 r 是给定实数，则 $\dfrac{z_1}{z_2} + \dfrac{z_2}{z_3} + \dfrac{z_3}{z_1}$ 的实部是 _____.

（用含 r 的式子表示）

答案：$\dfrac{r^2 - 3}{2}$.

【练习巩固】

1. 已知 i 是虚数单位，则 $(-1 + i)(2 - i) = ($ $)$.

A. $-3 + i$　　　　　　　　　　　B. $-1 + 3i$

115

C. $-3+3i$ D. $-1+i$

2. 已知 $(1+2i)\,\bar{z}=4+3i$，求 z 及 $\dfrac{z}{\bar{z}}$.

3. 设 z_1 是虚数，$z_2=z_1+\dfrac{1}{z_1}$ 是实数，且 $-1\leqslant z_2\leqslant 1$.

(1) 求 $|z_1|$ 的值以及 z_1 实部的取值范围.

(2) 若 $\omega=\dfrac{1-z_1}{1+z_1}$，求证：$\omega$ 为纯虚数.

4. 已知 $z_1=x+yi$（$x,\ y\in\mathbf{R}$)，且 $x^2+y^2=1$，$z_2=(3+4i)z_1+(3-4i)z_1\bar{z}$.

(1) 求证：$z_2\in\mathbf{R}$.

(2) 求 z_2 的最大值和最小值.

5. （复旦大学自主招生）已知 $|z_1|=2$，$|z_2|=3$，$|z_1+z_2|=4$，则 $\dfrac{z_1}{z_2}=$ _____.

6. 已知复数 $a,\ b$ 满足：$(a-i)(b+i)=2$，如果 $|a|=\dfrac{\sqrt{2}}{2}$，那么 $|b-3i|=$

_____.

7. i 为虚数单位，设复数 z 满足 $|z|=1$，则 $\left|\dfrac{z^2-2z+2}{z-1+i}\right|$ 的最大值为（   ）.

A. $\sqrt{2}-1$ B. $2-\sqrt{2}$

C. $\sqrt{2}+1$ D. $2+\sqrt{2}$

8. （上海交大自主招生）已知 $|z|=1$，若存在负数 a，使得 $z^2-2az+a^2-a=0$，则 $a=$ _____.

9. 已知 $z_1,\ z_2\in\mathbf{C}$，且 $|z_1|=1$. 若 $z_1+z_2=2i$，则 $|z_1-z_2|$ 的最大值是（   ）.

A. 6   B. 5

C. 4   D. 3

10. 如果关于 x 的方程 $2x^2+3ax+a^2-a=0$ 至少有一个模等于 1 的根，那么实数 a 的值（   ）.

A. 不存在   B. 有一个

C. 有三个   D. 有四个

11.（华约自主招生）设复数 z 满足 $|z| < 1$，且 $\left| \bar{z} + \dfrac{1}{z} \right| = \dfrac{5}{2}$，则 $|z| =$

（　　）.

A. $\dfrac{4}{5}$　　　　B. $\dfrac{3}{4}$　　　　C. $\dfrac{2}{3}$　　　　D. $\dfrac{1}{2}$

【练习解析】

略.

第二十二讲

计数常用方法：插空、捆绑、平均分组、隔板法

【题型背景】

（2013 年北京卷）将序号分别为 1、2、3、4、5 的 5 张参观券全部分给 4 人，每人至少 1 张，如果分给同一人的 2 张参观券连号，那么不同的分法种数是_____.

解析：依题意，相邻号码有 12，23，34，45 四种情况，优先选择，剩余的全排列，于是有：$C_4^1 A_4^4 = 4 \times 24 = 96$.

【知识分析】

插空法：排列要求不相邻的，一般采取插空的方法.

捆绑法：排列要求必须相邻的，一般采取捆绑的方法.

特殊元素法：排列中对特殊元素有要求的，要优先考虑或分类考虑.

特殊位置法：排列中对特殊位置有要求的，要优先考虑或分类考虑.

平均分组：对于平均分组的相关问题，要特别注意先消序.

隔板法：对于求解不定方程的正整数解等类似相关的问题，可以采取插入隔板的方法.

本部分内容主要考查与培育学生的数学抽象、数学建模、数学运算与逻辑推理等核心素养.

【例题解析】

例 1.（2012 年全国新课标卷）将 2 名教师、4 名学生分成 2 个小组，分别安排到甲、乙两地参加社会实践活动，每个小组有 1 名教师和 2 名学生组成，不同的安排方案共有（　　）.

118

A. 12 种   B. 10 种

C. 9 种   D. 8 种

解析：依题意有，$\dfrac{C_4^2 C_2^2}{2!} \cdot A_2^2 \cdot A_2^2 = 12$，选 A.

例 2. 一排 9 个座位坐了 3 个三口之家，若要每家人坐在一起，则不同的坐法种数为（   ）.

A. $3 \times 3!$ B. $3 \times (3!)^3$

C. $(3!)^4$ D. $9!$

解析：相邻号码分配有 123，456，789. 依题意有，$A_3^3 \cdot A_3^3 \cdot A_3^3 \cdot A_3^3 = (3!)^4$，选 C.

例 3. 现将高二（1）参加值周的 9 名同学，分成三组，每组 3 人，分别对学校三个年级的课间操情况进行检查，共有多少种不同的安排方法？

解析：依题意有，$\dfrac{C_9^6 C_6^3 C_3^3}{3!} = 1680$.

例 4. 某台小型晚会由 6 个节目组成，演出顺序有如下要求：节目甲必须在前两位，节目乙不能排在第一位，节目丙必须排在最后一位. 该台晚会节目演出顺序的编排方案共有（   ）.

A. 36 种   B. 42 种   C. 48 种   D. 54 种

解析：依题意有，$A_4^4 + A_3^1 A_3^3 = 24 + 18 = 42$，故选 B.

例 5. 8 名学生和 2 名老师站成一排合影，2 名老师不相邻的排法种数为（   ）.

A. $A_8^8 A_9^2$ B. $A_8^8 C_9^2$ C. $A_8^8 A_7^2$ D. $A_8^8 C_7^2$

解析：依题意有，$A_8^8 A_9^2$，选 A.

例 6. （上海交大自主招生试题）三人玩剪子、石头、布的游戏，

（1）在一次游戏中，三人不分输赢的概率为_____.

（2）在一次游戏中，甲获胜的概率为_____.

解析：（1）依题意有，$P = \dfrac{3 + A_3^3}{3 \times 3 \times 3} = \dfrac{1}{3}$；

（2）依题意有，$P = \dfrac{A_3^1 + A_3^1 C_2^1}{3 \times 3 \times 3} = \dfrac{9}{27} = \dfrac{1}{3}$.

例 7. 将 10 人分成 3 组，一组 4 人，两组各 3 人，求共有几种分法.

解析：依题意有，$C_{10}^4 \cdot \dfrac{C_6^3 C_3^3}{2!} = \dfrac{10 \times 9 \times 8 \times 7}{4 \times 3 \times 2} \cdot \dfrac{6 \times 5 \times 4}{3 \times 2} \cdot \dfrac{1}{2} = 2100$.

例 8. 不定方程 $x + y + z = 10$ 有_____种不同的正整数解.

解析：用隔板法知，$C_9^2 = \dfrac{9 \times 8}{2} = 36$.

答案：36.

例 9. 不定方程 $x + y + z + w = 10$ 有_____种不同的非负整数解.

解析：此题的等价形式为：不定方程 $x + y + z + w = 14$ 有_____种不同的正整数解.

即 $C_{13}^3 = \dfrac{13 \times 12 \times 11}{3 \times 2} = 286$.

答案：286.

例 10. 将 9 个相同的小球放入 3 个不同的盒子，要求每个盒子中至少有一个小球，且每个盒子里的小球个数都不相同，则不同的放法有（   ）种.

A. 15   B. 18   C. 19   D. 21

解析：三个盒子里的球数可以是（1，2，6），（1，3，5），（2，3，4）三种情况，于是不同的放法种数有 $3A_3^3 = 18$，选 B.

例 11. 学校举行羽毛球比赛，甲、乙两名选手进入决赛，采用 5 局 3 胜制的比赛规则，先胜 3 局者获胜，直到决出胜负为止，则所有可能出现的情形（个人输赢的局次不同视为不同情形）共有（   ）.

A. 6 种   B. 12 种   C. 18 种   D. 20 种

解析：比赛可能有 $0:3$，$1:3$，$2:3$，$3:2$，$3:1$，$3:0$ 共 6 种结果，所有可能出现的情形有 $2(C_3^3 + C_3^1 C_1^1 + C_4^2 C_1^1) = 20$，选 D.

例 12.（清华大学自主招生）在 12 名员工中有 3 名男员工，现要将 12 人平均分配到 3 个部门.

（1）试求 3 名男员工分配到不同部门的概率 P_1.

（2）试求 3 名男员工分配到相同部门的概率 P_2.

（3）试求 1 名男员工指定到某一部门，另 2 名男员工在不同部门的概率 P_3.

解析：（1）$P_1 = \dfrac{A_3^3 C_9^3 C_6^3 C_3^3}{C_{12}^4 C_8^4 C_4^4} = \dfrac{16}{55}$.

（2）$P_2 = \dfrac{C_9^1 \dfrac{C_8^4 C_4^4}{2!} A_3^3}{C_{12}^4 C_8^4 C_4^4} = \dfrac{3}{55}$.

(3) $P_3 = \dfrac{C_3^1 A_2^2 C_9^3 C_6^3 C_3^3}{C_{12}^4 C_8^4 C_4^4} = \dfrac{28}{55}$.

例 13. （2018 全国高中数学联赛）将 1，2，3，4，5，6 随机排成一行，记为 a，b，c，d，e，f，则 $abc + def$ 是奇数的概率为_____.

解析： 依题意有，所求事件发生的概率为 $P = \dfrac{2A_3^3 A_3^3}{A_6^6} = \dfrac{1}{10}$.

【练习巩固】

1. （复旦大学自主招生）五个不同的元素 a_i（$i = 1$，2，3，4，5）排成一排，规定 a_1 不许排第一，a_2 不许排第二，不同的排法共有（　　）种.

　　A. 64　　　　　　B. 72　　　　　　C. 78　　　　　　D. 84

2. 7 名志愿者中安排 6 人在周六、周日两天参加社区公益活动，若每天安排 3 人，则不同的安排方案共有_____种（用数字作答）.

3. 如果某年年份的各位数字之和为 7，我们称该年为"七巧年". 例如，2014 的各位数字之和为 7，所以 2014 年恰为"七巧年". 那么从 2000 年到 2999 年中，"七巧年"共有（　　）.

　　A. 24 个　　　　　B. 21 个　　　　　C. 19 个　　　　　D. 18 个

4. 某校开设 9 门选修课，其中 A，B，C 这 3 门课由于上课时间相同，至多可选 1 门，若学校规定每位学生选修 4 门，则不同的选修方案共有（　　）.

　　A. 15 种　　　　　B. 60 种　　　　　C. 75 种　　　　　D. 100 种

5. 现有 12 件商品摆放在货架上，摆成上层 4 件、下层 8 件的形式. 现要从下层的 8 件商品中取出 2 件调整到上层，若其他商品的相对顺序不变，则不同调整方法的种数为_____.

6. 高二（1）班进行演讲比赛，共有 5 位选手参加，其中 3 位女生，2 位男生. 如果 2 位男生不能连续出场，且女生甲不能排在第一个，那么出场顺序的排法种数为_____.

【练习解析】

1. **解析：** 依题意有，$A_4^4 + C_3^1 C_3^1 A_3^3 = 24 + 54 = 78$，选 C.

2. **解析：** 依题意有，$C_7^6 C_6^3 C_3^3 = 7 \times \dfrac{6 \times 5 \times 4}{3 \times 2} = 140$.

3. **解析**：共有"七巧年"21个：2005，2014，2023，2032，2041，2050，2104，2113，2122，2131，2140，2203，2212，2221，2230，2302，2311，2320，2401，2410，2500.

4. **解析**：依题意有，$C_6^4 + C_3^1 C_6^3 = 15 + 60 = 75$，选 C.

5. **解析**：依题意有，$\dfrac{C_8^1 C_5^1 C_7^1 C_6^1}{2} = 840$.

6. **解析**：依题意有，$A_3^3 A_4^2 - A_2^2 A_3^2 = 72 - 12 = 60$.

概率：古典概型、条件概率与几何概率

【题型背景】

已知某个家庭有两个小孩，其中一个是男孩，那么另外一个小孩是女孩的概率是（ ）.

A. $\dfrac{1}{4}$ B. $\dfrac{1}{3}$ C. $\dfrac{1}{2}$ D. $\dfrac{2}{3}$

解析： 依题意，满足条件的基本事件有：（男，男），（男，女），（女，男）三个，所求另外一个小孩是女孩的概率是 $\dfrac{2}{3}$，选 D.

【知识分析】

基本事件： 在试验中可直接观察到的、最基本的、不能再分解的结果称为基本事件. 在概率计算中，每一种可能出现的情况称为一个"基本事件". 基本事件必须具有以下特点：

（1）任何两个基本事件是互斥的.

（2）任何事件（除不可能事件外）都可以表示为若干个基本事件的和.

古典概率： 古典概率通常又叫事前概率，是指当随机事件中各种可能发生的结果及其出现的次数都可以由演绎或外推法得知，而无需经过任何统计试验即可计算的各种可能发生结果的概率.

（1）可知性，可由演绎或外推法得知随机事件所有可能发生的结果及其发生的次数.

（2）无需试验，即不必做统计试验即可计算各种可能发生结果的概率.

（3）准确性，即按古典概率方法计算的概率是没有误差的.

（4）有限性.

（5）等可能性．

条件概率：就是事件 A 在另外一个事件 B 已经发生条件下的发生概率．条件概率表示为 $P(A|B)$，读作"在 B 条件下 A 的概率"，$P(A|B) = P(AB)/P(B) = n(AB)/n(B)$．

几何概率：一种概率模型．在这个模型下，随机试验所有可能的结果是无限的，并且每个基本结果发生的概率是相同的．如果每个事件发生的概率只与构成该事件区域的长度（面积或体积或度数）成比例，则称这样的概率模型为几何概率模型，简称为几何概型．比如，对于一个随机试验，我们将每个基本事件理解为从某个特定的几何区域内随机地取一点，该区域中每一个点被取到的机会都一样，而一个随机事件的发生则理解为恰好取到上述区域内的某个指定区域中的点．这里的区域可以是线段、平面图形、立体图形等．用这种方法处理的随机试验，称为几何概型．几何概型求事件 A 的概率公式：$P(A) =$ 构成事件 A 的区域测度（面积或体积或度数）/实验的全部结果所构成的区域测度（面积或体积或度数）．

本部分内容主要考查与培育学生的数学建模、数学运算、逻辑推理与数据处理等核心素养．

【例题解析】

例 1. 如图 23－1 所示，长方形的四个顶点为 $O(0, 0)$，$A(4, 0)$，$B(4, 2)$，$C(0, 2)$，曲线 $y = \sqrt{x}$ 经过点 B. 现将一质点随机投入长方形 $OABC$ 中，则质点落在图中阴影区域的概率是（　　）．

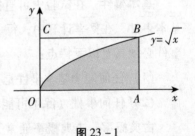

图 23－1

A. $\dfrac{5}{12}$ B. $\dfrac{1}{2}$

C. $\dfrac{2}{3}$ D. $\dfrac{3}{4}$

解析：先用定积分求阴影部分的面积 $S = \displaystyle\int_0^4 \sqrt{x}\,\mathrm{d}x = \dfrac{2}{3}x^{\frac{3}{2}}\Big|_0^4 = \dfrac{16}{3}$，

所以，所求概率为 $P = \dfrac{\frac{16}{3}}{8} = \dfrac{2}{3}$，选 C.

例 2. 如图 $23-2$ 所示是某位篮球运动员 8 场比赛得分的茎叶图，其中一个数据染上污渍用 x 代替，则这位运动员这 8 场比赛的得分平均数不小于得分中位数的概率为 (   ).

	运动员
0	7 8
1	0 7 x 9
2	3 1

图 $23-2$

A. $\dfrac{2}{10}$ B. $\dfrac{3}{10}$

C. $\dfrac{6}{10}$ D. $\dfrac{7}{10}$

解析： 依题意有，平均数为 $\dfrac{x+115}{8}$，中位数为 $\dfrac{x+27}{2}$，于是有 $\dfrac{x+115}{8} \geqslant \dfrac{x+27}{2}$，解之得 $x \leqslant \dfrac{7}{3}$，$x \in \{0, 1, 2\}$，所以，所求概率为 $P=\dfrac{3}{10}$，选 B.

例 3. 在某地的奥运火炬传递活动中，有编号为 1，2，3，…，18 的 18 名火炬手. 若从中任选 3 人，则选出的火炬手的编号能组成以 3 为公差的等差数列的概率为 (   ).

A. $\dfrac{1}{51}$ B. $\dfrac{1}{408}$ C. $\dfrac{1}{306}$ D. $\dfrac{1}{68}$

解析： 依题意，所求概率为 $P=\dfrac{C_{12}^1}{C_{18}^3}=\dfrac{12}{\dfrac{18 \times 17 \times 16}{3 \times 2 \times 1}}=\dfrac{1}{68}$，选 D.

例 4. 如图 $23-3$ 所示，阴影部分是由四个全等的直角三角形组成的图形，在大正方形内随机取一点，这一点落在小正方形内的概率为 $\dfrac{1}{5}$，若直角三角形的两条直角边的长分别为 a，b ($a>b$)，则 $\dfrac{b}{a}=$ (   ).

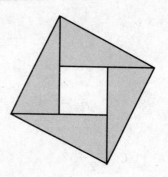

图 $23-3$

A. $\dfrac{1}{3}$ B. $\dfrac{1}{2}$

C. $\dfrac{\sqrt{3}}{3}$ D. $\dfrac{\sqrt{2}}{2}$

解析： 依题意有，$\dfrac{(a-b)^2}{a^2+b^2}=\dfrac{1}{5}$，解之得，$\dfrac{b}{a}=\dfrac{1}{2}$，选 B.

例 5. 任意画一个正方形，再将这个正方体各边的中点相连得到第二个正方

形，依此类推，这样一共画了 4 个正方形，如图 23 -
4 所示．若向图形中随机投一点，则所投点落在第四
个正方形的概率是(　　　)．

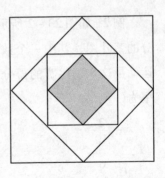

A. $\dfrac{\sqrt{2}}{4}$ 　　　　　　　B. $\dfrac{1}{4}$

C. $\dfrac{1}{8}$ 　　　　　　　D. $\dfrac{1}{16}$

解析：依题意，所求概率为

$$P = \dfrac{1^2}{(1\times\sqrt{2}\times\sqrt{2}\times\sqrt{2})^2} = \dfrac{1}{8},\ \text{选 C}.$$

图 23 - 4

例 6. 如图 23 - 5 所示，在由 $x = 0$，$y = 0$，$x = \dfrac{\pi}{2}$ 及 $y = \cos x$ 围成区域内任取

一点，则该点落在 $x = 0$，$y = \sin x$ 及 $y = \cos x$ 围成的区域内（阴影部分）的概率

为(　　　)．

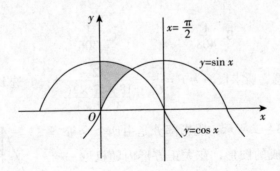

图 23 - 5

A. $1 - \dfrac{\sqrt{2}}{2}$ 　　　　　　　B. $\sqrt{2} - 1$

C. $\dfrac{\sqrt{2}-1}{2}$ 　　　　　　　D. $3 - 2\sqrt{2}$

解析：依题意，用定积分求由 $x = 0$，$y = 0$，$x = \dfrac{\pi}{2}$ 及 $y = \cos x$ 围成区域的面

积为 $S = \displaystyle\int_{0}^{\frac{\pi}{2}} \cos x \mathrm{d}x = \sin x\,\big|_{0}^{\frac{\pi}{2}} = 1.$

用定积分求阴影部分的面积为

$$S_1 = \int_{0}^{\frac{\pi}{4}} \cos x \mathrm{d}x - \int_{0}^{\frac{\pi}{4}} \sin x \mathrm{d}x = \sin x\,\big|_{0}^{\frac{\pi}{4}} - (-\cos x)\,\big|_{0}^{\frac{\pi}{4}} = \frac{\sqrt{2}}{2} - \left(1 - \frac{\sqrt{2}}{2}\right) = \sqrt{2} - 1,$$

所以，所求事件发生的概率为 $P = \dfrac{S_1}{S} = \dfrac{\sqrt{2}-1}{1} = \sqrt{2}-1$，选 B.

例 7. 为了了解某市开展群众体育活动的情况，拟采用分层抽样的方法从 A，B，C 三个区中抽取 7 个工厂进行调查，已知 A，B，C 区中分别有 18，27，18 个工厂．

（1）求从 A，B，C 区中应分别抽取的工厂个数．

（2）若从抽得的 7 个工厂中随机地抽取 2 个进行调查结果的对比，用列举法计算这 2 个工厂中至少有一个来自 A 区的概率．

解析：（1）依题意，从 A，B，C 三个区中抽取的工厂个数分别是 2，3，2.

（2）抽取 2 个工厂的基本事件分别为

(A_1, A_2)，(A_1, B_1)，(A_1, B_2)，(A_1, B_3)，(A_1, C_1)，(A_1, C_2)，
(A_2, B_1)，(A_2, B_2)，(A_2, B_3)，(A_2, C_1)，(A_2, C_2)，(B_1, B_3)，
(B_1, C_1)，(B_1, C_2)，(B_2, B_3)，(B_2, C_1)，(B_2, C_2)，(B_3, C_1)，
(B_3, C_2)，(C_1, C_2)，

共 21 个，其中至少一个来自 A 区的有 11 个，

则该事件发生的概率为 $P = \dfrac{11}{21}$.

另解：所求事件发生的概率为 $P = \dfrac{1 + C_2^1 C_5^1}{C_7^2} = \dfrac{11}{21}$.

例 8. 已知圆 O：$x^2 + y^2 = 4$（O 为坐标原点），点 $P(1, 0)$，现向圆 O 内随机投一点 A，则点 P 到直线 OA 的距离小于 $\dfrac{1}{2}$ 的概率为（　　　）．

A. $\dfrac{2}{3}$ 　　　　B. $\dfrac{1}{2}$ 　　　　C. $\dfrac{1}{3}$ 　　　　D. $\dfrac{1}{6}$

解析：依题意，设直线 OA 的方程为 $y = kx$，即 $kx - y = 0$，

由已知得，$\dfrac{|k|}{\sqrt{k^2+1}} < \dfrac{1}{2}$，解之得，$|k| < \dfrac{\sqrt{3}}{3}$，则所求概率为 $P = \dfrac{4 \times \dfrac{\pi}{6}}{2\pi} = \dfrac{1}{3}$，

选 C.

例 9. 某学校组织学生参加体育二课堂训练，三个项目的人数分布如下表（每名学生只能参加一项）：

	短跑	长跑	跳高
男生	30	3	28
女生	25	2	m

学校要对这三个项目的学生参加情况进行抽样调查，按分层抽样的方法从三个项目中抽取 18 人，结果参加跳高的项目被抽出了 6 人．

（1）求跳高项目中女生有多少人．

（2）从参加长跑的 3 名男生和 2 名女生中随机选出 2 人参加比赛，求这两名同学是一名男生和一名女生的概率．

解析：（1）依题意有，$\dfrac{12}{30+25+3+2}=\dfrac{6}{m+28}$，解之得 $m=2$，

即参加跳高项目中的女生有 2 人．

（2）设"从参加长跑的 3 名男生和 2 名女生中随机选出 2 人参加比赛"为

事件 A，则 $P(A)=\dfrac{C_3^1 C_2^1}{C_5^2}=\dfrac{3\times 2}{10}=\dfrac{3}{5}$．

例 10. 如图 23 – 6 所示，某个部件由三个元件连接而成，元件 K 正常工作且元件 A_1、A_2 至少有一个正常工作时，部件正常工作．设三个元件的使用寿命 ξ（单位：小时）均服从正态分布 $N(1000,\sigma^2)$，且 $P(\xi<1100)=0.9$，各个元件能否正常工作相互独立，那么该部件的使用寿命超过 1100 小时的概率为（　　）．

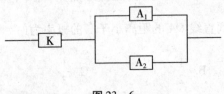

图 23 – 6

A. 0.19　　　　B. 0.019　　　　C. 0.01　　　　D. 0.001

解析： $P(\xi\geqslant 1100)=0.1$，

所以，该部件使用寿命超过 1100 小时的概率为

$P=0.1\times(1-0.9\times 0.9)=0.019$，选 B．

例 11. （清华大学自主招生）任意写一个三位数．

（1）试求三个数字中包含数字 5 的概率．

（2）试求至少有两个数字相同的概率．

解析：（1）设"任意写一个三位数，三个数字中包含数字5"为事件 A，则 $P(\bar{A}) = \frac{9}{10} \times \frac{9}{10} \times \frac{9}{10} = 0.729$，所以 $P(A) = 1 - P(\bar{A}) = 1 - 0.729 = 0.271$.

（2）设"任意写一个三位数，至少有两个数字相同"为事件 B，则 $P(\bar{B}) = \frac{10 \times 9 \times 8}{10 \times 10 \times 10} = 0.72$，所以 $P(B) = 1 - P(\bar{B}) = 1 - 0.72 = 0.28$.

例 12.（卓越联盟自主招生）正四面体的 4 个面上分别写着 1，2，3，4. 将 4 个这样的均匀正四面体投掷于桌面上，与桌面接触的 4 个面上的 4 个数的乘积被 4 整除的概率是（　　）.

A. $\frac{1}{8}$ 　　　　B. $\frac{9}{64}$ 　　　　C. $\frac{1}{16}$ 　　　　D. $\frac{13}{16}$

解析：设该事件为 A，

则 $P(A) = 1 - P(\bar{A}) = 1 - \dfrac{2 \times 2 \times 2 \times 2 + C_4^1 \times 2 \times 2 \times 2}{4 \times 4 \times 4 \times 4} = 1 - \dfrac{3}{16} = \dfrac{13}{16}$，选 D.

【练习巩固】

1. 连续掷骰子两次得到的点数分别为 m，n，作向量 $\boldsymbol{a} = (m, n)$，则向量 $\boldsymbol{a}$ 与向量 $\boldsymbol{b} = (1, -1)$ 的夹角成为直角三角形内角的概率是（　　）.

A. $\frac{5}{12}$ 　　　　B. $\frac{1}{2}$ 　　　　C. $\frac{7}{12}$ 　　　　D. $\frac{3}{4}$

2. 从等腰直角 $\triangle ABC$ 的底边 BC 上任取一点 D，则 $\triangle ABD$ 为锐角三角形的概率为_____.

3. （2017 年高考题）如图 23 - 7 所示，正方形 $ABCD$ 内的图形来自中国古代的太极图，正方形内切圆中的黑色部分和白色部分关于正方形的中心成中心对称. 在正方形内随机取一点，则此点取自黑色部分的概率是（　　）.

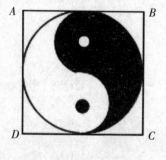

图 23 - 7

A. $\frac{1}{4}$ 　　　　B. $\frac{\pi}{8}$

C. $\frac{1}{2}$ 　　　　D. $\frac{\pi}{4}$

【练习解析】

1. **解析**：$P = \dfrac{6+5+4+3+2+1}{6 \times 6} = \dfrac{7}{12}$，选 C.

2. **解析**：由几何概型知，所求事件发生的概率为 $P = \dfrac{1}{2}$.

3. **解析**：由几何概型知，所求事件发生的概率为 $P = \dfrac{\dfrac{\pi \times 1^2}{2}}{2 \times 2} = \dfrac{\pi}{8}$，选 B.

概率与统计：随机变量的分布列、期望和方差

【题型背景】

（2014 年新课标卷）从某企业的某种产品中抽取 500 件，测量这些产品的一项质量指标值，由测量结果得频率分布直方图，如图 24 – 1 所示：

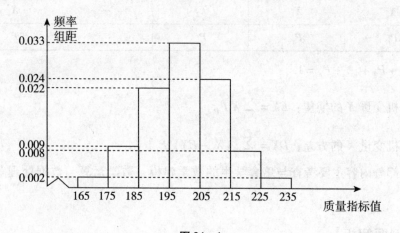

图 24 – 1

1. 求这 500 件产品质量指标值的样本平均数 $\overline{x}$ 和样本方差 s^2（同一组数据用该区间的中点值代表）.

2. 由频率分布直方图可以认为，这种产品的质量指标值 X 服从正态分布 $N(\mu, \delta^2)$，其中 μ 近似为样本平均数 $\overline{x}$，δ^2 近似为样本方差 s^2.

（1）利用该正态分布，求 $P(187.8 < X < 212.2)$.

（2）某用户从该企业购买了 100 件这种产品，记 X 表示这 100 件产品中质量指标值介于区间（187.8，212.2）的产品件数，利用(1)的结果，求 EX.

附：$\sqrt{150} \approx 12.2$.

若 $X \sim N(\mu, \delta^2)$，则 $P(\mu - \delta < X < \mu + \delta) = 0.6826$，$P(\mu - 2\delta < X < \mu + 2\delta)$

$=0.9544$.

解析： （1） $\overline{x} = 170 \times 0.02 + 180 \times 0.09 + 190 \times 0.22 + 200 \times 0.33 + 210 \times 0.24 + 220 \times 0.08 + 230 \times 0.02 = 200$,

$s^2 = 900 \times 0.02 + 400 \times 0.09 + 100 \times 0.22 + 0 \times 0.33 + 100 \times 0.24 + 400 \times 0.08 + 900 \times 0.02 = 150$.

（2） $s = \sqrt{150} \approx 12.2$,

$P(187.8 < X < 212.2) = P(200 - 12.2 < X < 200 + 12.2) = 0.6826$,

$EX = 100 \times 0.6826 = 68.26$.

【知识分析】

随机变量 X 的分布列：

X	X_1	X_2	$\cdots$	X_n
P_i	P_1	P_2	$\cdots$	P_n

$P_1 + P_2 + \cdots + P_n = 1$.

随机变量 X 的期望： $EX = \sum\limits_{i=1}^{n} X_i P_i$.

随机变量 X 的方差： $DX = \sum\limits_{i=1}^{n} \left[(X_i - EX)^2 P_i \right]$.

本部分内容主要考查与培育学生的数学建模、数学运算与数据处理等核心素养.

【例题解析】

例1. （华约自主招生）袋子中有 7 个红球，8 个黑球，一次从袋中取出 4 个球.

（1）求取出的球中恰有一个红球的概率.

（2）记取出的黑球的个数为 X，求 X 的分布列及期望.

（3）已知取出的 4 个球颜色完全相同，求全部是黑球的概率.

解析： （1） $P = \dfrac{C_7^1 C_8^3}{C_{15}^4} = \dfrac{56}{195}$.

（2） X 的分布列为

X	0	1	2	3	4
P	$\dfrac{5}{195}$	$\dfrac{40}{195}$	$\dfrac{84}{195}$	$\dfrac{56}{195}$	$\dfrac{10}{195}$

所以，$EX = \dfrac{0+40+168+168+40}{195} = \dfrac{32}{15}$.

（3）$P = \dfrac{C_8^4}{C_7^4 + C_8^4} = \dfrac{2}{3}$.

例2. 某学校在一次运动会上，将要进行甲、乙两名同学的乒乓球冠亚军决赛，比赛实行三局两胜制．已知每局比赛中，若甲先发球，其获胜的概率为 $\dfrac{2}{3}$，否则其获胜的概率为 $\dfrac{1}{2}$.

（1）若在第一局比赛中采用掷硬币的方式决定谁先发球，试求甲在此局获胜的概率．

（2）若第一局由乙先发球，以后每局由负方先发球．规定胜一局记 2 分，负一局记 0 分，记 ξ 为比赛结束时甲的得分，求随机变量 ξ 的分布列及数学期望 $E\xi$.

解析：（1）$P = \dfrac{1}{2} \cdot \dfrac{2}{3} + \dfrac{1}{2} \cdot \dfrac{1}{2} = \dfrac{7}{12}$.

（2）依题意有，$P(\xi=0) = \dfrac{1}{2} \cdot \dfrac{1}{3} = \dfrac{1}{6} = \dfrac{2}{12}$,

$P(\xi=2) = \dfrac{1}{2} \cdot \dfrac{1}{2} \cdot \dfrac{1}{3} + \dfrac{1}{2} \cdot \dfrac{2}{3} \cdot \dfrac{1}{2} = \dfrac{3}{12}$,

$P(\xi=4) = \dfrac{1}{2} \cdot \dfrac{1}{2} + \dfrac{1}{2} \cdot \dfrac{1}{2} \cdot \dfrac{2}{3} + \dfrac{1}{2} \cdot \dfrac{2}{3} \cdot \dfrac{1}{2} = \dfrac{7}{12}$.

ξ 的分布列为

ξ	0	2	4
P	$\dfrac{2}{12}$	$\dfrac{3}{12}$	$\dfrac{7}{12}$

所以，$E\xi = \dfrac{0+6+28}{12} = \dfrac{17}{6}$.

例3. 一个射箭运动员在练习时只记射中 9 环和 10 环的成绩，未击中 9 环或 10 环就以 0 环记．该运动员在练习时击中 10 环的概率为 a，击中 9 环的概率为

b，既未击中 9 环也未击中 10 环的概率为 c（a，b，$c \in [0, 1)$），如果已知该运动员一次射箭击中环数的期望为 9 环，则当 $\dfrac{10}{a} + \dfrac{1}{9b}$ 取最小值时，c 的值为（   ）.

A. $\dfrac{1}{11}$　　　　　B. $\dfrac{2}{11}$　　　　　C. $\dfrac{5}{11}$　　　　　D. 0

解析：依题意有，$\dfrac{10a}{9} + b = 1$，$a + b + c = 1$，所以，

$$\dfrac{10}{a} + \dfrac{1}{9b} = \left(\dfrac{10a}{9} + b\right)\left(\dfrac{10}{a} + \dfrac{1}{9b}\right) = \dfrac{100}{9} + \dfrac{10b}{a} + \dfrac{10a}{81b} + \dfrac{1}{9} \geq \dfrac{101}{9} + 2\sqrt{\dfrac{10b}{a} \cdot \dfrac{10a}{81b}} = \dfrac{121}{9},$$

当且仅当 $\dfrac{10b}{a} = \dfrac{10a}{81b}$ 时，取得最小值，此时 $a = \dfrac{9}{11}$，$b = \dfrac{1}{11}$，$c = \dfrac{1}{11}$，选 A.

例 4：已知数据 x_1，x_2，x_3，$\cdots$，x_n 是武汉市 n（$n \geq 3$，$n \in \mathbf{N}^*$）个普通职工 2013 年的年收入，设这 n 个数据的中位数为 x，平均数为 y，方差为 z，如果再加上比尔·盖茨 2013 年的年收入 x_{n+1}（约 900 亿元），则这 $n + 1$ 个数据中，下列说法正确的是（   ）.

A. 年收入平均数大大增大，中位数一定变大，方差可能不变

B. 年收入平均数大大增大，中位数可能不变，方差变大

C. 年收入平均数大大增大，中位数可能不变，方差也不变

D. 年收入平均数可能不变，中位数可能不变，方差可能不变

答案：选 B.

例 5. 省社科院发布了某年度"城市居民幸福排行榜"，某市成为本年度城市中的最"幸福城". 随后，某校学生会组织部分同学，用"10 分制"随机调查"阳光"社区人们的幸福度. 现从调查人群中随机抽取 16 名，如图24－2所示的茎叶图记录了他们的幸福度分数（以小数点前的一位数字为茎，小数点后的一位数字为叶）：

	幸福度
7	3 0
8	6 6 6 6 7 7 8 8 9 9
9	7 6 5 5

图 24－2

（1）指出这组数据的众数和中位数.

（2）若幸福度不低于9.5分，则称该人的幸福度为"极幸福"．求从这16人中随机选取3人，至多有1人的幸福度是"极幸福"的概率.

（3）以这16人的样本数据来估计整个社区的总体数据，若从该社区（人数很多）任选3人，记 ξ 表示抽到"极幸福"的人数，求 ξ 的分布列及数学期望.

解析：（1）众数为8.6，中位数为 $\dfrac{8.7+8.8}{2}=8.75$.

（2）设"至多有1人的幸福度是"极幸福""为事件 A，则 $P(A)=$ $\dfrac{C_{12}^3+C_4^1C_{12}^2}{C_{16}^3}=\dfrac{121}{140}$.

（3）从16人抽取1人是"极幸福"的概率为 $P=\dfrac{2}{16}=\dfrac{1}{8}$.

所以，ξ 服从二项分布 $\xi\sim B\left(3,\dfrac{1}{8}\right)$，则 $E\xi=3\times\dfrac{1}{8}=\dfrac{3}{8}$.

例6. 如图 $24-3$ 所示，将一个各面都涂了油漆的正方体，切割成125个同样大小的小正方体．经过搅拌后，从中随机取出一个小正方体，记它的涂油漆面数为 X，则 X 的均值 $EX=(\quad)$.

A. $\dfrac{126}{125}$

B. $\dfrac{6}{5}$

C. $\dfrac{168}{125}$

D. $\dfrac{7}{5}$

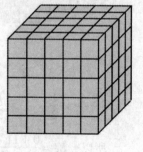

图 $24-3$

解析：依题意，X的分布列为

X	3	2	1	0
P	$\dfrac{8}{125}$	$\dfrac{36}{125}$	$\dfrac{54}{125}$	$\dfrac{27}{125}$

所以，$EX=0\times\dfrac{27}{125}+1\times\dfrac{54}{125}+2\times\dfrac{36}{125}+3\times\dfrac{8}{125}=\dfrac{6}{5}$.

答案：选B.

例7. 甲、乙、丙三位学生独立地解同一道题，甲做对的概率为 $\dfrac{1}{2}$，乙、丙做对的概率分别为 m，n（$m>n$），且三位学生是否做对相互独立．记 ξ 为这三位学生中做对该题的人数，其分布列为

ξ	0	1	2	3
P	$\dfrac{1}{4}$	a	b	$\dfrac{1}{24}$

（1）求至少有一位学生做对该题的概率.

（2）求 m，n 的值.

（3）求 ξ 的数学期望.

解析：（1）至少有一位学生做对该题的概率是 $P = 1 - \dfrac{1}{4} = \dfrac{3}{4}$.

（2）依题意有，$\begin{cases} \dfrac{1}{2}(1-m)(1-n) = \dfrac{1}{4}, \\ \dfrac{1}{2}mn = \dfrac{1}{24}, \end{cases}$

解之得，$\begin{cases} m = \dfrac{1}{3}, \\ n = \dfrac{1}{4}. \end{cases}$

（3）$a = \dfrac{1}{3} \times \dfrac{1}{2} \times \dfrac{3}{4} + \dfrac{2}{3} \times \dfrac{1}{2} \times \dfrac{3}{4} + \dfrac{2}{3} \times \dfrac{1}{2} \times \dfrac{1}{4} = \dfrac{11}{24}$，

$b = \dfrac{2}{3} \times \dfrac{1}{2} \times \dfrac{1}{4} + \dfrac{1}{3} \times \dfrac{1}{2} \times \dfrac{1}{4} + \dfrac{1}{3} \times \dfrac{1}{2} \times \dfrac{3}{4} = \dfrac{6}{24}$，

所以，$E\xi = \dfrac{0 + 11 + 12 + 3}{24} = \dfrac{13}{12}$.

例 8. 高尔顿板是英国生物统计学家高尔顿设计的用来研究随机现象的模型，在一块木板上钉着若干排相互平行又相互错开的圆柱形小木块，小木块之间留有适当的空隙作为通道，前面挡有一块玻璃. 让一个小球从高尔顿板上方的通道口落下，小球在下落的过程中与一层层小木块碰撞，且等可能地向左或向右滚下，最后掉入高尔顿板下方的某一球槽内. 如图 24－4 所示的高尔顿板有 7 层小木块，小球从通道口落下，第 1 次与第 2

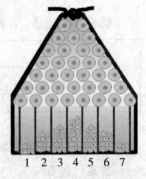

图 24－4

层中间的小木块碰撞，以 $\dfrac{1}{2}$ 的概率向左或向右滚下，依

次经过 6 次与小木块碰撞，最后掉入编号为 1，2，…，7 的球槽内. 例如，小球

要掉入 3 号球槽，则在 6 次碰撞中有 2 次向右 4 次向左滚下．

（1）若进行一次高尔顿板试验，求这个小球掉入 2 号球槽的概率．

（2）某高三同学在研究了高尔顿板后，制作了一个如图 24 – 4 所示的高尔顿板来到社团文化节上进行盈利性"抽奖"活动．10 元可以玩一次高尔顿板游戏，小球掉入 m 号球槽得到的奖金为 ξ 元，其中 $\xi = |20 - 5m|$．高尔顿板游戏火爆进行，很多同学参加了游戏．试求 ξ 的分布列，如果你在活动现场，通过数学期望的计算后，你觉得这位高三同学能盈利吗？

解析：（1）所求概率为 $P = C_6^1 \left(\dfrac{1}{2}\right)^5 \left(\dfrac{1}{2}\right) = \dfrac{3}{32}$．

（2）依题意有，$P(\xi = 0) = C_6^3 \left(\dfrac{1}{2}\right)^3 \left(\dfrac{1}{2}\right)^3 = \dfrac{10}{32}$，

$P(\xi = 5) = 2C_6^2 \left(\dfrac{1}{2}\right)^4 \left(\dfrac{1}{2}\right)^2 = \dfrac{15}{32}$，

$P(\xi = 10) = 2C_6^1 \left(\dfrac{1}{2}\right)^5 \left(\dfrac{1}{2}\right)^1 = \dfrac{6}{32}$，

$P(\xi = 15) = 2C_6^0 \left(\dfrac{1}{2}\right)^6 \left(\dfrac{1}{2}\right)^0 = \dfrac{1}{32}$．

所以 ξ 的分布列为

ξ	0	5	10	15
P	$\dfrac{10}{32}$	$\dfrac{15}{32}$	$\dfrac{6}{32}$	$\dfrac{1}{32}$

所以，$EX = \dfrac{0 + 75 + 60 + 15}{32} = \dfrac{75}{16} < 10$，有盈利．

例 9. 以下茎叶图 24 – 5 记录了甲、乙两组各三名同学在期末考试中的数学成绩．乙组记录中有一个数字模糊，无法确认，假设这个数字具有随机性，并在图中以 a 表示．

甲组　　　　乙组
8 | 8 |
2 2 | 9 | 0 1 a

图 24 – 5

（1）若甲、乙两个小组的数学平均成绩相同，求 a 的值．

（2）求乙组平均成绩超过甲组平均成绩的概率．

（3）当 $a = 2$ 时，分别从甲、乙两组中各随机选取一名同学，记这两名同学数学成绩之差的绝对值为 X，求随机变量 X 的分布列和数学期望．

解析: (1) 依题意得, $\frac{1}{3}(88+92+92)=\frac{1}{3}\left[90+91+(90+a)\right]$,

解得, $a=1$.

(2) 设"乙组平均成绩超过甲组平均成绩"为事件 A, 依题意有 $a=0$, 1, 2, $\cdots$, 9, 共有 10 种可能.

由 (1) 可知, 当 $a=1$ 时, 甲、乙两个小组的数学平均成绩相同, 所以当 $a=2$, 3, 4, $\cdots$, 9 时, 乙组平均成绩超过甲组平均成绩, 共有 8 种可能.

所以乙组平均成绩超过甲组平均成绩的概率 $P(A)=\frac{8}{10}=\frac{4}{5}$.

(3) 当 $a=2$ 时, 分别从甲、乙两组同学中各随机选取一名同学, 所有可能的成绩结果有 $3\times3=9$ 种, 它们分别是 (88, 90), (88, 91), (88, 92), (92, 90), (92, 91), (92, 92), (92, 90), (92, 91), (92, 92), 则这两名同学成绩之差的绝对值 X 的所有取值为 0, 1, 2, 3, 4.

因此, $P(X=0)=\frac{2}{9}$, $P(X=1)=\frac{2}{9}$, $P(X=2)=\frac{1}{3}$,

$P(X=3)=\frac{1}{9}$, $P(X=4)=\frac{1}{9}$.

所以, 随机变量 X 的分布列为

X	0	1	2	3	4
P	$\frac{2}{9}$	$\frac{2}{9}$	$\frac{1}{3}$	$\frac{1}{9}$	$\frac{1}{9}$

所以, X 的数学期望 $E(X)=0\times\frac{2}{9}+1\times\frac{2}{9}+2\times\frac{1}{3}+3\times\frac{1}{9}+4\times\frac{1}{9}=\frac{5}{3}$.

例10. (2017 年全国卷3) 某超市计划按月订购一种酸奶, 每天进货量相同, 进货成本每瓶 4 元, 售价每瓶 6 元, 未售出的酸奶降价处理, 以每瓶 2 元的价格当天全部处理完. 根据往年销售经验, 每天需求量与当天最高气温 (单位:℃) 有关. 如果最高气温不低于 25, 需求量为 500 瓶; 如果最高气温位于区间 [20, 25), 需求量为 300 瓶; 如果最高气温低于 20, 需求量为 200 瓶. 为了确定六月份的订购计划, 统计了前三年六月份各天的最高气温数据, 得到下面的频数分布表:

最高气温	$[10, 15)$	$[15, 20)$	$[20, 25)$	$[25, 30)$	$[30, 35)$	$[35, 40)$
天数	2	16	36	25	7	4

以最高气温位于各区间的频率代替最高气温位于该区间的概率.

（1）求六月份这种酸奶一天的需求量 X（单位：瓶）的分布列.

（2）设六月份一天销售这种酸奶的利润为 Y（单位：元），当六月份这种酸奶一天的进货量 n（单位：瓶）为多少时，Y 的数学期望达到最大值？

解析：（1）由题意知，X 的可能取值为 200，300，500，$P(X=200)=\dfrac{2+16}{90}=0.2$，$P(X=300)=\dfrac{36}{90}=0.4$，$P(X=500)=\dfrac{25+7+4}{90}=0.4$，

所以，X 的分布列为

X	200	300	500
P	0.2	0.4	0.4

（2）当 $n\leqslant 200$ 时，$Y=n(6-4)=2n\leqslant 400$，$EY\leqslant 400$.

当 $200<n\leqslant 300$ 时，

若 $X=200$，则 $Y=200\times(6-4)+(n-200)\times(2-4)=800-2n$，

若 $X\geqslant 300$，则 $Y=n(6-4)=2n$，

所以，$EY=0.2\times(800-2n)+0.8\times 2n=1.2n+160\leqslant 1.2\times 300+160=520$.

当 $300<n\leqslant 500$ 时，若 $X=200$，则 $Y=800-2n$.

若 $X=300$，则 $Y=300\times(6-4)+(n-300)\times(2-4)=1200-2n$，

所以，当 $n=300$ 时，$(EY)_{max}=640-0.4\times 300=520$.

若 $X=500$，则 $Y=2n$，

所以，$EY=0.2\times(800-2n)+0.4\times(1200-2n)+0.4\times 2n=640-0.4n$.

当 $n\geqslant 500$ 时，$Y=\begin{cases}800-2n, & X=200, \\ 1200-2n, & X=300, \\ 2000-2n, & X=500.\end{cases}$

$EY=0.2\times(800-2n)+0.4\times(1200-2n)+0.4\times(2000-2n)=1440-2n$.

$EY\leqslant 1440-2\times 500=440$，

综上，当 $n=300$ 时，$(EY)_{max}=520$ 元.

例 11.（2017 年山东卷）在心理学研究中，常采用对比试验的方法评价不同心理暗示对人的影响，具体方法如下：将参加试验的志愿者随机分成两组，

一组接受甲种心理暗示，另一组接受乙种心理暗示，通过对比这两组志愿者接受心理暗示后的结果来评价两种心理暗示的作用，现有 6 名男志愿者 A_1，A_2，A_3，A_4，A_5，A_6 和 4 名女志愿者 B_1，B_2，B_3，B_4，从中随机抽取 5 人接受甲种心理暗示，另外 5 人接受乙种心理暗示.

（1）求接受甲种心理暗示的志愿者中包含 A_1 但不包含 B_1 的概率.

（2）用 X 表示接受乙种心理暗示的女志愿者人数，求 X 的分布列与数学期望 EX.

解析：（1）记接受甲种心理暗示的志愿者中包含 A_1 但不包含 B_1 的事件为 M，$P = \dfrac{C_8^4}{C_{10}^5} = \dfrac{5}{18}$.

（2）X 的可能取值为 0，1，2，3，4，

$$P(X=0) = \frac{C_6^5}{C_{10}^5} = \frac{1}{42}, \quad P(X=1) = \frac{C_6^4 C_4^1}{C_{10}^5} = \frac{10}{42}, \quad P(X=2) = \frac{C_6^3 C_4^2}{C_{10}^5} = \frac{20}{42},$$

$$P(X=3) = \frac{C_6^2 C_4^3}{C_{10}^5} = \frac{10}{42}, \quad P(X=4) = \frac{C_6^1 C_4^4}{C_{10}^5} = \frac{1}{42}.$$

所以，X 的分布列为

X	0	1	2	3	4
P	$\dfrac{1}{42}$	$\dfrac{10}{42}$	$\dfrac{20}{42}$	$\dfrac{10}{42}$	$\dfrac{1}{42}$

所以，X 的数学期望 $EX = \dfrac{0 + 10 + 40 + 30 + 4}{42} = 2.$

【练习巩固】

1.（2014 年全国卷）设每个工作日甲、乙、丙、丁 4 人需使用某种设备的概率分别为 0.6，0.5，0.5，0.4，各人是否需使用设备相互独立.

（1）求同一工作日至少 3 人需使用设备的概率.

（2）若 X 表示同一工作日需使用设备的人数，求 X 的数学期望.

2.（2014 年重庆卷）一盒中装有 9 张各写有一个数字的卡片，其中 4 张卡片上的数字是 1，3 张卡片上的数字是 2，2 张卡片上的数字是 3，从盒中任取 3 张卡片.

（1）求所取 3 张卡片上的数字完全相同的概率.

（2）X 表示所取 3 张卡片上的数字的中位数，求 X 的分布列与数学期望.

（注：若三个数 a，b，c 满足 $a \leqslant b \leqslant c$，则称 b 为这三个数的中位数.）

3. 某市开展支教活动，有五名教师被随机地分到 A，B，C 三个不同的乡镇中学，且每个乡镇中学至少有一名教师.

（1）求甲、乙两名教师同时分到一个中学的概率.

（2）求 A 中学分到两名教师的概率.

（3）设随机变量 X 为这五名教师分到 A 中学的人数，求 X 的分布列和期望.

4. 省示范高中为了推进新课程改革，满足不同层次学生的需求，决定从高一年级开始，在每周的周一、周三、周五的课外活动期间同时开设数学、物理、化学、生物和信息技术辅导讲座，每位有兴趣的同学可以在规定期间的任何一天参加任何一门科目的辅导讲座，也可以放弃任何一门科目的辅导讲座. 规定：各科达到预先设定的人数时称为满座，否则称为不满座，统计数据表明，各学科讲座各天的满座的概率如下表：

	信息技术	生物	化学	物理	数学
周一	$\dfrac{1}{4}$	$\dfrac{1}{4}$	$\dfrac{1}{4}$	$\dfrac{1}{4}$	$\dfrac{1}{2}$
周三	$\dfrac{1}{2}$	$\dfrac{1}{2}$	$\dfrac{1}{2}$	$\dfrac{1}{2}$	$\dfrac{2}{3}$
周五	$\dfrac{1}{3}$	$\dfrac{1}{3}$	$\dfrac{1}{3}$	$\dfrac{1}{3}$	$\dfrac{2}{3}$

（1）求数学辅导讲座在周一、周三、周五都不满座的概率.

（2）设周三各辅导讲座满座的科目数为 ξ，求随机变量 ξ 的分布列和数学期望.

【练习解析】

略.

第二十五讲

例说新高考创新试题的设计与考查

例1. 题目名称：折痕问题（20分）

一张形状为等边三角形的纸片 ABC，它的边长为8. 如图25-1所示折叠三角形，使顶点 A 落在边 BC 上的点 A'. 设折痕 DE 的长为 L，$\angle CAA' = \alpha$.

（1）当 $\alpha \in \left[0, \dfrac{\pi}{3}\right]$ 时，从图形上说明 L 是 α 的函数，并分析函数的单调性，推测 L 的最大值点与最小值点；

（2）求 L 关于 α 的解析式，并求出 L 的最大值与最小值.

（3）在图中另选一个量作为自变量，并说明以此自变量求函数 L 的思路.

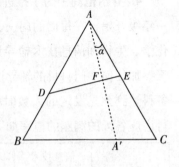

图 25-1

表25-1 评分标准

小题号、 素养及水平	过程/评分点	得分/ 说明
考查重点	1. 考查直观想象、数学运算和逻辑推理. 2. 学生可以通过解三角形或建立坐标系解决问题；第（3）小题是开放性问题，学生可以自由选择自变量	
（1） 数学抽象水平2 直观想象水平2	对于给定的 α，有唯一的值与之对应，作 AA' 的垂直平分线，与三角形 ABC 相交的线段 DE 的长 L 是唯一的，故 L 是 α 的函数. 当 $0 < \alpha < \dfrac{\pi}{6}$ 时，L 是单调下降的，当 $\dfrac{\pi}{6} < \alpha < \dfrac{\pi}{3}$ 时，L 是单调上升的. L 的最大值点是 $4\sqrt{3}$，最小值点是4	2分 2分 1分

小题号、素养及水平	过程/评分点	得分/说明
	在 $\triangle CAA'$ 中，设 $AA'=2a$，$\dfrac{2a}{\sin\dfrac{\pi}{3}}=\dfrac{AC}{\sin\left(\alpha+\dfrac{\pi}{3}\right)}$.	
	又 $AC=8$，代入解得，$a=\dfrac{2\sqrt{3}}{\sin\left(\alpha+\dfrac{\pi}{3}\right)}$.	
	$EF=AF\tan\alpha=a\tan\alpha$，$DF=a\tan\left(\dfrac{\pi}{3}-\alpha\right)$，	
(2) 逻辑推理水平2 数学运算水平2	$L=a\left[\tan\alpha+\tan\left(\dfrac{\pi}{3}-\alpha\right)\right]$，	3分
	$L=a\dfrac{\sin\dfrac{\pi}{3}}{\cos\alpha\cos\left(\dfrac{\pi}{3}-\alpha\right)}=\dfrac{3}{\sin\left(\dfrac{\pi}{3}+\alpha\right)\cos\alpha\cos\left(\dfrac{\pi}{3}-\alpha\right)}$	5分
	$=\dfrac{6}{\cos\left(\dfrac{\pi}{6}-\alpha\right)\left[\cos\dfrac{\pi}{3}+\cos\left(2\alpha-\dfrac{\pi}{3}\right)\right]}$	2分
	$=\dfrac{12}{\cos\left(\alpha-\dfrac{\pi}{6}\right)\left[4\cos^2\left(\alpha-\dfrac{\pi}{6}\right)-1\right]}$，$\alpha\in\left[0,\dfrac{\pi}{3}\right]$，	
	所以，L 的最小值是 4，L 的最大值是 $4\sqrt{3}$	
(3) 数学抽象水平2 数学建模水平2	如图，建立坐标系. 选定 AA' 为自变量，设 $AA'=2a$，我们有 $L^2=\dfrac{12\left(12+a^2\right)^3}{\left(36-a^2\right)^2}$，$0\leqslant a\leqslant2$. 这个函数关于 a 单调上升. 因此，L 的最大值和最小值分别是 $L(2)=4\sqrt{3}$，$L(0)=4$. 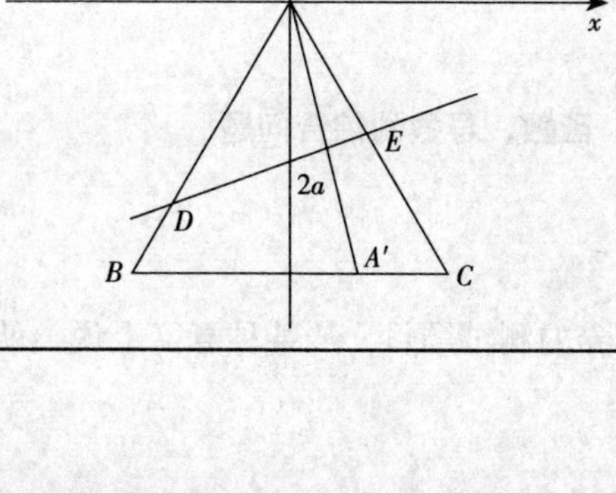	5分

本题主要考查直观想象、数学抽象、数学运算与逻辑推理，第（1）问主要考查直观想象，非常重要；第（2）问主要考查数学建模与逻辑推理；第（3）问主要考查创新思维、一题多变与数学建模．我所带班级的学生答题情况见表25－2、表25－3．

表25－2

栏目	满分	最高分	最低分	平均分	及格人数	及格率
折痕问题	20	20	0	12.08	27	54.0%

表25－3

分数段	20	15~20	10~15	5~10	0~5	合计
人数	8	13	12	16	1	50
频率	0.16	0.26	0.24	0.32	0.02	1

学生答题情况总体情况不太好，主要是因为三角函数是高一学习的，时间长了已经不太熟悉，操作不够熟练，表述也不太规范．从学生答题情况来看，有待提高的地方有下列几个：

（1）会做的试题说不清楚，要么过于简单，要么过于繁琐，那种"简约不简单，厚重不琐碎"的呈现较为少见（需要教表达）．

（2）能做的试题不能很好地进行严格的推理和快速准确运算（需要教体验）．

（3）做题过程中那种"一题多解、一题多变、多题一解"的深层次追问与思考较为少见（需要教思考）．

从数学新高考试题的命题意图来看，体现以下几个特点：

（1）考查学生的直观想象（教体验）．

（2）考查学生的逻辑推理（教表达）．

（3）考查学生的求变思维（教思考）．

例2. 题目名称：函数、导数的综合问题

【命题要求】

基于数学核心素养的测试题目，从某种意义上说，就是针对课程中的主干重点知识，为学生设定一个在真实情境中的具体任务．通过这个任务的解决，考查学生对数学知识本质的理解，评价学生的核心素养水平．

测试情境：函数图像的变换及其应用．

任务特征：用函数与方程的思想方法解决实际问题，把导数作为运算工具，解决函数图像的变换问题．

素养要求：数学抽象，数学建模，逻辑推理，直观想象，数学运算．

第（1）小题侧重素养水平一的考查，第（2）小题侧重素养水平二的考查．

【题目本体】

已知函数 $f(x) = x^2 + \dfrac{2}{x}$，$g(x) = 7\ln x + a$．

（1）求 $f(x)$ 的单调区间．

（2）当 $x > 0$ 时，函数 $f(x)$ 的图像恒在函数图像 $g(x)$ 的上方，求实数 a 的取值范围．

【题目解答】

解析：（1）由 $f(x) = x^2 + \dfrac{2}{x}$ 得，$f(x)$ 的定义域是 $\{x \in \mathbf{R} \mid x \neq 0\}$，

$f'(x) = 2x - \dfrac{2}{x^2} = \dfrac{2(x^3 - 1)}{x^2}$，由 $f'(x) > 0$ 得，$x > 1$．

所以，所求 $f(x)$ 的单调递减区间是 $(-\infty, 0)$，$(0, 1)$；所求 $f(x)$ 的单调递增区间是 $(1, +\infty)$．

（2）令 $h(x) = f(x) - g(x) = x^2 + \dfrac{2}{x} - 7\ln x - a$，

$h(x)$ 的定义域是 $(0, +\infty)$，

$h'(x) = 2x - \dfrac{2}{x^2} - \dfrac{7}{x} = \dfrac{2x^3 - 7x - 2}{x^2} = \dfrac{(2x^2 + 4x + 1)(x - 2)}{x^2}$，

由 $h'(x) > 0$ 得，$x > 2$，

即 $h(x)$ 在 $(0, 2)$ 上单调递减，在 $(2, +\infty)$ 上单调递增，

所以，$h(x)$ 的最小值为 $h(2) = 5 - 7\ln 2 - a$．

依题意有，$5 - 7\ln 2 - a > 0$，解得 $a < 5 - 7\ln 2$，

故所求实数的取值范围是 $(-\infty, 5 - 7\ln 2)$．

【题目编码】（共 9 位）

表 25 – 4

序号	第 1 位	第 2 位	第 3 位	第 4 位	第 5 位	第 6 位	第 7 位	第 8 位	第 9 位
序号含义	课程	主题	单元	要求	情境	水平	名称	水平	
序号类别	内容				情境		数学核心素养		难度预估
序号定义	1 必修 2 选修 I 3 选修 II	1 准备知识 2 函数 3 代数与几何 4 统计与概率 5 数学建模 6 数学文化	1 函数综合应用 2 一元函数导数综合应用	1 了解 2 理解 3 掌握 4 应用	L 生活情境 M 数学情境 S 科学情境 N 不良情境	1 简单 2 较复杂 3 复杂	1 数学抽象 2 逻辑推理 3 数学建模 4 数学运算 5 直观想象 6 数据分析	1 毕业 2 高考 3 拓展	1 易 2 偏易 3 中等 4 较难 5 很难
序号	3	2	7, 13	3, 4	M	3	1, 2, 4, 5	2	4

　　单元：01，集合；02，常用逻辑用语；03，一元二次函数、方程和不等式；04，函数概念与性质；05，幂函数、指数函数和对数函数；06，三角函数；07，函数综合应用；08，平面向量及应用；09，立体几何初步；10，统计；11，概率；12，数列；13，一元函数导数及其应用；14，空间向量与立体几何；15，平面解析几何；16，计数原理；17，数学探究；18，数学建模；19，数学文化；20，其他.

【题目说明】

1. 本题目/题目来源及版权：（请在合适处打"√"，填写或提供相关内容）

表 25－5

题目/题组提交人姓名：袁景涛			
题目/题组材料是否存在版权问题			
[√] A：不存在	[ ] B：存在		[ ] C：不确定
题目/题组材料来源	[√] A：原创		
	[ ] B：改编	请提供原材料来源	请提供原材料
	[ ] C：某考试题	请提供原试题来源	
	[ ] D：某出版物	请提供原试题来源	
	[ ] E：其他	请说明	

2. 命题过程分析

（1）利用求函数 $f(x)=x^2+\dfrac{2}{x}$ 的导数来确定其单调区间，值得注意的是函数的定义域容易干扰学生正确答题.

从初等数学的角度来看，函数 $f(x)=x^2+\dfrac{2}{x}$ 的图像是由二次函数 $y=x^2$ 与反比例函数 $y=\dfrac{2}{x}$ 的图像叠加而成. 如图 25－2 所示，用无限逼近的数学思想方

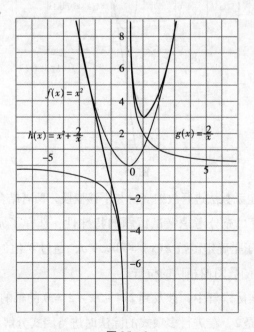

图 25－2

法，可以直观画出函数 $f(x) = x^2 + \dfrac{2}{x}$ 的图像，其单调性可以直观地直接写出．

（2）对数函数 $y = \ln x$ 的图像通过变换成 $y = 7\ln x$ 的图像，再向上平移 a 个单位后为 $g(x) = 7\ln x + a$ 的图像，当函数 $g(x) = 7\ln x + a$ 的图像恰好与函数 $f(x) = x^2 + \dfrac{2}{x}$ 的图像相切时，相应的 a 值应该为多少．

在拟编本题目时，考虑了 $g(x)$ 图像的函数模型选用指数函数、三角函数与三次方的幂函数等，都一一进行了尝试，但都没有选择自然对数函数 $y = \ln x$ 效果好．平移变换考虑过左右平移得到 $y = \ln(x + t)$，考查相切的位置，但运算相对复杂．也考虑过只进行上下平移得到 $y = \ln x + a$，考查相切的位置，但运算也很复杂．

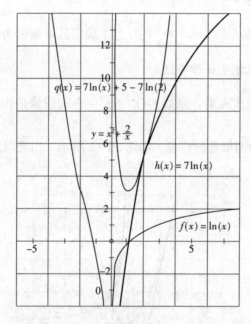

图 25 – 3

再考虑利用待定系数法进行放缩变换与平移变换，两者结合得函数 $y = m\ln x + a$，考查相切的位置，充分考虑考试试题的特殊性，选择了 $m = 7$ 这一特殊值，运算量相对适中，于是确定函数 $g(x) = 7\ln x + a$，通过 a 值的确定考查 $g(x)$ 的函数图像与 $f(x)$ 的函数图像相切的位置．

在第（2）题的实际求解中，涉及到 $2x^3 - 7x - 2 = 0$ 的根的求解，最佳方案就是观察出有一个根是 2，在进行多项式的除法时进行因式分解，这就是系数 m 取值为 7 的快捷方便之处了．但有相当一部分考生因观察不到而无法因式分解，可能采取二次求导等方式来解决也没有关系，这个题主要体现在选拔功能上，主要是用于区分 985 与 211 工程院校的．

本测试题目也是我在铜仁市 2017 年高三诊断性考试命题理科试卷中的原创试题，2017 年 3 月中旬在铜仁市高三年级诊断性考试中进行测试．铜仁市高三理科考试的难度系数为 0. 28，铜仁一中高三理科考试的难度系数为 0. 55，铜仁一中理科实验班的难度系数达到了 0. 76，比预设的难度系数要好．

例 3. 题目名称：概率统计的综合问题 （中国诗词大会）

【命题要求】

从某种意义上说，基于数学核心素养的测试题目就是针对课程中的主干及重点知识为学生设定一个在真实情境中的具体任务，通过这个任务的解决考查学生对数学知识本质的理解，评价学生的核心素养水平．

测试情境：中国诗词是中国传统文化，从《诗经》、唐诗宋词到现代诗歌，都体现了发展学生的人文底蕴这一核心素养，题目设计背景从春节期间引起社会广泛关注的《中国诗词大会》引入，展开社会实践调查，调查的数据基本符合客观实际，考虑到考试试题受运算工具等环境的限制对数据进行了适当修正，从而便于计算．

任务特征：题目 （1） 主要考查分层抽样；题目 （2） 主要完成独立性检验，注重数学语言的表述与描述；题目 （3） 主要考查离散型随机变量的分布列与期望．

素养要求：主要考查学生数学学科核心素养中的数据分析，同时也考查学生的数学建模、逻辑分析与数学运算等核心素养．

【题目本体】

《中国诗词大会》是中央电视台自主研发的一档大型节目，本节目以"赏中华诗词、寻文化基因、品生活之美"为宗旨，在春节期间播出后，给观众留下了深刻的印象．节目组为了了解观众对《中国诗词大会》节目的喜爱程度，随机调查观看了该节目的 140 名观众，得到如下 2×2 的列联表：（单位：名）

表 25 - 6

	男	女	合计
喜爱	40	60	100
不喜爱	20	20	40
合计	60	80	140

（1）从这 60 名男观众中按对《中国诗词大会》节目是否喜爱采取分层抽样，抽取一个容量为 6 的样本，问样本中喜爱与不喜爱的观众各有多少名？

（2）根据以上列联表，问能否在犯错误的概率不超过 0.025 的前提下认为观众性别与喜爱《中国诗词大会》节目有关（精确到 0.001）.

（3）从（1）中的 6 名男性观众中随机选取 2 名作跟踪调查，求选到的这 2 名观众喜爱《中国诗词大会》节目的人数 X 的分布列与数学期望.

附：临界值表

表 25 - 7

$P(k^2 \geq k_0)$	0.10	0.05	0.025	0.010	0.005
k_0	2.705	3.841	5.024	6.635	7.879

参考公式：$k^2 = \dfrac{n(ad-bc)^2}{(a+b)(c+d)(a+c)(b+d)}$，$n = a+b+c+d$.

【题目解答】

解析：（1）抽样比为 $\dfrac{6}{60} = \dfrac{1}{10}$，则样本中喜爱的观众有 $40 \times \dfrac{1}{10} = 4$ 名，不喜爱的观众有 $6 - 4 = 2$ 名.

（2）假设观众性别与喜爱《中国诗词大会》节目无关，由已知数据可求得，

$k^2 = \dfrac{140 \times (60 \times 20 - 40 \times 20)^2}{80 \times 60 \times 100 \times 40} = \dfrac{7}{6} \approx 1.167 < 5.024$，

所以，不能在犯错误的概率不超过 0.025 的前提下认为观众性别与喜爱《中国诗词大会》节目有关.

（3）随机变量 X 的可能值有 0，1，2.

$P(X=0) = \dfrac{C_2^2}{C_6^2} = \dfrac{1}{15}$，$P(X=1) = \dfrac{C_4^1 C_2^1}{C_6^2} = \dfrac{8}{15}$，$P(X=2) = \dfrac{C_4^2}{C_6^2} = \dfrac{6}{15}$.

X 的分布列为表 25 - 8：

表 25 – 8

X	0	1	2
P	$\frac{1}{15}$	$\frac{8}{15}$	$\frac{6}{15}$

所以，X 的数学期望是 $EX = 0 \times \frac{1}{15} + 1 \times \frac{8}{15} + 2 \times \frac{6}{15} = \frac{4}{3}$.

【题目编码】（共 9 位）

表 25 – 9

序号	第 1 位	第 2 位	第 3 位	第 4 位	第 5 位	第 6 位	第 7 位	第 8 位	第 9 位
序号含义	课程	主题	单元	要求	情境	水平	名称	水平	
序号类别	内容				情境		数学核心素养		难度预估
序号定义	1 必修 2 选修 I 3 选修 II	1 准备知识 2 函数 3 代数与几何 4 统计与概率 5 数学建模 6 数学文化	1 统计 2 概率	1 了解 2 理解 3 掌握 4 应用	L 生活情境 M 数学情境 S 科学情境 N 不良情境	1 简单 2 较复杂 3 复杂	1 数学抽象 2 逻辑推理 3 数学建模 4 数学运算 5 直观想象 6 数据分析	1 毕业 2 高考 3 拓展	1 易 2 偏易 3 中等 4 较难 5 很难
序号	3	4	10.11	2	L	2	2, 3, 4, 6	2	3

单元：01，集合；02，常用逻辑用语；03，一元二次函数、方程和不等式；04，函数概念与性质；05，幂函数、指数函数和对数函数；06，三角函数；07，函数综合应用；08，平面向量及应用；09，立体几何初步；10，统计；11，概率；12，数列；13，一元函数导数及其应用；14，空间向量与立体几何；15，平面解析几何；16，计数原理；17，数学探究；18，数学建模；19，数学

文化；20，其他．

【题目说明】

1. **本题目/题目来源及版权：**（请在合适处打"√"，填写或提供相关内容）

表 25 - 10

题目/题组提交人姓名：袁景涛			
题目/题组材料是否存在版权问题			
[√] A：不存在	[ ] B：存在		[ ] C：不确定
题目/题组材料来源	[√] A：原创		
	[ ] B：改编	请提供原材料来源	请提供原材料
	[ ] C：某考试题	请提供原试题来源	
	[ ] D：某出版物	请提供原试题来源	
	[ ] E：其他	请说明	

2. **本题目改编意图及思路**

（1）题目时间背景是相对公正的，与经济社会时代发展同步，能够发挥正能量．以《中国诗词大会》这一热播的大众节目为背景，主要在于引导学生多学习中国传统文化，关注中国诗词，提升学生的民族自豪感，重在培育学生发展的核心素养，即人文底蕴与责任担当中的国家认同和社会担当．

（2）考查的数学能力主要体现在阅读能力，特别是读图和识图能力；数据处理能力；信息意识与应用意识．

（3）主要考查学生的数学学科素养，即数据分析；兼顾考查的学科核心素养有数学建模、逻辑推理和数学运算等．

（4）考查的知识应以主干知识为主，特别是贵州省选择的全国卷三与全国卷二近三年未涉及的离散型随机变量的分布列与期望，应作为重要考点来进行命题.

3. **题目名称：战士的选派**（20 分）

甲、乙两位战士参加射击比赛培训．从若干次预赛成绩中随机抽取 8 次，记录如下：

甲　82　81　79　78　95　88　93　84

乙　92　95　80　75　83　80　90　85

（1）用茎叶图表示这两组数据，并分别求出两组数据的中位数．

（2）现要从中选派一人参加射击比赛，从统计学的角度考虑，你认为选派哪位战士参加合适？请说明理由．

（3）设甲战士射击成绩高于 80 环的概率是 0.75. 对甲战士将要进行的 3 次射击进行预测，记这 3 次成绩中高于 80 环的次数为 X，求 X 的分布列及数学期望 EX.

评分标准：

表 25 – 11

小题号、素养及水平	过程/评分点	得分/说明
考查重点	1. 考查数据分析的核心素养． 2. 第（1）小题属于基本要求，主要考查统计图表和中位数的概念；第（2）小题是开放题，可以给出不同答案，只要依据统计知识给出合理解释即可；第（3）小题考查分布列和数学期望的概念	
（1） 数据分析 水平 1 数学运算 水平 1	作出茎叶图如下： $$\begin{array}{r|c|l} & 甲 & 乙 \\ \hline 9\ 8 & 7 & 5 \\ 8\ 4\ 2\ 1 & 8 & 0\ 0\ 3\ 5 \\ 5\ 3 & 9 & 0\ 2\ 5 \end{array}$$ 从茎叶图中得出甲的中位数为 $\dfrac{82+84}{2}=83$， 而乙的中位数为 $\dfrac{83+85}{2}=84$	3 分 2 分 2 分
（2） 数据分析 水平 2 数学运算 水平 1	派甲参赛比较合适，理由如下： $\overline{x}_{甲}=\dfrac{1}{8}$ $(70\times2+80\times4+90\times2+8+9+1+2+4+8+3+5)=85$， $\overline{x}_{乙}=\dfrac{1}{8}$ $(70\times1+80\times4+90\times3+5+0+0+3+5+0+2+5)=85$， $\overline{S}_{甲}^{2}=\dfrac{1}{8}\big[(78-85)^2+(79-85)^2+(81-85)^2+(82-85)^2+$ $(84-85)^2+(88-85)^2+(93-85)^2+(95-85)^2\big]=35.5$，	6 分

续表

小题号、素养及水平	过程/评分点	得分/说明
（2） 数据分析 水平2 数学运算 水平1	$\overline{S_乙^2} = \dfrac{1}{8} \big[(75-85)^2 + (80-85)^2 + (80-85)^2 + (83-85)^2 + (85-85)^2 + (90-85)^2 + (92-85)^2 + (95-85)^2 \big] = 41.$ $\because \overline{x_甲} = \overline{x_乙}$，$S_甲^2 < S_乙^2$，$\therefore$ 甲的成绩较稳定，派甲参赛比较合适. 注：本小题的结论及理由均不唯一，如果考生能从统计学的角度分析，给出其他合理回答，同样给分，如派乙参赛比较合适，理由如下：从统计的角度看，甲获得 85 以上（含 85 分）的概率 $P_1 = \dfrac{3}{8}$， 乙获得 85 分以上（含 85 分）的概率 $P_2 = \dfrac{4}{8} = \dfrac{1}{2}$， $\because P_2 > P_1$，$\therefore$ 派乙参赛比较合适	6分
（3） 数据分析 水平2 数学运算 水平2	记"甲在一次射击中成绩高于80分"为事件 A，则 $P(A) = \dfrac{3}{4}$.	2分
	随机变量 X 的可能取值为 0，1，2，3，且 $X \sim B\left(3, \dfrac{3}{4}\right)$，	2分
	$\therefore P(X=k) = C_3^k \left(\dfrac{3}{4}\right)\left(1 - \dfrac{3}{4}\right)^{3-k}$，$k=0$，1，2，3， 所以变量 X 的分布列为 X: 0 1 2 3 P: $\dfrac{1}{64}$ $\dfrac{9}{64}$ $\dfrac{27}{64}$ $\dfrac{27}{64}$ $EX = 0 \times \dfrac{1}{64} + 1 \times \dfrac{9}{64} + 2 \times \dfrac{27}{64} + 3 \times \dfrac{27}{64} = \dfrac{9}{4}$，（或 $EX = np = 3 \times \dfrac{3}{4} = \dfrac{9}{4}$）	3分

例4. 题目名称：均值不等式（20分）

阅读下列材料.

二元均值不等式：设 a，b 为正数，则 $\dfrac{a+b}{2} \geq \sqrt{ab}$，当且仅当 $a=b$ 时等式成立.

证明：因为 $(a+b)^2 - 4ab = (a-b)^2 \geq 0$，所以 $(a+b)^2 \geq 4ab$，从而得 $\dfrac{a+b}{2} \geq \sqrt{ab}$，当且仅当 $a=b$ 时等式成立.

三元均值不等式：设 a，b，c 为正数，则 $\dfrac{a+b+c}{3} \geq \sqrt[3]{abc}$，当且仅当 $a=b=c$ 时等式成立．

证明：设 a，b，c，d 为正数，由二元均值不等式，有

$$\dfrac{a+b+c+d}{4} = \dfrac{1}{2}\left(\dfrac{a+b}{2} + \dfrac{c+d}{2}\right) \geq \dfrac{\sqrt{ab} + \sqrt{cd}}{2} \geq \sqrt[4]{abcd}$$，上式中，当且仅当 $a=b=c=d$ 时，等式成立．

令 $d = \dfrac{a+b+c}{3}$，$a+b+c=3d$，代入上述不等式，得 $d \geq \sqrt[4]{abcd}$，由此推出 $d^3 \geq abc$，因此 $\dfrac{a+b+c}{3} \geq \sqrt[3]{abc}$，其中，当且仅当 $a=b=c$ 时等式成立．

（1）在什么条件下，可以利用三元均值不等式求 $\dfrac{a+b+c}{3}$ 的最小值？

（2）利用三元均值不等式，解决以下问题：

要用不锈钢材料制造一个密闭的、储水量一定的圆柱型桶，假定上、下底圆面厚度均为侧面厚度的 1.5 倍，如何设计使用料最省？

（3）仿照阅读材料中的方法，写出五元均值不等式，并给出证明．

评分标准：

表 25 – 12

小题号 素养及水平	过程/评分点	得分/说明
考查重点	1. 数学建模、逻辑推理和数学运算等核心素养． 2. 阅读材料并解决问题，可以考查学生的自学和理解能力	
（1） 逻辑推理 水平 1	（1）若 abc 为定值，则 $\dfrac{a+b+c}{3}$ 有最小值	4 分
（2） 数学建模 水平 2 逻辑推理 水平 2	（2）圆柱桶的底面面积为 πr^2，侧面面积为 $2\pi rh$． 因为上、下底圆厚度为侧面的 1.5 倍，所以折合成相同的厚度，用料总表面积为 $S = 3\pi r^2 + 2\pi rh$，体积为 $V = \pi r^2 h$． 上述问题转化为数学问题： 设 $V = \pi r^2 h$ 为定值，求 $S = 3\pi r^2 + 2\pi rh$ 的最小值	问题条件的 数学抽象/3 分

小题号 素养及水平	过程/评分点	得分/说明
（2） 数学建模 水平 2 逻辑推理 水平 2	由于 $h=\dfrac{V}{\pi r^2}$，于是 $S=3\pi r^2+\dfrac{2V}{r}$. 利用不等式 $a+b+c\geqslant 3\sqrt[3]{abc}$， 有 $S=3\pi r^2+\dfrac{V}{r}+\dfrac{V}{r}\geqslant 3\sqrt[3]{3\pi V^2}$， 等式成立当且仅当 $3\pi r^2=\dfrac{V}{r}=\pi rh$，即 $3r=h$. 所以，当且仅当圆柱桶的高度等于底圆半径的 3 倍时，用料最省	研究对象的 数学抽象/3 分 正确使用三元 均值不等式 解决最值 问题/3 分 结论/1 分
（3） 逻辑推理 水平 3 数学抽象 水平 2	（3）五元均值不等式：a，b，c，d，e 为正实数，则 $\dfrac{a+b+c+d+e}{5}\geqslant\sqrt[5]{abcde}$．当且仅当 $a=b=c=d=e$ 时等式成立． 证明：先利用三元均值不等式证明六元不等式. 因为 a，b，c，d，e，f 为正实数， 所以 $\dfrac{a+b+c}{3}\geqslant\sqrt[3]{abc}>0$，$\dfrac{d+e+f}{3}\geqslant\sqrt[3]{def}>0$， $\dfrac{a+b+c+d+e+f}{6}=\dfrac{1}{2}\left(\dfrac{a+b+c}{3}+\dfrac{e+d+f}{3}\right)$， $\geqslant\dfrac{1}{2}\left(\sqrt[3]{abc}+\sqrt[3]{def}\right)\geqslant\sqrt{\left(\sqrt[3]{abc}\right)\left(\sqrt[3]{def}\right)}=\sqrt[6]{abcdef}$， 当且仅当 $a=b=c=d=e=f$ 时等式成立	正确得出 五元均值 不等式/2 分 类比推理 证出六元 均值不等式/ 2 分
	a，b，c，d，e 为正实数，在六元均值不等式中， 令 $f=\dfrac{a+b+c+d+e}{5}$，$a+b+c+d+e=5f$， 得 $f\geqslant\sqrt[6]{abcdef}>0$， 因为 $f>0$，所以 $f^5\geqslant abcde>0$， 所以有 $\dfrac{a+b+c+d+e}{5}\geqslant\sqrt[5]{abcde}$	证明五元 均值不等式/ 2 分

基于高考考试大纲的数学备考策略

兵法云："知己知彼，方能百战不殆."这句话对所有的竞技活动都适用.准备充分，成功几率就大.在高考的数学备考过程中也是这样，务必认真研读高考考试大纲，理清命题要求、评卷标准与给分细则，并制定相关的备考策略.精心准备，沉着答题，定能实现理想目标.

一、认真研读考试大纲

作为高考数学备考复习，首先应该认真研读高考考试大纲、考试说明或解读之类的纲领性读本，认真比较最近几年考试大纲中的变化，并统计分析近几年高考试题的分布情况；还要充分理解考核目标与要求中对知识的要求，依次是了解、理解、掌握三个层次.了解层次的主要行为动词有了解、知道、识别、模仿、会求、会解等；理解层次的主要行为动词有描述、说明、表达、推测、想象、比较、判断、初步应用等；而掌握层次的主要行为动词有掌握、导出、分析、推导、证明、研究、讨论、运用、解决问题等.在能力方面要求有空间想象能力、抽象概括能力、推理论证能力、运算求解能力、数据处理能力、应用意识与创新意识等，对学生的个性品质也有相应的要求.高考数学学科的考试内容涵盖了对学生数学核心素养的全部考查点，即对学生的数学抽象、逻辑推理、数学建模、直观想象、数学运算和数据分析的考查.因此，在研读考试大纲的过程中，要全方位进行系统研读，理解数学学科的命题要求与考查要求，每一个知识点都有相应的考试范围与要求，但也要动态备考，全覆盖不留盲点.例如，考试大纲对统计案例的要求是了解独立性检验的基本思想、方法及其简单应用，了解回归分析的基本思想、方法及其简单应用.但2013年以来，这两个知识点的考查都达到了掌握的层次，以至于贵州省2016年在该题12分满分中

157

平均分只有 0.12 分，实在是可惜．总体来看，数学学科 2017 年的考试大纲与 2016 年相比较是比较稳定的，主要是删去了平面几何的选考，增加了数学传统文化的考试．

考试大纲对考试性质、考试内容、考试形式，都作出了明确规定．回归课本、回归基础是高中复习的起点．从高考的要求出发，把课本熟化，做到概念脱口而出，公式定理信手拈来，基本方法左右逢源．基本题型借题发挥，从而以扎实的基础为基点，向更深、更活的目标前进．高考是在限定的时间内完成限定的内容，解题思路要优化选择，解题方法要简捷灵巧，解题过程要最佳方案，解题失误要最小化，尤其是选择题、填空题的解答要防止"小题大做""一算到底"，这就要在平时的练习过程中注意通过一题多解找到最优解法，使解题思维具有灵活性、流畅性和深刻性．在春节前，要基本完成第一轮复习，即按照考试大纲要求逐个知识点过关复习；在 3 月中旬的标志性考试前，全面完成第一轮复习，进入第二轮专题复习，完成 3 –5 个专题讲座，完成 3 –5 套综合套题训练；在 4 月中旬的省级适应性考试前，基本完成第二轮复习，累计完成 10 个左右的专题讲座和 10 套左右的综合套题训练，单独完成 5 套左右的选择、填空等小题专项训练；在五一劳动节前，全面完成第二轮复习，累计完成所有的专题讲座，15 套左右的综合套题训练，10 套左右的选择、填空等小题专项训练；在 5 月中旬进行第三轮复习，重点突破，查缺补漏，关注高考热点，累计完成 18 套左右的综合套题训练；在 6 月 5 日前，重点完成 3 –5 套高考模拟试题，少讲多练，让学生独立完成，训练学生独自答题的良好习惯．同时要充分发挥教师的集体智慧，重点研究并强化训练今年高考最有可能考的试题类型，使学生有准备地参加高考，考出理想成绩．

二、得数学得高考

经常发生的现象是"数学考得好的时候，总分就比较高，名次也比较靠前；数学考得差的时候，总分就比较低，名次也比较靠后""总分高、名次靠前的学生，数学分数相对比较高；总分低、名次靠后的学生，数学分数相对比较低"．所以，得数学得高考．

还有一种现象也经常发生，"选择和填空题考得好的时候，数学分就比较高，名次也靠前；选择和填空题考得差的时候，数学分就比较低，名次也靠后". 所以，得选择和填空题得数学.

三、例说复习备考注意事项

1. 选择题、填空题正确率的高低，直接关系到数学成绩的高低，也关系到总分的高低. 因此，做好数学选择、填空题是高考成功的关键. 数学中的选择、填空题是高考成绩的"牛鼻子"，要全力以赴完成好.

一定要做好开卷题，好的开端就成功了一半. 开卷题都比较简单，但也容易出错. 重视不够、准备不充分、过于轻视、过于相信直觉、过于相信心算能力都是出错的常见原因.

例1. 已知集合 $A = \{x \mid x - 1 \geq 0\}$，$B = \{0, 1, 2\}$，则 $A \cap B = （C）$.

A. $\{0\}$ 　　　　　　　　　　　B. $\{1\}$

C. $\{1, 2\}$ 　　　　　　　　　D. $\{0, 1, 2\}$

例2. 设集合 $A = \{y \mid y = \sin x, x \in \mathbf{R}\}$，集合 $B = \{x \mid y = \lg x\}$，则 $A \cap B = （C）$.

A. $(-\infty, -1) \cup (1, +\infty)$ 　　　B. $[-1, 1]$

C. $(0, 1]$ 　　　　　　　　　　D. $[1, +\infty)$

解决方案：充分重视，慢，准；最好算两遍，一遍计算，一遍验证. 本题主要考查集合及其运算.

2. 必考知识点的容易题与中档题，力争满分.

（1）对复数的考查.

例3. 若复数 z 满足 $(1 + 2i) z = |2 + i|$，则复数 z 的虚部为（C）.

A. $\dfrac{2\sqrt{5}}{5}$ 　　　　　　　　　　B. $\dfrac{2\sqrt{5}}{5}i$

C. $-\dfrac{2\sqrt{5}}{5}$ 　　　　　　　　　D. $-\dfrac{2\sqrt{5}}{5}i$

（2）对线性规划的考查.

例4. 已知变量 x，y 满足：$\begin{cases} 2x - y \leq 0, \\ x - 2y + 3 \geq 0, \\ x \geq 0, \end{cases}$ 则 $z = (\sqrt{2})^{2x+y}$ 的最大值为 ___4___.

（3）对算法程序框图的考查.

例5. 执行如图 26-1 所示的程序框图，如果输入 $n=3$，则输出的 $S=$（B）.

A. $\dfrac{6}{7}$ B. $\dfrac{3}{7}$

C. $\dfrac{8}{9}$ D. $\dfrac{4}{9}$

（4）对三视图、空间几何体的考查.

例6. 某三棱锥的三视图如图 26-2 所示，该三棱锥的体积是（B）.

A. $\dfrac{8}{3}$ B. 4

C. 2   D. $\dfrac{4}{3}$

（5）对球体的考查.

例7. 长方体 $ABCD-A_1B_1C_1D_1$ 的 8 个顶点都在球 O 的表面上，E 为 AB 的中点，$CE=3$，$\cos\angle ACE=\dfrac{5\sqrt{3}}{9}$，且四边形 ABB_1A_1 为正方形，则球 O 的直径为（C）.

A. 4   B. 6

C. 4 或 $\sqrt{51}$ D. 6 或 $\sqrt{53}$

（6）对传统文化、排列组合和概率统计的考查.

例8. 如图 26-3 所示，阴影部分是由四个全等的直角三角形组成的图形，在大正方形内随机取一点，这一点落在小正方形内的概率为 $\dfrac{1}{5}$，若直角三角形的两条直角边的长分别为 a，b（$a>b$），则 $\dfrac{b}{a}=$（B）.

A. $\dfrac{1}{3}$ B. $\dfrac{1}{2}$

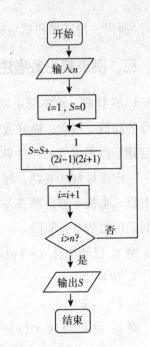

图 26-1

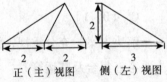

正（主）视图   侧（左）视图

俯视图

图 26-2

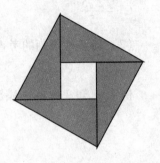

图 26-3

C. $\dfrac{\sqrt{3}}{3}$ D. $\dfrac{\sqrt{2}}{2}$

例9. 我国古代"五行"学说认为："物质分金、木、水、火、土五种属性，金克木，木克土，土克水，水克火，火克金"．将五种不同属性的物质任意排成一列，如图 26-4 所示，则排列中属性相克的两种物质不相邻的排列种数是 <u>10</u>（用数字作答）．

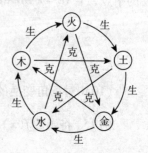

图 26-4

例10. 齐王与田忌赛马，田忌的上等马优于齐王的中等马，劣于齐王的上等马，田忌的中等马优于齐王的下等马，劣于齐王的中等马，田忌的下等马劣于齐王的下等马，现从双方的马匹中随机选一匹进行一场比赛，则田忌马获胜的概率为(A)．

A. $\dfrac{1}{3}$ B. $\dfrac{1}{2}$ C. $\dfrac{\sqrt{3}}{3}$ D. $\dfrac{\sqrt{2}}{2}$

（7）对二项式定理的考查．

例11. 若 $\left(ax^2+x+y\right)^5$ 展开式的各项系数和为 243，则 x^5y^2 的系数为 <u>30</u> ．

（8）对简易逻辑知识的考查．

例12. 下列说法正确的是(A)．

A. $a\in\mathbf{R}$，" $\dfrac{1}{a}<1$ "是" $a>1$ "的必要不充分条件

B. " $p\wedge q$ 为真命题"是" $p\vee q$ 为真命题"的必要不充分条件

C. 命题" $\exists x\in\mathbf{R}$，使得 $x^2+2x+3<0$ "的否定是" $\forall x\in\mathbf{R}$，$x^2+2x+3>0$ "

D. 命题 p ：" $\forall x\in\mathbf{R}$，$\sin x+\cos x\leqslant\sqrt{2}$ "，则 $\neg p$ 是真命题

（9）对平面向量的考查．

例13. 已知向量 a，b 夹角为 $\dfrac{3\pi}{4}$，且 $a=(1，1)$，$|a-2b|=\sqrt{10}$，则 $|b|=$ (B)．

A. 1   B. 2   C. -2 D. $\sqrt{2}$

例 14. 如图 26 - 5 所示，正方形 $ABCD$ 中，E 为 DC 的中点，若 $\overrightarrow{AE} = \lambda \overrightarrow{AB} + \mu \overrightarrow{AC}$，则 $\lambda + \mu$ 的值为（A）．

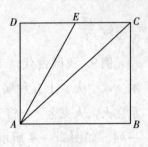

A. $\dfrac{1}{2}$ B. $-\dfrac{1}{2}$

C. 1   D. -1

（10）对三角变换的考查．

图 26 - 5

例 15. 将函数 $f(x) = 3\sin\left(4x + \dfrac{\pi}{6}\right)$ 图像上所有点的

横坐标伸长到原来的 2 倍，将所得图像再向右平移 $\dfrac{\pi}{6}$ 个单位长度，得到函数 $y = g(x)$ 的图像，则函数 $y = g(x)$ 图像的一条对称轴是（C）．

A. $x = \dfrac{\pi}{12}$ B. $x = \dfrac{\pi}{6}$

C. $x = \dfrac{\pi}{3}$ D. $x = \dfrac{2\pi}{3}$

3. 必考知识点变化较多的容易题与中档题，力争满分．

（1）对解三角形等问题中运算的考查．

例 16. 已知 $\triangle ABC$ 内角 A，B，C 的对边分别为 a，b，c，若 $a = 1$，$2\cos C + c$ $= 2b$，则 $\triangle ABC$ 的外接圆的面积是 $\underline{\dfrac{\pi}{3}}$．

（2）对函数的考查．

例 17. 若 x_0 是方程 $\ln x + x - 3 = 0$ 的实数解，则 x_0 属于区间（C）．

A. （1，1.5）   B. （1.5，2）

C. （2，2.5）   D. （2.5，3）

例 18. 设函数 $f(x) = \begin{cases} 1 + \log_2(2-x), & x < 1, \\ 2^{x-1}, & x \geqslant 1, \end{cases}$ 则 $f(-2) + f(\log_2 12) = $（B）．

A. 12   B. 9   C. 6   D. 3

（3）对数列的考查．

例 19. 数列 $\{a_n\}$ 中，满足 $a_1 + a_2 + \cdots + a_n = 3^n - 1$，

则 $\dfrac{1}{a_1} + \dfrac{1}{a_2} + \cdots + \dfrac{1}{a_n} = \dfrac{3}{4}\left(1 - \dfrac{1}{3^n}\right)$．

（4）对解析几何的考查．

例 20. 设双曲线的一个焦点为 F，虚轴的一个端点为 B，如果直线 FB 与该

双曲线的一条渐近线垂直，那么此双曲线的离心率为（D）.

A. $\sqrt{2}$

B. $\sqrt{3}$

C. $\dfrac{1+\sqrt{3}}{2}$

D. $\dfrac{1+\sqrt{5}}{2}$

例21. 已知点 F 是抛物线 $y^2=4x$ 的焦点，过点 F 的弦 AB 所在的直线与 x 轴不垂直，过点 A 作弦 AC 与 x 轴垂直并交抛物线于点 C，直线 BC 与 x 轴的交点坐标是（B）.

A. $(-2,0)$

B. $(-1,0)$

C. $\left(-\dfrac{1}{2},0\right)$

D. 不能确定

4. 大题主要按专题讲座形式进行备考复习.

专题讲座一："二选一"

（1）首选极坐标与参数方程：了解与理解，主要面向宽度进行考查.

（2）次选不等式：掌握与应用，主要面向深度进行考查.

例22. 已知直线 l：$\begin{cases} x=5+\dfrac{\sqrt{3}}{2}t, \\ y=\sqrt{3}+\dfrac{1}{2}t, \end{cases}$ （t 为参数），以坐标原点为极点，x 轴的正半轴为极轴建立极坐标系，曲线 C 的极坐标方程为 $\rho=2\cos\theta$.

（1）将曲线 C 的极坐标方程化为直角坐标方程.

（2）设 M 的直角坐标方程为 $(5,\sqrt{3})$，直线 l 与曲线 C 交于 A，B 两点，求 $|MA|\cdot|MB|$ 的值.

解析：（1）由 $\rho=2\cos\theta$ 得，$\rho^2=2\rho\cos\theta$，

得 $x^2+y^2=2x$，即所求曲线 C 的直角坐标方程为 $(x-1)^2+y^2=1$.

（2）将 $\begin{cases} x=5+\dfrac{\sqrt{3}}{2}t, \\ y=\sqrt{3}+\dfrac{1}{2}t, \end{cases}$ 代入 $(x-1)^2+y^2=1$ 中，整理得，$t^2+5\sqrt{3}t+18=0$，

于是有 $|MA|\cdot|MB|=|t_1t_2|=18$.

例23. 已知函数 $f(x)=|x-a|$.

（1）若 $a=1$，解不等式：$f(x)\geqslant 4-|x-3|$.

(2) 若 $f(x) \leqslant 1$ 的解集为 $[0, 2]$，$\dfrac{1}{m} + \dfrac{1}{2n} = a$（$m > 0$，$n > 0$），求 mn 的最小值.

解析：（1）当 $a = 1$ 时，不等式为 $|x-1| \geqslant 4 - |x-3|$，

即 $|x-1| + |x-3| \geqslant 4$，

$\because |x-1| + |x-3| = \begin{cases} 2x-4, & x > 3, \\ 2, & 1 \leqslant x \leqslant 3, \\ 4-2x, & x < 1, \end{cases}$

$\therefore$ 解得 $x \leqslant 0$ 或 $x \geqslant 4$，故原不等式的解集为 $\{x \mid x \leqslant 0$ 或 $x \geqslant 4\}$.

（2）$f(x) \leqslant 1 \Leftrightarrow |x-a| \leqslant 1 \Leftrightarrow -1 \leqslant x - a \leqslant 1 \Leftrightarrow a - 1 \leqslant x \leqslant a + 1$.

$\because f(x) \leqslant 1$ 的解集为 $[0, 2]$，$\therefore \begin{cases} a - 1 = 0, \\ a + 1 = 2, \end{cases}$ 即 $a = 1$，

$\therefore 1 = \dfrac{1}{m} + \dfrac{1}{2n} \geqslant 2\sqrt{\dfrac{1}{2mn}}$（$m > 0$，$n > 0$），

$\therefore mn \geqslant 2$（当且仅当 $\dfrac{1}{m} = \dfrac{1}{2n} = \dfrac{1}{2}$，即 $m = 2$，$n = 1$ 时取等号），

$\therefore mn$ 的最小值为 2.

专题讲座二：三角及其应用

（1）三角函数与平面向量.

（2）三角变换.

（3）解三角形：正弦定理、余弦定理、面积公式.

例 24. 已知 a，b，c 分别为锐角 $\triangle ABC$ 的三个内角 A，B，C 的对边，且 $a\cos C + c\cos A = 2b\cos A$.

（1）求 A 的大小.

（2）若 $a = \sqrt{3}$，求 $\triangle ABC$ 面积的取值范围.

解析：

（1）**解法 1**：因为 $a\cos C + c\cos A = 2b\cos A$，

由正弦定理得，$\sin A\cos C + \sin C\cos A = 2\sin B\cos A$，

即 $\sin(A+C) = 2\sin B\cos A$，即 $\sin B = 2\sin B\cos A$，

化简得，$\cos A = \dfrac{1}{2}$，因为 $A \in (0, \pi)$，所以 $A = \dfrac{\pi}{3}$.

解法 2：因为 $a\cos C + c\cos A = 2b\cos A$，

由余弦定理得，$a\dfrac{a^2+b^2-c^2}{2ab}+c\dfrac{b^2+c^2-a^2}{2bc}=2b\dfrac{b^2+c^2-a^2}{2bc}$，

化简得，$b^2+c^2-a^2=bc$，所以 $\cos A=\dfrac{b^2+c^2-a^2}{2bc}=\dfrac{bc}{2bc}=\dfrac{1}{2}$，所以 $A=\dfrac{\pi}{3}$.

（2）$S_{\triangle ABC}=\dfrac{1}{2}bc\sin A=\dfrac{\sqrt{3}}{4}bc$，

由 $\dfrac{b}{\sin B}=\dfrac{c}{\sin C}=\dfrac{\sqrt{3}}{\sin\frac{\pi}{3}}$ 得，$b=2\sin B$，$c=2\sin C=2\sin\left(\dfrac{2\pi}{3}-B\right)$，

所以 $S_{\triangle ABC}=\dfrac{\sqrt{3}}{4}bc=\sqrt{3}\sin B\sin\left(\dfrac{2\pi}{3}-B\right)=\dfrac{\sqrt{3}}{2}\sin\left(2B-\dfrac{\pi}{6}\right)+\dfrac{\sqrt{3}}{4}$，

又因为 $B\in\left(0,\dfrac{2\pi}{3}\right)$，所以 $0<\dfrac{\sqrt{3}}{2}\sin\left(2B-\dfrac{\pi}{6}\right)+\dfrac{\sqrt{3}}{4}\leqslant\dfrac{3\sqrt{3}}{4}$，

所以 $S_{\triangle ABC}=\dfrac{1}{2}bc\sin A=\dfrac{\sqrt{3}}{4}bc\in\left(0,\dfrac{3\sqrt{3}}{4}\right]$，

即 $\triangle ABC$ 的面积的取值范围是 $\left(0,\dfrac{3\sqrt{3}}{4}\right]$.

专题讲座三：数列及其应用

（1）等差数列和等比数列.

（2）数列求和.

（3）递推公式综合应用.

例 25. 已知数列 $\{a_n\}$ 的前 n 项和为 S_n，且满足 $S_n+2=2a_n$，$n\in\mathbf{N}^*$.

（1）求数列 $\{a_n\}$ 的通项公式.

（2）设 $b_n=\dfrac{1}{\log_2 a_n}$，$c_n=\dfrac{\sqrt{b_n b_{n+1}}}{\sqrt{n+1}+\sqrt{n}}$，求数列 $\{c_n\}$ 的前 n 项和 T_n.

解析：（1）由 $S_n+2=2a_n$，$n\in\mathbf{N}^*$，

$n=1$ 时，$a_1+2=2a_1$，$\therefore a_1=2$，

$n\geqslant 2$ 时，$S_{n-1}+2=2a_{n-1}$，　　　　　　　　　　　　①

$\qquad\qquad S_n+2=2a_n$，　　　　　　　　　　　　　　②

②-①得，$a_n=S_n-S_{n-1}=2a_n-2a_{n-1}$，所以 $\dfrac{a_n}{a_{n-1}}=2$，

所以 $\{a_n\}$ 是首项、公比都为 2 的等比数列，故其通项公式：

$a_n=2^n$，$n\in\mathbf{N}^*$.

（2） $b_n = \dfrac{1}{\log_2 a_n} = \dfrac{1}{n}$,

$$c_n = \frac{\sqrt{b_n b_{n+1}}}{\sqrt{n+1}+\sqrt{n}} = \frac{\sqrt{\dfrac{1}{n\ (n+1)}}}{\sqrt{n+1}+\sqrt{n}} = \frac{\sqrt{n+1}-\sqrt{n}}{\sqrt{n\ (n+1)}} = \frac{1}{\sqrt{n}} - \frac{1}{\sqrt{n+1}},$$

$$T_n = c_1 + c_2 + \cdots + c_n = 1 - \frac{1}{\sqrt{2}} + \frac{1}{\sqrt{2}} - \frac{1}{\sqrt{3}} + \cdots + \frac{1}{\sqrt{n}} - \frac{1}{\sqrt{n+1}} = 1 - \frac{1}{\sqrt{n+1}}.$$

专题讲座四：概率统计综合应用

（1）基本事件发生的概率.

（2）随机变量的分布列与期望.

（3）线性回归、独立性检验等. 考查阅读能力（读图和识图能力），数据处理能力和应用意识.

例 26. 广场舞是现代群众文化、娱乐发展的产物，兼具文化性和社会性，是社会主义精神文明建设成果的一个重要指标和象征，2016 年，某中学社会实践社团对某小区广场舞参与者的年龄进行了调查，随机抽取了 40 人广场舞参与者，他们的年龄都在 $[20, 80]$ 之间，将他们的年龄分成 6 段：$[20, 30)$，$[30, 40)$，$[40, 50)$，$[50, 60)$，$[60, 70)$，$[70, 80)$ 后，得到如图 26 – 6 所示的频率分布直方图.

（1）求在抽取的 40 人广场舞参与者中年龄分布在 $[40, 70)$ 的人数.

（2）估计抽取的 40 人广场舞参与者年龄的中位数与平均数.

（3）若从抽取的年龄在 $[20, 30)$ 的广场舞参与者中任选 2 人，求这 2 人广场舞参与者年龄在 $[30, 40)$ 的人数 X 的分布列与数学期望.

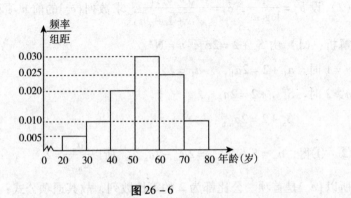

图 26 – 6

解析:(1)由直方图知,

年龄在 $[40,70)$ 的频率为 $(0.020+0.030+0.025)\times10=0.75$,所以抽取的 40 人广场舞参与者中年龄分布在 $[40,70)$ 的人数为 $0.75\times40=30$.

(2)由频率分布直方图知,

可估计抽取的 40 人广场舞参与者年龄中位数为 $50+\dfrac{0.050-0.035}{0.030}\times10=55$,

可估计抽取的 40 人广场舞参与者年龄平均数为

$0.05\times25+0.10\times35+0.20\times45+0.30\times55+0.25\times65+0.10\times75=54$.

(3)由图可知,抽取的年龄在 $[20,30)$ 的广场舞参与者有 $0.005\times10\times40=2$ 人,抽取的年龄在 $[30,40)$ 的广场舞参与者有 $0.010\times10\times40=4$ 人,所以,X 的所有可能值为 0,1,2.

$P(X=0)=\dfrac{C_2^2C_4^0}{C_6^2}=\dfrac{1}{15}$,$P(X=1)=\dfrac{C_2^1C_4^1}{C_6^2}=\dfrac{8}{15}$,$P(X=2)=\dfrac{C_2^0C_4^2}{C_6^2}=\dfrac{6}{15}$,

所以,X 的分布列为

X	0	1	2
P	$\dfrac{1}{15}$	$\dfrac{8}{15}$	$\dfrac{6}{15}$

所以,X 的数学期望为 $EX=0\times\dfrac{1}{15}+1\times\dfrac{8}{15}+2\times\dfrac{6}{15}=\dfrac{4}{3}$.

专题讲座五:立体几何综合应用

(1)线面关系的证明:平行、垂直.

(2)求角:二面角、直线与平面所成的角、异面直线所成的角.

(3)计算方法首选建立坐标系,用向量的方法求解.

例 27.如图 26-7 所示,在三棱锥 $A-CBD$ 中,$AD\perp$ 平面 BCD,$CB=CD$,$AD=BD=4$,P,Q 分别在线段 AB,AC 上,$AP=3PB$,$AQ=2QC$,M 是 BD 的中点.

(1)证明:$DQ\;/\!/$ 平面 CPM.

(2)若二面角 $C-AB-D$ 的大小为 $\dfrac{\pi}{3}$,求 $\angle BDC$ 的正切值.

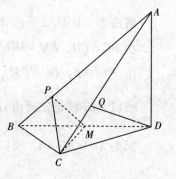

图 26-7

解析：（1）证明：取 AB 的中点 E，则 $\dfrac{AE}{EP}=2=\dfrac{AQ}{QC}$，所以 $EQ\,/\!/\,PC$.

因为 $EQ\not\subset$ 平面 CPM，所以 $EQ\,/\!/\,$平面 CPM.

又 PM 是 $\triangle BDE$ 的中位线，所以 $DE\,/\!/\,PM$，从而 $DE\,/\!/\,$平面 CPM.

所以平面 $DEQ\,/\!/\,$平面 CPM，

故 $DQ\,/\!/\,$平面 CPM.

（2）**解法1**：以 M 为坐标原点，MC，MD，ME 所在的直线分别为 x 轴、y 轴、z 轴建立空间直角坐标系，如图 26－8 所示.

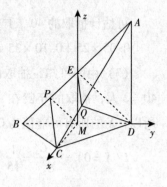

图 26－8

设 $MC=t$，则 $C(t,\,0,\,0)$，$D(0,\,2,\,0)$，$B(0,\,-2,\,0)$，$A(0,\,2,\,4)$，则 $\overrightarrow{BC}=(t,\,2,\,0)$，$\overrightarrow{BA}=(0,\,4,\,4)$.

设 $\boldsymbol{n}_1=(x,\,y,\,z)$ 为平面 ABC 的一个法向量，

则 $\begin{cases}\boldsymbol{n}_1\cdot\overrightarrow{BC}=0,\\ \boldsymbol{n}_1\cdot\overrightarrow{BA}=0,\end{cases}$ 即 $\begin{cases}tx+2y=0,\\ 4y+4z=0,\end{cases}$

取 $\boldsymbol{n}_1=(2,\,-t,\,t)$.

由已知得到平面 ABD 的一个法向量为 $\boldsymbol{n}_2=(1,\,0,\,0)$，

所以 $\cos\langle\boldsymbol{n}_1,\,\boldsymbol{n}_2\rangle=\dfrac{2}{1\times\sqrt{4+t^2+t^2}}=\dfrac{1}{2}$，解之得 $t=\sqrt{6}$.

在 Rt$\triangle CMD$ 中，$\tan\angle MDC=\dfrac{MC}{DM}=\dfrac{\sqrt{6}}{2}$，

所以 $\angle BDC$ 的正切值为 $\dfrac{\sqrt{6}}{2}$.

解法2：由 $AD\perp$ 平面 BCD 知，$AD\perp CM$.

由 $BC=CD$，$BM=MD$ 知，$BD\perp CM$，故 $CM\perp$ 平面 ABD.

由（1）知，$DE\,/\!/\,PM$，而 $DE\perp AB$，故 $PM\perp AB$.

所以 $\angle CPM$ 是二面角 C－AB－D 的平面角，即 $\angle CPM=\dfrac{\pi}{3}$.

因为 $AD=BD=4$，所以 $BM=2$，$PM=\sqrt{2}$，则 $CM=\sqrt{3}PM=\sqrt{6}$.

在 Rt$\triangle CMD$ 中，$\tan\angle MDC=\dfrac{MC}{DM}=\dfrac{\sqrt{6}}{2}$，所以 $\angle BDC$ 的正切值为 $\dfrac{\sqrt{6}}{2}$.

专题讲座六：选择、填空题的解法

解答选择、填空题的思想方法几乎包括了求解数学题的所有思想方法：直接求解法，数形结合法，排除法，验证法，特殊值法，分类讨论法，直觉猜想等．考试前多分析"为什么"，考试中多解决"是什么"．强化训练：多训练"常见题型"，达到较高的熟练程度．最好一周一次选择、填空题专项限时训练，开始时 60 分钟，然后 50 分钟，一般情况下 45 分钟，必须进行改卷与讲评．对综合应用难题，力争猜对．

例 28. 已知函数 $f(x) = \begin{cases} \sqrt{x} + 3, & x \geq 0, \\ ax + b, & x < 0, \end{cases}$ 满足条件：对于任意 $x_1 \in \mathbf{R}$ 且 $x_1 \neq 0$，存在唯一的 $x_2 \in \mathbf{R}$ 且 $x_1 \neq x_2$，使得 $f(x_1) = f(x_2)$．当 $f(a) = f(3b)$ 成立时，实数 $a + b = (\mathrm{D})$．

A. $-\sqrt{6}$ B. 3 C. $\sqrt{6} + 3$ D. $-\sqrt{6} + 3$

要充分复习所有可考知识点．如积分，球的相关知识，几何概型，统计中的数字特征，空间中的线面关系判断，数学归纳法，函数，逻辑，三角函数与解析几何中的边缘知识点等．

专题讲座七：解析几何综合应用

（1）直线与椭圆、直线与双曲线、直线与抛物线．

（2）求曲线的方程．

（3）求最值、定值：联立方程，根与系数的关系，弦长公式，点到直线的距离，点差法，面积公式，分类讨论等．

例 29. 已知椭圆 $C：\dfrac{x^2}{a^2} + \dfrac{y^2}{b^2} = 1$ $(a > b > 0)$ 的离心率为 $\dfrac{\sqrt{2}}{2}$，以原点为圆心，椭圆的短半轴为半径的圆与直线 $x - y + \sqrt{2} = 0$ 相切．

（1）求椭圆 C 的方程．

（2）如果过点 $M(2, 0)$ 的直线与椭圆 C 相交于 A，B 两点，设 P 是椭圆 C 上的一点，且满足 $\overrightarrow{OA} + \overrightarrow{OB} = t\overrightarrow{OP}$（$O$ 为坐标原点），当 $|AB| < \dfrac{2\sqrt{5}}{3}$ 时，求实数 t 的取值范围．

解析：（1）依题意有，$\begin{cases} \dfrac{c}{a}=\dfrac{\sqrt{2}}{2}, \\ b=\dfrac{|0-0+\sqrt{2}|}{\sqrt{2}}, \\ a^2=b^2+c^2, \end{cases}$ 解之得，$a=\sqrt{2}$，$b=1$，$c=1$，

故所求椭圆 C 的方程为 $\dfrac{x^2}{2}+y^2=1$.

（2）依题意，设直线 AB 的方程为 $y=k(x-2)$，设 $A(x_1,\ y_1)$，$B(x_2,\ y_2)$，

由 $\begin{cases} y=k(x-2), \\ \dfrac{x^2}{2}+y^2=1, \end{cases}$ 得，$(1+2k^2)x^2-8k^2x+8k^2-2=0$，

由 $\Delta=64k^4-4(1+2k^2)(8k^2-2)>0$，得 $k^2<\dfrac{1}{2}$.

$x_1+x_2=\dfrac{8k^2}{1+2k^2}$，$x_1x_2=\dfrac{8k^2-2}{1+2k^2}$，

$(x_1-x_2)^2=(x_1+x_2)^2-4x_1x_2=\dfrac{8(1-2k^2)}{(1+2k^2)^2}$，

$|AB|=\sqrt{1+k^2}\,|x_1-x_2|=\sqrt{1+k^2}\dfrac{\sqrt{8(1-2k^2)}}{1+2k^2}<\dfrac{2\sqrt{5}}{3}$，得 $k^2>\dfrac{1}{4}$，

所以，$\dfrac{1}{4}<k^2<\dfrac{1}{2}$.

设 $P(x,\ y)$，由 $\overrightarrow{OA}+\overrightarrow{OB}=t\overrightarrow{OP}$ 得，$(x_1+x_2,\ y_1+y_2)=t(x,\ y)$，

$x=\dfrac{x_1+x_2}{t}=\dfrac{8k^2}{t(1+2k^2)}$，$y=\dfrac{y_1+y_2}{t}=\dfrac{k(x_1+x_2-4)}{t}=\dfrac{-4k}{t(1+2k^2)}$，

因为点 P 在椭圆 C 上，$\dfrac{64k^4}{2t^2(1+2k^2)^2}+\dfrac{16k^2}{t^2(1+2k^2)^2}=1$，

所以 $t^2=\dfrac{16k^2}{1+2k^2}=8-\dfrac{8}{1+2k^2}\in\left(\dfrac{8}{3},\ 4\right)$，

故所求实数 t 的取值范围是 $\left(-2,\ -\dfrac{2\sqrt{6}}{3}\right)\cup\left(\dfrac{2\sqrt{6}}{3},\ 2\right)$.

专题讲座八：函数导数的综合应用

（1）常见函数的导数：三次方函数、自然对数函数、e 为底的指数函数等.

（2）按照具体要求求解：如切线方程、单调区间、极值最值等.

（3）分类讨论：应用前面的结论求最值或者证明一个不等式．

例 30. 函数 $f(x) = x^2 + \dfrac{2}{x}$ $(x \neq 0)$，$g(x) = 7\ln x + a$．

（1）求 $f(x)$ 的单调区间．

（2）当 $x > 0$ 时，函数 $f(x)$ 的图像恒在函数 $g(x)$ 图像的上方，求实数 a 的取值范围．

解析：（1）由 $f(x) = x^2 + \dfrac{2}{x}$ 得，$f(x)$ 的定义域是 $\{x \in \mathbf{R} \mid x \neq 0\}$，

$f'(x) = 2x - \dfrac{2}{x^2} = \dfrac{2(x^3 - 1)}{x^2}$，由 $f'(x) > 0$ 得，$x > 1$．

所以，所求 $f(x)$ 的单调递减区间是 $(-\infty, 0)$ 与 $(0, 1)$，单调增减区间是 $(1, +\infty)$．

（2）令 $h(x) = f(x) - g(x) = x^2 + \dfrac{2}{x} - 7\ln x - a$，$h(x)$ 的定义域是 $(0, +\infty)$，

$h'(x) = 2x - \dfrac{2}{x^2} - \dfrac{7}{x} = \dfrac{2x^3 - 7x - 2}{x^2} = \dfrac{(2x^2 + 4x + 1)(x - 2)}{x^2}$．

由 $h'(x) > 0$ 得，$x > 2$，即 $h(x)$ 在 $(0, 2)$ 上单调递减，在 $(2, +\infty)$ 上单调递增，所以 $h(x)$ 的最小值为 $h(2) = 5 - 7\ln 2 - a$．

依题意有，$5 - 7\ln 2 - a > 0$，得 $a < 5 - 7\ln 2$，

所以，所求实数 a 的取值范围是 $(-\infty, 5 - 7\ln 2)$．

专题讲座九：数学思想

（1）数学思想是解决"为什么"，是解答数学题的后台支撑，属于科学的范畴．

（2）常见的数学思想有函数与方程思想、数形结合思想、分类讨论思想、化归与转化思想、特殊与一般思想、有限与无限思想、或然与必然思想．

（3）数学思想是学习数学的灵魂，不仅高考答题受益，而且终身学习与工作都会受益．

专题讲座十：数学方法

（1）数学方法是解决"是什么"，是解答数学题的前台表现，属于工程的范畴．

（2）常见的数学方法有分析法、综合法、反证法、归纳法、穷举法、建模法、消元法、降次法、代入法、图像法、比较法、放缩法、向量法、数学归纳

法、配方法、待定系数法、错位相减法、点差法、公式法、换元法、拆项补项法、因式分解法、平行移动法、翻折法等.

（3）数学方法是解答数学试题的基本工具，是数学思想的清晰呈现，要有规范的解题流程和明确的答题结论，是阅卷教师评分、给分的重要依据.

四、完成综合套题训练

（1）要特别重视大型模拟考试 . 3 月全市诊断性考试，4 月全省适应性考试，5 月学校仿真模拟考试，6 月高考 .

（2）常规训练 . 学生每周独立完成一套题，限时 120 分钟完成，不对答案，教师认真讲评；两周一次模拟考试，教师进行评卷，登记分数，认真分析讲评 .

（3）认真命题，注意侧重点 . 重视命题，循序渐进，前一阶段的考试重视基础，后一阶段重视能力 . 不盲目借用现成试题，要注意内化，每次训练有侧重，包括必考知识点、常考知识点和可考知识点，注意试卷结构与考查知识点的覆盖率 .

（4）重视分析讲评，一次一个台阶 . 每次训练都应该认真分析讲评，每套试题讲评时间以 120 分钟为宜 . 讲评时关注为什么，考试时关注是什么 .

（5）重视基础，关注热点 . 考前的训练重在学生答题的熟练程度，一定要重视基础，同时关注其他学校的训练内容，集中全体的智慧，力求备考训练效果最佳 .

（6）高考前一周的安排 . 学生两天一套题，第二天对答案，不必讲解，保证答题状态，确保正常发挥 .

五、小结

高考数学复习备考是高中三年数学学习的封顶工程，是大学学习的基础工程，也是学生进入理想大学的桥梁工程，我们必须认真对待 . "马无夜草不肥"，做不完的数学题是一种常态，全力以赴就是要求我们用好所有能用的资源来开展备考复习.

较难选择题的命题设计与解法

高考中的第 11、12 题是选择题的最后两题，难度较大，是拉开考生分数的试题，主要考查学生的综合能力、分析问题和解决问题的能力. 题目的设计就是让少部分考生能够完成解答，难度系数保持在 0.3 左右，从而拉开考生分数的差距，获得较好的区分度，有利于高考的竞争性选拔录取. 这两道题以创新试题、难题为主，主要表现形式有函数综合题、解析几何综合题、数列综合题以及其他意想不到的形式和内容.

一、以函数综合应用为主的试题设计

1. 已知函数 $f(x) = \begin{cases} -x^2 + 2x, & x \leqslant 0, \\ \ln(x+1), & x > 0, \end{cases}$ 若 $|f(x)| \geqslant ax$，则 a 的取值范围是（ ）.

A. $(-\infty, 0]$ 　　　　　　　　　　B. $(-\infty, 1]$

C. $[-2, 1]$ 　　　　　　　　　　　　D. $[-2, 0]$

答案：D.

2.（2018 年全国卷 3）设 $a = \log_{0.2} 0.3$，$b = \log_2 0.3$，则（ ）.

A. $a + b < ab < 0$ 　　　　　　　　B. $ab < a + b < 0$

C. $a + b < 0 < ab$ 　　　　　　　　D. $ab < 0 < a + b$

答案：B.

3.（2018 年全国卷 2）已知 $f(x)$ 是定义域为 $(-\infty, +\infty)$ 的奇函数，且满足 $f(1-x) = f(1+x)$. 若 $f(1) = 2$，则 $f(1) + f(2) + f(3) + \cdots + f(50) = ($ $)$.

A. -50 　　　　B. 0 　　　　C. 2 　　　　D. 50

答案：C.

4. (2017年全国卷3) 已知函数 $f(x) = x^2 - 2x + a(e^{x-1} + e^{-x+1})$ 有唯一零点，则 $a = ($ $)$.

A. $-\dfrac{1}{2}$　　　　B. $\dfrac{1}{3}$　　　　C. $\dfrac{1}{2}$　　　　D. 1

解析：由已知 $f(x) = (x-1)^2 + a(e^{x-1} + e^{-(x-1)}) - 1$ 的图像关于直线 $x = 1$ 对称，且只有唯一零点，则必须有 $f(1) = 0$，所以 $0 + a(1+1) - 1 = 0$，即 $a = \dfrac{1}{2}$，选 C.

5. (2014年新课标卷1) 已知点 $A(-1, 0)$，$B(1, 0)$，$C(0, 1)$，直线 $y = ax + b(a > 0)$ 将 $\triangle ABC$ 分割为面积相等的两部分，则 b 的取值范围是(   ).

A. $(0, 1)$　　　　　　　　B. $\left(1 - \dfrac{\sqrt{2}}{2}, \dfrac{1}{2}\right)$

C. $\left(1 - \dfrac{\sqrt{2}}{2}, \dfrac{1}{3}\right]$　　　　　　D. $\left[\dfrac{1}{3}, \dfrac{1}{2}\right)$

答案：B.

6. 若函数 $f(x)$ 的导函数在区间 (a, b) 上的图像关于直线 $x = \dfrac{a+b}{2}$ 对称，则函数 $y = f(x)$ 在区间 $[a, b]$ 上的图像可能是(   ).

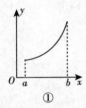
①

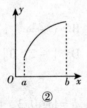
②

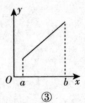
③

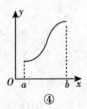
④

图 27-1

A. ①④　　　　　　　　B. ②④

C. ②③　　　　　　　　D. ③④

答案：D.

7. 已知定义在 **R** 上的函数 $f(x)$ 满足：$f(x) = \begin{cases} x^2 + 2, & x \in [0, 1), \\ 2 - x^2, & x \in [-1, 0), \end{cases}$ 且 $f(x+2) = f(x)$，$g(x) = \dfrac{2x+5}{x+2}$，则方程 $f(x) = g(x)$ 在区间 $[-5, 1]$ 上的所

有实根之和为(　　).

　　A. -5　　　　　　B. -6　　　　　　C. -7　　　　　　D. -8

　　解析：由题意知 $g(x) = \dfrac{2x+5}{x+2} = \dfrac{2(x+2)+1}{x+2}$

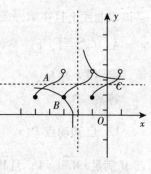

$= 2 + \dfrac{1}{x+2}$，函数 $f(x)$ 的周期为 2，则函数 $f(x)$，

$g(x)$ 在区间 $[-5, 1]$ 上的图像如图 $27-2$ 所示．由

图形可知函数 $f(x)$，$g(x)$ 在区间 $[-5, 1]$ 上的交

点为 A，B，C，易知点 B 的横坐标为 -3，若设 C 的

横坐标为 t（$0 < t < 1$），则点 A 的横坐标为 $-4-t$，

图 $27-2$

所以方程 $f(x) = g(x)$ 在区间 $[-5, 1]$ 上的所有实根

之和为 $-3 + (-4-t) + t = -7$，故选 C.

二、以解析几何综合应用为主的试题设计

　　8. （2013 新课标卷）设抛物线 $y^2 = 2px(p > 0)$ 的焦点为 F，点 M 在 C 上，

$|MF| = 5$，若以 MF 为直径的圆过点 $(0, 2)$，则 C 的方程为(　　).

　　A. $y^2 = 4x$ 或 $y^2 = 8x$　　　　　　B. $y^2 = 2x$ 或 $y^2 = 8x$

　　C. $y^2 = 4x$ 或 $y^2 = 16x$　　　　　　D. $y^2 = 2x$ 或 $y^2 = 16x$

　　答案：C.

　　9. （2018 年全国卷 3）设 F_1，F_2 是双曲线 C：$\dfrac{x^2}{a^2} - \dfrac{y^2}{b^2} = 1$（$a > 0$，$b > 0$）

的左、右焦点，O 是坐标原点．过 F_2 作 C 的一条渐近线的垂线，垂足为 P. 若

$|PF_1| = \sqrt{6}|OP|$，则 C 的离心率为(　　).

　　A. $\sqrt{5}$　　　　　　B. 2　　　　　　C. $\sqrt{3}$　　　　　　D. $\sqrt{2}$

　　答案：C.

　　10. （2018 年全国卷 2）已知 F_1，F_2 是椭圆 C：$\dfrac{x^2}{a^2} + \dfrac{y^2}{b^2} = 1$（$a > b > 0$）的

左、右焦点，A 是 C 的左顶点，点 P 在过点 A 且斜率为 $\dfrac{\sqrt{3}}{6}$ 的直线上，$\triangle PF_1F_2$ 为

等腰三角形，$\angle F_1F_2P = 120°$，则 C 的离心率为(　　).

　　A. $\dfrac{2}{3}$　　　　　　B. $\dfrac{1}{2}$　　　　　　C. $\dfrac{1}{3}$　　　　　　D. $\dfrac{1}{4}$

答案：D.

11. 已知点 $O(0,0)$，$A(-1,1)$，若 F 为双曲线 $x^2 - y^2 = 1$ 的右焦点，P 是该双曲线上且在第一象限内的动点，则 $\overrightarrow{OA} \cdot \overrightarrow{FP}$ 的取值范围为（   ）.

A. $(\sqrt{2}-1, 1)$ B. $(\sqrt{2}-1, \sqrt{2})$

C. $(1, \sqrt{2})$ D. $(\sqrt{2}, +\infty)$

答案：B.

12. 已知动点 $P(x,y)$ 在椭圆 $C: \dfrac{x^2}{25} + \dfrac{y^2}{16} = 1$ 上，F 为椭圆 C 的右焦点，若点 M 满足 $|\overrightarrow{MF}| = 1$，且 $\overrightarrow{MP} \cdot \overrightarrow{MF} = 0$，则 $|\overrightarrow{PM}|$ 的最小值为 （   ）.

A. $\sqrt{3}$ B. 3 C. $\dfrac{12}{5}$ D. 1

答案：A.

三、以计数原理综合应用为主的试题设计

13. 将 9 个相同的小球放入 3 个不同的盒子，要求每个盒子中至少有一个小球，且每个盒子里的小球个数都不相同，则不同的放法有（   ）种.

A. 15 B. 18 C. 19 D. 21

答案：B.

14. 如果某年年份的各位数字之和为 7，我们称该年为"七巧年". 例如，2014 年的各位数字之和为 7，所以 2014 年恰为"七巧年". 那么从 2000 年到 2999 年中"七巧年"共有（   ）.

A. 24 个 B. 21 个 C. 19 个 D. 18 个

答案：B.

四、以平面向量应用为主的试题设计

15. 如图 27-3 所示，若 A_i （$i = 1, 2, 3, \cdots, n$）是 $\triangle AOB$ 所在平面内的点，且 $\overrightarrow{OA_i} \cdot \overrightarrow{OB} = \overrightarrow{OA} \cdot \overrightarrow{OB}$. 给出下列说法：

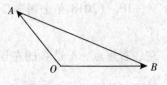

图 27-3

（1） $|\overrightarrow{OA_1}| = |\overrightarrow{OA_2}| = \cdots = |\overrightarrow{OA_n}| = |\overrightarrow{OA}|$.

（2） $|\overrightarrow{OA_i}|$ 的最小值一定是 $|\overrightarrow{OB}|$.

(3) 点 A，A_i 在一条直线上．

(4) 向量 $\overrightarrow{OA}$ 及 $\overrightarrow{OA_i}$ 在向量 $\overrightarrow{OB}$ 的方向上的投影必相等．

其中正确的个数是(　　)．

A. 1 个　　　　　B. 2 个　　　　　C. 3 个　　　　　D. 4 个

答案：B.

五、以三角综合应用为主的试题设计

16. （2018 年全国卷 1）已知正方体的棱长为 1，每条棱所在直线与平面 α 所成的角都相等，则 α 截此正方体所得截面面积的最大值为(　　)．

A. $\dfrac{3\sqrt{3}}{4}$　　　　B. $\dfrac{2\sqrt{3}}{3}$　　　　C. $\dfrac{3\sqrt{2}}{4}$　　　　D. $\dfrac{\sqrt{3}}{2}$

答案：A.

六、其他综合试题

17. （2017 年全国卷 1）我国古代数学名著《算法统宗》中有如下问题："远望巍巍塔七层，红光点点倍加增，共灯三百八十一，请问尖头几盏灯?"意思是：一座 7 层塔共挂了 381 盏灯，且相邻两层中的下一层灯数是上一层灯数的 2 倍，则塔的顶层共有灯(　　)．

A. 1 盏　　　　　B. 3 盏　　　　　C. 5 盏　　　　　D. 9 盏

解析：一座 7 层塔共挂了 381 盏灯，即 $S_7 = 381$．相邻两层中的下一层灯数是上一层灯数的 2 倍，即 $q = 2$，塔的顶层为 a_1．由等比数列前 n 项和 $S_n = \dfrac{a_1(1-q^n)}{1-q}$ $(q \neq 1)$ 可知，$S_7 = \dfrac{a_1(1-2^7)}{1-2} = 381$，解得 $a_1 = 3$．选 B．

第二十八讲

创新型填空题的命题设计与解法

高考中的第 16 题是选择填空题的最后一题，难度较大，是拉开考生分数的一道题，是高考试题命题改革的亮点. 题目的设计就是只能让少部分考生完成解答，难度系数保持在 0.3 左右，从而拉开考生分数的差距，获得较好的区分度，有利于高考的竞争性选拔. 该题以创新试题、难题为主，主要表现形式有：考选修课的内容，考大学数学内容，考竞赛数学内容，考读书理解能力，考合情推理能力，考分析问题解决问题的综合能力，考其他意想不到的形式和内容.

一、以考创新能力为主的试题设计

1. 若存在实常数 k 和 b，使得函数 $f(x)$ 和 $g(x)$ 对其定义域上的任意实数 x 分别满足：$f(x) \geqslant kx + b$ 和 $g(x) \leqslant kx + b$，则称直线 $l: y = kx + b$ 为 $f(x)$ 和 $g(x)$ 的"隔离直线". 已知函数 $f(x) = x^2 - 1$ 和 $g(x) = 2\ln x$，那么函数 $f(x)$ 和 $g(x)$ 的隔离直线方程为_____.

答案：$y = 2x - 2$.

2. 若关于 x 的不等式 $0 \leqslant x^2 + \dfrac{7}{9}x - \dfrac{2^n}{(2^n+1)^2} < \dfrac{2}{9}$ 对任意 $n \in \mathbf{N}^*$ 恒成立，则所有这样的解 x 构成的集合是_____.

解析：答案：$\left\{ -1, \dfrac{2}{9} \right\}$. 不等式等价于 $\begin{cases} x^2 + \dfrac{7}{9}x - \dfrac{2^n}{(2^n+1)^2} \geqslant 0, \\ x^2 + \dfrac{7}{9}x - \dfrac{2^n}{(2^n+1)^2} < \dfrac{2}{9}, \end{cases}$

即 $\begin{cases} x^2 + \dfrac{7}{9}x \geqslant \dfrac{2^n}{(2^n+1)^2}, \\ x^2 + \dfrac{7}{9}x < \dfrac{2^n}{(2^n+1)^2} + \dfrac{2}{9}. \end{cases}$

又 $\dfrac{2^n}{(2^n+1)^2} = \dfrac{2^n}{2^{2n}+2\cdot 2^n+1} = \dfrac{1}{2^n+\dfrac{1}{2^n}+2}$ （均值不等式不成立），

令 $t = 2^n \geqslant 2$ （$n \in \mathbf{N}^*$），故 $t + \dfrac{1}{t} + 2 \geqslant 2 + \dfrac{1}{2} + 2 = \dfrac{9}{2}$，

所以 $\dfrac{2^n}{(2^n+1)^2} = \dfrac{2^n}{2^{2n}+2\cdot 2^n+1} = \dfrac{1}{2^n+\dfrac{1}{2^n}+2} \in \left(0, \dfrac{2}{9}\right]$，

即 $\begin{cases} x^2 + \dfrac{7}{9}x \geqslant \dfrac{2}{9}, \\ x^2 + \dfrac{7}{9}x \leqslant \dfrac{2}{9}, \end{cases}$ （因为 $\dfrac{2^n}{(2^n+1)^2}$ 最小值大于 0，在 $x^2 + \dfrac{7}{9}x < \dfrac{2^n}{(2^n+1)^2} + \dfrac{2}{9}$ 中，

可以取等号），故 $x^2 + \dfrac{7}{9}x = \dfrac{2}{9}$，解得 $x = -1$ 或 $x = \dfrac{2}{9}$，所以答案为 $\left\{-1, \dfrac{2}{9}\right\}$.

二、以选修课程内容为主的试题设计

3. 设 $f(x)$ 是定义在 $\mathbf{R}$ 上的奇函数，且 $f(2) = 0$. 当 $x > 0$ 时，有 $f(x) > x f'(x)$ 恒成立，则不等式 $x^2 f(x) < 0$ 的解集为 _____.

答案：$(-2, 0) \cup (2, +\infty)$.

三、以大学数学内容为主的试题设计

4. 双曲线 $\dfrac{x^2}{a^2} - \dfrac{y^2}{b^2} = 1$ 的左、右焦点分别为 F_1，F_2，P 是双曲线左支上一点，满足 $|\overrightarrow{PF_1}| = |\overrightarrow{F_1F_2}|$，直线 PF_2 与圆 $x^2 + y^2 = a^2$ 相切，则双曲线的离心率 $e = $ _____.

答案：$\dfrac{5}{3}$.

5. 设函数 $y = f(x)$ 的定义域为 $\mathbf{R}$，若对于给定的正数 k，定义函数 $f_k(x) = \begin{cases} k, & f(x) \leqslant k, \\ f(x), & f(x) > k, \end{cases}$ 则当函数 $f(x) = \dfrac{1}{x}$，$k = 1$ 时，定积分 $\displaystyle\int_{\frac{1}{4}}^{2} f_k(x)\,\mathrm{d}x$ 的值为

_____.

答案: $1 + 2\ln 2$.

四、以竞赛数学内容为主的试题设计

6. 已知一正整数的数阵如图 28 − 1 所示（从上至下第 1 行
是 1，第 2 行是 3，2，…），则数字 2014 是从上至下第_____
行中的从左至右第_____个数.

$$\begin{array}{cccc} & & 1 & \\ & 3 & 2 & \\ 4 & 5 & 6 & \\ 10 & 9 & 8 & 7 \end{array}$$

答案: 63, 61.

图 28 − 1

7. $f(x) = \begin{cases} x^2, & x \leq 0, \\ -2\sin x, & 0 < x \leq \pi, \end{cases}$ 若 $f\left[f(x_0)\right] = 3$，则

$x_0 = $_____.

答案: $\dfrac{\pi}{3}$ 或 $\dfrac{2\pi}{3}$.

8. 已知数列 $\{a_n\}$ 共有 9 项，其中，$a_1 = a_9 = 1$，且对每个 $i \in \{1, 2, \cdots, 8\}$，

均有 $\dfrac{a_i + 1}{a_i} \in \left\{2, 1, -\dfrac{1}{2}\right\}$.

（1）记 $S = \dfrac{a_2}{a_1} + \dfrac{a_3}{a_2} + \cdots + \dfrac{a_9}{a_8}$，则 S 的最小值为_____.

（2）数列 $\{a_n\}$ 的个数为_____.

解析: 令 $b_i = \dfrac{a_i + 1}{a_i}$（$1 \leq i \leq 8$），则对每个符合条件的数列 $\{a_n\}$，满足条件:

$\prod\limits_{i=1}^{8} b_i = \prod\limits_{i=1}^{8} \dfrac{a_{i+1}}{a_i} = \dfrac{a_9}{a_1} = 1$，且 $b_i \in \left\{2, 1, -\dfrac{1}{2}\right\}$（$1 \leq i \leq 8$）.

反之，由符合上述条件的八项数列 $\{b_n\}$ 可唯一确定一个符合题设条件的九
项数列 $\{a_n\}$.

记符合条件的数列 $\{b_n\}$ 的个数为 N，显然 b_i（$1 \leq i \leq 8$）中有 $2k$ 个 $-\dfrac{1}{2}$，$2k$ 个

2，$(8 - 4k)$ 个 1，且 k 的所有可能取值为 0，1，2.

（1）对于三种情况，易知当 $k = 2$ 时，S 取到最小值 6.

（2）$N = 1 + C_8^2 C_6^2 + C_8^4 C_4^4 = 491$.

五、以趣味数学内容为主的试题设计

9. 设不等式组 $\begin{cases} x^2 + y^2 - 1 \leq 0, \\ y \geq 0, \end{cases}$ 表示的平面区域为 M，不等式组

$\begin{cases} -t \leq x \leq t, \\ 0 \leq y \leq \sqrt{1-t^2}, \end{cases}$ 表示的平面区域为 N. 在 M 内随机取一个点，这个点在 N 内的

概率的最大值是_____.

答案：$\dfrac{2}{\pi}$.

六、以较多考点覆盖为主的试题设计

10. 设 m 为不小于 2 的正整数，对任意 $n \in \mathbf{Z}$，若 $n = qm + r$（其中 q，$r \in \mathbf{Z}$，且 $0 \leq r < m$），则记 $f_m(n) = r$，如 $f_2(3) = 1$，$f_3(8) = 2$.

下列关于该映射 $f_m: \mathbf{Z} \to \mathbf{Z}$ 的命题中，正确的是_____.

① 若 a，$b \in \mathbf{Z}$，则 $f_m(a+b) = f_m(a) + f_m(b)$.

② 若 a，b，$k \in \mathbf{Z}$，且 $f_m(a) = f_m(b)$，则 $f_m(ka) = f_m(kb)$.

③ 若 a，b，c，$d \in \mathbf{Z}$，且 $f_m(a) = f_m(b)$，$f_m(c) = f_m(d)$，则 $f_m(a+c) = f_m(b+d)$.

④ 若 a，b，c，$d \in \mathbf{Z}$，且 $f_m(a) = f_m(b)$，$f_m(c) = f_m(d)$，则 $f_m(ac) = f_m(bd)$.

答案：②③④.

11. 已知下列命题：

① 设 m 为直线，α，β 为平面，且 $m \perp \beta$，则 "$m /\!/ \alpha$" 是 "$\alpha \perp \beta$" 的充要条件.

② $\left(x^3 + \dfrac{1}{x} \right)^5$ 的展开式中含 x^3 的项的系数为 60.

③ 设随机变量 $\xi \sim N(0, 1)$，若 $P(\xi \geq 2) = p$，则 $P(-2 < \xi < 0) = \dfrac{1}{2} - p$.

④ 若不等式 $|x+3| + |x-2| \geq 2m+1$ 恒成立，则 m 的取值范围是 $(-\infty, 2)$.

⑤ 已知奇函数 $f(x)$ 满足 $f(x+\pi) = -f(x)$，且 $0 < x < \dfrac{\pi}{2}$ 时，$f(x) = x$，则

函数 $g(x) = f(x) - \sin x$ 在 $[-2\pi, 2\pi]$ 上有 5 个零点.

其中真命题的序号是_____ （写出全部真命题的序号）.

答案：③.

七、以利于选拔增加区分度的难题设计

12. 设实数 a，b，c 满足 $a^2 + b^2 \leq c \leq 1$，则 $a + b + c$ 的最小值为_____.

答案：$-\dfrac{1}{2}$.

13. 设函数 $f(x) = x|x - a|$ 的图像与函数 $g(x) = |x - 1|$ 的图像有三个不同的交点，则 a 的取值范围是_____.

答案：$(1, +\infty)$.

14. 已知圆锥的顶点为 S，母线 SA，SB 所成角的余弦值为 $\dfrac{7}{8}$，SA 与圆锥底面所成角为 $45°$，若 $\triangle SAB$ 的面积为 $5\sqrt{15}$，则该圆锥的侧面积为_____.

答案：$40\sqrt{2}\pi$.

15. （2018 年全国卷 3）已知点 $M(-1, 1)$ 和抛物线 $C: y^2 = 4x$，过 C 的焦点且斜率为 k 的直线与 C 交于 A，B 两点. 若 $\angle AMB = 90°$，则 $k =$_____.

答案：2.

八、以充分体现高考导向为主的试题设计

16. 设函数 $f(x) = ax + \sin x + \cos x$. 若函数 $f(x)$ 的图像上存在不同的两点 A，B，使得曲线 $y = f(x)$ 在点 A，B 处的切线互相垂直，则实数 a 的取值范围为_____.

答案：$[-1, 1]$.

17. 已知 O 为 $\triangle ABC$ 的外心，$AB = 2a$，$AC = \dfrac{2}{a}$（$a > 0$），$\angle BAC = 120°$，若 $\overrightarrow{AO} = x\overrightarrow{AB} + y\overrightarrow{AC}$（$x$，$y$ 为实数），则 $x + y$ 的最小值为_____.

答案：2.

九、以数列综合应用为主的试题设计

18. （2017 年全国卷）等差数列 $\{a_n\}$ 的前 n 项和为 S_n，$a_3 = 3$，$S_4 = 10$，则

$$\sum_{k=1}^{n}\frac{1}{S_k}=\underline{\qquad}.$$

解析：$\because S_4=10$，$a_2+a_3=a_1+a_4$，

$\therefore a_2+a_3=5.$

$\because a_3=3$，

$\therefore a_2=2$，

$\therefore a_n=n.$

$\because S_n=\dfrac{n(a_1+a_n)}{2}$，

$\therefore \dfrac{1}{S_n}=\dfrac{2}{n(n+1)}=2\left(\dfrac{1}{n}-\dfrac{1}{n+1}\right)$，

$\therefore \sum_{i=1}^{n}\dfrac{1}{S_n}=2\left(1-\dfrac{1}{n+1}\right)=\dfrac{2n}{n+1}$，

$\therefore \sum_{k=1}^{n}\dfrac{1}{S_k}=\dfrac{2n}{n+1}$，$n\in\mathbf{N}^*.$

19.（2016 年全国卷）设 S_n 是数列 $\{a_n\}$ 的前 n 项和，且 $a_1=-1$，$a_{n+1}=S_nS_{n+1}$，则 $S_n=\underline{\qquad}$.

解析：由已知得，$a_{n+1}=S_{n+1}-S_n=S_{n+1}S_n$，两边同时除以 $S_{n+1}S_n$ 得，$\dfrac{1}{S_{n+1}}-\dfrac{1}{S_n}=-1$，故数列 $\left\{\dfrac{1}{S_n}\right\}$ 是以 -1 为首项，-1 为公差的等差数列，则 $\dfrac{1}{S_n}=-1-(n-1)=-n$，所以 $S_n=-\dfrac{1}{n}.$

十、以三角综合应用为主的试题设计

20.（2018 年全国卷 2）已知函数 $f(x)=2\sin x+\sin 2x$，则 $f(x)$ 的最小值是 $\underline{\qquad}$.

答案：$-\dfrac{3\sqrt{3}}{2}.$

21. $\triangle ABC$ 的内角 A，B，C 的对边分别为 a，b，c，若 $2b\cos B=a\cos C+c\cos A$，则 $B=\underline{\qquad}$.

解析：由正弦定理可得，

$2\sin B\cos B=\sin A\cos C+\sin C\cos A=\sin(A+C)=\sin B\Rightarrow\cos B=\dfrac{1}{2}\Rightarrow B=\dfrac{\pi}{3}.$

22. （2013 年全国卷）函数 $y = \cos(2x + \varphi)$（$-\pi \leqslant \varphi \leqslant \pi$）的图像向右平移 $\dfrac{\pi}{2}$ 个单位后，与函数 $y = \sin\left(2x + \dfrac{\pi}{3}\right)$ 的图像重合，则 $\varphi = $ _____.

解析：函数 $y = \cos(2x + \varphi)$，向右平移 $\dfrac{\pi}{2}$ 个单位，得到 $y = \sin\left(2x + \dfrac{\pi}{3}\right)$，

即 $y = \sin\left(2x + \dfrac{\pi}{3}\right)$ 向左平移 $\dfrac{\pi}{2}$ 个单位得到函数 $y = \cos(2x + \varphi)$，所以 $y =$

$\sin\left(2x + \dfrac{\pi}{3}\right)$ 向左平移 $\dfrac{\pi}{2}$ 个单位，得 $y = \sin\left[2\left(x + \dfrac{\pi}{2}\right) + \dfrac{\pi}{3}\right] = \sin\left(2x + \pi + \dfrac{\pi}{3}\right) =$

$-\sin\left(2x + \dfrac{\pi}{3}\right) = \cos\left(\dfrac{\pi}{2} + 2x + \dfrac{\pi}{3}\right) = \cos\left(2x + \dfrac{5\pi}{6}\right)$，即 $\varphi = \dfrac{5\pi}{6}$.

三角综合应用

【题型背景】

（2017 年全国卷 3）$\triangle ABC$ 的内角 A，B，C 的对边分别为 a，b，c，已知 $\sin A + \sqrt{3}\cos A = 0$，$a = 2\sqrt{7}$，$b = 2$.

（1）求边 c.

（2）设 D 为 BC 边上一点，且 $AB \perp AC$，求 $\triangle ABD$ 的面积.

解析：（1）由已知得，$\tan A = -\sqrt{3}$，所以 $A = \dfrac{2\pi}{3}$.

在 $\triangle ABC$ 中，由余弦定理得 $c^2 + 4 - 2 \times 2 \times c \times \left(-\dfrac{1}{2}\right) = 28$，

即 $c^2 + 2c - 24 = 0$，解之得，$c = 4$，或 $c = -6$（舍去）.

（2）依题意有，$\angle CAD = \dfrac{\pi}{2}$，所以 $\angle BAD = \angle BAC - \angle CAD = \dfrac{\pi}{6}$，

故 $\triangle ABD$ 的面积与 $\triangle ACD$ 的面积之比为 $\dfrac{\frac{1}{2}AB \cdot AD\sin\frac{\pi}{6}}{\frac{1}{2}AC \cdot AD} = \dfrac{4 \times \frac{1}{2}}{2} = 1$，

所以 D 为 BC 的中点，所以 $S_{\triangle ABD} = \dfrac{1}{2}S_{\triangle ABC} = \dfrac{1}{2} \times \dfrac{1}{2} \times 2 \times 4 \times \dfrac{\sqrt{3}}{2} = \sqrt{3}$.

【知识分析】

高考三角综合应用题主要考查三角函数的变换、诱导公式、和角公式；三角函数的单调性、奇偶性、周期性和函数的最值；同角三角函数之间的关系；辅助角公式；解三角形中的正弦定理、余弦定理与面积公式，还可以与平面向量联系设计问题进行考查. 在解决三角形问题中，面积公式最常用，因为公式

185

中既有边又有角, 容易和正弦定理、余弦定理联系起来. 在应用正、余弦定理时, 要注意灵活性. 已知两角和一边, 该三角形是确定的, 其解是唯一的; 已知两边和一边的对角, 该三角形不具有唯一性, 通常根据三角函数值的有界性和大边对大角定理进行判断.

已知 $\triangle ABC$ 的内角 A, B, C 的对边分别为 a, b, c.

正弦定理:

$\dfrac{a}{\sin A} = \dfrac{b}{\sin B} = \dfrac{c}{\sin C} = 2R$（其中 R 为 $\triangle ABC$ 外接圆的半径）.

余弦定理:

$a^2 = b^2 + c^2 - 2bc\cos A$, $b^2 = a^2 + c^2 - 2ac\cos B$, $c^2 = a^2 + b^2 - 2ab\cos C$, 可以有其他等价形式.

面积公式:

$S_{\triangle ABC} = \dfrac{1}{2}ab\sin C = \dfrac{1}{2}ac\sin B = \dfrac{1}{2}bc\sin A$,

当然, 其他面积公式在实际应用中要根据题目条件灵活运用.

辅助角公式:

$a\sin x + b\cos x = \sqrt{a^2 + b^2}\sin(x + \varphi)$（其中, 辅助角 φ 满足 $\tan\varphi = \dfrac{b}{a}$, 其象限与点 (a, b) 一致）.

本部分内容主要考查与培育学生的数学运算、逻辑推理与直观想象等核心素养.

【例题解析】

例 1. (2015 年全国卷 2) 如图 29-1 所示, $\triangle ABC$ 中, D 是 BC 上的点, AD 平分 $\angle BAC$, $\triangle ABD$ 面积是 $\triangle ADC$ 面积的 2 倍,

(1) 求 $\dfrac{\sin\angle B}{\sin\angle C}$.

(2) 若 $AD = 1$, $DC = \dfrac{\sqrt{2}}{2}$, 求 BD 和 AC 的长.

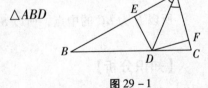

图 29-1

解析:

(1) **解法 1:** $S_{\triangle ABD} = \dfrac{1}{2}AB \cdot AD\sin\angle BAD$, $S_{\triangle ADC} = \dfrac{1}{2}AC \cdot AD\sin\angle CAD$,

因为 $S_{\triangle ADB}=2S_{\triangle ADC}$，$\angle BAD=\angle CAD \Rightarrow AB=2AC$.

在 $\triangle ABC$ 中，由正弦定理，$\dfrac{AC}{\sin\angle B}=\dfrac{AB}{\sin\angle C}$，得 $\dfrac{\sin\angle B}{\sin\angle C}=\dfrac{AC}{AB}=\dfrac{1}{2}$.

解法2：作 $DE \perp AB$，$DF \perp AC$，

由 $\angle BAD=\angle DAC$，得 $\triangle AED \cong \triangle AFD$，则 $DE=DF$.

$S_{\triangle ABD}=\dfrac{1}{2}AB \cdot DE$，

$S_{\triangle ADC}=\dfrac{1}{2}AC \cdot DF$，

因 $S_{\triangle ADB}=2S_{\triangle ADC}$，则 $AB=2AC$.

在 $\triangle ABC$ 中，由正弦定理，$\dfrac{\sin\angle B}{AC}=\dfrac{\sin\angle C}{AB}$，

故 $\dfrac{\sin\angle B}{\sin\angle C}=\dfrac{AC}{AB}=\dfrac{1}{2}$.

解法3：如图 $29-2$ 所示，分别过点 B，C 作 AD
所在直线的垂线，交于 N，M 两点，

因为 $S_{\triangle ADB}=2S_{\triangle ADC}$，

$\therefore CM=\dfrac{1}{2}BN$.

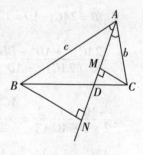

又 AD 是 $\angle BAC$ 的平分线，

$\therefore \angle CAD=\angle BAD$，

$\therefore \triangle ACM \backsim \triangle ABN$.

图 $29-2$

在 $\triangle ABC$ 中，又由正弦定理，$\dfrac{\sin\angle B}{b}=\dfrac{\sin\angle C}{c}$，

$\therefore \dfrac{\sin\angle B}{\sin\angle C}=\dfrac{b}{c}=\dfrac{CM}{BN}=\dfrac{1}{2}$.

（2）**解法**1：$\because S_{\triangle ABD}:S_{\triangle ADC}=BD:DC$，$DC=\dfrac{\sqrt{2}}{2}$，$\therefore BD=\sqrt{2}$.

如图 $29-3$ 所示，在 $\triangle ABD$ 和 $\triangle ADC$ 中，由余
弦定理知，

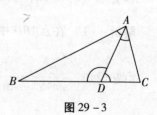

$AB^2=AD^2+BD^2-2AD \cdot BD\cos\angle ADB$，

$AC^2=AD^2+DC^2-2AD \cdot DC\cos\angle ADC$

$\quad=AD^2+DC^2-2AD \cdot DC\cos(\pi-\angle ADB)$

图 $29-3$

$$= AD^2 + DC^2 + 2AD \cdot DC\cos\angle ADB,$$

故 $AB^2 + 2AC^2 = 3AD^2 + BD^2 + 2DC^2 = 6$,

由（1）知 $AB = 2AC$,

$\therefore AC = 1$.

解法2： $\because S_{\triangle ABD} : S_{\triangle ADC} = BD : DC$, $DC = \dfrac{\sqrt{2}}{2}$,

$\therefore BD = \sqrt{2}$,

$\therefore \cos\angle DAB = \dfrac{AB^2 + AD^2 - BD^2}{2AB \cdot AD}$, $\cos\angle DAC = \dfrac{AC^2 + AD^2 - CD^2}{2AC \cdot AD}$.

$\because AD$ 是 $\angle BAC$ 的平分线,

$\therefore \angle DAB = \angle DAC$,

$\therefore \cos\angle DAB = \cos\angle DAC$.

又 $AB = 2AC$, $AD = 1$, $DC = \dfrac{\sqrt{2}}{2}$, $BD = \sqrt{2}$,

$\therefore \dfrac{(2AC)^2 + AD^2 - BD^2}{2\,(2AC)\,\cdot AD} = \dfrac{AC^2 + AD^2 - CD^2}{2AC \cdot AD}$

$\therefore \dfrac{4AC^2 + 1 - 2}{2 \times 2 \cdot AC \cdot 1} = \dfrac{AC^2 + 1 - \dfrac{1}{2}}{2AC \cdot 1}$,

$\therefore 4AC^2 - 1 = 2AC^2 + 1$,

$\therefore 2AC^2 = 2$,

$\therefore AC = 1$.

例2. （2018 年全国卷1）在平面四边形 $ABCD$ 中，$\angle ADC = 90°$，$\angle A = 45°$，$AB = 2$，$BD = 5$.

（1）求 $\cos\angle ADB$.

（2）若 $DC = 2\sqrt{2}$，求 BC.

解析：（1）在 $\triangle ABD$ 中，由正弦定理得，$\dfrac{BD}{\sin\angle A} = \dfrac{AB}{\sin\angle ADB}$.

由题设知，$\dfrac{5}{\sin 45°} = \dfrac{2}{\sin\angle ADB}$，所以 $\sin\angle ADB = \dfrac{\sqrt{2}}{5}$.

由题设知，$\angle ADB < 90°$，所以 $\cos\angle ADB = \sqrt{1 - \dfrac{2}{25}} = \dfrac{\sqrt{23}}{5}$.

（2）由题设及（1）知，$\cos\angle BDC = \sin\angle ADB = \dfrac{\sqrt{2}}{5}$.

在 $\triangle BCD$ 中，由余弦定理得，

$BC^2 = BD^2 + DC^2 - 2 \cdot BD \cdot DC \cdot \cos\angle BDC$

$\qquad = 25 + 8 - 2 \times 5 \times 2\sqrt{2} \times \dfrac{\sqrt{2}}{5}$

$\qquad = 25$,

所以 $BC = 5$.

例 3. （2013 年全国卷 2）$\triangle ABC$ 的内角 A，B，C 的对边分别为 a，b，c，
已知 $a = b\cos C + c\sin B$.

（1）求 B.

（2）若 $b = 2$，求 $\triangle ABC$ 面积的最大值.

解析：（1）**解法 1：** 由已知及正弦定理，$\dfrac{a}{\sin A} = \dfrac{b}{\sin B} = \dfrac{c}{\sin C}$,

得 $\sin A = \sin B\cos C + \sin C\sin B$.　①

又 $\because A = \pi - (B + C)$,

$\therefore \sin A = \sin(\pi - (B + C)) = \sin(B + C)$,

由两角和公式可得，$\sin(B + C) = \sin B\cos C + \cos B\sin C$.　②

由①，②两式可得，$\sin B = \cos B$，$\tan B = 1$,

$\therefore B = \dfrac{\pi}{4}$.

解法 2： 由题意得，$a = b\cos C + c\sin B$,　　　　　　　　　　①
又由三角函数知识可知，$a = b\cos C + c\cos B$,　　　　　　　　②

$\therefore$ 由①②两式可得，$\sin B = \cos B$，$\therefore B = \dfrac{\pi}{4}$.

（2）$\triangle ABC$ 的面积 $S = \dfrac{1}{2}ac\sin B = \dfrac{\sqrt{2}}{4}ac$，由已知及余弦定理得，

$$4 = a^2 + c^2 - 2ac\cos\dfrac{\pi}{4}.$$

又 $\because a^2 + c^2 \geqslant 2ac$，$4 \geqslant 2ac - \sqrt{2}ac$,

$\therefore ac \leqslant \dfrac{4}{2 - \sqrt{2}}$，$S \leqslant \dfrac{\sqrt{2}}{4} \cdot \dfrac{4}{2 - \sqrt{2}} = \dfrac{\sqrt{2}}{4 - 2}(2 + \sqrt{2}) = \sqrt{2} + 1$,

∴ △ABC 面积的最大值为 $\sqrt{2}+1$.

例4. (2018 年北京卷) 如图 29 – 4 所示，在

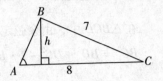

图 29 – 4

△ABC 中，$a=7$，$b=8$，$\cos B=-\dfrac{1}{7}$.

(1) 求角 A.

(2) 求 AC 边上的高.

解析: (1) 在△ABC 中，依题意有，

$\sin B = \sqrt{1-\cos^2 B} = \dfrac{4\sqrt{3}}{7}$，

由正弦定理得，$\dfrac{7}{\sin A} = \dfrac{8}{\dfrac{4\sqrt{3}}{7}}$，

所以，$\sin A = \dfrac{\sqrt{3}}{2}$，故 $A = \dfrac{\pi}{3}$.

(2) 在△ABC 中，

$\sin C = \sin(A+B) = \sin A\cos B + \cos A\sin B = \dfrac{\sqrt{3}}{2} \times \left(-\dfrac{1}{7}\right) + \dfrac{1}{2} \times \dfrac{4\sqrt{3}}{7} = \dfrac{3\sqrt{3}}{14}$.

如图 29 – 4 所示，在△ABC 中，因为 $\sin C = \dfrac{h}{BC}$，

所以 $h = BC\sin C = 7 \times \dfrac{3\sqrt{3}}{14} = \dfrac{3\sqrt{3}}{2}$，

即 AC 边上的高为 $\dfrac{3\sqrt{3}}{2}$.

例5. (2018 年天津卷) 在△ABC 中，内角 A，B，C 的对边分别为 a，b，c，已知 $b\sin A = a\cos\left(B-\dfrac{\pi}{6}\right)$.

(1) 求角 B 的大小.

(2) 设 $a=2$，$c=3$，求 b 和 $\sin(2A-B)$ 的值.

解析: (1) 在△ABC 中，由正弦定理 $\dfrac{a}{\sin A} = \dfrac{b}{\sin B}$ 可得，$b\sin A = a\sin B$，

又由 $b\sin A = a\cos\left(B-\dfrac{\pi}{6}\right)$ 得，$a\sin B = a\cos\left(B-\dfrac{\pi}{6}\right)$，

即 $\sin B = \cos\left(B-\dfrac{\pi}{6}\right)$，可得 $\tan B = \sqrt{3}$.

又因为 $B \in (0, \pi)$，可得 $B = \dfrac{\pi}{3}$.

（2）解：在 $\triangle ABC$ 中，由余弦定理及 $a = 2$，$c = 3$，$B = \dfrac{\pi}{3}$，有

$b^2 = a^2 + c^2 - 2ac\cos B = 7$，故 $b = \sqrt{7}$.

由 $b\sin A = a\cos\left(B - \dfrac{\pi}{6}\right)$，可得 $\sin A = \dfrac{\sqrt{3}}{\sqrt{7}}$.

因为 $a < c$，故 $\cos A = \dfrac{2}{\sqrt{7}}$.

因此 $\sin 2A = 2\sin A\cos A = \dfrac{4\sqrt{3}}{7}$，$\cos 2A = 2\cos^2 A - 1 = \dfrac{1}{7}$.

所以，$\sin(2A - B) = \sin 2A\cos B - \cos 2A\sin B = \dfrac{4\sqrt{3}}{7} \times \dfrac{1}{2} - \dfrac{1}{7} \times \dfrac{\sqrt{3}}{2} = \dfrac{3\sqrt{3}}{14}$.

例6.（2018 年江苏卷）已知 α，β 为锐角，$\tan\alpha = \dfrac{4}{3}$，$\cos(\alpha + \beta) = -\dfrac{\sqrt{5}}{5}$.

（1）求 $\cos 2\alpha$ 的值.

（2）求 $\tan(\alpha - \beta)$ 的值.

解析：（1）因为 $\tan\alpha = \dfrac{4}{3}$，$\tan\alpha = \dfrac{\sin\alpha}{\cos\alpha}$，所以 $\sin\alpha = \dfrac{4}{3}\cos\alpha$.

因为 $\sin^2\alpha + \cos^2\alpha = 1$，所以 $\cos^2\alpha = \dfrac{9}{25}$，

因此，$\cos 2\alpha = 2\cos^2\alpha - 1 = -\dfrac{7}{25}$.

（2）因为 α，β 为锐角，所以 $\alpha + \beta \in (0, \pi)$.

又因为 $\cos(\alpha + \beta) = -\dfrac{\sqrt{5}}{5}$，所以 $\sin(\alpha + \beta) = \sqrt{1 - \cos^2(\alpha + \beta)} = \dfrac{2\sqrt{5}}{5}$，

因此 $\tan(\alpha + \beta) = -2$.

因为 $\tan\alpha = \dfrac{4}{3}$，所以 $\tan 2\alpha = \dfrac{2\tan\alpha}{1 - \tan^2\alpha} = -\dfrac{24}{7}$，

因此，$\tan(\alpha - \beta) = \tan[2\alpha - (\alpha + \beta)] = \dfrac{\tan 2\alpha - \tan(\alpha + \beta)}{1 + \tan 2\alpha\tan(\alpha + \beta)} = -\dfrac{2}{11}$.

【练习巩固】

1.（2018 年上海卷）设常数 $a \in \mathbf{R}$，函数 $f(x) = a\sin 2x + 2\cos^2 x$.

（1）若 $f(x)$ 为偶函数，求 a 的值.

（2）若 $f\left(\dfrac{\pi}{4}\right)=\sqrt{3}+1$，求方程 $f(x)=1-\sqrt{2}$ 在区间 $[-\pi,\ \pi]$ 上的解.

2. 四边形 $ABCD$ 的内角 A 与 C 互补，$AB=1$，$BC=3$，$CD=DA=2$.

（1）求角 C 和 BD.

（2）求四边形 $ABCD$ 的面积.

3.（2018 年浙江卷）已知角 α 的顶点与原点 O 重合，始边与 x 轴的非负半轴重合，它的终边过点 $P\left(-\dfrac{3}{5},\ -\dfrac{4}{5}\right)$.

（1）求 $\sin(\alpha+\pi)$ 的值.

（2）若角 β 满足 $\sin(\alpha+\beta)=\dfrac{5}{13}$，求 $\cos\beta$ 的值.

4. $\triangle ABC$ 的内角 A，B，C 的对边分别为 a，b，c，已知 $A-C=90°$，$a+c=\sqrt{2}b$，求角 C.

5. 在 $\triangle ABC$ 中，D 为边 BC 上的一点，$BD=33$，$\sin B=\dfrac{5}{13}$，$\cos\angle ADC=\dfrac{3}{5}$，求 AD.

6. 在 $\triangle ABC$ 中，内角 A，B，C 的对边长分别为 a，b，c，已知 a，b，c 成等比数列，且 $\cos(A-C)+\cos B=\dfrac{3}{2}$，求 B 的大小.

【练习解析】

1. 解析：（1）$f(x)=a\sin 2x+2\cos^2 x-1+1=a\sin 2x+\cos 2x+1$，

$\qquad f(-x)=a\sin(-2x)+\cos(-2x)+1=-a\sin 2x+\cos 2x+1$，

当 $f(x)$ 为偶函数时，$f(x)=f(-x)$，则 $a=-a$，解得 $a=0$.

（2）$f\left(\dfrac{\pi}{4}\right)=a\sin\dfrac{\pi}{2}+2\cos^2\dfrac{\pi}{4}$，由题意，$f\left(\dfrac{\pi}{4}\right)=a+1=\sqrt{3}+1$，$\therefore a=\sqrt{3}$，

$\therefore f(x)=\sqrt{3}\sin 2x+2\cos^2 x=\sqrt{3}\sin 2x+\cos 2x+1=2\sin\left(2x+\dfrac{\pi}{6}\right)+1$.

当 $x\in[-\pi,\ \pi]$ 时，即 $2x+\dfrac{\pi}{6}\in\left[-\dfrac{11\pi}{6},\ \dfrac{13\pi}{6}\right]$.

令 $f(x)=1-\sqrt{2}$，则 $2\sin\left(2x+\dfrac{\pi}{6}\right)+1=1-\sqrt{2}$，

解得，$x_1 = -\dfrac{11}{24}\pi$，$x_2 = -\dfrac{5}{24}\pi$，$x_3 = \dfrac{13}{24}\pi$，$x_4 = \dfrac{19}{24}\pi$.

2. 解析：（1）由已知及在两个三角形内用余弦定理，则有

$$BD^2 = BC^2 + CD^2 - 2BC \cdot CD \cdot \cos C = 13 - 12\cos C,$$

$$BD^2 = AB^2 + DA^2 - 2AB \cdot DA \cdot \cos A = 5 + 4\cos C,$$

由此推出 $\cos C = \dfrac{1}{2}$，所以，$C = 60^\circ \left(或 \dfrac{\pi}{3}\right)$，$BD = \sqrt{7}$.

（2）**解法 1**：四边形 $ABCD$ 的面积

$$S = S_{\triangle ABD} + S_{\triangle BCD} = \dfrac{1}{2}AB \cdot DA \cdot \sin A + \dfrac{1}{2}BC \cdot CD \cdot \sin C$$

$$= \left(\dfrac{1}{2} \times 1 \times 2 + \dfrac{1}{2} \times 3 \times 2\right)\sin 60^\circ = 2\sqrt{3}.$$

解法 2：因为四边形 $ABCD$ 的对角 A，C 互补，所以四边形 $ABCD$ 为圆内接

四边形，又 $p = \dfrac{1}{2}(a + b + c + d) = \dfrac{1}{2}(1 + 3 + 2 + 2) = 4$，

于是，$S = \sqrt{(p - a)(p - b)(p - c)(p - d)}$

$$= \sqrt{(4 - 1)(4 - 3)(4 - 2)(4 - 2)} = 2\sqrt{3}.$$

3. 解析：（1）由角 α 的终边过点 $P\left(-\dfrac{3}{5}, -\dfrac{4}{5}\right)$ 得，$\sin \alpha = -\dfrac{4}{5}$，

所以 $\sin(\alpha + \pi) = -\sin \alpha = \dfrac{4}{5}$.

（2）由角 α 的终边过点 $P\left(-\dfrac{3}{5}, -\dfrac{4}{5}\right)$ 得，$\cos \alpha = -\dfrac{3}{5}$，

由 $\sin(\alpha + \beta) = \dfrac{5}{13}$，得 $\cos(\alpha + \beta) = \pm\dfrac{12}{13}$.

由 $\beta = (\alpha + \beta) - \alpha$ 得，$\cos \beta = \cos(\alpha + \beta)\cos \alpha + \sin(\alpha + \beta)\sin \alpha$，

所以 $\cos \beta = -\dfrac{56}{65}$ 或 $\cos \beta = -\dfrac{16}{65}$.

4. 解析：

解法 1：由正弦定理 $\dfrac{a}{\sin A} = \dfrac{b}{\sin B} = \dfrac{c}{\sin B}$ 及已知条件 $a + c = \sqrt{2}b$，

得 $\sin A + \sin C = \sqrt{2}\sin B$.

又 $A + B + C = 180^\circ$，$A - C = 90^\circ$，

则 $\cos C + \sin C = \sqrt{2}\sin(A + C)$

$$= \sqrt{2}\sin(90° + 2C)$$

$$= \sqrt{2}\cos 2C,$$

于是 $\dfrac{\sqrt{2}}{2}\cos C + \dfrac{\sqrt{2}}{2}\sin C = \cos 2C$, $\cos(45° - C) = \cos 2C$,

因 $0° < C < 90°$, 所以 $45° - C = 2C$, 故 $C = 15°$.

解法 2: 由正弦定理 $\dfrac{a}{\sin A} = \dfrac{b}{\sin B} = \dfrac{c}{\sin C}$ 及已知条件 $a + c = \sqrt{2}b$,

得 $\sin A + \sin C = \sqrt{2}\sin B$, 又 $A + B + C = 180°$, $A - C = 90°$,

则 $2\sin\dfrac{A + C}{2}\cos\dfrac{A - C}{2} = \sqrt{2}\sin B$, $\sin\dfrac{180° - B}{2} = \sin B$,

即 $\sin\left(90° - \dfrac{B}{2}\right) = \sin B$,

故 $90° - \dfrac{B}{2} = B$, $B = 60°$ 或 $90° - \dfrac{B}{2} = 180° - B$(舍去),

又因为 $A - C = 90°$, 所以 $C = 15°$.

解法 3: 由余弦定理 $b^2 = a^2 + c^2 - 2ac\cos B$ 及 $a + c = \sqrt{2}b$, 得 $\cos B = \dfrac{b^2 - 2ac}{2ac}$,

又 $\begin{cases} A - C = 90°, \\ A + B + C = 180°, \end{cases}$ 得 $\begin{cases} A = 90° + C, \\ B = 90° - 2C, \end{cases}$

所以 $\cos B = \dfrac{\sin^2 B - 2\sin A\sin C}{2\sin A\sin C} = \dfrac{\cos^2 2C - \sin 2C}{\sin 2C} = \dfrac{1 - \sin^2 2C - \sin 2C}{\sin 2C}$.

于是 $2\sin^2 2C + \sin 2C - 1 = 0$, 由此解得, $\sin 2C = \dfrac{1}{2}$ 或 $\sin 2C = -1$(舍去).

又 $0 < 2C < 90°$, 所以 $2C = 30°$, $C = 15°$.

5. **解析**:

解法 1: 由 $\cos\angle ADC = \dfrac{3}{5} > 0$ 知, $B < \dfrac{\pi}{2}$, 由已知得, $\cos B = \dfrac{12}{13}$, $\sin\angle ADC = \dfrac{4}{5}$,

从而 $\sin\angle BAD = \sin(\angle ADC - B)$

$$= \sin\angle ADC\cos B - \cos\angle ADC\sin B$$

$$= \dfrac{4}{5} \times \dfrac{12}{13} - \dfrac{3}{5} \times \dfrac{5}{13}$$

$$= \frac{33}{65}.$$

由正弦定理得，$\dfrac{AD}{\sin B} = \dfrac{BD}{\sin \angle BAD}$，

所以 $AD = \dfrac{BD \cdot \sin B}{\sin \angle BAD} = \dfrac{33 \times \dfrac{5}{13}}{\dfrac{33}{65}} = 25.$

解法 2：如图 29-5 所示，由 $\cos \angle ADC = \dfrac{3}{5} > 0$

知，$\angle ADC$ 为锐角.

作 $AH \perp DC$ 于 H，在 $\text{Rt}\triangle ADH$ 中，设 $DH = 3x$，

则 $AH = 4x$，$AD = 5x$.

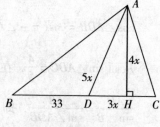
图 29-5

在 $\text{Rt}\triangle ABH$ 中，$\sin B = \dfrac{5}{13}$，从而 $\cos B = \dfrac{12}{13}$，

$\therefore \tan B = \dfrac{5}{12} = \dfrac{4x}{33 + 3x}$，

解得 $x = 5$，

从而 $AD = 5x = 25.$

解法 3：由 $\cos \angle ADC = \dfrac{3}{5} > 0$ 知，

$$\cos \angle ADB = \cos(\pi - \angle ADC) = -\cos \angle ADC = -\frac{3}{5}.$$

在 $\triangle ABD$ 中，$\cos B = \dfrac{12}{13}$，$\sin \angle ADB = \dfrac{4}{5}$，

$\therefore \sin \angle BAD = \sin(B + \angle ADB)$

$\qquad\qquad = \sin B \cos \angle ADB + \cos B \sin \angle ADB$

$$= \frac{5}{13} \times \left(-\frac{3}{5}\right) + \frac{12}{13} \times \frac{4}{5}$$

$$= \frac{33}{65}.$$

以下同解法 1.

解法 4：由 $\cos \angle ADC = \dfrac{3}{5} > 0$ 知，$\angle B < \dfrac{\pi}{2}$，由已知得，$\cos B = \dfrac{12}{13}$，

$$\cos \angle ADB = \cos(\pi - \angle ADC) = -\cos \angle ADC = -\frac{3}{5}.$$

在 $\triangle ABD$ 中，由余弦定理，有 $\begin{cases} \cos \angle B = \dfrac{AB^2 + 33^2 - AD^2}{2AB \cdot 33} = \dfrac{12}{13}, \\ \cos \angle ADB = \dfrac{AD^2 + 33^2 - AB^2}{2AD \cdot 33} = -\dfrac{3}{5}, \end{cases}$

化简得，$21AD^2 - 250AD - 55 \times 125 = 0$，即 $(AD - 25)(21AD + 275) = 0$，

$\therefore AD = 25$.

解法 5：由 $\cos \angle ADC = \dfrac{3}{5} > 0$ 得，

$\cos \angle ADB = \cos(\pi - \angle ADC) = -\cos \angle ADC = -\dfrac{3}{5}$，

从而 $\sin \angle ADC = \dfrac{4}{5}$. 在 $\triangle ABD$ 中，由正弦定理得，

$\dfrac{AD}{\sin \angle B} = \dfrac{AB}{\sin \angle ADB}$，即 $AB = \dfrac{\sin \angle ADB}{\sin \angle B} AD = \dfrac{52}{25}$，　①

又 $\cos \angle ADB = \dfrac{AD^2 + 33^2 - AB^2}{2 \cdot AD \cdot 33} = -\dfrac{3}{5}$，　②

联立①②解得，$AD = 25$.

6. **解析**：由 $\cos(A - C) + \cos B = \dfrac{3}{2}$ 及 $B = \pi - (A + C)$ 得，

$\cos(A - C) - \cos(A + C) = \dfrac{3}{2}$，

即 $\cos A \cos C + \sin A \sin C - (\cos A \cos C - \sin A \sin C) = \dfrac{3}{2}$，$\sin A \sin C = \dfrac{3}{4}$.

又由 $b^2 = ac$ 及正弦定理得，$\sin^2 B = \sin A \sin C$，故 $\sin^2 B = \dfrac{3}{4}$，

$\sin B = \dfrac{\sqrt{3}}{2}$ 或 $\sin B = -\dfrac{\sqrt{3}}{2}$（舍去），于是 $B = \dfrac{\pi}{3}$ 或 $B = \dfrac{2\pi}{3}$.

又由 $b^2 = ac$ 知，$b \leqslant c$，所以 $B = \dfrac{\pi}{3}$.

另解一：由 $b^2 = ac$ 及正弦定理得，

$\sin^2 B = \sin A \sin C = -\dfrac{1}{2}\left[\cos(A + C) - \cos(A - C)\right]$

$\qquad = -\dfrac{1}{2}\left[\cos(\pi - B) - \left(\dfrac{3}{2} - \cos B\right)\right] = \dfrac{3}{4}$，

$\therefore \sin B = \pm \dfrac{\sqrt{3}}{2}$ 且 $B \in (0, \pi)$，

$\therefore B = \dfrac{\pi}{3}$ 或 $B = \dfrac{2\pi}{3}$.

当 $B = \dfrac{2\pi}{3}$ 时，$b > a$ 且 $b > c$，故 $b^2 > ac$ 与已知矛盾.

$\therefore B = \dfrac{\pi}{3}$.

另解二： $\cos(A - C) + \cos B$

$$= 2\cos\frac{A + B - C}{2}\cos\frac{A - C - B}{2}$$

$$= 2\cos\frac{\pi - 2C}{2}\cos\frac{B + C - A}{2}$$

$$= 2\cos\left(\frac{\pi}{2} - C\right)\cos\left(\frac{\pi}{2} - A\right)$$

$$= 2\sin A\sin C$$

$$= \frac{3}{2},$$

$\therefore \sin A\sin C = \dfrac{3}{4}$，又 $b^2 = ac \Rightarrow \sin^2 B = \sin A\sin C = \dfrac{3}{4}$，

$\therefore \sin B = \pm\dfrac{\sqrt{3}}{2}$，又 $B \in (0,\ \pi)$，

$\therefore B = \dfrac{\pi}{3}$ 或 $B = \dfrac{2\pi}{3}$，

但当 $B = \dfrac{2\pi}{3}$ 时，$b > a$ 且 $b > c$，从而 $b^2 > ac$，与已知 $b^2 = ac$ 矛盾，应舍去.

$\therefore B = \dfrac{\pi}{3}$.

数列综合应用

【题型背景】

（2018 年全国卷 3）等比数列 $\{a_n\}$ 中，$a_1 = 1$，$a_5 = 4a_3$.

（1）求 $\{a_n\}$ 的通项公式.

（2）记 S_n 为 $\{a_n\}$ 的前 n 项和. 若 $S_m = 63$，求 m.

解析：（1）设 $\{a_n\}$ 的公比为 q，由题设得，$a_n = q^{n-1}$.

由已知得，$q^4 = 4q^2$，解得 $q = 0$（舍去），$q = -2$ 或 $q = 2$.

故 $a_n = (-2)^{n-1}$ 或 $a_n = 2^{n-1}$.

（2）若 $a_n = (-2)^{n-1}$，则 $S_n = \dfrac{1-(-2)^n}{3}$.

由 $S_m = 63$ 得，$(-2)^m = -188$，此方程没有正整数解.

若 $a_n = 2^{n-1}$，则 $S_n = 2^n - 1$. 由 $S_m = 63$ 得，$2^m = 64$，解得 $m = 6$.

【知识分析】

1. 数列 $\{a_n\}$ 中 a_n 与 S_n 的关系：$a_n = \begin{cases} S_1, & n = 1, \\ S_n - S_{n-1}, & n \geq 2. \end{cases}$

2. 等差数列

（1）等差数列的有关概念.

① 定义：如果一个数列从第 2 项起，每一项与它的前一项的差都等于同一个常数，那么这个数列就叫做等差数列. 符号表示为 $a_{n+1} - a_n = d$（$n \in \mathbf{N}^*$，d 为常数）.

② 等差中项：数列 a，A，b 成等差数列的充要条件是 $A = \dfrac{a+b}{2}$，其中 A 叫

做 a，b 的等差中项.

（2）等差数列的有关公式.

① 通项公式：$a_n = a_1 + (n-1)d$.

② 前 n 项和公式：$S_n = na_1 + \dfrac{n(n-1)}{2}d = \dfrac{n(a_1+a_n)}{2}$.

（3）等差数列的性质.

已知数列 $\{a_n\}$ 是等差数列，S_n 是其前 n 项和.

① 通项公式的推广：$a_n = a_m + (n-m)d$（n，$m \in \mathbf{N}^*$）.

② 若 $k+l=m+n$（k，l，m，$n \in \mathbf{N}^*$），则 $a_k + a_l = a_m + a_n$.

③ 若 $\{a_n\}$ 的公差为 d，则 $\{a_{2n}\}$ 也是等差数列，公差为 $2d$.

④ 若 $\{b_n\}$ 是等差数列，则 $\{pa_n + qb_n\}$ 也是等差数列.

⑤ 数列 S_n，$S_{2n} - S_n$，$S_{3n} - S_{2n}$，$\cdots$ 构成等差数列.

（4）妙设等差数列中的项.

若奇数个数成等差数列，可设中间三项为 $a-d$，a，$a+d$.

若偶数个数成等差数列，可设中间两项为 $a-d$，$a+d$，其余各项再依据等差数列的定义进行对称设元.

（5）等差数列的四种判断方法.

① 定义法：$a_{n+1} - a_n = d$（$n \in \mathbf{N}^*$，d 为常数）$\Leftrightarrow \{a_n\}$ 是等差数列.

② 等差中项法：$2a_{n+1} = a_n + a_{n+2}$（$n \in \mathbf{N}^*$）$\Leftrightarrow \{a_n\}$ 是等差数列.

③ 通项公式：$a_n = pn + q$（p，q 为常数）$\Leftrightarrow \{a_n\}$ 是等差数列.

④ 前 n 项和公式：$S_n = An^2 + Bn$（A，B 为常数）$\Leftrightarrow \{a_n\}$ 是等差数列.

3. 等比数列

（1）等比数列的有关概念.

① 定义：如果一个数列从第 2 项起，每一项与它的前一项的比等于同一常数（不为零），那么这个数列就叫作等比数列. 这个常数叫作等比数列的公比，通常用字母 q 表示，定义的表达式为 $\dfrac{a_{n+1}}{a_n} = q$（$q \neq 0$，$n \in \mathbf{N}^*$）.

② 等比中项：如果 a，G，b 成等比数列，那么 G 叫做 a 与 b 的等比中项. 即 G 是 a 与 b 的等比中项 $\Leftrightarrow G^2 = ab$.

"a，G，b 成等比数列"是"G 是 a 与 b 的等比中项"的充分不必要条件.

（2）等比数列的有关公式．

① 通项公式：$a_n = a_1 q^{n-1}$．

② 前 n 项和公式：$S_n = \begin{cases} na_1, & q = 1, \\ \dfrac{a_1(1-q^n)}{1-q} = \dfrac{a_1 - a_n q}{1-q}, & q \neq 1, \end{cases}$

（3）等比数列的性质：

已知数列 $\{a_n\}$ 是等比数列，S_n 是其前 n 项和（m，n，p，q，r，$k \in \mathbf{N}^*$）.

① 若 $m+n = p+q = 2r$，则 $a_m a_n = a_p a_q = a_r^2$．

② 数列 a_m，a_{m+k}，a_{m+2k}，a_{m+3k}，$\cdots$仍是等比数列．

③ 数列 S_n，$S_{2n} - S_n$，$S_{3n} - S_{2n}$，$\cdots$仍是等比数列（此时$\{a_n\}$的公比 $q \neq 1$）．

（4）等比数列的三种判定方法．

① 定义：$\dfrac{a_{n+1}}{a_n} = q$（$q \neq 0$，$n \in \mathbf{N}^*$）$\Leftrightarrow \{a_n\}$ 是等比数列．

② 通项公式：$a_n = cq^{n-1}$（c，q 均是不为零的常数，$n \in \mathbf{N}^*$）$\Leftrightarrow \{a_n\}$是等比数列．

③ 等比中项法：$a_{n+1}^2 = a_n a_{n+2}$（$a_n \cdot a_{n+1} \cdot a_{n+2} \neq 0$，$n \in \mathbf{N}^*$）$\Leftrightarrow \{a_n\}$是等比数列．

（5）求解等比数列的基本量常用的思想方法．

① 方程的思想：等比数列的通项公式和前 n 项和公式中联系着五个量：a_1，q，n，a_n，S_n，已知其中三个量，可以通过解方程（组）求出另外两个量；其中基本量是 a_1 与 q，在解题中根据已知条件建立关于 a_1 与 q 的方程或方程组，是解题的关键．

② 分类讨论思想：在应用等比数列前 n 项和公式时，必须分类讨论，当 $q = 1$ 时，$S_n = na_1$；当 $q \neq 1$ 时，$S_n = \dfrac{a_1(1-q^n)}{1-q}$；在判断等比数列单调性时，也必须对 a_1 与 q 分类讨论．

4. 数列求和的常用方法

（1）公式法：直接利用等差数列、等比数列的前 n 项和公式求和．

等差数列的前 n 项和公式：$S_n = \dfrac{n(a_1 + a_n)}{2} = na_1 + \dfrac{n(n-1)}{2}d$，

等比数列的前 n 项和公式：$S_n = \begin{cases} na_1, & q = 1, \\ \dfrac{a_1(1 - q^n)}{1 - q} = \dfrac{a_1 - a_n q}{1 - q}, & q \neq 1, \end{cases}$

（2）倒序相加法：如果一个数列 $\{a_n\}$ 的前 n 项中首末两端等"距离"的两项的和相等或等于同一个常数，那么求这个数列的前 n 项和即可用倒序相加法．如等差数列的前 n 项和公式即是用此法推导的．

（3）错位相减法：如果一个数列的各项是由一个等差数列和一个等比数列的对应项之积构成的，那么这个数列的前 n 项和即可用此法来求．如等比数列的前 n 项和公式就是用此法推导的．

（4）裂项相消法：把数列的通项拆成两项之差，中间的一些项在求和时可以相互抵消，从而求得其和．

（5）分组转化求和法：一个数列的通项公式是由若干个等差数列或等比数列或可求和的数列组成，则求和时可用分组求和法分别求和，而后相加减．

（6）并项求和法：一个数列的前 n 项和中，可两两结合求解，则称之为并项求和．形如 $a_n = (-1)^n f(n)$ 类型，可采用两项合并求解．

本部分内容主要考查与培育学生的数学建模、逻辑推理与数学运算等核心素养．

【例题解析】

例 1.（2018 年全国卷 2）记 S_n 为等差数列 $\{a_n\}$ 的前 n 项和，已知 $a_1 = -7$，$S_3 = -15$．

（1）求 $\{a_n\}$ 的通项公式．

（2）求 S_n，并求 S_n 的最小值．

解析：（1）设 $\{a_n\}$ 的公差为 d，由题意得，$3a_1 + 3d = -15$．

由 $a_1 = -7$ 得，$d = 2$．

所以 $\{a_n\}$ 的通项公式为 $a_n = 2n - 9$．

（2）由（1）得，$S_n = n^2 - 8n = (n - 4)^2 - 16$．

所以当 $n = 4$ 时，S_n 取得最小值，最小值为 -16．

例 2.（2018 年浙江卷）已知等比数列 $\{a_n\}$ 的公比 $q > 1$，且 $a_3 + a_4 + a_5 = 28$，$a_4 + 2$ 是 a_3，a_5 的等差中项．数列 $\{b_n\}$ 满足 $b_1 = 1$，数列 $\{(b_{n+1} - b_n)a_n\}$ 的

前 n 项和为 $2n^2 + n$.

（1）求 q 的值.

（2）求数列 $\{b_n\}$ 的通项公式.

解析：（1）由 $a_4 + 2$ 是 a_3，a_5 的等差中项得，$a_3 + a_5 = 2a_4 + 4$，

所以，$a_3 + a_4 + a_5 = 3a_4 + 4 = 28$，解得 $a_4 = 8$.

由 $a_3 + a_5 = 20$ 得，$8\left(q + \dfrac{1}{q}\right) = 20$，因为 $q > 1$，所以 $q = 2$.

（2）设 $c_n = (b_{n+1} - b_n)a_n$，数列 $\{c_n\}$ 前 n 项和为 S_n.

由 $c_n = \begin{cases} S_1, & n = 1, \\ S_n - S_{n-1}, & n \geq 2, \end{cases}$ 解得 $c_n = 4n - 1$. 由（1）可知 $a_n = 2^{n-1}$，

所以，$b_{n+1} - b_n = (4n - 1) \cdot \left(\dfrac{1}{2}\right)^{n-1}$，故 $b_n - b_{n-1} = (4n - 5) \cdot \left(\dfrac{1}{2}\right)^{n-2}$，$n \geq 2$.

$$b_n - b_1 = (b_n - b_{n-1}) + (b_{n-1} - b_{n-2}) + \cdots + (b_3 - b_2) + (b_2 - b_1)$$
$$= (4n - 5) \cdot \left(\dfrac{1}{2}\right)^{n-2} + (4n - 9) \cdot \left(\dfrac{1}{2}\right)^{n-3} + \cdots + 7 \cdot \dfrac{1}{2} + 3.$$

设 $T_n = 3 + 7 \cdot \dfrac{1}{2} + 11 \cdot \left(\dfrac{1}{2}\right)^2 + \cdots + (4n - 5) \cdot \left(\dfrac{1}{2}\right)^{n-2}$，$n \geq 2$，

$\dfrac{1}{2}T_n = 3 \cdot \dfrac{1}{2} + 7 \cdot \left(\dfrac{1}{2}\right)^2 + \cdots + (4n - 9) \cdot \left(\dfrac{1}{2}\right)^{n-2} + (4n - 5) \cdot \left(\dfrac{1}{2}\right)^{n-1}$，

所以，$\dfrac{1}{2}T_n = 3 + 4 \cdot \dfrac{1}{2} + 4 \cdot \left(\dfrac{1}{2}\right)^2 + \cdots + 4 \cdot \left(\dfrac{1}{2}\right)^{n-2} - (4n - 5) \cdot \left(\dfrac{1}{2}\right)^{n-1}$，

因此，$T_n = 14 - (4n + 3) \cdot \left(\dfrac{1}{2}\right)^{n-2}$，$n \geq 2$.

又 $b_1 = 1$，所以，$b_n = 15 - (4n + 3) \cdot \left(\dfrac{1}{2}\right)^{n-2}$.

例3. 已知数列 $\{a_n\}$ 的前 n 项和 $S_n = 1 + \lambda a_n$，其中 $\lambda \neq 0$.

（1）证明 $\{a_n\}$ 是等比数列，并求其通项公式.

（2）若 $S_5 = \dfrac{31}{32}$，求 λ.

解析：（1）解：$a_1 = S_1 = 1 + \lambda a_1$，由 $\lambda \neq 1$，得 $a_1 = \dfrac{1}{1 - \lambda}$，

$a_{n+1} = S_{n+1} - S_n = \lambda a_{n+1} - \lambda a_n$，即 $(\lambda - 1)a_{n+1} = \lambda a_n$，

因 $a_1 \neq 0$，$\lambda \neq 1$，得 $a_n \neq 0$，所以 $\dfrac{a_{n+1}}{a_n} = \dfrac{\lambda}{\lambda - 1}$，

所以 $\{a_n\}$ 是以 $a_1 = \dfrac{1}{1-\lambda}$ 为首项，$\dfrac{\lambda}{\lambda-1}$ 为公比的等比数列，

故有 $a_n = \dfrac{1}{1-\lambda} \cdot \left(\dfrac{\lambda}{\lambda-1}\right)^{n-1}$ $\left(或 a_n = -\dfrac{\lambda^{n-1}}{(\lambda-1)^n}\right)$.

（2）解：由已知及（1）得，$S_n = 1 - \left(\dfrac{\lambda}{\lambda-1}\right)^n$.

由 $S_5 = 1 - \left(\dfrac{\lambda}{\lambda-1}\right)^5$，所以 $1 - \left(\dfrac{\lambda}{\lambda-1}\right)^5 = \dfrac{31}{32}$，化简得，$\dfrac{\lambda}{\lambda-1} = \dfrac{1}{2}$，

解得，$\lambda = -1$.

解法二： 因 $S_5 = 1 + \lambda a_5 = \dfrac{31}{32}$，则 $\lambda a_5 = -\dfrac{1}{32}$，所以 $\left(\dfrac{\lambda}{\lambda-1}\right)^5 = \dfrac{1}{32}$，

化简得，$\dfrac{\lambda}{\lambda-1} = \dfrac{1}{2}$，解得，$\lambda = -1$.

例4. （2018年天津卷）设 $\{a_n\}$ 是等比数列，公比大于 0，其前 n 项和为 S_n $(n \in \mathbf{N}^*)$，$\{b_n\}$ 是等差数列．已知 $a_1 = 1$，$a_3 = a_2 + 2$，$a_4 = b_3 + b_5$，$a_5 = b_4 + 2b_6$.

（1）求 $\{a_n\}$ 和 $\{b_n\}$ 的通项公式．

（2）设数列 $\{S_n\}$ 的前 n 项和为 T_n $(n \in \mathbf{N}^*)$.

① 求 T_n.

② 证明 $\displaystyle\sum_{k=1}^{n} \dfrac{(T_k + b_{k+2})b_k}{(k+1)(k+2)} = \dfrac{2^{n+2}}{n+2} - 2 (n \in \mathbf{N}^*)$.

解析： （1）设等比数列 $\{a_n\}$ 的公比为 q.

由 $a_1 = 1$，$a_3 = a_2 + 2$ 可得，$q^2 - q - 2 = 0$.

因为 $q > 0$，可得 $q = 2$，故 $a_n = 2^{n-1}$.

设等差数列 $\{b_n\}$ 的公差为 d，由 $a_4 = b_3 + b_5$，可得 $b_1 + 3d = 4$.

由 $a_5 = b_4 + 2b_6$，可得 $3b_1 + 13d = 16$，从而 $b_1 = 1$，$d = 1$，故 $b_n = n$.

所以，数列 $\{a_n\}$ 的通项公式为 $a_n = 2^{n-1}$，数列 $\{b_n\}$ 的通项公式为 $b_n = n$.

（2）①解：由（1）有，$S_n = \dfrac{1-2^n}{1-2} = 2^n - 1$，故

$$T_n = \sum_{k=1}^{n}(2^k - 1) = \sum_{k=1}^{n} 2^k - n = \dfrac{2 \times (1-2^n)}{1-2} - n = 2^{n+1} - n - 2.$$

② 证明：因为 $\dfrac{(T_k + b_{k+2})b_k}{(k+1)(k+2)} = \dfrac{(2^{k+1} - k - 2 + k + 2)k}{(k+1)(k+2)}$

$$= \frac{k \cdot 2^{k+1}}{(k+1)(k+2)}$$

$$= \frac{2^{k+2}}{k+2} - \frac{2^{k+1}}{k+1},$$

所以，$\displaystyle\sum_{k=1}^{n} \frac{(T_k + b_{k+2})b_k}{(k+1)(k+2)} = \left(\frac{2^3}{3} - \frac{2^2}{2}\right) + \left(\frac{2^4}{4} - \frac{2^3}{3}\right) + \cdots + \left(\frac{2^{n+2}}{n+2} - \frac{2^{n+1}}{n+1}\right)$

$$= \frac{2^{n+2}}{n+2} - 2.$$

【练习巩固】

1. 已知数列 $\{a_n\}$ 满足 $a_1 = 1$，$a_{n+1} = 3a_n + 1$.

（1）证明 $\left\{a_n + \dfrac{1}{2}\right\}$ 是等比数列，并求 $\{a_n\}$ 的通项公式.

（2）证明 $\dfrac{1}{a_1} + \dfrac{1}{a_2} + \cdots + \dfrac{1}{a_n} < \dfrac{3}{2}$.

2. 已知等差数列 $\{a_n\}$ 的公差不为零，$a_1 = 25$，且 a_1，a_{11}，a_{13} 成等比数列.

（1）求 $\{a_n\}$ 的通项公式.

（2）求 $a_1 + a_4 + a_7 + \cdots + a_{3n-2}$.

3. 已知数列 $\{a_n\}$ 的前 n 项和 $S_n = (n^2 + n) \cdot 3^n$.

（1）求 $\displaystyle\lim_{n \to \infty} \frac{a_n}{S_n}$.

（2）证明：$\dfrac{a_1}{1^2} + \dfrac{a_2}{2^2} + \cdots + \dfrac{a_n}{n^2} > 3^n$.

【练习解析】

1. **解析**：（1）**证法 1**：由 $a_{n+1} = 3a_n + 1 \Rightarrow a_{n+1} + \dfrac{1}{2} = 3a_n + \dfrac{3}{2} \Rightarrow a_{n+1} + \dfrac{1}{2} =$

$3\left(a_n + \dfrac{1}{2}\right) \Rightarrow \left\{a_n + \dfrac{1}{2}\right\}$ 是公比为 3 的等比数列，首项为 $a_1 + \dfrac{1}{2} = 1 + \dfrac{1}{2} = \dfrac{3}{2}$

$\Rightarrow a_n + \dfrac{1}{2} = \dfrac{3}{2} \times 3^{n-1} = \dfrac{3^n}{2} \Rightarrow a_n = \dfrac{3^n}{2} - \dfrac{1}{2} = \dfrac{3^n - 1}{2}$.

证法 2：由题设，$a_1 = 1$，$a_2 = 4$，$a_3 = 13$，$a_4 = 40$，$a_5 = 121$，$\cdots$，

$\Rightarrow a_1 + \dfrac{1}{2} = \dfrac{3}{2}$，$a_2 + \dfrac{1}{2} = \dfrac{9}{2}$，$a_3 + \dfrac{1}{2} = \dfrac{27}{2}$，$a_4 + \dfrac{1}{2} = \dfrac{81}{2}$，$a_5 + \dfrac{1}{2} = \dfrac{243}{2}$，$\cdots$，

$\Rightarrow \left\{ a_n + \dfrac{1}{2} \right\}$ 是公比为 3 等比数列，且首项为 $a_1 + \dfrac{1}{2} = \dfrac{3}{2}$，

$\Rightarrow a_n + \dfrac{1}{2} = \dfrac{3}{2} \times 3^{n-1} = \dfrac{3^n}{2} \Rightarrow a_n = \dfrac{3^n - 1}{2}$.

（2）**证法** 1：由（1）知，$a_n = \dfrac{3^n - 1}{2} \Rightarrow \dfrac{1}{a_n} = \dfrac{2}{3^n - 1}$.

因 $n \geqslant 1$，故 $3^n - 1 = (2+1)3^{n-1} - 1 = 2 \times 3^{n-1} + 3^{n-1} - 1 \geqslant 2 \times 3^{n-1} \Rightarrow \dfrac{1}{3^n - 1}$

$\leqslant \dfrac{1}{2 \times 3^{n-1}} \left(\text{或由不等式：} \dfrac{1}{a_n} = \dfrac{2}{3^n - 1} \leqslant \dfrac{2+1}{3^n - 1 + 1} = \dfrac{3}{3^n} = \dfrac{1}{3^{n-1}} \right)$.

于是，$\dfrac{1}{a_1} + \dfrac{1}{a_2} + \cdots + \dfrac{1}{a_n} \leqslant 1 + \dfrac{1}{3} + \cdots + \dfrac{1}{3^{n-1}} = \dfrac{3}{2} \left(1 - \dfrac{1}{3^n} \right) < \dfrac{3}{2}$.

证法 2：因 $a_n = \dfrac{3^n - 1}{2} \Rightarrow \dfrac{1}{a_n} = \dfrac{2}{3^n - 1}$，

当 $n \geqslant 2$ 时，$3^n - 1 \geqslant 2^{n+1}$，故 $\dfrac{1}{a_n} = \dfrac{2}{3^n - 1} \leqslant \dfrac{2}{2^{n+1}} = \dfrac{1}{2^n}$ $(n \geqslant 2)$.

由于 $n = 1$ 时，结论显然成立，

$\dfrac{1}{a_1} + \dfrac{1}{a_2} + \cdots + \dfrac{1}{a_n} \leqslant 1 + \dfrac{1}{2^2} + \cdots + \dfrac{1}{2^n} = 1 + \dfrac{\dfrac{1}{4} \left[1 - \left(\dfrac{1}{2} \right)^{n-1} \right]}{1 - \dfrac{1}{2}} = 1 + \dfrac{1}{2} \left(1 - \dfrac{1}{2^{n-1}} \right) < \dfrac{3}{2}$.

2. **解析**：（1）设等差数列 $\{a_n\}$ 的公差为 d，$d \neq 0$，

由题意，$a_{11} = a_1 + 10d$，$a_{13} = a_1 + 12d$，$a_{11}^2 = a_1 a_{13}$，

得 $(a_1 + 10d)^2 = a_1(a_1 + 12d)$，于是 $(2a_1 + 25d)d = 0$，

由题设，$a_1 = 25$ 及 $d \neq 0$，得，$d = -2$，故 $a_n = -2n + 27$.

（2）**解法** 1：$S_n = a_1 + a_4 + a_7 + \cdots + a_{3n-2}$

$= a_1 + (a_1 + 3d) + (a_1 + 6d) + \cdots + [a_1 + 3(n-1)d]$

$= na_1 + 3d[1 + 2 + \cdots + (n-1)] = na_1 + 3d \dfrac{(n-1)n}{2} = -3n^2 + 28n$.

解法 2：令 $S_n = a_1 + a_4 + a_7 + \cdots + a_{3n-2}$，

由（1）知，$a_{3n-2} = -6n + 31$，

故数列 $\{a_{3n-2}\}$ 是等差数列，且首项等于 25，公差为 -6，

从而 $S_n = \dfrac{n(a_1 + a_{3n-2})}{2} = \dfrac{n(-6n + 56)}{2} = -3n^2 + 28n$.

解法3：由（1）知，$a_n = -2n + 27$，

故 $a_1 + a_4 + a_7 + \cdots + a_{3n-2} = (27-2) + (27-8) + (27-14) + \cdots + [27 - 2(3n-2)] = 27n - 2[1 + 4 + 7 \cdots + (3n-2)] = 27n - 2 \times \dfrac{n[1 + (3n-2)]}{2} = -3n^2 + 28n.$

3. **解析：**

解法1：（1）$\lim\limits_{n \to \infty} \dfrac{a_n}{S_n} = \lim\limits_{n \to \infty} \dfrac{S_n - S_{n-1}}{S_n} = \lim\limits_{n \to \infty} \left(1 - \dfrac{S_{n-1}}{S_n}\right) = 1 - \lim\limits_{n \to \infty} \dfrac{S_{n-1}}{S_n},$

$\lim\limits_{n \to \infty} \dfrac{S_{n-1}}{S_n} = \lim\limits_{n \to \infty} \dfrac{n-1}{n+1} \cdot \dfrac{1}{3} = \dfrac{1}{3}$，所以 $\lim\limits_{n \to \infty} \dfrac{a_n}{S_n} = \dfrac{2}{3}.$

（2）当 $n = 1$ 时，$a_1 = S_1 = 6 > 3$. 当 $n > 1$ 时，

$\dfrac{a_1}{1^2} + \dfrac{a_2}{2^2} + \cdots + \dfrac{a_n}{n^2} = \dfrac{S_1}{1^2} + \dfrac{S_2 - S_1}{2^2} + \cdots + \dfrac{S_n - S_{n-1}}{n^2}$

$= \left(\dfrac{1}{1^2} - \dfrac{1}{2^2}\right) \cdot S_1 + \left(\dfrac{1}{2^2} - \dfrac{1}{3^2}\right) \cdot S_2 + \cdots + \left[\dfrac{1}{(n-1)^2} - \dfrac{1}{n^2}\right] \cdot S_{n-1} + \dfrac{S_n}{n^2}$

$> \dfrac{S_n}{n^2} = \dfrac{n^2 + n}{n^2} \cdot 3^n > 3^n.$

所以，当 $n \geq 1$ 时，$\dfrac{a_1}{1^2} + \dfrac{a_2}{2^2} + \cdots + \dfrac{a_n}{n^2} > 3^n.$

解法2：（1）$a_n = S_n - S_{n-1} = (n^2 + n) \cdot 3^n - (n^2 - n) \cdot 3^{n-1}$

$\qquad\qquad = (2n^2 + 4n) \cdot 3^{n-1} = 2n(n+2) \cdot 3^{n-1} \quad (n \geq 2),$

$\qquad \lim\limits_{n \to \infty} \dfrac{a_n}{S_n} = \lim\limits_{n \to \infty} \dfrac{(2n^2 + 4n) \cdot 3^{n-1}}{(n^2 + n) \cdot 3^n} = \dfrac{1}{3} \lim\limits_{n \to \infty} \dfrac{2n^2 + 4n}{n^2 + n} = \dfrac{2}{3}.$

（2）当 $n = 1$ 时，$\dfrac{a_1}{1^2} = S_1 = 6 > 3.$

假设当 $n = k$ 时不等式成立，即 $\dfrac{a_1}{1^2} + \dfrac{a_2}{2^2} + \cdots + \dfrac{a_k}{k^2} > 3^k,$

则当 $n = k + 1$ 时，

$\dfrac{a_1}{1^2} + \dfrac{a_2}{2^2} + \cdots + \dfrac{a_k}{k^2} + \dfrac{a_{k+1}}{(k+1)^2} > 3^k + \dfrac{a_{k+1}}{(k+1)^2} = 3^k + \dfrac{2(k+1)(k+3) \cdot 3^k}{(k+1)^2}$

$= 3^k + \dfrac{2(k+3) \cdot 3^k}{k+1} > (1+2) \cdot 3^k = 3^{k+1},$

不等式也成立.

所以，当 $n \geqslant 1$ 时，$\dfrac{a_1}{1^2} + \dfrac{a_2}{2^2} + \cdots + \dfrac{a_n}{n^2} > 3^n$.

解法3：（1）$a_n = S_n - S_{n-1} = (n^2+n) \cdot 3^n - (n^2-n) \cdot 3^{n-1}$

$$= (2n^2+4n) \cdot 3^{n-1} = 2n(n+2) \cdot 3^{n-1} \quad (n \geqslant 2),$$

$$\lim_{n \to \infty} \frac{a_n}{S_n} = \lim_{n \to \infty} \frac{(2n^2+4n) \cdot 3^{n-1}}{(n^2+n) \cdot 3^n} = \frac{1}{3} \lim_{n \to \infty} \frac{2n^2+4n}{n^2+n} = \frac{2}{3}.$$

（2）由（1）知，$a_n = 2n(n+2) \cdot 3^{n-1}$，$n \geqslant 2$.

当 $n=1$ 时，$a_1 = S_1 = 6$ 也成立，$\dfrac{a_n}{n^2} = 2\left(1+\dfrac{2}{n}\right) \cdot 3^{n-1} = 2 \cdot 3^{n-1} + \dfrac{4}{n} \cdot 3^{n-1}$，

$$\frac{a_1}{1^2} + \frac{a_2}{2^2} + \cdots + \frac{a_n}{n^2} = \sum_{i=1}^{n} 2 \cdot 3^{i-1} + \sum_{i=1}^{n} \frac{4}{i} \cdot 3^{i-1}$$

$$= \frac{2(1-3^n)}{1-3} + \sum_{i=1}^{n} \frac{4}{i} \cdot 3^{i-1}$$

$$= 3^n - 1 + \sum_{i=1}^{n} \frac{4}{i} \cdot 3^{i-1} > 3^n.$$

所以，当 $n \geqslant 1$ 时，$\dfrac{a_1}{1^2} + \dfrac{a_2}{2^2} + \cdots + \dfrac{a_n}{n^2} > 3^n$.

解法4：$\dfrac{a_1}{1^2} + \dfrac{a_2}{2^2} + \cdots + \dfrac{a_n}{n^2} \geqslant \dfrac{a_1}{n^2} + \dfrac{a_2}{n^2} + \cdots + \dfrac{a_n}{n^2} = \dfrac{a_1+a_2+\cdots+a_n}{n^2}$

$$= \frac{S_n}{n^2} = \frac{(n^2+n)3^n}{n^2} = \left(1+\frac{1}{n}\right)3^n > 3^n.$$

解法5：$\dfrac{a_1}{1^2} + \dfrac{a_2}{2^2} + \cdots + \dfrac{a_n}{n^2} > \dfrac{a_1}{n^2+n} + \dfrac{a_2}{n^2+n} + \cdots + \dfrac{a_n}{n^2+n} = \dfrac{a_1+a_2+\cdots+a_n}{n^2+n}$

$$= \frac{S_n}{n^2+n} = \frac{(n^2+n)3^n}{n^2+n} = 3^n.$$

解法6：由（1）知，$a_n = n^2 \cdot (3^n - 3^{n-1}) + n \cdot (3^n + 3^{n-1})$，$n \geqslant 2$.

当 $n=1$ 时，$a_1 = S_1 = 6$ 也成立，$\dfrac{a_n}{n^2} = 3^n - 3^{n-1} + \dfrac{3^n + 3^{n-1}}{n}$，

$$\frac{a_1}{1^2} + \frac{a_2}{2^2} + \cdots + \frac{a_n}{n^2} = (3^1 - 3^0) + \frac{3^1+3^0}{1} + (3^2 - 3^1) + \frac{3^2+3^1}{2} + \cdots + (3^n - 3^{n-1})$$

$$+ \frac{3^n + 3^{n-1}}{n} = 3^n - 1 + \left(\frac{3^1+3^0}{1} + \frac{3^2+3^1}{2} + \cdots + \frac{3^n+3^{n-1}}{n}\right) > 3^n.$$

解法7：设 $T_n = 3^n$ 是数列 $\{c_n\}$ 的前 n 项和，

则 $c_n = T_n - T_{n-1} = 3^n - 3^{n-1} = 2 \cdot 3^{n-1}$ $(n \geqslant 2)$.

设 $b_n = \dfrac{a_n}{n^2} = 2\left(1 + \dfrac{2}{n}\right) \cdot 3^{n-1} > 2 \cdot 3^{n-1} = c_n$ $(n \geqslant 2)$,

又 $a_1 = S_1 = 6$ ，$c_1 = T_1 = 3$ ，显然 $b_1 = \dfrac{a_1}{1^2} > c_1$ ，

所以数列 $\{b_n\}$ 的前 n 项和大于数列 $\{c_n\}$ 的前 n 项和，

即 $\dfrac{a_1}{1^2} + \dfrac{a_2}{2^2} + \cdots + \dfrac{a_n}{n^2} > 3^n$.

第三十一讲

概率统计综合应用

一、选题背景分析

1. 概率统计综合应用题在高考中占 12 分，而贵州省高考理科该题平均分在 6 分内，得分较低，但区分度比较好，有利于体现高考的选拔功能，容易拉开学生的高考成绩位次．

2. 概率统计综合应用题侧重于学生的数学学科核心素养中的数据分析与数学运算能力的考查，是相对独立的知识板块．

3. 概率统计综合应用题的设计背景常常与经济社会的发展同步，全方位地对学生的综合素质进行考查，特别是对学生阅读能力的考查，阅读图形（直方图、折线图等）能力、阅读数表（频率分布表、茎叶图等）能力的考查尤为明显．

4. 数学来源于生活又应用于生活，概率统计综合应用题是将数学知识应用于生活的典型代表，对于培养学生的数学应用意识有较好的引导作用．

二、学情分析

1. 在高三年级第二学期，学生已经完成第一轮复习，知识的储备量较好，对数学中概率统计的基本知识已经基本掌握．

2. 在第二轮专题复习的关键备考时期，在专题复习中安排概率统计综合应用题的备考复习是非常必要的．

3. 学生具备了完成概率统计的相关知识，只是在完成综合应用能力方面还有待于提高．

三、教学目标

1. 知识与技能：通过本节课学习，掌握解决概率统计综合应用题所需的相关知识，如随机事件的基本事件发生的概率、古典概型的概率、随机变量的分布列与期望、独立性检验、应用最小二乘法求线性回归方程等，加强学生的读图、识图能力，让学生了解高考考试大纲对概率统计的考查要求，弄清命题意图.

2. 过程与方法：通过本节课学习，了解高考大纲对概率统计综合应用的考试要求，近几年高考是如何进行考试命题的；阅卷教师是如何依据学生答题情况进行评分的；对解答试题的过程表达，应如何加以规范，让阅卷教师能够准确加以评价给出高分甚至满分；在复习备考中应该如何应对等. 同时提高学生的阅读理解能力，特别是数据处理能力，会收集、整理、分析数据，能从大量数据中抽取对研究问题有用的信息，并做出判断.

3. 情感、态度、价值观：通过本节课的学习，了解试题设计的背景，知道数学对经济社会的发展是有影响的，从而树立自己的社会责任感和历史使命感，培养学生的人文底蕴与科学精神的核心素养，培养学生的数学建模、数学运算与数据分析的数学学科素养.

4. 本部分内容主要培育学生的数学建模、数据处理与数学运算等核心素养.

四、教学重点与难点

1. 教学重点：通过试题分析，让学生能够运用概率统计的相关知识解决实际问题.

2. 教学难点：概率统计综合应用试题主要考查学生的阅读能力、数据分析与运算能力，题目较长，要克服胆怯的心理，能够从容地阅读试题，厘清相关数据，提取有用的信息.

五、高考考试大纲要求

1. 了解随机事件发生的不确定性和概率的稳定性，了解概率的意义，了解频率与概率的区别，了解两个互斥事件的概率加法公式.

2. 理解古典概型及其概率计算公式，会计算一些随机事件所含的基本事件及事件发生的概率.

3. 了解随机数的意义，能运用模拟方法估计概率，了解几何概型的意义.

4. 理解取有限个值的离散型随机变量及其分布列的概念，了解分布列对于刻画随机现象的重要性. 理解超几何分布及其导出过程，并能进行简单应用. 了解条件概率和两个事件相互独立的概念，理解 n 次独立重复试验的模型及二项分布，并能解决一些简单的实际问题. 理解取有限个值的离散型随机变量均值、方差的概念，能计算简单离散型随机变量的均值、方差，并能解决一些实际问题. 利用实际问题的直方图，了解正态分布曲线的特点及曲线所表示的意义.

5. 了解一些常见的统计方法，并能应用这些方法解决一些实际问题. 了解独立性检验（只要求 2×2 列联表）的基本思想、方法及其简单应用；了解回归分析的基本思想、方法及其简单应用.

6. 能力要求. 这部分内容要求的能力是指空间想象能力、抽象概括能力、推理论证能力、运算求解能力、数据处理能力以及应用意识和创新意识.

7. 数学核心素养包括数学抽象、逻辑推理、数学建模、数学运算、直观想象、数据分析等.

六、教学过程

介绍近几年高考在概率统计综合应用试题的考查中主要体现在哪些方面，贵州省考生在该题上的得分情况.

表 31 - 1

	2016 年	2015 年	2014 年	2013 年
全国卷一	工业问题 分布列、期望	销售问题 非线性拟合；线性回归方程求法；利用回归方程进行预报预测；应用意识	产品质量检测 频率分布直方图 正态分布的原则 二项分布的期望	产品质量检测 分布列、期望
全国卷二	保险问题 条件概率、 分布列、期望	市场调查 茎叶图、特征数、 互斥事件、独立性检验	民生问题 线性回归	销售问题 分布列、期望
全国卷三	环境问题 线性回归			

介绍高考考试大纲要求，分析近几年高考试题的变化．贵州省 2017 年使用的全国卷考查分布列期望的可能性比较大，因为已经三年没有考查理解掌握层次上的主干知识了．

例 1. 题目名称：中国诗词大会（社会调查）

为了了解观众对《中国诗词大会》节目的喜爱程度，随机调查观看了该节目的 140 名观众，得到如下 2×2 的列联表：（单位：名）

表 31 − 2

	男	女	总计
喜爱	40	60	100
不喜爱	20	20	40
总计	60	80	140

（1）从这 60 名男观众中按对《中国诗词大会》节目是否喜爱采取分层抽样，抽取一个容量为 6 的样本，问样本中喜爱与不喜爱的观众各有多少名？

（2）根据以上列联表，问能否在犯错误的概率不超过 0.025 的前提下认为观众性别与喜爱《中国诗词大会》节目有关（精确到 0.001）．

（3）从（1）中的 6 名男性观众中随机选取 2 名做跟踪调查，求选到的这 2 名观众喜爱《中国诗词大会》节目的人数 X 的分布列与数学期望．

附：临界值表

$P(k^2 \geq k_0)$	0.10	0.05	0.025	0.010	0.005
k_0	2.705	3.841	5.024	6.635	7.879

参考公式：$k^2 = \dfrac{n(ad - bc)^2}{(a + b)(c + d)(a + c)(b + d)}$，$n = a + b + c + d$．

解：（1）抽样比为 $\dfrac{6}{60} = \dfrac{1}{10}$，则样本中喜爱的观众有 $40 \times \dfrac{1}{10} = 4$ 名；不喜爱的观众有 $6 - 4 = 2$ 名．

（2）假设观众性别与喜爱《中国诗词大会》节目无关，由已知数据可求得，

$$k^2 = \frac{140 \times (60 \times 20 - 40 \times 20)^2}{80 \times 60 \times 100 \times 40} = \frac{7}{6} \approx 1.167 < 5.024,$$

所以不能在犯错误的概率不超过 0.025 的前提下认为观众性别与喜爱《中国诗词大会》节目有关．

（3）随机变量 X 的可能值有 0, 1, 2.

$$P(X=0) = \frac{C_2^2}{C_6^2} = \frac{1}{15}, \quad P(X=1) = \frac{C_4^1 C_2^1}{C_6^2} = \frac{8}{15}, \quad P(X=2) = \frac{C_4^2}{C_6^2} = \frac{6}{15}.$$

X 的分布列为

X	0	1	2
P	$\frac{1}{15}$	$\frac{8}{15}$	$\frac{6}{15}$

X 的数学期望是 $EX = 0 \times \frac{1}{15} + 1 \times \frac{8}{15} + 2 \times \frac{6}{15} = \frac{4}{3}$.

例2. 题目名称：大众文化（社会调查）

广场舞是现代群众文化、娱乐发展的产物，其兼具文化性和社会性，是社会主义精神文明建设成果的一个重要指标和象征，某中学社会实践社团对某小区广场舞参与者的年龄进行了调查，随机抽取了 40 人广场舞参与者，他们的年龄都在 [20, 80] 之间，将他们的年龄分成 6 段：[20, 30)，[30, 40)，[40, 50)，[50, 60)，[60, 70)，[70, 80] 后，得到如图 31 - 1 所示的频率分布直方图.

（1）求在抽取的 40 人广场舞参与者中年龄分布在 [40, 70) 的人数.

（2）估计抽取 40 人广场舞参与者年龄的中位数与平均数.

（3）若从抽取的年龄在 [20, 40) 中的广场舞参与者中任选 2 人，求这 2 人广场舞参与者年龄在 [30, 40) 中的人数 X 的分布列与数学期望.

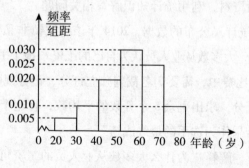

图 31 - 1

解：（1）由直方图知，年龄在 [40, 70) 的频率为 （0.020 + 0.030 + 0.025）×10 = 0.75,

所以抽取的 40 人广场舞参与者中年龄分布在 [40, 70) 的人数为 0.75 × 40

= 30（人）.

（2）由频率分布直方图知，可估计抽取的 40 人广场舞参与者年龄中位数为

$$50 + \frac{0.050 - 0.035}{0.030} \times 10 = 55,$$

可估计抽取的 40 人广场舞参与者年龄平均数为

$$0.05 \times 25 + 0.10 \times 35 + 0.20 \times 45 + 0.30 \times 55 + 0.25 \times 65 + 0.10 \times 75 = 54.$$

（3）由图可知，抽取的年龄在 $[20, 30)$ 的广场舞参与者有 $0.005 \times 10 \times 40 = 2$ 人，抽取的年龄在 $[30, 40)$ 的广场舞参与者有 $0.010 \times 10 \times 40 = 4$ 人，所以 X 的所有可能值为 0，1，2，

$$P(X=0) = \frac{C_2^2}{C_6^2} = \frac{1}{15}, \quad P(X=1) = \frac{C_4^1 C_2^1}{C_6^2} = \frac{8}{15}, \quad P(X=2) = \frac{C_4^2}{C_6^2} = \frac{6}{15},$$

X 的分布列为

X	0	1	2
P	$\frac{1}{15}$	$\frac{8}{15}$	$\frac{6}{15}$

X 的数学期望是 $EX = 0 \times \frac{1}{15} + 1 \times \frac{8}{15} + 2 \times \frac{6}{15} = \frac{4}{3}.$

七、课堂练习

题目名称：统计应用

阅读下面的两段资料，利用统计知识解答相关问题.

资料 1：据某省统计局公布的数据，2014 年该省城镇非私营单位从业人员年平均工资为 60867 元. 大多数从业人员认为自己的工资"拖了平均工资后腿".

资料 2：在跳水比赛中，需要 7 名裁判独立打分，记分规则为"去掉一个最高分，去掉一个最低分，求出剩余 5 个分数的平均数，将这个平均数乘以 3，再乘以难度系数后的结果作为选手的最终成绩".

（1）对于资料 1，解释"为什么大多数从业人员的工资可能低于平均工资"的原因. 请提出更客观地反映一个群体工资水平的统计指标，并简单说明理由.

（2）某次跳水比赛中，7 名裁判对运动员 A 一个难度系数为 3.2 的动作打分为 8.5，8.0，7.5，8.5，7.0，8.5，8.0.

按照资料 2 描述的记分规则，求出运动员 A 的最后成绩.

（3）对问题（2）中的数据进行分析，解释为什么要"去掉一个最高分，去掉一个最低分".

评分标准：

表 31 – 3

素养及水平	过程/评分点	得分/说明
考查重点	1. 数据分析和逻辑推理的核心素养. 2. 需要学生选择恰当的统计量来说明或推翻某种决策的合理性	
（1） 数据分析 水平 1	原因：当极少数人工资奇高时，会造成大多数人的工资水平低于平均工资. 即当数据中有极端异常值时，平均数作为数据的代表值，其代表性不强. 用中位数或四分位数反映群体工资水平更客观些. 理由：中位数或四分位数都是位置量数，知道中位数，能判断自己的工资水平属于 50% 高收入人群还是属于 50% 低收入人群. 如果知道四分位数，判断自己的工资水平所处的位置更准确些	说明原因/2 分 指出用中位数或四分位数之一并说明理由/2 分
（2） 数据分析 水平 1	去掉一个最高分 8.5 分，去掉一个最低分 7.0 分，剩余 5 个分数的平均数为 $\bar{x} = \dfrac{1}{5}(8.0+7.5+8.5+8.5+8.0) = 8.1$. 运动员 A 最后的成绩为 $8.1 \times 3 \times 3.2 = 77.76$	4 分
（3） 数据分析 水平 2	避免一些裁判员有过多的主观意向，人为地制造不公正. 如题（2）中，原始 7 个分数的平均数为 8.0 分，方差 $s_1^2 = \dfrac{1}{7}[3 \times (8.5-8.0)^2 + 2 \times (8.0-8.0)^2 + (7.0-8.0)^2 + (7.5-8.0)^2] = \dfrac{2}{7}$，去掉一个最低分 7.0 分，去掉一个最高分 8.5 分，剩余 5 个分数的平均数为 8.1 分，方差为 $s_2^2 = \dfrac{1}{5}[2 \times (8.5-8.1)^2 + 2 \times (8.0-8.1)^2 + (7.5-8.1)^2] = \dfrac{7}{50}$. 采用资料规定的记分法有以下作用： ① 可以消除个别裁判的倾向性打分. ② 使数据的方差变小，减少数据的波动性，提高平均数的代表	解释/2 分 比较方差/2 分

八、课堂小结

综上，可以看出高考的命题设计应该体现：

1. 背景相对公平，与经济社会时代发展同步，能够发挥正能量.

2. 考查的数学能力主要体现在阅读能力，特别是读图识图能力、数据处理能力、提取信息能力与应用意识.

3. 考查的知识以主干知识为主，不能留盲点，考试大纲的知识考查要求仅供参考，应高一个层次进行复习备考.

我们的备考应对：

1. 全覆盖精心准备，不留盲点.

2. 侧重主干知识点的复习，兼顾近几年考试的冷点.

3. 注意审题，加强阅读能力的提升，特别是在读图识图能力与数据处理能力上多下功夫.

作业巩固：

1. 对某校高三学生一个月内参加体育活动的次数进行统计，随机抽取 M 名学生作为样本，得到这 M 名学生参加体育活动的次数. 根据此数据做出了频数与频率的统计表和频率分布直方图如图 31-2 所示：

（1）求 a 的值，并根据此直方图估计该校高三学生在一个月内参加体育活动次数的中位数（精确到个位数）；

（2）在所抽取的样本中，从参加体育活动的次数不少于 20 次的学生中任取 4 人，记此 4 人中参加体育活动不少于 25 次的人数为 ξ，求随机变量 ξ 的分布列和数学期望.

频率	分组	频数
$[10，15)$	10	0.25
$[15，20)$	24	n
$[10，25)$	m	p
$[25，30)$	2	0.05
合计	M	1

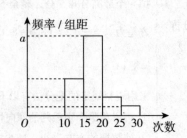

图 31-2

2. （2018 年全国卷 3）某工厂为提高生产效率，开展技术创新活动，提出了完成某项生产任务的两种新的生产方式．为比较两种生产方式的效率，选取 40 名工人，将他们随机分成两组，每组 20 人，第一组工人用第一种生产方式，第二组工人用第二种生产方式．根据工人完成生产任务的工作时间（单位：min）绘制了茎叶图，如图 31 – 3 所示．

第一种生产方式		第二种生产方式
8 6	5	5 5 6 8 9
9 7 6 2	7	0 1 2 2 3 4 5 5 6 8
9 8 7 7 6 5 4 3 3 2	8	1 4 4 5
2 1 1 0 0	9	0

图 31 – 3

（1）根据茎叶图判断哪种生产方式的效率更高？并说明理由．

（2）求 40 名工人完成生产任务所需时间的中位数 m，并将完成生产任务所需时间超过 m 和不超过 m 的工人数填入下面的列联表：

表 31 – 4

	超过 m	不超过 m
第一种生产方式		
第二种生产方式		

（3）根据（2）中的列表，能否有 99% 的把握认为两种生产方式的效率有差异？

附：$k^2 = \dfrac{n(ad-bc)^2}{(a+b)(c+d)(a+c)(b+d)}$，

$P(k^2 \geqslant k_0)$	0.050	0.010	0.001
k_0	3.841	6.635	10.828

解析：（1）显然第二种生产方式的效率更高．因为第二种生产方式中，工人完成任务的平均时间要少．

（2）根据茎叶图，计算出中位数 $m = \dfrac{79+81}{2} = 80$，于是得到如下联列表：

表 31 - 5

	超过 m	不超过 m	合计
第一种生产方式	15	5	20
第二种生产方式	5	15	20
合计	20	20	40

（3）计算 $k^2 = \dfrac{40 \times (15 \times 15 - 5 \times 5)^2}{20 \times 20 \times 20 \times 20} = 10 > 6.635$，

所以，能有 99% 的把握认为两种生产方式的效率有差异，即第二种生产方式的效率要高.

第 三十二 讲

立体几何综合应用

【例题解析】

例1. （2013 全国新课标卷2）如图 32 - 1 所示，直棱柱 $ABC - A_1B_1C_1$ 中，D，E 分别是 AB，BB_1 的中点，$AA_1 = AC = CB = \dfrac{\sqrt{2}}{2}AB$.

（1）证明：$BC_1 /\!/$ 平面 A_1CD.

（2）求二面角 $D - A_1C - E$ 的正弦值.

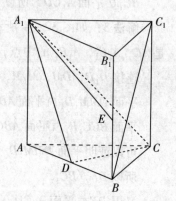

图 32 - 1

解析：

（1）**解法** 1：如图 32 - 2 所示，

连接 AC_1 交 A_1C 于点 F，则 F 为 AC_1 中点.

又 D 是 AB 中点，连接 DF，则 $BC_1 /\!/ DF$.

因为 $DF \subset$ 平面 A_1CD，$BC_1 \not\subset$ 平面 A_1CD，

所以 $BC_1 /\!/$ 平面 A_1CD.

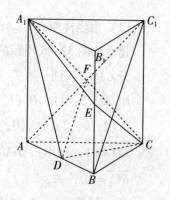

图 32 - 2

解法 2：如图 32 - 3 所示，延长 CD 至 H，且使 $CD = DH$，连接 AH，BH，过 H 作 $HH_1 /\!/ AA_1$，且 $HH_1 = AA_1$，连接 A_1H_1，B_1H_1，A_1H，

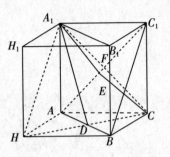

图 32 - 3

因为 $AA_1 = AC = CB = \dfrac{\sqrt{2}}{2}AB$，

所以 $AC \perp BC$.

又三棱柱 $ABC - A_1B_1C_1$ 为直三棱柱，

所以四棱柱 $AHBC - A_1H_1B_1C_1$ 是正方体.

因为 $BC_1 /\!/ HA_1$，且 $A_1H \subset$ 平面 A_1CD，

$BC_1 \not\subset$ 平面 A_1CD，所以 $BC_1 /\!/$ 平面 A_1CD.

解法 3：如图 32 - 4 所示，设 M，M_1，D_1 分别是 AC，A_1C_1，A_1B_1 的中点，

连接 D_1D，DM，M_1M，D_1M_1，

平面 $DMM_1D_1 \cap$ 平面 $ABC_1 = DF$，

平面 $BCC_1B_1 \cap$ 平面 $ABC_1 = BC_1$，

可以证明平面 $DMM_1D_1 /\!/$ 平面 BCC_1B_1，

所以 $DF /\!/ BC_1$.

又因 $DF \subset$ 平面 A_1CD，$BC_1 \not\subset$ 平面 A_1CD，

所以 $BC_1 /\!/$ 平面 A_1CD.

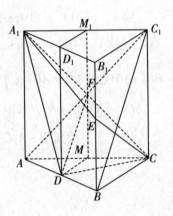

图 32 - 4

解法 4：由 $AC = CB = \dfrac{\sqrt{2}}{2}AB$，得 $AC \perp BC$.

以 C 为坐标原点，$\overrightarrow{CA}$ 的方向为 x 轴正方向，建立如图 32 - 5 所示的空间直角坐标系 $C - xyz$.

设 $CA = 2$，则

$B\,(0, 2, 0)$，$D\,(1, 1, 0)$，

$A_1(2, 0, 2)$，$C_1(0, 0, 2)$，

$\overrightarrow{CD} = (1, 1, 0)$，$\overrightarrow{DA_1} = (1, -1, 2)$，

$\overrightarrow{BC_1} = (0, -2, 2)$.

设 $\boldsymbol{n}$ 是平面 A_1CD 的法向量，则

$\boldsymbol{n} = (1, -1, -1)$.

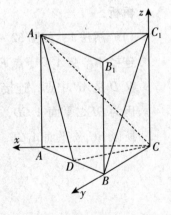

图 32 - 5

$\because \overrightarrow{BC_1} \cdot \boldsymbol{n} = 0$,

$\therefore \overrightarrow{BC_1} \perp \boldsymbol{n}$,

又因 $BC_1 \not\subset$ 平面 A_1CD,所以 $BC_1 /\!/$ 平面 A_1CD.

解法 5:由 $AC = CB = \dfrac{\sqrt{2}}{2}AB$,得 $AC \perp BC$.

以 C 为坐标原点,$\overrightarrow{CA}$ 的方向为 x 轴正方向,

建立如图 32 -6 所示的空间直角坐标系 $C - xyz$.

设 $CA = 2$,则

$D\,(1,\ 1,\ 0)$,$A_1\,(2,\ 0,\ 2)$,$C_1\,(0,\ 0,\ 2)$,

$\overrightarrow{CD} = (1,\ 1,\ 0)$,$\overrightarrow{DA_1} = (1,\ -1,\ 2)$,

$\overrightarrow{BC_1} = (0,\ -2,\ 2)$.

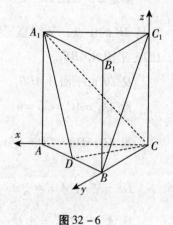

因为 $\overrightarrow{BC_1} \cdot (\overrightarrow{CD} \times \overrightarrow{DA_1}) = \begin{vmatrix} 0 & -2 & 2 \\ 1 & 1 & 0 \\ 1 & -1 & 2 \end{vmatrix} = 0$,

图 32 -6

所以,$\overrightarrow{BC_1} \perp (\overrightarrow{CD} \times \overrightarrow{DA_1})$.

又因 $BC_1 \not\subset$ 平面 A_1CD,所以 $BC_1 /\!/$ 平面 A_1CD.

(2) **解法 1**:由 $AC = CB = \dfrac{\sqrt{2}}{2}AB$,得 $AC \perp BC$.

以 C 为坐标原点,$\overrightarrow{CA}$ 的方向为 x 轴正方向,

建立如图 32 -7 所示的空间直角坐标系 $C - xyz$.

设 $CA = 2$,则 $D\,(1,\ 1,\ 0)$,$A_1\,(2,\ 0,\ 2)$,

$E\,(0,\ 2,\ 1)$,

$\overrightarrow{CD} = (1,\ 1,\ 0)$,$\overrightarrow{CA_1} = (2,\ 0,\ 2)$,

$\overrightarrow{CE} = (0,\ 2,\ 1)$.

设 $\boldsymbol{n} = (x_1,\ y_1,\ z_1)$ 是平面 A_1CD 的法向量,

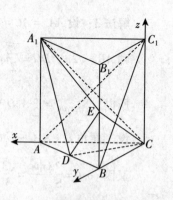

则 $\begin{cases} \boldsymbol{n} \cdot \overrightarrow{CD} = 0, \\ \boldsymbol{n} \cdot \overrightarrow{CA_1} = 0, \end{cases}$ 即 $\begin{cases} x_1 + y_1 = 0, \\ 2x_1 + 2z_1 = 0, \end{cases}$

图 32 -7

可取 $\boldsymbol{n} = (1,\ -1,\ -1)$.

同理,设 $\boldsymbol{m} = (x_2,\ y_2,\ z_2)$ 是平面 A_1CE 的法向量,则 $\begin{cases} \boldsymbol{m} \cdot \overrightarrow{CE} = 0, \\ \boldsymbol{m} \cdot \overrightarrow{CA_1} = 0, \end{cases}$

可取 $m = (2, 1, -2)$，从而 $\cos\langle n, m \rangle = \dfrac{n \cdot m}{|n||m|} = \dfrac{\sqrt{3}}{3}$.

故 $\sin\langle n, m \rangle = \dfrac{\sqrt{6}}{3}$，所以二面角 $D - A_1 C - E$ 的正弦值为 $\dfrac{\sqrt{6}}{3}$.

解法 2：如图 32 – 8 所示，因为 $AC = CB = \dfrac{\sqrt{2}}{2}AB$，

D 是 AB 的中点，又因直三棱柱 $ABC - A_1B_1C_1$，所以 $CD \perp$ 平面 A_1ABB_1.

又 $DE \subset$ 平面 A_1ABB_1，所以 $CD \perp DE$.

设 $AA_1 = AC = CB = a$，

得 $AD = DB = CD = \dfrac{\sqrt{2}}{2}a$，$A_1D = \dfrac{\sqrt{6}}{2}a$，

$DE = \dfrac{\sqrt{3}}{2}a$，$A_1E = \dfrac{3}{2}a$.

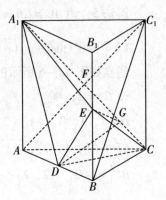

图 32 – 8

因 $A_1D^2 + DE^2 = A_1E^2$，所以 $DE \perp A_1D$，又 $A_1D \cap DC = D$，所以 $DE \perp$ 平面 A_1DC，过 D 作 $DG \perp A_1C$ 于 G，连接 EG，则 $\angle DGE$ 是二面角 $D - A_1C - E$ 的平面

角，可得 $DG = \dfrac{\sqrt{6}}{4}a$，$EG = \dfrac{3\sqrt{2}}{4}a$，因 $\sin\angle DGE = \dfrac{DE}{EG} = \dfrac{\sqrt{6}}{3}$，

所以二面角 $D - A_1 C - E$ 的正弦值为 $\dfrac{\sqrt{6}}{3}$.

解法 3：设 $AA_1 = AC = CB = a$，

则 $AB = \sqrt{2}a$，$DC = \dfrac{\sqrt{2}}{2}a$，$A_1D = \dfrac{\sqrt{6}}{2}a$，$DE = \dfrac{\sqrt{3}}{2}a$，$A_1E = \dfrac{3}{2}a$，

所以，$S_{\triangle A_1DC} = \dfrac{1}{2}A_1D \cdot CD = \dfrac{\sqrt{3}}{4}a^2$，$S_{\triangle A_1EC} = \dfrac{1}{2}A_1C \cdot EG = \dfrac{3}{4}a^2$.

设二面角 $D - A_1C - E$ 的平面角为 θ，

又因 $\cos\theta = \dfrac{S_{\triangle A_1DC}}{S_{\triangle A_1EC}} = \dfrac{\sqrt{3}}{3}$ 得，$\sin\theta = \dfrac{\sqrt{6}}{3}$，

所以二面角 $D - A_1 C - E$ 的正弦值为 $\dfrac{\sqrt{6}}{3}$.

例 2.（2014 年全国卷 2）如图 32 – 9 所示，四

棱锥 $P - ABCD$ 中，底面 $ABCD$ 为矩形，$PA \perp$ 平面

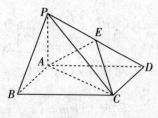

图 32 – 9

$ABCD$，E 为 PD 的中点.

（1）证明：PB // 平面 AEC.

（2）设二面角 $D - AE - C$ 为 $60°$，$AP = 1$，$AD = \sqrt{3}$，
求三棱锥 $E - ACD$ 的体积.

解析：

（1）**解法 1**：如图 32 - 10 所示，连接 BD 交 AC
于点 O，连接 EO.

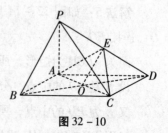

图 32 - 10

因为 $ABCD$ 为矩形，所以 O 为 BD 的中点.

又 E 为 PD 的中点，所以 EO // PB.

因为 $EO \subset$ 平面 AEC，$PB \not\subset$ 平面 AEC，

所以 PB // 平面 AEC.

解法 2：如图 32 - 11 所示，延长 DC 于 G，使
$DC = CG$，连接 BG，PG，

则 $ABGC$ 是平行四边形，所以 BG // AC.

因 E 是 PD 的中点，C 是 GD 的中点，所
以 PG // EC.

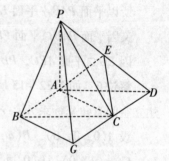

图 32 - 11

又因 $BG \cap PG = G$，$AC \cap EC = C$，所以平面 PBG
// 平面 ACE.

因为 $PB \subset$ 平面 PBG，所以 PB // 平面 ACE.

解法 3：如图 32 - 12 所示，延长 DA 于 G，使 DA
$= AG$，连接 BG，PG，

则 $AGBC$ 是平行四边形，所以 BG // AC.

因 E 是 PD 的中点，A 是 GD 的中点，

所以 PG // EA.

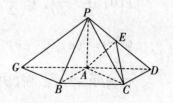

图 32 - 12

又因 $BG \cap PG = G$，$AC \cap EA = A$，所以平面 PBG
// 平面 ACE.

因为 $PB \subset$ 平面 PBG，所以 PB // 平面 ACE.

解法 4：因为底面 $ABCD$ 是矩形，且 $PA \perp$ 平面
$ABCD$，把四棱锥 $P - ABCD$ 补成长方体 $ABCD -$
$PB_1C_1D_1$，如图 32 - 13 所示，

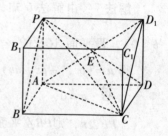

图 32 - 13

因 E 是 PD 的中点，显然 PD 是矩形 $PADD_1$ 的对角线，

分别连接 ED_1，CD_1，

在长方体 $ABCD-PB_1C_1D_1$ 中，$PB /\!/ CD_1$，

因 $CD_1 \subset$ 平面 ACE，

$PB \not\subset$ 平面 ACE，所以 $PB /\!/$ 平面 ACE.

解法 5：如图 32 – 14 所示，连接 BD 交 AC 于点

O，连接 EO.

因为 $ABCD$ 为矩形，所以 O 为 BD 的中点.

设 H 是 AD 的中点，分别连接 EO，EH，HO.

又 E 为 PD 的中点，所以 $EH /\!/ PA$，$HO /\!/ AB$.

又因 $EH \cap HO = H$，$PA \cap AB = A$，

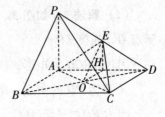

图 32 – 14

所以平面 $PAB /\!/$ 平面 EOH.

又因平面 $PAB \cap$ 平面 $PBD = PB$，平面 $EOH \cap$ 平面 $PBD = EO$，所以 $PB /\!/ EO$.

因 $EO \subset$ 平面 AEC，$PB \not\subset$ 平面 AEC，所以 $PB /\!/$ 平面 AEC.

解法 6：如图 32 – 15 所示，以 A 点为坐标原点，

建立空间直角坐标系 $A-xyz$.

设 $A(0, 0, 0)$，$B(a, 0, 0)$，

$C(a, b, 0)$，$D(0, b, 0)$，$P(0, 0, c)$，

$E\left(0, \dfrac{b}{2}, \dfrac{c}{2}\right)$，$O\left(\dfrac{a}{2}, \dfrac{b}{2}, 0\right)$，

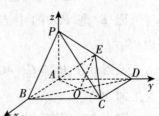

图 32 – 15

则 $\overrightarrow{PB} = (a, 0, -c)$，$\overrightarrow{EO} = \left(\dfrac{a}{2}, 0, -\dfrac{c}{2}\right)$.

因为 $\overrightarrow{PB} = 2\overrightarrow{EO}$，所以 $\overrightarrow{PB} /\!/ \overrightarrow{EO}$，即 $PB /\!/ EO$.

因为 $EO \subset$ 平面 AEC，$PB \not\subset$ 平面 AEC. 所以 $PB /\!/$ 平面 AEC.

解法 7：由解法 6 知，$\overrightarrow{PB} = (a, 0, -c)$，$\overrightarrow{AE} = \left(0, \dfrac{b}{2}, \dfrac{c}{2}\right)$，$\overrightarrow{AC} = (a,$

$b, 0)$，设平面 ACE 的一个法向量为 $\boldsymbol{n}$，则由 $\boldsymbol{n} \cdot \overrightarrow{AE} = 0$，$\boldsymbol{n} \cdot \overrightarrow{AC} = 0$，

得 $\boldsymbol{n} = (bc, -ac, ab)$.

$\because \overrightarrow{PB} \cdot \boldsymbol{n} = 0$，

$\therefore \overrightarrow{PB} \perp \boldsymbol{n}$，则 $\overrightarrow{PB} /\!/$ 平面 AEC.

又因 $PB \not\subset$ 平面 AEC，所以 $PB /\!/$ 平面 AEC.

解法 8：如图 32 – 16 所示，连接 BD 交 AC 于点 O，连接 EO.

因为 $ABCD$ 为矩形，所以 O 为 AC 的中点.

因 $\overrightarrow{PB} = \overrightarrow{AB} - \overrightarrow{AP}$，$\overrightarrow{EO} = \frac{1}{2}(\overrightarrow{AB} - \overrightarrow{AP})$，

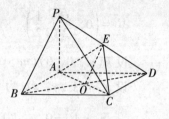

所以 $\overrightarrow{PB} = 2\overrightarrow{EO}$，故 $\overrightarrow{PB}$ 与 $\overrightarrow{EO}$ 共线，则 $PB /\!/ EO$. 因为 $EO \subset$ 平面 AEC，$PB \not\subset$ 平面 AEC，所以 $PB /\!/$ 平面 AEC.

图 32 – 16

（2）**解法** 1：如图 32 – 17 所示，因为底面 $ABCD$ 是矩形，所以 $CD \perp AD$.

又因为 $PA \perp$ 平面 $ABCD$，所以 $PA \perp CD$.

因为 $PA \cap AD = A$，所以 $CD \perp$ 平面 PAD.

过 D 作 $DH \perp AE$ 延长线于 H，连接 CH，

则 $\angle CHD$ 是二面角 $D – AE – C$ 的平面角，

所以 $\angle CHD = 60°$.

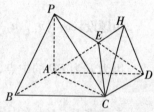

图 32 – 17

又因 $AP = 1$，$AD = \sqrt{3}$，$\angle DAE = 30°$，所以 $DH = \frac{\sqrt{3}}{2}$.

在 $\mathrm{Rt}\triangle CDH$ 中，$CD = DH \cdot \tan\angle CHD = \frac{3}{2}$.

因为 $S_{\triangle ACD} = \frac{1}{2}AD \cdot CD = \frac{3\sqrt{3}}{4}$，所以 $V_{E-ACD} = \frac{1}{3}S_{\triangle ACD} \cdot \frac{1}{2}AP = \frac{\sqrt{3}}{8}$.

解法 2：由解法 1 得，$DH = \frac{\sqrt{3}}{2}$，$CD = \frac{3}{2}$，$AE = 1$，

因为 $S_{\triangle AED} = \frac{1}{2}AE \cdot DH = \frac{\sqrt{3}}{4}$，所以 $V_{E-ACD} = V_{C-AED} = \frac{1}{3}S_{\triangle AED} \cdot CD = \frac{\sqrt{3}}{8}$.

解法 3：因为 $PA \perp$ 平面 $ABCD$，$ABCD$ 为矩形，所以 AB，AD，AP 两两垂直.

如图 32 – 18 所示，以 A 为坐标原点，$\overrightarrow{AB}$ 的方向为 x 轴的正方向，$|\overrightarrow{AP}|$ 为单位长，建立空间直角坐标系 $A – xyz$，则 $D(0, \sqrt{3}, 0)$，$E\left(0, \frac{\sqrt{3}}{2}, \frac{1}{2}\right)$，

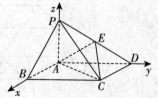

图 32 – 18

$$\overrightarrow{AE} = \left(0, \ \frac{\sqrt{3}}{2}, \ \frac{1}{2}\right).$$

设 $B(m, \ 0, \ 0)(m>0)$，则 $C(m, \ \sqrt{3}, \ 0)$，$\overrightarrow{AC} = (m, \ \sqrt{3}, \ 0)$.

设 $\boldsymbol{n}_1 = (x, \ y, \ z)$ 为平面 ACE 的法向量，

则 $\begin{cases} \boldsymbol{n}_1 \cdot \overrightarrow{AC} = 0, \\ \boldsymbol{n}_1 \cdot \overrightarrow{AE} = 0, \end{cases}$ 即 $\begin{cases} mx + \sqrt{3}y = 0, \\ \frac{\sqrt{3}}{2}y + \frac{1}{2}z = 0, \end{cases}$ 可取 $\boldsymbol{n}_1 = \left(\frac{\sqrt{3}}{m}, \ -1, \ \sqrt{3}\right)$，

又 $\boldsymbol{n}_2 = (1, \ 0, \ 0)$ 为平面 DAE 的法向量，

由题设 $|\cos \langle \boldsymbol{n}_1, \ \boldsymbol{n}_2 \rangle| = \frac{1}{2}$，即 $\sqrt{\frac{3}{3+4m^2}} = \frac{1}{2}$，解得 $m = \frac{3}{2}$.

因为 E 为 PD 的中点，所以三棱锥 $E-ACD$ 的高 h 为 $\frac{1}{2}$，

三棱锥 $E-ACD$ 的体积 $V = \frac{1}{3}S_{\triangle ACD} \cdot h = \frac{1}{3} \times \frac{1}{2} \times \sqrt{3} \times \frac{3}{2} \times \frac{1}{2} = \frac{\sqrt{3}}{8}$.

例3.（2015 年全国卷2）如图 32-19 所示，长方体 $ABCD-A_1B_1C_1D_1$ 中，$AB=16$，$BC=10$，$AA_1=8$，点 E，F 分别在 A_1B_1，D_1C_1 上，$A_1E=D_1F=4$，过点 E，F 的平面 α 与此长方体的面相交，交线围成一个正方形.

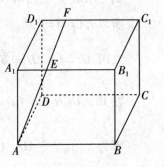

图 32-19

（1）在图中画出这个正方形（不必说明画法和理由）.

（2）求直线 AF 与平面 α 所成的角的正弦值.

解析：（1）如图 32-20 所示，作图基本正确即可.

（2）**解法1**：建立坐标系如图 32-21 所示，则 $A(10, \ 0, \ 0)$，$H(10, \ 10, \ 0)$，$F(0, 4, \ 8)$，$E(10, \ 4, \ 8)$.

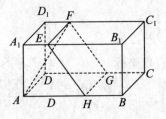

图 32-20

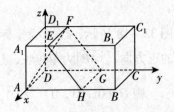

图 32-21

$\overrightarrow{FE}=(10,\ 0,\ 0)$，$\overrightarrow{HE}=(0,\ -6,\ 8)$，

设 $\boldsymbol{n}=(x,\ y,\ z)$ 是平面 $EFGH$ 的法向量，

则 $\begin{cases}\boldsymbol{n}\cdot\overrightarrow{FE}=10x=0,\\ \boldsymbol{n}\cdot\overrightarrow{HE}=-6y+8z=0,\end{cases}$ 可取 $\boldsymbol{n}=(0,\ 4,\ 3)$，

所以 $\cos\ \langle\boldsymbol{n},\ \overrightarrow{AF}\rangle=\dfrac{|\boldsymbol{n}\cdot\overrightarrow{AF}|}{|\boldsymbol{n}||\overrightarrow{AF}|}=\dfrac{4\sqrt{5}}{15}$，

所以，AF 与平面 $EFGH$ 所成角的正弦值为 $\dfrac{4\sqrt{5}}{15}$.

解法 2：如图 $32-22$ 所示，在平面 ABB_1A_1 内作 $AO\perp EH$，垂足为 O.

因为 $AO\perp EF$，所以 $AO\perp$ 平面 $EFGH$，

所以 $\angle AFO$ 为 AF 与平面 $EFGH$ 所成的角.

因为 $AO=AH\sin\angle AHE=10\times\dfrac{4}{5}=8$，

在 $\mathrm{Rt}\triangle AFO$ 中，$AF=6\sqrt{5}$，

$\sin\angle AFO=\dfrac{AO}{AF}=\dfrac{8}{6\sqrt{5}}=\dfrac{4\sqrt{5}}{15}$，

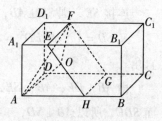

图 $32-22$

所以，AF 与平面 $EFGH$ 所成角的正弦值为 $\dfrac{4\sqrt{5}}{15}$.

解法 3：如图 $32-23$ 所示，

作 $AO\perp$ 平面 $EFGH$，垂足为 O，

则 $\angle AFO$ 为 AF 与平面 $EFGH$ 所成的角.

$V_{A-EHG}=V_{E-AHC}$，

$V_{E-AHG}=\dfrac{1}{3}\times\dfrac{1}{2}\times10\times10\times8=\dfrac{400}{3}$，

而 $S_{EHG}=50$，则 $AO=8$.

又 $AF=6\sqrt{5}$，所以 $\sin\angle AFO=\dfrac{AO}{AF}=\dfrac{8}{6\sqrt{5}}=\dfrac{4\sqrt{5}}{15}$，

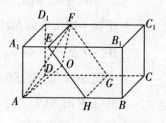

图 $32-23$

所以，AF 与平面 $EFGH$ 所成角的正弦值为 $\dfrac{4\sqrt{5}}{15}$.

例 4. （2011 年全国卷）如图 32 – 24 所示，四棱
锥 $S - ABCD$ 中，$AB /\!/ CD$，$BC \perp CD$，侧面 SAB 为等
边三角形，$AB = BC = 2$，$CD = SD = 1$.

（1）证明：$SD \perp$ 平面 SAB.

（2）求 AB 与平面 SBC 所成角的大小.

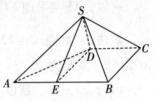

图 32 – 24

解析：

（1）**解法** 1：如图 32 – 35 所示，取 AB 中点 E，连接 DE，
则四边形 $BCDE$ 为矩形，$DE = CB = 2$.

连接 SE，则 $SE \perp AB$，$SE = \sqrt{3}$.

又 $SD = 1$，故 $ED^2 = SE^2 + SD^2$，所以 $\angle DSE$ 为
直角.

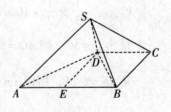

图 32 – 25

由 $AB \perp DE$，$AB \perp SE$，$DE \cap SE = E$，得 $AB \perp$ 平
面 SDE，所以 $AB \perp SD$，

SD 与两条相交直线 AB，SE 都垂直，所以 $SD \perp$ 平面 SAB.

解法 2：取 AB 中点 E，连接 DE，SE，
则四边形 $BCDE$ 为矩形，$\therefore AB \perp DE$.

又 $\because \triangle SAB$ 为等边三角形，

$\therefore AB \perp SE$，又由 $DE \cap SE = E$，得 $AB \perp$ 平面 SDE.

又 $\because AB \subset$ 平面 SAB，

$\therefore$ 平面 $SAB \perp$ 平面 SDE.

$\because DE = CB = 2$，$SE = \sqrt{3}$，$SD = 1$，得 $SE \perp SD$.

$\because$ 平面 $SAB \cap$ 平面 $SDE = SE$，$SD \subset$ 平面 SDE，

$\therefore SD \perp$ 平面 SAB.

解法 3：$\because AB /\!/ CD$，$BC \perp CD$，$\therefore$ 四边形 $ABCD$
为直角梯形. 取 AB 的中点 E，连接 DE，如图 32 – 26
所示，

则 $DE = CB = 2$，$AE = 1$，即 $AD = \sqrt{5}$.

又 $\because \triangle SAB$ 为等边三角形，$\therefore SA = AB = 2$.

又 $SD = 1$，故 $AD^2 = SD^2 + SA^2$，

$\therefore \angle DSA$ 为直角，$\therefore SD \perp SA$.

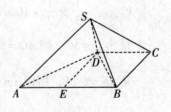

图 32 – 26

连接 DB，则 $DB = \sqrt{5}$，$\therefore BD^2 = SB^2 + SD^2$，故 $\angle DSB$ 为直角，则 $SD \perp SA$.

又因 $AS \cap BS = S$，$AS \subset$ 平面 SAB，$BS \subset$ 平面 SAB，

所以 $SD \perp$ 平面 SAB.

解法 4：以 C 为坐标原点，射线 CD 为 x 轴正半轴，建立如图 $32-27$ 所示的空间直角坐标系 $C-xyz$.

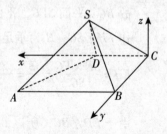

图 $32-27$

设 $D(1, 0, 0)$，则 $A(2, 2, 0)$，$B(0, 2, 0)$.

又设 $S(x, y, z)$，则 $x > 0$，$y > 0$，$z > 0$.

$\overrightarrow{AS} = (x-2, y-2, z)$，$\overrightarrow{BS} = (x, y-2, z)$，

$\overrightarrow{DS} = (x-1, y, z)$，

由 $|\overrightarrow{AS}| = |\overrightarrow{BS}|$ 得，

$\sqrt{(x-2)^2 + (y-2)^2 + z^2} = \sqrt{x^2 + (y-2)^2 + z^2}$，故 $x = 1$.

由 $|\overrightarrow{DS}| = 1$ 得，$y^2 + z^2 = 1$. 又由 $|\overrightarrow{BS}| = 2$ 得，$x^2 + (y-2)^2 + z^2 = 4$，

即 $y^2 + z^2 - 4y + 1 = 0$，故 $y = \dfrac{1}{2}$，$z = \dfrac{\sqrt{3}}{2}$.

于是 $S\left(1, \dfrac{1}{2}, \dfrac{\sqrt{3}}{2}\right)$，$\overrightarrow{AS} = \left(-1, -\dfrac{3}{2}, \dfrac{\sqrt{3}}{2}\right)$，

$\overrightarrow{BS} = \left(1, -\dfrac{3}{2}, \dfrac{\sqrt{3}}{2}\right)$，$\overrightarrow{DS} = \left(0, \dfrac{1}{2}, \dfrac{\sqrt{3}}{2}\right)$，

而 $\overrightarrow{DS} \cdot \overrightarrow{AS} = 0$，$\overrightarrow{DS} \cdot \overrightarrow{BS} = 0$，故 $DS \perp AS$，$DS \perp BS$.

又 $AS \cap BS = S$，所以 $SD \perp$ 平面 SAB.

解法 5：根据解法 4 可得，$\overrightarrow{AS} = \left(-1, -\dfrac{3}{2}, \dfrac{\sqrt{3}}{2}\right)$，$\overrightarrow{BS} = \left(1, -\dfrac{3}{2}, \dfrac{\sqrt{3}}{2}\right)$，

$\overrightarrow{DS} = \left(0, \dfrac{1}{2}, \dfrac{\sqrt{3}}{2}\right)$，设平面 SAB 的一个法向量为 $\boldsymbol{m}$，则 $\boldsymbol{m} = (0, 1, \sqrt{3})$.

$\because \boldsymbol{m} = 2\overrightarrow{DS}$，$\therefore \boldsymbol{m} /\!/ \overrightarrow{DS}$，

$\therefore \overrightarrow{DS} \perp$ 平面 SAB，故 $SD \perp$ 平面 SAB.

（2）**解法 1**：如图 $32-28$ 所示，由 $AB \perp$ 平面 SDE 知，平面 $ABCD \perp$ 平面 SDE.

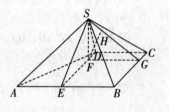

图 $32-28$

作 $SF \perp DE$，垂足为 F，则 $SF \perp$ 平面 $ABCD$，

$$SF = \dfrac{SD \times SE}{DE} = \dfrac{\sqrt{3}}{2}.$$

作 $FG \perp BC$，垂足为 G，

则 $FG = DC = 1$. 连接 SG，则 $SG \perp BC$.

又 $BC \perp FG$，$SG \cap FG = G$，

故 $BC \perp$ 平面 SFG，平面 $SBC \perp$ 平面 SFG.

作 $FH \perp SG$，H 为垂足，则 $FH \perp$ 平面 SBC.

$FH = \dfrac{SF \times FG}{SG} = \dfrac{\sqrt{3}}{\sqrt{7}} = \dfrac{\sqrt{21}}{7}$，即 F 到平面 SBC 的距离为 $\dfrac{\sqrt{21}}{7}$.

由于 $ED /\!/ BC$，所以 $ED /\!/$ 平面 SBC，E 到平面 SBC 的距离 d 也为 $\dfrac{\sqrt{21}}{7}$.

设 AB 与平面 SBC 所成的角为 α，则 $\sin\alpha = \dfrac{d}{EB} = \dfrac{\sqrt{21}}{7}$，$\alpha = \arcsin \dfrac{\sqrt{21}}{7}$.

解法 2：$\because DC /\!/ AB$，$AB \subset$ 平面 $SAB \Rightarrow DC /\!/$ 平面 SAB

$\Rightarrow D$ 点到平面 SAB 的距离 SD 等于 C 点到平面 SAB 的距离.

设点 A 到平面 SBC 的距离为 h，由 $V_{C-SAB} = V_{A-SCB}$ 得，

$\dfrac{1}{3} \cdot S_{\triangle SAB} \cdot SD = \dfrac{1}{3} \cdot S_{\triangle SBC} \cdot h \Rightarrow \sqrt{3} \cdot 1 = \dfrac{1}{2} \cdot \sqrt{2} \cdot \dfrac{\sqrt{7}}{\sqrt{2}} \cdot h \Rightarrow h = \dfrac{2\sqrt{3}}{\sqrt{7}}$，

$\therefore AB$ 与平面 SBC 所成角 α 的正弦值 $\sin\alpha = \dfrac{h}{AB}$，则 $\sin\alpha = \dfrac{h}{2} = \dfrac{\sqrt{21}}{7}$，

$\therefore \alpha = \arcsin \dfrac{\sqrt{21}}{7}$.

解法 3：设平面 SBC 的法向量 $\boldsymbol{\alpha} = (m, n, p)$，则 $\boldsymbol{\alpha} \perp \vec{BS}$，$\boldsymbol{\alpha} \perp \vec{CB}$，$\boldsymbol{\alpha} \cdot \vec{BS} = 0$，

$\boldsymbol{\alpha} \cdot \vec{CB} = 0$，有 $\vec{BS} = \left(1, -\dfrac{3}{2}, \dfrac{\sqrt{3}}{2}\right)$，$\vec{CB} = (0, 2, 0)$，

故 $\begin{cases} m - \dfrac{3}{2}n + \dfrac{\sqrt{3}}{2}p = 0, \\ 2n = 0, \end{cases}$ 取 $p = 2$ 得，$\boldsymbol{\alpha} = (-\sqrt{3}, 0, 2)$.

又 $\vec{AB} = (-2, 0, 0)$，所以 $\cos \langle \vec{AB}, \boldsymbol{\alpha} \rangle = \dfrac{\vec{AB} \cdot \boldsymbol{\alpha}}{|\vec{AB}| \cdot |\boldsymbol{\alpha}|} = \dfrac{\sqrt{21}}{7}$.

故 AB 与平面 SBC 所成的角为 $\arcsin \dfrac{\sqrt{21}}{7}$.

解法 4：在 Rt$\triangle SDE$ 中，$SF \perp DE$ 于 F，

建立如图 32 - 29 所示的空间直角坐标系，

则 $A\left(\dfrac{3}{2},\ -1,\ 0\right)$, $B\left(\dfrac{3}{2},\ 1,\ 0\right)$,

$S\left(0,\ 0,\ \dfrac{\sqrt{3}}{2}\right)$, $C\left(-\dfrac{1}{2},\ 1,\ 0\right)$.

设平面 SCB 的法向量 $\boldsymbol{n}=(x,\ 1,\ z)$,

由 $\boldsymbol{n}\cdot\overrightarrow{BC}=0\Rightarrow(x,\ 1,\ z)\cdot(-2,\ 0,\ 0)=0$

$\Rightarrow x=0$,

由 $\boldsymbol{n}\cdot\overrightarrow{BS}=0\Rightarrow(x,\ 1,\ z)\cdot\left(\dfrac{3}{2},\ 1,\ -\dfrac{\sqrt{3}}{2}\right)=0$

$\Rightarrow z=\dfrac{2\sqrt{3}}{3}$,

$\therefore\cos\ \langle\boldsymbol{n},\ \overrightarrow{AB}\rangle=\dfrac{\sqrt{21}}{7}$,

$\therefore AB$ 与平面 SBC 所成角为 $\arcsin\dfrac{\sqrt{21}}{7}$.

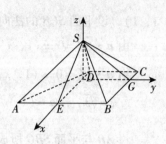

图 32－29

解法 5：设 E 是 AB 的中点，则 $DE\perp AB$，以点 D 为坐标原点，射线 DE 为 x 轴的正半轴，建立如图 32－30 所示的空间直角坐标系.

则 $A(2,\ -1,\ 0)$, $B(2,\ 1,\ 0)$,

$S\left(\dfrac{1}{2},\ 0,\ \dfrac{\sqrt{3}}{2}\right)$, $C(0,\ 1,\ 0)$,

通过计算得平面 SBC 的一个法向量为

$\boldsymbol{n}=(0,\ \sqrt{3},\ 2)$.

$\because\overrightarrow{AB}=(0,\ 2,\ 0)\Rightarrow|\cos\ \langle\overrightarrow{AB},\ \boldsymbol{n}\rangle|=\dfrac{\sqrt{21}}{7}$,

$\therefore AB$ 与平面 SBC 所成角为 $\arcsin\dfrac{\sqrt{21}}{7}$.

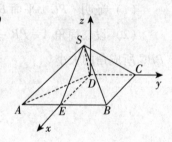

图 32－30

解法 6：由（1）知，$SD\perp$ 平面 SAB，故取 AB 的中点 E 为坐标原点，以 ES 所在直线为 x 轴，EB 所在直线为 y 轴，过点 E 平行于 SD 的直线为 z 轴，建立如图 32－31 所示的空间直角坐标系，则 $A(0,\ -1,\ 0)$，$B(0,\ 1,\ 0)$，$S(\sqrt{3},\ 0,\ 0)$，$D(\sqrt{3},\ 0,\ 1)$，$C(\sqrt{3},$

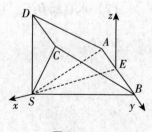

图 32－31

1，1），设平面 SCB 的法向量 $\boldsymbol{n} = (1, x, y)$，

由 $\boldsymbol{n} \cdot \overrightarrow{SC} = 0 \Rightarrow (1, x, y) \cdot (0, -1, -1) = 0 \Rightarrow x + y = 0$.

由 $\boldsymbol{n} \cdot \overrightarrow{BC} = 0 \Rightarrow (1, x, y) \cdot (-\sqrt{3}, 0, -1) = 0 \Rightarrow y = -\sqrt{3}$，

$\therefore x = \sqrt{3}$，$\therefore \boldsymbol{n} = (1, \sqrt{3}, -\sqrt{3})$．

设 AB 与平面 SBC 所成角为 α，则 $\sin\alpha = \left| \dfrac{\overrightarrow{AB} \cdot \boldsymbol{n}}{|\overrightarrow{AB}||\boldsymbol{n}|} \right| = \dfrac{\sqrt{21}}{7}$，

$\therefore AB$ 与平面 SBC 所成角为 $\arcsin \dfrac{\sqrt{21}}{7}$．

【练习巩固】

1. （2012 全国卷）如图 32 - 32 所示，四棱锥 $P - ABCD$ 中，底面 $ABCD$ 为菱形，$PA \perp$ 底面 $ABCD$，$AC = 2\sqrt{2}$，$PA = 2$，E 是 PC 上的一点，$PE = 2EC$.

（1）证明：$PC \perp$ 平面 BED.

（2）设二面角 $A - PB - C$ 为 $90°$，求 PD 与平面 PBC 所成角的大小．

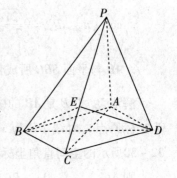

图 32 - 32

2. （2013 *湖南卷*）如图 32 - 33 所示，在直棱柱 $ABCD - A_1B_1C_1D_1$ 中，$AD // BC$，$\angle BAD = 90°$，$AC \perp BD$，$BC = 1$，$AD = AA_1 = 3$.

（1）证明：$AC \perp B_1D$.

（2）求直线 B_1C_1 与平面 ACD_1 所成角的正弦值．

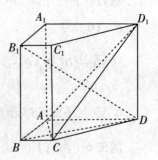

图 32 - 33

3. （2013 福建卷）如图 32 – 34 所示，在四棱柱 $ABCD - A_1B_1C_1D_1$ 中，侧棱 $AA_1 \perp$ 底面 $ABCD$，$AB /\!/ DC$，$AA_1 = 1$，$AB = 3k$，$AD = 4k$，$BC = 5k$，$DC = 6k$，（$k > 0$）．

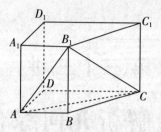

（1）求证：$CD \perp$ 平面 ADD_1A_1．

（2）若直线 AA_1 与平面 AB_1C 所成角的正弦值为 $\dfrac{6}{7}$，求 k 的值.

图 32 – 34

（3）现将与四棱柱 $ABCD - A_1B_1C_1D_1$ 形状和大小完全相同的两个四棱柱拼成一个新的四棱柱．规定：若拼成的新四棱柱形状和大小完全相同，则视为同一种拼接方案，问共有几种不同的拼接方案？在这些拼接成的新四棱柱中，记其中最小的表面积为 $f(k)$，写出 $f(k)$ 的解析式．（直接写出答案，不必说明理由）

4. （2013 北京卷）如图 23 – 35 所示，在三棱柱 $ABC - A_1B_1C_1$ 中，AA_1C_1C 是边长为 4 的正方形．平面 $ABC \perp$ 平面 AA_1C_1C，$AB = 3$，$BC = 5$．

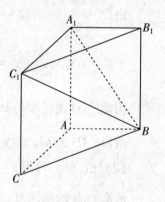

（1）求证：$AA_1 \perp$ 平面 ABC．

（2）求二面角 $A_1 - BC_1 - B_1$ 的余弦值.

（3）证明：在线段 BC_1 上存在点 D，使得 $AD \perp A_1B$，并求 $\dfrac{BD}{BC_1}$ 的值.

图 32 – 35

【练习解析】

略.

第三十三讲

解析几何综合应用

【例题解析】

例1. (2017 年全国卷 3) 已知抛物线 C：$y^2 = 2x$ 与过点 $(2，0)$ 的直线 l 交 C 于 A，B 两点，圆 M 是以线段 AB 为直径的圆.

(1) 证明：坐标原点 O 在圆 M 上.

(2) 设圆 M 过点 $P(4，-2)$，求直线 l 与圆 M 的方程.

解析：(1) 设 $A(x_1，y_1)$，$B(x_2，y_2)$，直线 l 的方程为 $x = my + 2$，

由 $\begin{cases} x = my + 2, \\ y^2 = 2x, \end{cases}$ 可得 $y^2 - 2my - 4 = 0$，则 $y_1 y_2 = -4$，

于是，$x_1 x_2 = \dfrac{y_1^2}{2} \cdot \dfrac{y_2^2}{2} = \dfrac{16}{4} = 4$，

因此，OA 的斜率与 OB 的斜率之积为 $\dfrac{y_1}{x_1} \cdot \dfrac{y_2}{x_2} = \dfrac{-4}{4} = -1$，

所以，$OA \perp OB$，故坐标原点 O 在圆 M 上.

(2) 由 (1) 可得，$y_1 + y_2 = 2m$，$x_1 + x_2 = m(y_1 + y_2) + 4 = 2m^2 + 4$.

故圆心 M 的坐标为 $(m^2 + 2，m)$，圆 M 的半径 $R = \sqrt{(m^2 + 2)^2 + m^2}$，

由于圆 M 过点 $P(4，-2)$，因此，$\overrightarrow{AP} \cdot \overrightarrow{BP} = 0$，

故 $(x_1 - 4)(x_2 - 4) + (y_1 + 2)(y_2 + 2) = 0$，

即 $x_1 x_2 - 4(x_1 + x_2) + y_1 y_2 + 2(y_1 + y_2) + 20 = 0$.

由 (1) 可得，$y_1 y_2 = -4$，$x_1 x_2 = 4$，

所以 $2m^2 - m - 1 = 0$，解得，$m = 1$ 或 $m = -\dfrac{1}{2}$.

① 当 $m = 1$ 时，直线 l 的方程为 $x - y - 2 = 0$，圆心 M 的坐标为 $(3，1)$，圆

M 的半径为 $\sqrt{10}$，圆 M 的方程为 $(x-3)^2+(y-1)^2=10$.

② 当 $m=-\dfrac{1}{2}$ 时，直线 l 的方程为 $2x+y-4=0$，圆心 M 的坐标为 $\left(\dfrac{9}{4},\ -\dfrac{1}{2}\right)$，圆 M 的半径为 $\dfrac{\sqrt{85}}{4}$，圆 M 的方程为 $\left(x-\dfrac{9}{4}\right)^2+\left(y+\dfrac{1}{2}\right)^2=\dfrac{85}{16}$.

直线与抛物线的位置关系和直线与椭圆、双曲线的位置关系类似，一般要用到根与系数的关系；在解决直线与抛物线的位置关系时，要特别注意直线与抛物线的对称轴平行的特殊情况. 解决中点弦问题，可以利用"点差法"，但不要忘记验证 $\Delta>0$ 或说明中点在曲线内部.

例2. 已知椭圆 C：$\dfrac{x^2}{a^2}+\dfrac{y^2}{b^2}=1$ 的左、右焦点分别为 F_1，F_2，点 M 为短轴的上端点，$\overrightarrow{MF_1}\cdot\overrightarrow{MF_2}=0$，过 F_2 垂直于 x 轴的直线交椭圆 C 于 A，B 两点，且 $|AB|=\sqrt{2}$.

（1）求椭圆 C 的方程.

（2）设经过点 $(2,\ -1)$ 且不经过点 M 的直线 l 与 C 相交于 G，H 两点，若 k_1，k_2 分别为直线 MH，MG 的斜率，求 k_1+k_2 的值.

解析：（1）由 $\overrightarrow{MF_1}\cdot\overrightarrow{MF_2}=0$，得 $b=c$.

因为过 F_2 垂直于 x 轴的直线交椭圆 C 于 A，B 两点，且 $|AB|=\sqrt{2}$，所以 $\dfrac{b^2}{a}=\dfrac{\sqrt{2}}{2}$.

由 $\begin{cases}b=c,\\ \dfrac{b^2}{a}=\dfrac{\sqrt{2}}{2},\end{cases}$ 得 $\begin{cases}a^2=2,\\ b^2=1,\end{cases}$ 故椭圆 C 的方程为 $\dfrac{x^2}{2}+y^2=1$.

（2）由椭圆 C 的方程 $\dfrac{x^2}{2}+y^2=1$ 与点 $(2,\ -1)$，

设直线 l 的方程为 $y+1=k(x-2)$，即 $y=kx-2k-1$，

将 $y=kx-2k-1$ 代入 $\dfrac{x^2}{2}+y^2=1$ 得，$(1+2k^2)x^2-4k(2k+1)x+8k^2+8k=0$，

由题设可知，$\Delta=-16k(k+2)>0$，设 $G(x_1,\ y_1)$，$H(x_2,\ y_2)$，

则 $x_1 x_2=\dfrac{4k(2k+1)}{1+2k^2}$，$x_1+x_2=\dfrac{8k^2+8k}{1+2k^2}$，

$k_1+k_2=\dfrac{y_1-1}{x_1}+\dfrac{y_2-1}{x_2}$

$$= \frac{kx_1 - 2k - 2}{x_1} + \frac{kx_1 - 2k - 2}{x_2}$$

$$= 2k - \frac{(2k+2) \times \dfrac{4k(2k+1)}{1+2k^2}}{\dfrac{8k^2+8k}{1+2k^2}}$$

$$= 2k - (2k+1)$$

$$= -1,$$

所以 $k_1 + k_2 = -1$.

例3. 在平面直角坐标系 xOy 中，过椭圆 $M: \dfrac{x^2}{a^2} + \dfrac{y^2}{b^2} = 1$（$a > b > 0$）右焦点

的直线 $x + y - \sqrt{3} = 0$ 交 M 于 A，B 两点，P 为 AB 的中点，且 OP 的斜率为 $\dfrac{1}{2}$.

（1）求椭圆 M 的方程.

（2）若 C，D 为椭圆 M 上的两点，且 $CD \perp AB$，求 $|CD|$ 的最大值.

解析：（1）设点 $A(x_1, y_1)$，$B(x_2, y_2)$，

则 $\dfrac{x_1^2}{a^2} + \dfrac{y_1^2}{b^2} = 1$①，$\dfrac{x_2^2}{a^2} + \dfrac{y_2^2}{b^2} = 1$②，

由①$-$②得，$\dfrac{(x_1 - x_2)(x_1 + x_2)}{a^2} + \dfrac{(y_1 - y_2)(y_1 + y_2)}{b^2} = 0$，

$\dfrac{y_1 - y_2}{x_1 - x_2} = -\dfrac{b^2}{a^2} \dfrac{(x_1 + x_2)}{(y_1 + y_2)}$，即 $-1 = -\dfrac{2b^2}{a^2}$，所以 $a^2 = 2b^2$.

又因为 $c = \sqrt{3}$，所以 $a^2 = 2(a^2 - 3)$，解得 $a^2 = 6$，$b^2 = 3$，

∴ 所求椭圆方程为 $\dfrac{x^2}{6} + \dfrac{y^2}{3} = 1$.

（2）依题意，设直线 CD 的方程为 $y = x + m$，

把 $y = x + m$ 代入 $\dfrac{x^2}{6} + \dfrac{y^2}{3} = 1$ 并整理得，$3x^2 + 4mx + 2m^2 - 6 = 0$.

由 $\Delta = 16m^2 - 12(2m^2 - 6) > 0$ 得，$-3 < m < 3$.

设 $C(x_3, y_3)$，$D(x_4, y_4)$，

则 $|CD| = \sqrt{2} |x_3 - x_4| = \sqrt{2} \sqrt{(x_3 + x_4)^2 - 4x_3 x_4} = \dfrac{4}{3} \sqrt{9 - m^2}$，

当 $m = 0$ 时，$|CD|_{\max} = 4$.

例4. （2018 年全国卷3）已知斜率为 k 的直线 l 与椭圆 C：$\dfrac{x^2}{4}+\dfrac{y^2}{3}=1$ 交于 A，B 两点，线段 AB 的中点为 $M(1,m)$ $(m>0)$．

（1）证明：$k<-\dfrac{1}{2}$．

（2）设 F 为 C 的右焦点，P 为 C 上一点，且 $\vec{FP}+\vec{FA}+\vec{FB}=\vec{0}$．证明：$|\vec{FA}|$，$|\vec{FP}|$，$|\vec{FB}|$ 成等差数列，并求该数列的公差．

解析：（1）依题意，设点 $A(x_1,y_1)$，$B(x_2,y_2)$，有 $x_1+x_2=2$，$y_1+y_2=2m$，

且 $\dfrac{x_1^2}{4}+\dfrac{y_1^2}{3}=1$，$\dfrac{x_2^2}{4}+\dfrac{y_2^2}{3}=1$，两式求差得，$\dfrac{x_1^2-x_2^2}{4}+\dfrac{y_1^2-y_2^2}{3}=0$，

化简得 $\dfrac{y_1-y_2}{x_1-x_2}=-\dfrac{3(x_1+x_2)}{4(y_1+y_2)}$，即 $k=-\dfrac{3}{4m}$．

又由已知求得，$0<m<\dfrac{3}{2}$，故 $k=-\dfrac{3}{4m}<-\dfrac{3}{4}\cdot\dfrac{2}{3}=-\dfrac{1}{2}$，

所以，$k<-\dfrac{1}{2}$ 成立．

（2）由已知 $\vec{FP}+\vec{FA}+\vec{FB}=\vec{0}$ 得，点 F 是 $\triangle PAB$ 的重心．

设 $P(x_3,y_3)$，

$$\begin{cases}\dfrac{x_1+x_2+x_3}{3}=1,\\[2mm]\dfrac{y_1+y_2+y_3}{3}=0,\end{cases}\text{则}\begin{cases}x_3=3-(x_1+x_2)=3-2=1,\\[2mm]y_3=-(y_1+y_2)=-2m,\end{cases}\text{所以点 }P(1,-2m),$$

由焦半径公式，$|\vec{FA}|=a-ex_1=2-\dfrac{1}{2}x_1$，$|\vec{FB}|=2-\dfrac{1}{2}x_2$，

$|\vec{FP}|=2-\dfrac{1}{2}\times1=\dfrac{3}{2}$，

所以 $|\vec{FA}|+|\vec{FB}|=4-\dfrac{1}{2}(x_1+x_2)=4-\dfrac{1}{2}\times2=3=2|\vec{FP}|$，

所以 $|\vec{FA}|$，$|\vec{FP}|$，$|\vec{FB}|$ 成等差数列．

设公差为 d，则 $2|d|=\big||\vec{FB}|-|\vec{FA}|\big|=\dfrac{1}{2}|(x_1-x_2)|$．

由已知点 $P(1,-2m)$ 在椭圆上，$\dfrac{1}{4}+\dfrac{4m^2}{3}=1$，解之得 $m=\dfrac{3}{4}$，

所以线段 AB 的中点为 $\left(1,\dfrac{3}{4}\right)$，$k=-\dfrac{3}{4}\cdot\dfrac{4}{3}=-1$，

直线 AB 的方程为 $y - \dfrac{3}{4} = -(x - 1)$,

即 $y = -x + \dfrac{7}{4}$,代入椭圆方程中并整理得,$7x^2 - 14x + \dfrac{1}{4} = 0$,

所以 $x_1 + x_2 = \dfrac{14}{7} = 2$,$x_1 x_2 = \dfrac{1}{28}$,

所以 $(x_1 - x_2)^2 = (x_1 + x_2)^2 - 4x_1 x_2 = 4 - \dfrac{4}{28} = \dfrac{27}{7}$,

所以 $2|d| = \dfrac{1}{2}|x_1 - x_2| = \dfrac{1}{2} \cdot \dfrac{3\sqrt{21}}{7} = \dfrac{3\sqrt{21}}{14}$,

故 $|d| = \dfrac{3\sqrt{21}}{28}$,即该等差数列的公差为 $\dfrac{3\sqrt{21}}{28}$ 或 $-\dfrac{3\sqrt{21}}{28}$.

例 5.(2018 年全国卷 2)设抛物线 C：$y^2 = 4x$ 的焦点为 F,过 F 且斜率为 k（$k > 0$）的直线 l 与 C 交于 A,B 两点,$|AB| = 8$.

(1) 求 l 的方程.

(2) 求过点 A,B 且与 C 的准线相切的圆的方程.

解析：(1) 设直线 AB 的倾斜角为 θ,

则 $|AB| = |FA| + |FB| = \dfrac{2}{1 - \cos\theta} + \dfrac{2}{1 + \cos\theta} = \dfrac{4}{\sin^2\theta}$,

所以 $\dfrac{4}{\sin^2\theta} = 8$,解之得,$\sin\theta = \dfrac{\sqrt{2}}{2}$,$\theta = \dfrac{\pi}{4}$,$k = 1$,

所以直线 l 的方程为 $y = x - 1$.

(2) 把 $y = x - 1$ 代入 $y^2 = 4x$,整理得,$y^2 - 4y - 4 = 0$,

显然线段 AB 的中点为（3,2）,

故线段 AB 的垂直平分线方程为 $y - 2 = -(x - 3)$,即 $x + y - 5 = 0$.

设圆心坐标为 $(x_0, -x_0 + 5)$,圆心到直线 l 的距离为 $d = \dfrac{|x_0 + x_0 - 5 - 1|}{\sqrt{2}}$,

于是 $(x_0 + 1)^2 = 4^2 + \dfrac{(2x_0 - 6)^2}{2}$,解之得 $x_0 = 3$ 或 $x_0 = 11$,$y_0 = 2$ 或 $y_0 = -6$.

所以,所求圆的方程为 $(x - 3)^2 + (y - 2)^2 = 16$ 或 $(x - 11)^2 + (y + 6)^2 = 144$.

例 6.(2016 年全国卷 1)已知 A 是椭圆 E：$\dfrac{x^2}{4} + \dfrac{y^2}{3} = 1$ 的左顶点,斜率为

k（$k>0$）的直线交 E 于 A，M 两点，点 N 在 E 上，$MA \perp NA$.

（1）当 $|MA| = |NA|$ 时，求 $\triangle AMN$ 的面积.

（2）当 $2|MA| = |NA|$ 时，证明：$\sqrt{3} < k < 2$.

解析：（1）本题关键是将直线方程与椭圆联立求出底边和高.

设 $M(x_1, y_1)$，由 $k>0$ 知，$y_1 > 0$. 又由 $|MA| = |NA|$ 及椭圆的对称性，AM 与 x 轴正方向的倾角为 $45°$，对 $A(-2, 0)$，AM 的直线方程为 $y = x + 2$，代入椭圆 E 得，$7x^2 + 16x + 4 = 0$，

解得 $x_1 = -\dfrac{2}{7}$ 或 $x_2 = -2$（舍去），$y_1 = x_1 + 2 = -\dfrac{2}{7} + 2 = \dfrac{12}{7}$，

故 $\triangle AMN$ 的底边为 $\dfrac{24}{7}$，高为 $\dfrac{12}{7}$，$S_{\triangle AMN} = \dfrac{1}{2} \times \dfrac{24}{7} \times \dfrac{12}{7} = \dfrac{144}{49}$.

（2）本题关键是分别将两条直线方程与椭圆联立求出距离并建立斜率的方程.

设 AM 的直线方程为 $y = k(x+2)$（$k>0$），代入椭圆 E 得，

$(3 + 4k^2)x^2 + 16k^2 x + 16k^2 - 12 = 0$，因 $x_2 = -2$，

故 $x_1 x_2 = -2x_1 = \dfrac{16k^2 - 12}{3 + 4k^2} \Rightarrow x_1 = \dfrac{2(3 - 4k^2)}{3 + 4k^2}$，

$|AM| = \sqrt{(x_1 + 2)^2 + y_1^2} = |x_1 + 2|\sqrt{1 + k^2} = \dfrac{12}{3 + 4k^2}\sqrt{1 + k^2}$.

又 AN 的直线方程为 $y = -\dfrac{1}{k}(x+2)$（$k>0$），代入椭圆 E 得，

$(3k^2 + 4)x^2 + 16x + 16 - 12k^2 = 0$，因 $x_2 = -2$，

故 $x_1 x_2 = -2x_1 = \dfrac{16 - 12k^2}{3k^2 + 4} \Rightarrow x_1 = \dfrac{2(3k^2 - 4)}{3k^2 + 4}$，

$|AN| = \sqrt{(x_1 + 2)^2 + y_1^2} = |x_1 + 2|\sqrt{1 + \dfrac{1}{k^2}} = \dfrac{12k}{3k^2 + 4}\sqrt{1 + k^2}$，

因 $2|MA| = |NA|$，则 $\dfrac{2}{3 + 4k^2} = \dfrac{k}{3k^2 + 4} \Rightarrow 4k^3 - 6k^2 + 3k - 8 = 0$.

设 $f(t) = 4t^3 - 6t^2 + 3t - 8$，则 $f'(t) = 12t^2 - 12t + 3 = 3(2t - 1)^2 \geqslant 0$，

$f(t)$ 单调递增（$t>0$），$f(\sqrt{3}) = 15\sqrt{3} - 26 < 0$，$f(2) = 6 > 0$，

$f(t)$ 在 $(0, +\infty)$ 上有唯一零点，零点即为 k，且 $\sqrt{3} < k < 2$.

【练习巩固】

1.（2016 全国卷 2）在直角坐标系 xOy 中，直线 l：$y=t$（$t\neq 0$）交 y 轴于点 M，交抛物线 C：$y^2=2px$（$p>0$）于点 P，M 关于点 P 的对称点为 N，连接 ON 并延长交 C 于点 H.

（1）求 $\dfrac{|OH|}{|ON|}$.

（2）除 H 以外，直线 MH 与 C 是否有其他交点？说明理由.

2.（2013 年湖南卷）过抛物线 E：$x^2=2py$（$p>0$）的焦点 F 作斜率分别为 k_1，k_2 的两条不同的直线 l_1，l_2，且 $k_1+k_2=2$．l_1 与 E 相交于点 A，B，l_2 与 E 相交于点 C，D．以 AB，CD 为直径的圆 M 与圆 N（M，N 为圆心）的公共弦所在的直线记为 l.

（1）若 $k_1>0$，$k_2>0$，证明：$\overrightarrow{FM}\cdot\overrightarrow{FN}<2p^2$.

（2）若点 M 到直线 l 的距离的最小值为 $\dfrac{7\sqrt{5}}{5}$，求抛物线 E 的方程.

3. 如图 33-1，已知椭圆 C_1 与 C_2 的中心在坐标原点 O，长轴均为 MN 且在 x 轴上，短轴长分别为 $2m$，$2n$（$m>n$），过原点且不与 x 轴重合的直线 l 与 C_1，C_2 的四个交点按纵坐标从大到小依次为 A，B，C，D.

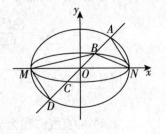

记 $\lambda=\dfrac{m}{n}$，$\triangle BDM$ 和 $\triangle ABN$ 的面积分别为 S_1 和 S_2.

图 33-1

（1）当直线 l 与 y 轴重合时，若 $S_1=\lambda S_2$，求 λ 的值.

（2）当 λ 变化时，是否存在与坐标轴不重合的直线 l，使得 $S_1=\lambda S_2$？并说明理由.

4. 已知抛物线 C 的顶点为原点，其焦点 $F(0,c)$（$c>0$）到直线 l：$x-y-2=0$ 的距离为 $\dfrac{3\sqrt{2}}{2}$．设 P 为直线 l 上的点，过点 P 作抛物线 C 的两条切线 PA，PB，其中 A，B 为切点.

（1）求抛物线 C 的方程.

（2）当点 $P(x_0,y_0)$ 为直线 l 上的定点时，求直线 AB 的方程.

（3）当点 P 在直线 l 上移动时，求 $|AF|\cdot|BF|$ 的最小值.

【练习解析】

1. 解析：（1）本题关键是求点 N，H 的坐标，

作抛物线草图得，点 $M(0,\ t)$，点 $P\left(\dfrac{t^2}{2p},\ t\right)$，点 $N\left(\dfrac{t^2}{p},\ t\right)$，

直线 ON 的方程 $y=\dfrac{p}{t}x$，代入 $y^2=2px$，

得方程 $px^2-2t^2x=0$，解出 $x_1=0$（舍去），$x_2=\dfrac{2t^2}{p}$，

故点 $H\left(\dfrac{2t^2}{p},\ 2t\right)$，$N$ 为 OH 的中点，得 $\dfrac{|OH|}{|ON|}=2$.

（2）除 H 以外，直线 MH 与 C 没有其他交点.

其理由如下：直线 MH 的方程为 $y-t=\dfrac{p}{2t}x$，

即 $x=\dfrac{2t}{p}(y-t)$，代入 $y^2=2px$，得方程 $y^2-4ty+4t^2=0$，

解出 $y_1=y_2=2t$，即仅有一个交点.

2. 解析：（1）$F\left(0,\ \dfrac{p}{2}\right)$. 设 $A(x_1,\ y_1)$，$B(x_2,\ y_2)$，$C(x_3,\ y_3)$，$D(x_4,$

$y_4)$，$M(x_{12},\ y_{12})$，$N(x_{34},\ y_{34})$，直线 l_1 方程：$y=k_1x+\dfrac{p}{2}$，与抛物线 E 方程联

立，化简整理得，$-x^2+2pk_1x+p^2=0 \Rightarrow x_1+x_2=2k_1p$，$x_1\cdot x_2=-p^2 \Rightarrow x_{12}=\dfrac{x_1+x_2}{2}$

$=k_1p$，$y_{12}=k_1^2p+\dfrac{p}{2} \Rightarrow \overrightarrow{FM}=(k_1p,\ -k_1^2p)$.

同理，$x_{34}=\dfrac{x_3+x_4}{2}=k_2p$，$y_{34}=k_2^2p+\dfrac{p}{2} \Rightarrow \overrightarrow{FN}=(k_2p,\ -k_2^2p)$.

$\therefore \overrightarrow{FM}\cdot\overrightarrow{FN}=k_1k_2p^2+k_1^2k_2^2p^2=p^2k_1k_2\ (k_1k_2+1)$.

$\because k_1>0$，$k_2>0$，$k_1\neq k_2$，$2=k_1+k_2\geq 2\sqrt{k_1k_2} \Rightarrow k_1k_2\leq 1$，

$\therefore \overrightarrow{FM}\cdot\overrightarrow{FN}=p^2k_1k_2(k_1k_2+1)<p^2\cdot 1\cdot(1+1)\ =2p^2$，

所以，$\overrightarrow{FM}\cdot\overrightarrow{FN}<2p^2$ 成立.

（2）设圆 M，N 的半径分别为 r_1，$r_2 \Rightarrow r_1=\dfrac{1}{2}\left[\left(\dfrac{p}{2}+y_1\right)+\left(\dfrac{p}{2}+y_2\right)\right]=$

$\dfrac{1}{2}\left[p+2\left(k_1^2p+\dfrac{p}{2}\right)\right]=k_1^2p+p \Rightarrow r_1=k_1^2p+p$. 同理，$r_2=k_2^2p+p$.

设圆 M，N 的半径分别为 r_1，r_2，则 M，N 的方程分别为 $(x-x_{12})^2+(y-y_{12})^2=r_1^2$，$(x-x_{34})^2+(y-y_{34})^2=r_2^2$，直线 l 的方程为

$2(x_{34}-x_{12})x+2(y_{34}-y_{12})y+x_{12}^2-x_{34}^2+y_{12}^2-y_{34}^2-r_1^2+r_2^2=0.$

$\Rightarrow 2p(k_2-k_1)x+2p(k_2^2-k_1^2)y+(x_{12}-x_{34})(x_{12}+x_{34})+(y_{12}-y_{34})(y_{12}+y_{34})$
$+(r_2-r_1)(r_2+r_1)=0$

$\Rightarrow 2p(k_2-k_1)x+2p(k_2^2-k_1^2)y+2p^2(k_2-k_1)+p^2(k_1^2-k_2^2)(k_1^2+k_2^2+1)+$
$p^2(k_1^2-k_2^2)(k_1^2+k_2^2+2)=0$

$\Rightarrow x+2y-p-p(k_1^2+k_2^2+1)+p(k_1^2+k_2^2+2)=0\Rightarrow x+2y=0.$

点 $M(x_{12}$，$y_{12})$ 到直线 l 的距离 $d=\left|\dfrac{x_{12}+2y_{12}}{\sqrt{5}}\right|=p\cdot\left|\dfrac{2k_1^2+k_1+1}{\sqrt{5}}\right|$

$\geqslant p\cdot\dfrac{2\left(-\dfrac{1}{4}\right)^2+\left(-\dfrac{1}{4}\right)+1}{\sqrt{5}}=\dfrac{7p}{8\sqrt{5}}=\dfrac{7}{5}\sqrt{5}\Rightarrow p=8\Rightarrow$ 抛物线的方程为 $x^2=16y.$

3. **解析**：依题意，如题图 33-1 所示.

(1) $S_1=\lambda S_2\Rightarrow m+n=\lambda(m-n)$，

$\therefore \lambda=\dfrac{\dfrac{m}{n}+1}{\dfrac{m}{n}-1}=\dfrac{\lambda+1}{\lambda-1}$，

解得，$\lambda=\sqrt{2}+1$（舍去小于 1 的根）.

(2) 设椭圆 $C_1:\dfrac{x^2}{a^2}+\dfrac{y^2}{m^2}=1$，$C_2:\dfrac{x^2}{a^2}+\dfrac{y^2}{n^2}=1$，其中 $a>m>n>0$.

直线 $l:ky=x$，$\begin{cases}ky=x\\ \dfrac{x^2}{a^2}+\dfrac{y^2}{m^2}=1\end{cases}\Rightarrow\dfrac{a^2+m^2k^2}{a^2m^2}y^2=1\Rightarrow y_A=\dfrac{am}{\sqrt{a^2+m^2k^2}}$，

同理可得，$y_B=\dfrac{an}{\sqrt{a^2+n^2k^2}}$，

又 $\because \triangle BDM$ 和 $\triangle ABN$ 的的高相等，

$\therefore \dfrac{S_1}{S_2}=\dfrac{BD}{AB}=\dfrac{y_B-y_D}{y_A-y_B}=\dfrac{y_B+y_A}{y_A-y_B}.$

如果存在非零实数 k，使得 $S_1=\lambda S_2$，则有 $(\lambda-1)y_A=(\lambda+1)y_B$，

即 $\dfrac{\lambda^2(\lambda-1)^2}{a^2+\lambda^2n^2k^2}=\dfrac{(\lambda+1)^2}{a^2+n^2k^2}$，解得，$k^2=\dfrac{a^2(\lambda^2-2\lambda-1)(\lambda^2+1)}{4n^2\lambda^3}$，

$\therefore$ 当 $\lambda > 1 + \sqrt{2}$ 时，$k^2 > 0$，故存在这样的直线 l，使得 $S_1 = \lambda S_2$；

当 $1 < \lambda \le 1 + \sqrt{2}$ 时，$k^2 \le 0$，故不存在这样的直线 l.

4. **解析：**（1）依题意，设抛物线 C 的方程为 $x^2 = 4cy$，由 $\dfrac{|0 - c - 2|}{\sqrt{2}} = \dfrac{3\sqrt{2}}{2}$

结合 $c > 0$，解得 $c = 1$. 所以，抛物线 C 的方程为 $x^2 = 4y$.

（2）抛物线 C 的方程为 $x^2 = 4y$，即 $y = \dfrac{1}{4}x^2$，求导得，$y' = \dfrac{1}{2}x$.

设 $A(x_1, y_1)$，$B(x_2, y_2)\left(\text{其中 } y_1 = \dfrac{x_1^2}{4}, y_2 = \dfrac{x_2^2}{4}\right)$，

则切线 PA，PB 的斜率分别为 $\dfrac{1}{2}x_1$，$\dfrac{1}{2}x_2$，

所以切线 PA 的方程为 $y - y_1 = \dfrac{x_1}{2}(x - x_1)$，即 $y = \dfrac{x_1}{2}x - \dfrac{x_1^2}{2} + y_1$，

即 $x_1 x - 2y - 2y_1 = 0$.

同理，可得切线 PB 的方程为 $x_2 x - 2y - 2y_2 = 0$.

因为切线 PA，PB 均过点 $P(x_0, y_0)$，

所以 $x_1 x_0 - 2y_0 - 2y_1 = 0$，$x_2 x_0 - 2y_0 - 2y_2 = 0$，

所以 (x_1, y_1)，(x_2, y_2) 为方程 $x_0 x - 2y_0 - 2y = 0$ 的两组解.

所以直线 AB 的方程为 $x_0 x - 2y - 2y_0 = 0$.

（3）由抛物线定义可知，$|AF| = y_1 + 1$，$|BF| = y_2 + 1$，

所以 $|AF| \cdot |BF| = (y_1 + 1)(y_2 + 1) = y_1 y_2 + (y_1 + y_2) + 1$.

联立方程 $\begin{cases} x_0 x - 2y - xy_0 = 0 \\ x^2 = 4y, \end{cases}$ 消去 x 整理得，$y^2 + (2y_0 - x_0^2)y + y_0^2 = 0$，

由一元二次方程根与系数的关系可得，$y_1 + y_2 = x_0^2 - 2y_0$，$y_1 y_2 = y_0^2$，

所以 $|AF| \cdot |BF| = y_1 y_2 + (y_1 + y_2) + 1 = y_0^2 + x_0^2 - 2y_0 + 1$.

又点 $P(x_0, y_0)$ 在直线 l 上，所以 $x_0 = y_0 + 2$，

所以 $y_0^2 + x_0^2 - 2y_0 + 1 = 2y_0^2 + 2y_0 + 5 = 2\left(y_0 + \dfrac{1}{2}\right)^2 + \dfrac{9}{2}$，

所以当 $y_0 = -\dfrac{1}{2}$ 时，$|AF| \cdot |BF|$ 取得最小值，且最小值为 $\dfrac{9}{2}$.

第三十四讲

函数导数综合应用

【题型背景】

(2014 年新课标卷) 已知函数 $f(x) = e^x - e^{-x} - 2x$.

(1) 讨论 $f(x)$ 的单调性.

(2) 设 $g(x) = f(2x) - 4bf(x)$, 当 $x > 0$ 时, $g(x) > 0$, 求 b 的最大值.

(3) 已知 $1.4142 < \sqrt{2} < 1.4143$, 估计 ln2 的近似值 (精确到 0.001).

解析: (1) $\because f(x) = e^x - e^{-x} - 2x$, $x \in \mathbf{R}$,

$\therefore f'(x) = e^x + e^{-x} - 2 = e^x + \dfrac{1}{e^x} - 2 \geqslant 2\sqrt{e^x \cdot \dfrac{1}{e^x}} - 2 = 0$,

$\therefore$ 当且仅当 $x = 0$ 时等号成立, 所以函数 $f(x)$ 在 $\mathbf{R}$ 上单调递增.

(2) $\because g(x) = f(2x) - 4bf(x) = e^{2x} - e^{-2x} - 4x - 4b(e^x - e^{-x} - 2x)$,

$\therefore$ 当 $x > 0$ 时, $e^{2x} - e^{-2x} - 4x - 4b(e^x - e^{-x} - 2x) > 0$,

$\therefore g'(x) = 2\left[e^{2x} + e^{-2x} - 2b\left(e^x + e^{-x}\right) + (4b - 2)\right]$

$= 2(e^x + e^{-x} - 2)\left[e^x + e^{-x} - (2b - 2)\right]$,

$\because e^x + e^{-x} \geqslant 2\sqrt{e^x \cdot e^{-x}} = 2$,

$\therefore 2(e^x + e^{-x} - 2) \geqslant 0$,

①当 $b \leqslant 2$ 时, $g'(x) \geqslant 0$, 当且仅当 $x = 0$ 时等号成立. 所以此时 $g(x)$ 在 $\mathbf{R}$ 上单调递增, 而 $g(0) = 0$, 所以对任意 $x > 0$, 有 $g(x) > 0$.

②当 $b > 2$ 时, 若 x 满足 $2 < e^x + e^{-x} < 2b - 2$ 时, 即 $0 < x < \ln(b - 1 + \sqrt{b^2 - 2b})$ 时, $g'(x) < 0$, 而 $g(0) = 0$, 因此当 $0 < x < \ln(b - 1 + \sqrt{b^2 - 2b})$ 时, $g(x) < 0$.

综上可知, 当 $b \leqslant 2$ 时, 才对任意的 $x > 0$, 有 $g(x) > 0$, 因此 b 的最大

值为2.

（3）由（2）知，$g(\ln\sqrt{2})=\dfrac{3}{2}-2\sqrt{2}b+2(2b-1)\ln2$，

当 $b=2$ 时，$g(\ln\sqrt{2})=\dfrac{3}{2}-4\sqrt{2}+6\ln2>0$，$\ln2>\dfrac{8\sqrt{2}-3}{12}>0.6928$.

当 $b=\dfrac{3\sqrt{2}}{4}+1$ 时，$\ln(b-1+\sqrt{b^2-2b})=\ln\sqrt{2}$，

$g(\ln\sqrt{2})=-\dfrac{3}{2}-2\sqrt{2}+(3\sqrt{2}+2)\ln2<0$，

$\ln2<\dfrac{18+\sqrt{2}}{28}<0.6934$，所以 $\ln2$ 的近似值为 0.693.

【知识分析】

1. 函数导数的定义：

$$f'(x)=\lim_{\Delta x\to0}\frac{\Delta y}{\Delta x}=\lim_{\Delta x\to0}\frac{f(x+\Delta x)-f(x)}{\Delta x}.$$

2. 常见函数的导数：

$C'=0$（C 为常数）.　　　　$(x^\alpha)'=\alpha x^{\alpha-1}$（$\alpha$ 为有理数）.

$(\mathrm{e}^x)'=\mathrm{e}^x$.　　　　　　　　$(a^x)'=a^x\ln a$.

$(\ln x)'=\dfrac{1}{x}$.　　　　　　　　$(\log_a x)'=\dfrac{1}{x\ln a}$.

$(\sin x)'=\cos x$.　　　　　　$(\cos x)'=-\sin x$.

3. 导数的运算法则：

$(f(x)+g(x))'=f'(x)+g'(x)$.

$(f(x)-g(x))'=f'(x)-g'(x)$.

$(f(x)\cdot g(x))'=f'(x)\cdot g(x)+f(x)\cdot g'(x)$.

$\left(\dfrac{f(x)}{g(x)}\right)'=\dfrac{f'(x)\cdot g(x)-f(x)\cdot g'(x)}{g^2(x)}$.

复合函数 $\begin{cases}y=f(u)\\u=g(x)\end{cases}$ 的导数：$y'_x=y'_u\cdot u'_x$.

4. 函数导数的应用主要有：

（1）求函数的单调性.

（2）求函数的极值.

（3）求函数的最值.

（4）求解综合应用函数问题.

本部分内容主要考查与培育学生的数学建模、数学运算与逻辑推理等核心素养.

【例题讲解】

例 1. （2014 年新课标卷 1）设函数 $f(x) = ae^x\ln x + \dfrac{be^{x-1}}{x}$，曲线 $y = f(x)$ 在点 $(1, f(1))$ 处的切线为 $y = e(x-1) + 2$.

（1）求 a，b.

（2）证明：$f(x) > 1$.

解析：（1）函数 $f(x)$ 的定义域为 $(0, +\infty)$，$f'(x) = ae^x\ln x + \dfrac{a}{x}e^x - \dfrac{b}{x^2}e^{x-1}$

$+ \dfrac{b}{x}e^{x-1}$. 由题意可得，$f(1) = 2$，$f'(1) = e$，故 $a = 1$，$b = 2$.

（2）由（1）知，$f(x) = e^x\ln x + \dfrac{2e^{x-1}}{x}$，从而 $f(x) > 1$ 等价于 $x\ln x > xe^{-x} - \dfrac{2}{e}$.

设函数 $g(x) = x\ln x$，则 $g'(x) = 1 + \ln x$，所以当 $x \in \left(0, \dfrac{1}{e}\right)$ 时，$g'(x) < 0$，当 $x \in \left(\dfrac{1}{e}, +\infty\right)$ 时，$g'(x) > 0$，故 $g(x)$ 在 $\left(0, \dfrac{1}{e}\right)$ 上单调递减，在 $\left(\dfrac{1}{e}, +\infty\right)$ 上单调递增，从而 $g(x)$ 在 $(0, +\infty)$ 上的最小值为 $g\left(\dfrac{1}{e}\right) = -\dfrac{1}{e}$.

设函数 $h(x) = xe^{-x} - \dfrac{2}{e}$，则 $h'(x) = e^{-x}(1-x)$，所以当 $x \in (0, 1)$ 时，$h'(x) > 0$，当 $x \in (1, +\infty)$ 时，$h'(x) < 0$，故 $h(x)$ 在 $(0, 1)$ 上单调递增，在 $(1, +\infty)$ 上单调递减，从而 $h(x)$ 在 $(0, +\infty)$ 上的最大值为 $h(1) = -\dfrac{1}{e}$.

综上，当 $x > 0$ 时，$g(x) > h(x)$，即 $f(x) > 1$.

例 2. 已知函数 $f(x) = \dfrac{a(x-1)}{x^2}$，其中 $a > 0$.

（1）求函数 $f(x)$ 的单调区间.

（2）若直线 $x - y - 1 = 0$ 是曲线 $y = f(x)$ 的切线，求实数 a 的值.

（3）设 $g(x) = x\ln x - x^2 f(x)$，求 $g(x)$ 在区间 $[1, e]$ 上的最大值（其中

e 为自然对数的底数).

解析: (1) $f'(x) = \dfrac{a(2-x)}{x^3}$ ($x \neq 0$), 在区间 $(-\infty, 0)$, $(2, +\infty)$ 上,$f'(x) < 0$, 在区间 $(0, 2)$ 上,$f'(x) > 0$, 所以 $f(x)$ 的递减区间为 $(-\infty, 0)$,$(2, +\infty)$, 递增区间为 $(0, 2)$.

(2) 设切点坐标为 (x_0, y_0), 则 $\begin{cases} y_0 = \dfrac{a(x_0-1)}{x_0^2}, \\ x_0 - y_0 - 1 = 0, \\ \dfrac{a(2-x_0)}{x_0^3} = 1, \end{cases}$ 解之得,$x_0 = 1$,$a = 1$.

(3) $g(x) = x\ln x - a(x-1)$, 则 $g'(x) = \ln x + 1 - a$, 令 $g'(x) = 0$ 得,$x = e^{a-1}$, 所以在区间 $(0, e^{a-1})$ 上,$g(x)$ 为递减函数, 在区间 $(e^{a-1}, +\infty)$ 上,$g(x)$ 为递增函数.

当 $e^{a-1} \leq 1$ 时, 即 $0 < a \leq 1$ 时, 在区间 $[1, e]$ 上,$g(x)$ 为增函数,

所以 $g(x)_{\max} = g(e) = e + a - ae$;

当 $e^{a-1} \geq e$ 时, 即 $a \geq 2$ 时, 在区间 $[1, e]$ 上,$g(x)$ 为减函数,

所以 $g(x)_{\max} = g(1) = 0$;

当 $1 \leq e^{a-1} \leq e$ 时, 即 $1 \leq a \leq 2$ 时, 所以 $g(x)_{\max} = \max\{g(e), g(1)\}$.

由 $g(e) - g(1) = e + a - ae > 0$, 解之得,$a < \dfrac{e}{e-1}$,

所以, 当 $1 < a < \dfrac{e}{e-1}$ 时,$g(x)_{\max} = g(e) = e + a - ae$;

当 $\dfrac{e}{e-1} \leq a < 2$ 时,$g(x)_{\max} = g(1) = 0$.

综上所述, 当 $0 < a < \dfrac{e}{e-1}$ 时,$g(x)_{\max} = g(e) = e + a - ae$,

当 $a \geq \dfrac{e}{e-1}$ 时,$g(x)_{\max} = g(1) = 0$.

例3. 已知定义在 $(1, +\infty)$ 上的函数 $f(x) = x - \ln x - 2$,$g(x) = x\ln x + x$.

(1) 求证:$f(x)$ 存在唯一的零点, 且零点在 $(3, 4)$ 上.

(2) 若 $k \in \mathbf{Z}$, 且 $g(x) > k(x-1)$ 对任意的 $x > 1$ 恒成立, 求 k 的最大值.

解析: (1) 由 $f(x) = x - \ln x - 2$, 可得 $f'(x) = 1 - \dfrac{1}{x} = \dfrac{x-1}{x} > 0$, 故 $f(x)$

在 $(1, +\infty)$ 上单调递增，而 $f(3) = 1 - \ln 3 < 0$，$f(4) = 2 - \ln 4 > 0$，所以 $f(x)$ 存在唯一的零点 $x_0 \in (3, 4)$.

(2) 由（1）得，$f(x)$ 存在唯一的零点 x_0 显然满足：$x_0 - \ln x_0 - 2 = 0$，

且当 $x \in (1, x_0)$ 时，$f(x) < f(x_0) = 0$；

当 $x \in (x_0, +\infty)$ 时，$f(x) > f(x_0) = 0$.

当 $x > 1$ 时，$g(x) > k(x - 1)$ 等价于 $\dfrac{x\ln x + x}{x - 1} > k$.

设 $h(x) = \dfrac{x\ln x + x}{x - 1}$，则 $h'(x) = \dfrac{x - \ln x - 2}{(x-1)^2} = \dfrac{f(x)}{(x-1)^2}$，

故 $h'(x)$ 与 $f(x)$ 同号，

因此当 $x \in (1, x_0)$ 时，$h'(x) < 0$；当 $x \in (x_0, +\infty)$ 时，$h'(x) > 0$.

所以 $h(x)$ 在 $(1, x_0)$ 上单调递减，在 $(x_0, +\infty)$ 上单调递增，

故 $h(x)_{\min} = h(x_0) = \dfrac{x_0(\ln x_0 + 1)}{x_0 - 1} = \dfrac{x_0(x_0 - 1)}{x_0 - 1} = x_0$.

由题意有，$k < h(x)_{\min} = x_0$，又 $k \in \mathbf{Z}$，而 $x_0 \in (3, 4)$，

故 k 的最大值是 3.

例 4.（2018 年全国卷 3）已知函数 $f(x) = (2 + x + ax^2)\ln(1 + x) - 2x$.

(1) 若 $a = 0$，证明：当 $-1 < x < 0$ 时，$f(x) < 0$；当 $x > 0$ 时，$f(x) > 0$；

(2) 若 $x = 0$ 是 $f(x)$ 的极大值点，求 a.

解析：（1）当 $a = 0$ 时，$f(x) = (2 + x)\ln(1 + x) - 2x$，$x > -1$，$f(0) = 0$，

$$f'(x) = \ln(1 + x) + \frac{2 + x}{1 + x} - 2, \quad f'(0) = 0,$$

$$f''(x) = \frac{1}{1 + x} + \frac{1 + x - (2 + x)}{(1 + x)^2} = \frac{x}{(1 + x)^2}, \quad f''(0) = 0,$$

所以，当 $-1 < x < 0$ 时，$f''(x) < 0$，$f'(x)$ 是减函数，$f'(x) > f'(0) = 0$，$f(x)$ 是增函数，

$$f(x) < f(0) = 0;$$

当 $x > 0$ 时，$f''(x) > 0$，$f'(x)$ 是增函数，$f'(x) > f'(0) = 0$，$f(x)$ 是增函数，

$$f(x) > f(0) = 0.$$

(2) $f(x) = (2 + x + ax^2)\ln(1 + x) - 2x$，$f(0) = 0$，

$$f'(x) = (1 + 2ax)\ln(1 + x) + \frac{2 + x + ax^2}{1 + x} - 2, \quad f'(0) = 0,$$

$$f''(x) = 2a\ln(1+x) + \frac{1+2ax}{1+x} + \frac{(1+2ax)(1+x) - (2+x+ax^2)}{(1+x)^2}$$

$$= \frac{a[2(1+x)^2\ln(1+x) + 3x^2 + 4x] + x}{(1+x)^2},$$

已知 $x=0$ 是 $f(x)$ 的极大值点，

则在 $x=0$ 附近有，$x<0$ 时，$f(x)$ 是增函数；$x>0$ 时，$f(x)$ 是减函数.

所以有 $f'(x)$ 在 $x=0$ 附近是减函数，即 $f''(x) \leqslant 0$，

即 $a[2(1+x)^2\ln(1+x) + 3x^2 + 4x] \leqslant -x.$

令 $h(x) = 2(1+x)^2\ln(1+x) + 3x^2 + 4x$，$h(0) = 0$，

$h'(x) = 4(1+x)\ln(1+x) + 8x + 6$，$h'(0) = 6.$

在 $x=0$ 附近，$x<0$ 时，$h(x)<0$，所以 $a \geqslant \frac{-x}{h(x)}$，

$\lim\limits_{x\to 0^-} \frac{-x}{h(x)} = \lim\limits_{x\to 0^-} \frac{-1}{h'(x)} = -\frac{1}{6}$，所以 $a \geqslant -\frac{1}{6}.$

同理，$x>0$ 时，$h(x)>0$，所以 $a \leqslant \frac{-x}{h(x)}$，

$\lim\limits_{x\to 0^+} \frac{-x}{h(x)} = \lim\limits_{x\to 0^+} \frac{-1}{h'(x)} = -\frac{1}{6}$，所以 $a \leqslant -\frac{1}{6}.$

综上，$a = -\frac{1}{6}.$

例5. （2013 年全国卷 2）已知函数 $f(x) = e^x - \ln(x+m)$.

（1）设 $x=0$ 是 $f(x)$ 的极值点，求 m，并讨论 $f(x)$ 的单调性.

（2）当 $m \leqslant 2$ 时，证明 $f(x) > 0$.

解析：（1）$f'(x) = e^x - \frac{1}{x+m}.$

由 $x=0$ 是 $f(x)$ 的极值点得，$f'(0) = 0$，所以 $m=1.$

于是 $f(x) = e^x - \ln(x+1)$，定义域为 $(-1, +\infty)$，$f'(x) = e^x - \frac{1}{x+1}.$

函数 $f'(x) = e^x - \frac{1}{x+1}$ 在 $(-1, +\infty)$ 上单调递增，且 $f'(0) = 0.$

因此当 $x \in (-1, 0)$ 时，$f'(x) < 0$；当 $x \in (0, +\infty)$ 时，$f'(x) > 0$；

所以 $f(x)$ 在 $(-1, 0)$ 上单调递减，在 $(0, +\infty)$ 上单调递增.

（2）当 $m \leqslant 2$，$x \in (-m, +\infty)$ 时，$\ln(x+m) \leqslant \ln(x+2)$，

故只需证明当 $m=2$ 时，$f(x) > 0.$

当 $m=2$ 时，函数 $f'(x) = \mathrm{e}^x - \dfrac{1}{x+2}$ 在 $(-2, +\infty)$ 上单调递增.

又 $f'(-1) < 0$，$f'(0) > 0$，故 $f'(x) = 0$ 在 $(-2, +\infty)$ 有唯一实根 x_0，且 $x_0 \in (-1, 0)$.

所以当 $x \in (-2, x_0)$ 时，$f'(x) < 0$；当 $x \in (x_0, +\infty)$ 时，$f'(x) > 0$，从而当 $x = x_0$ 时，$f(x)$ 取得最小值.

由 $f'(x_0) = 0$ 得，$\mathrm{e}^{x_0} = \dfrac{1}{x_0+2}$，$\ln(x_0+2) = -x_0$，

故 $f(x) \geqslant f(x_0) = \dfrac{1}{x_0+2} + x_0 = \dfrac{(x_0+1)^2}{x_0+2} > 0$.

综上，当 $m \leqslant 2$ 时，$f(x) > 0$.

例 6. 已知函数 $f(x) = f'(1)\mathrm{e}^{x-1} - f(0)x + \dfrac{1}{2}x^2$.

(1) 求 $f(x)$ 的解析式及单调区间.

(2) 若 $f(x) \geqslant \dfrac{1}{2}x^2 + ax + b$，求 $(a+1)b$ 的最大值.

解析： (1) $f'(x) = f'(1)\mathrm{e}^{x-1} - f(0) + x$，令 $x=1$ 得，$f(0) = 1$，

所以 $f(x) = f'(1)\mathrm{e}^{x-1} - x + \dfrac{1}{2}x^2$. 令 $x=0$ 得，$f'(1) = \mathrm{e}$.

所以 $f(x)$ 的解析式为 $f(x) = \mathrm{e}^x - x + \dfrac{1}{2}x^2$，$\therefore f'(x) = \mathrm{e}^x - 1 + x$，

易知 $f'(x) = \mathrm{e}^x - 1 + x$ 是 $\mathbf{R}$ 上的增函数，且 $f'(0) = 0$.

所以 $f'(x) > 0 \Leftrightarrow x > 0$；$f'(x) < 0 \Leftrightarrow x < 0$，

所以函数 $f(x)$ 的增区间为 $(0, +\infty)$，减区间为 $(-\infty, 0)$.

(2) 若 $f(x) \geqslant \dfrac{1}{2}x^2 + ax + b$ 恒成立，即 $h(x) = f(x) - \dfrac{1}{2}x^2 - ax - b = \mathrm{e}^x - (a+1)x - b \geqslant 0$ 恒成立，$\because h'(x) = \mathrm{e}^x - (a+1)$.

① 当 $a+1 < 0$ 时，$h'(x) > 0$ 恒成立，$h(x)$ 为 $\mathbf{R}$ 上的增函数，且当 $x \to -\infty$ 时，$h(x) \to -\infty$，不合题意.

② 当 $a+1 = 0$ 时，$h'(x) > 0$ 恒成立，则 $b \leqslant 0$，$(a+1)b = 0$.

③ 当 $a+1 > 0$ 时，$h'(x) = \mathrm{e}^x - (a+1)$ 为增函数，由 $h'(x) = 0$ 得，$x = \ln(a+1)$，

故 $f'(x) > 0 \Leftrightarrow x > \ln(a+1)$，$f'(x) < 0 \Leftrightarrow x < \ln(a+1)$，

当 $x = \ln(a+1)$ 时,$h(x)_{\min} = a + 1 - (a+1)\ln(a+1) - b$.

依题意有,$h[\ln(a+1)] = a + 1 - (a+1)\ln(a+1) - b \geq 0$,

即 $b \leq a + 1 - (a+1)\ln(a+1)$.

$\because a + 1 > 0$,

$\therefore (a+1)b \leq (a+1)^2 - (a+1)^2\ln(a+1)$,

令 $u(x) = x^2 - x^2\ln x (x > 0)$,则 $u'(x) = 2x - 2x\ln x - x = x(1 - 2\ln x)$,

$u'(x) > 0 \Leftrightarrow 0 < x < \sqrt{e}, u'(x) < 0 \Leftrightarrow x > \sqrt{e}$,

所以当 $x = \sqrt{e}$ 时,$u(x)$ 取最大值 $u(\sqrt{e}) = \dfrac{e}{2}$.

故当 $a + 1 = \sqrt{e}$,$b = \dfrac{\sqrt{e}}{2}$ 时,$(a+1)b$ 取最大值 $\dfrac{e}{2}$.

综上,若 $f(x) \geq \dfrac{1}{2}x^2 + ax + b$,则 $(a+1)b$ 的最大值为 $\dfrac{e}{2}$.

【练习巩固】

1. 设函数 $f(x) = -x(x-a)^2 (x \in \mathbf{R})$,其中 $a \in \mathbf{R}$.

(1) 当 $a = 1$ 时,求曲线 $y = f(x)$ 在点 $(2, f(2))$ 处的切线方程.

(2) 当 $a \neq 0$ 时,求函数 $f(x)$ 的极大值和极小值.

(3) 当 $a > 3$ 时,证明存在 $k \in [-1, 0]$,使得不等式 $f(k - \cos x) \geq f(k^2 - \cos^2 x)$ 对任意的 $x \in \mathbf{R}$ 恒成立.

2. 已知 $f(x) = x\ln x, g(x) = x^3 + ax^2 - x + 2$.

(1) 求函数 $f(x)$ 的单调区间.

(2) 对任意 $x \in (0, +\infty)$,$2f(x) \leq g'(x) + 2$ 恒成立,求实数 a 的取值范围.

3. 设函数 $f(x) = \ln x - \dfrac{1}{2}ax^2 - bx$.

(1) 当 $a = b = \dfrac{1}{2}$ 时,求 $f(x)$ 的最大值.

(2) 令 $F(x) = f(x) + \dfrac{1}{2}ax^2 + bx + \dfrac{a}{x} (0 < x \leq 3)$,其图像上任意一点 $P(x_0, y_0)$ 处切线的斜率 $k \leq \dfrac{1}{2}$ 恒成立,求实数 a 的取值范围.

(3) 当 $a=0$，$b=-1$ 时，方程 $2mf(x)=x^2$ 有唯一实数解，求正数 m 的值.

【练习解析】

1. **解析**：(1) 当 $a=1$ 时，$f(x)=-x(x-1)^2=-x^3+2x^2-x$，得 $f(2)=-2$，且 $f'(x)=-3x^2+4x-1$，$f'(2)=-5$. 所以，曲线 $y=-x(x-1)^2$ 在点 $(2,-2)$ 处的切线方程是 $y+2=-5(x-2)$，整理得 $5x+y-8=0$.

(2) $f(x)=-x(x-a)^2=-x^3+2ax^2-a^2x$，

$f'(x)=-3x^2+4ax-a^2=-(3x-a)(x-a)$.

令 $f'(x)=0$，解得 $x=\dfrac{a}{3}$ 或 $x=a$.

由于 $a\neq 0$，以下分两种情况讨论.

(1) 若 $a>0$，当 x 变化时，$f'(x)$ 的正负取值如下表：

x	$\left(-\infty,\dfrac{a}{3}\right)$	$\dfrac{a}{3}$	$\left(\dfrac{a}{3},a\right)$	a	$(a,+\infty)$
$f'(x)$	-	0	+	0	-

因此，函数 $f(x)$ 在 $x=\dfrac{a}{3}$ 处取得极小值 $f\left(\dfrac{a}{3}\right)$，且 $f\left(\dfrac{a}{3}\right)=-\dfrac{4}{27}a^3$，

函数 $f(x)$ 在 $x=a$ 处取得极大值 $f(a)$，且 $f(a)=0$.

(2) 若 $a<0$，当 x 变化时，$f'(x)$ 的正负取值如下表：

x	$(-\infty,a)$	a	$\left(a,\dfrac{a}{3}\right)$	$\dfrac{a}{3}$	$\left(\dfrac{a}{3},+\infty\right)$
$f'(x)$	-	0	+	0	-

因此，函数 $f(x)$ 在 $x=a$ 处取得极小值 $f(a)$，且 $f(a)=0$，

函数 $f(x)$ 在 $x=\dfrac{a}{3}$ 处取得极大值 $f\left(\dfrac{a}{3}\right)$，且 $f\left(\dfrac{a}{3}\right)=-\dfrac{4}{27}a^3$.

(3) 证明：由 $a>3$，得 $\dfrac{a}{3}>1$，当 $k\in[-1,0]$ 时，$k-\cos x\leqslant 1$，$k^2-\cos^2 x\leqslant 1$.

由 (2) 知，$f(x)$ 在 $(-\infty,1]$ 上是减函数，要使 $f(k-\cos x)\geqslant f(k^2-\cos^2 x)$，$x\in\mathbf{R}$，

只要 $k-\cos x\leqslant k^2-\cos^2 x$ $(x\in\mathbf{R})$，即 $\cos^2 x-\cos x\leqslant k^2-k$ $(x\in\mathbf{R})$. ①

设 $g(x) = \cos^2 x - \cos x = \left(\cos x - \dfrac{1}{2}\right)^2 - \dfrac{1}{4}$，则函数 $g(x)$ 在 **R** 上的最大值为 2.

要使①式恒成立，必须满足 $k^2 - k \geqslant 2$，即 $k \geqslant 2$ 或 $k \leqslant -1$.

所以，在区间 $[-1, 0]$ 上存在 $k = -1$，使得 $f(k - \cos x) \geqslant f(k^2 - \cos^2 x)$ 对任意的 $x \in \mathbf{R}$ 恒成立.

2. **解析**：(1) $f'(x) = \ln x + 1$，

令 $f'(x) < 0$ 得，$0 < x < \dfrac{1}{e}$，

∴ $f(x)$ 的单调递减区间是 $\left(0, \dfrac{1}{e}\right)$.

令 $f'(x) > 0$ 得，$x > \dfrac{1}{e}$，

∴ $f(x)$ 的单调递增区间是 $\left(\dfrac{1}{e}, +\infty\right)$.

(2) $g'(x) = 3x^2 + 2ax - 1$，由题意，$2x\ln x \leqslant 3x^2 + 2ax + 1$，

∵ $x > 0$，∴ $a \geqslant \ln x - \dfrac{3}{2}x - \dfrac{1}{2x}$ 恒成立. ①

设 $h(x) = \ln x - \dfrac{3}{2}x - \dfrac{1}{2x}$，则 $h'(x) = \dfrac{1}{x} - \dfrac{3}{2} + \dfrac{1}{2x^2} = -\dfrac{(x-1)(3x+1)}{2x^2}$.

令 $h'(x) = 1$ 得，$x = 1$，或 $x = -\dfrac{1}{3}$（舍去）.

当 $0 < x < 1$ 时，$h'(x) > 0$；当 $x > 1$ 时，$h'(x) < 0$，

∴ 当 $x = 1$ 时，$h(x)$ 有最大值 -2.

若①恒成立，则 $a \geqslant -2$，即 a 的取值范围是 $[-2, +\infty)$.

3. **解析**：(1) 依题意知，$f(x)$ 的定义域为 $(0, +\infty)$，

当 $a = b = \dfrac{1}{2}$ 时，$f(x) = \ln x - \dfrac{1}{4}x^2 - \dfrac{1}{2}x$，

$f'(x) = \dfrac{1}{x} - \dfrac{1}{2}x - \dfrac{1}{2} = \dfrac{-(x+2)(x-1)}{2x}$. 令 $f'(x) = 0$，解得 $x = 1$.

当 $0 < x < 1$ 时，$f'(x) > 0$，此时 $f(x)$ 单调递增；当 $x > 1$ 时，$f'(x) < 0$，此时 $f(x)$ 单调递减.

所以 $f(x)$ 的极大值为 $f(1) = -\dfrac{3}{4}$，此即为最大值.

(2) $F(x) = \ln x + \dfrac{a}{x}$，$x \in (0, 3]$，则有 $k = F'(x_0) = \dfrac{x_0 - a}{x_0^2} \leqslant \dfrac{1}{2}$，在 $x_0 \in$

$(0, 3]$ 上恒成立，所以 $a \geqslant \left(-\dfrac{1}{2}x_0^2 + x_0 \right)_{\max}$，当 $x_0 = 1$ 时，$-\dfrac{1}{2}x_0^2 + x_0$ 取得最

大值 $\dfrac{1}{2}$，所以 $a \geqslant \dfrac{1}{2}$.

(3) 因为方程 $2mf(x) = x^2$ 有唯一实数解，所以 $x^2 - 2m\ln x - 2mx = 0$ 有唯一

实数解，设 $g(x) = x^2 - 2m\ln x - 2mx$，则 $g'(x) = \dfrac{2x^2 - 2mx - 2m}{x}$.

令 $g'(x) = 0$，

即 $x^2 - mx - m = 0$.

因为 $m > 0$，$x > 0$，所以 $x_1 = \dfrac{m - \sqrt{m^2 + 4m}}{2} < 0$（舍去），$x_2 = \dfrac{m + \sqrt{m^2 + 4m}}{2}$，

当 $x \in (0, x_2)$ 时，$g'(x) < 0$，$g(x)$ 在 $(0, x_2)$ 上单调递减，当 $x \in (x_2,$ $+\infty)$ 时，$g'(x) > 0$，$g(x)$ 在 $(x_2, +\infty)$ 单调递增. 当 $x = x_2$ 时，$g'(x_2) = 0$，

$g(x)$ 取最小值 $g(x_2)$，则 $\begin{cases} g(x_2) = 0, \\ g'(x_2) = 0, \end{cases}$ 即 $\begin{cases} x_2^2 - 2m\ln x_2 - 2mx_2 = 0, \\ x_2^2 - mx_2 - m = 0. \end{cases}$

所以 $2m\ln x_2 + mx_2 - m = 0$，因为 $m > 0$，所以 $2\ln x_2 + x_2 - 1 = 0$（＊）.

设函数 $h(x) = 2\ln x + x - 1$，因为当 $x > 0$ 时，$h(x)$ 是增函数，所以 $h(x) = 0$ 至多有一解.

因为 $h(1) = 0$，所以方程（＊）的解为 $x_2 = 1$，即 $\dfrac{m + \sqrt{m^2 + 4m}}{2} = 1$，解

$m = \dfrac{1}{2}$.

第三十五讲

极坐标与参数方程综合应用

【要点与考点】

极坐标与直角坐标转换公式：$\rho^2 = x^2 + y^2$，$\rho\cos\theta = x$，$\rho\sin\theta = y$（常用常考）

圆的参数方程：$\begin{cases} x = a + r\cos\theta, \\ y = b + r\sin\theta, \end{cases}$（$\theta$ 为参数）$\Leftrightarrow (x-a)^2 + (y-b)^2 = r^2$（常用常考）

椭圆的参数方程：$\begin{cases} x = a\cos\theta, \\ y = b\sin\theta, \end{cases}$（$\theta$ 为参数）$\Leftrightarrow \dfrac{x^2}{a^2} + \dfrac{y^2}{b^2} = 1$（常用常考）

双曲线的参数方程：$\begin{cases} x = \dfrac{a}{\cos\theta}, \\ y = b\tan\theta, \end{cases}$（$\theta$ 为参数）$\Leftrightarrow \dfrac{x^2}{a^2} - \dfrac{y^2}{b^2} = 1$

抛物线的参数方程：$\begin{cases} x = 2pt^2, \\ y = 2pt, \end{cases}$（$t$ 为参数）$\Leftrightarrow y^2 = 2px$

直线的参数方程：$\begin{cases} x = x_0 + t\cos\alpha, \\ y = y_0 + t\sin\alpha, \end{cases}$（$t$ 为参数）$\Leftrightarrow y - y_0 = \tan\alpha\,(x - x_0)$（常用常考）

特别要注意直线参数方程中参数 t 的几何意义，过定点 $M_0\,(x_0, y_0)$ 倾斜角为 α 的直线的参数方程为 $\begin{cases} x = x_0 + t\cos\alpha, \\ y = y_0 + t\sin\alpha, \end{cases}$（$t$ 为参数）.

设 $M(x, y)$ 为直线上的任意一点，如图36-1所示，参数 t 的几何意义是指从点 M_0 到点 M 的位移，可以用有向线段 $\overrightarrow{M_0M}$ 数量来表示，带符号. 即

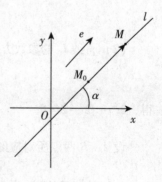

图 35-1

直线 l 的单位方向向量 $e = (\cos\alpha,\ \sin\alpha)$，$\alpha$ 是直线 l 的倾斜角，$\overrightarrow{M_0M} = te = t$ $(\cos\alpha,\ \sin\alpha)$.

圆：以 $C(\rho_0,\ \theta_0)$ 为圆心，半径为 r 的圆的方程：$\rho^2 + \rho_0^2 - 2\rho\rho_0\cos(\theta - \theta_0) = r^2$.

直线：过 $A(\rho_0,\ \theta_0)$ 点，倾斜角为 α 的直线方程：$\rho\sin(\theta - \alpha) = \rho_0\sin(\theta_0 - \alpha)$.

圆锥曲线：$\rho = \dfrac{ep}{1 - e\cos\theta}$，其中 e 表示离心率，p 表示焦点到准线的距离.

其他曲线：如玫瑰线，阿基米德曲线，圆的渐近线，心形线等.

本部分内容主要考查与培育学生的直观想象、数学建模与数学运算等核心素养.

【例题解析】

例1. 在平面直角坐标系 xOy 中，曲线 C：$\begin{cases} x = \sqrt{3}\cos\alpha, \\ y = \sin\alpha, \end{cases}$（$\alpha$ 为参数）在以原点 O 为极点，x 轴的非负半轴为极轴的极坐标系中，直线 l 的极坐标方程为 $\dfrac{\sqrt{2}}{2}\rho\cos\left(\theta + \dfrac{\pi}{4}\right) = -1$.

（1）求曲线 C 的普通方程和直线 l 的直角坐标方程.

（2）过点 $M(-1,\ 0)$ 且与直线 l 平行的直线 l_1 交曲线 C 于 A，B 两点，求点 M 到 A，B 的距离之和.

解析：

（1）曲线 C 化为普通方程为 $\dfrac{x^2}{3} + y^2 = 1$，由 $\dfrac{\sqrt{2}}{2}\rho\cos\left(\theta + \dfrac{\pi}{4}\right) = -1$，得 $\rho\cos\theta - \rho\sin\theta = -2$，所以直线 l 的直角坐标方程为 $x - y + 2 = 0$.

（2）直线 l_1 的参数方程为 $\begin{cases} x = -1 + \dfrac{\sqrt{2}}{2}t, \\ y = \dfrac{\sqrt{2}}{2}t, \end{cases}$（$t$ 为参数），代入 $\dfrac{x^2}{3} + y^2 = 1$ 化简

得，$2t^2 - \sqrt{2}t - 2 = 0$.

设 A，B 两点所对应的参数分别为 t_1，t_2，则 $t_1 + t_2 = \dfrac{\sqrt{2}}{2}$，$t_1t_2 = -1$，

$\therefore |MA| + |MB| = |t_1| + |t_2| = |t_1 - t_2| = \sqrt{(t_1 + t_2)^2 - 4t_1t_2}$

$$= \sqrt{\left(\frac{\sqrt{2}}{2}\right)^2 - 4 \times (-1)} = \frac{3\sqrt{2}}{2}.$$

例2. （2017年全国卷3）在直角坐标系 xOy 中，直线 l_1 的参数方程为

$\begin{cases} x = 2 + t, \\ y = kt, \end{cases}$ （t 为参数），直线 l_2 的参数方程为 $\begin{cases} x = -2 + m, \\ y = \dfrac{m}{k}, \end{cases}$ （m 为参数）. 设 l_1 与

l_2 的交点为 P，当 k 变化时，P 的轨迹为曲线 C.

（1）写出 C 的普通方程.

（2）以坐标原点为极点，x 轴正半轴为极轴建立极坐标系，设 $l_3 : \rho(\cos\theta + \sin\theta) - \sqrt{2} = 0$，$M$ 为 l_3 与 C 的交点，求 M 的极径.

解析：（1）消去参数 t 得，l_1 的普通方程为 $y = k(x - 2)$；

消去参数 m 得，l_2 的普通方程为 $y = \dfrac{1}{k}(x + 2)$.

设 $P(x, y)$，由题设得，$\begin{cases} y = k(x - 2), \\ y = \dfrac{1}{k}(x + 2), \end{cases}$ 消去 k 得，$x^2 - y^2 = 4$ （$y \neq 0$）.

所以 C 的普通方程为 $x^2 - y^2 = 4(y \neq 0)$.

（2）C 的极坐标方程为 $\rho^2(\cos^2\theta - \sin^2\theta) = 4(0 < \theta < 2\pi, \ \theta \neq \pi)$.

联立 $\begin{cases} \rho^2(\cos^2\theta - \sin^2\theta) = 4, \\ \rho(\cos\theta + \sin\theta) - \sqrt{2} = 0, \end{cases}$ 得 $\cos\theta - \sin\theta = 2(\cos\theta + \sin\theta)$.

故 $\tan\theta = -\dfrac{1}{3}$，从而 $\cos^2\theta = \dfrac{9}{10}$，$\sin^2\theta = \dfrac{1}{10}$.

代入 $\rho^2(\cos^2\theta - \sin^2\theta) = 4$ 得，$\rho^2 = 5$，所以交点 M 的极径为 $\sqrt{5}$.

例3. 在直角坐标系中，以坐标原点为极点，x 轴的非负半轴为极轴建立极坐标系. 已知点 A 的极坐标为 $\left(\sqrt{2}, \dfrac{\pi}{4}\right)$，直线 l 的极坐标方程为 $\rho\cos\left(\theta - \dfrac{\pi}{4}\right) = a$，且点 A 在直线 l 上.

（1）求 a 的值及直线 l 的直角坐标方程.

（2）圆 C 的参数方程为 $\begin{cases} x = 1 + \cos\alpha, \\ y = \sin\alpha, \end{cases}$ （α 为参数），试判断直线 l 与圆 C 的位置关系.

解析：（1）由点 $A\left(\sqrt{2}, \dfrac{\pi}{4}\right)$ 在直线 $\rho\cos\left(\theta - \dfrac{\pi}{4}\right) = a$ 上，可得 $a = \sqrt{2}$，所以直线 l 的方程可化为 $\rho\cos\theta + \rho\sin\theta = 2$，从而直线 l 的直角坐标方程为 $x + y - 2 = 0$.

（2）由已知得，圆 C 的直角坐标方程为 $(x-1)^2 + y^2 = 1$，所以圆心为 $(1, 0)$，半径 $r = 1$，因为圆心到直线 l 的距离 $d = \dfrac{\sqrt{2}}{2} < 1$，所以直线 l 与圆相交.

例 4. 求直线 $\rho = \dfrac{1}{a\cos\theta + b\sin\theta}$ 与圆 $\rho = 2c\cos\theta$（$c > 0$）相切的充要条件.

解析： 直线的普通方程是 $ax + by - 1 = 0$，圆的普通方程是 $(x-c)^2 + y^2 = c^2$，直线与圆相切的充要条件是 $\dfrac{|ac-1|}{\sqrt{a^2 + b^2}} = c$.

例 5.（2011 年复旦大学自主招生）极坐标表示的下列曲线中不是圆的是（　　）.

A. $\rho^2 + 2\rho(\cos\theta + \sqrt{3}\sin\theta) = 5$　　　　B. $\rho^2 - 6\rho\cos\theta - 4\rho\sin\theta = 0$

C. $\rho^2 - \rho\cos\theta = 1$　　　　　　　　　　D. $\rho^2\cos2\theta + 2\rho(\cos\theta + \sin\theta) = 1$

答案：选 D.

例 6.（2011 年复旦大学自主招生）圆锥曲线 $\rho = \dfrac{4\sin\theta}{\cos^2\theta}$ 的准线方程是（　　）.

A. $\rho\sin\theta = 1$　　　　　　　　　　B. $\rho\cos\theta = -1$

C. $\rho\cos\theta = 1$　　　　　　　　　　D. $\rho\sin\theta = -1$

答案：选 D.

例 7.（2013 年复旦自主招生）在极坐标系中，与圆 $\rho = 4\sin\theta$ 相切的一条直线方程为（　　）.

A. $\rho\sin\theta = 2$　　　　　　　　　　B. $\rho\cos\theta = 2$

C. $\rho\cos\theta = 4$　　　　　　　　　　D. $\rho\cos\theta = -4$

答案：选 B.

例 8.（2001 年复旦大学保送生）椭圆 $\rho = \dfrac{3}{4 - 2\cos\theta}$ 的焦距是_____.

解析： 由已知得，$\rho = \dfrac{\frac{1}{2} \cdot \frac{3}{2}}{1 - \frac{1}{2}\cos\theta}$，于是有 $\begin{cases} \dfrac{c}{a} = \dfrac{1}{2}, \\ \dfrac{b^2}{c} = \dfrac{3}{2}, \\ a^2 = b^2 + c^2, \end{cases}$ 解之得，$\begin{cases} a = 1, \\ b = \dfrac{\sqrt{3}}{2}, \\ c = \dfrac{1}{2}, \end{cases}$

所以，焦距 $2c = 1$.

例 9.（2012 年北约自主招生）已知点 $A(-2, 0)$，$B(0, 2)$，若点 C 是圆 $x^2 - 2x + y^2 = 0$ 上的动点，求 $\triangle ABC$ 面积的最小值.

解析： 依题意，直线 AB 的方程为 $x - y + 2 = 0$，且 $|AB| = 2\sqrt{2}$，圆心 $C(1, 0)$ 到直线 AB 的距离 $d = \dfrac{|1 - 0 + 2|}{\sqrt{2}} = \dfrac{3\sqrt{2}}{2}$，所以 $\triangle ABC$ 面积的最小值为

$$(S_{\triangle ABC})_{\min} = \frac{1}{2} \cdot 2\sqrt{2} \cdot \left(\frac{3\sqrt{2}}{2} - 1 \right) = 3 - \sqrt{2}.$$

例 10.（2013 年复旦大学自主招生）圆的方程为 $x^2 + y^2 + 4x - 2y + 1 = 0$，直线的方程为 $3x + 2y - 8 = 0$，该圆上一点到此直线的最大距离是( ).

A. $\dfrac{2}{\sqrt{13}}$

B. $\dfrac{12}{13}$

C. $\dfrac{12}{\sqrt{13}} + 2$

D. $\dfrac{2}{13}$

答案： 选 C.

例 11. 已知椭圆 $\dfrac{x^2}{a^2} + \dfrac{y^2}{b^2} = 1$ 的两条半径 OA，OB 互相垂直.

（1）求证：$\dfrac{1}{|OA|^2} + \dfrac{1}{|OB|^2}$ 为定值.

（2）求 $\triangle OAB$ 面积的最大值与最小值.

解析：（1）由已知可得，椭圆的极坐标方程为 $\dfrac{\rho^2 \cos^2 \theta}{a^2} + \dfrac{\rho^2 \sin^2 \theta}{b^2} = 1$，依题意有，

$$\frac{1}{|OA|^2} + \frac{1}{|OB|^2} = \frac{1}{\rho_1^2} + \frac{1}{\rho_2^2} = \left(\frac{\cos^2 \theta}{a^2} + \frac{\sin^2 \theta}{b^2} \right) + \left(\frac{\sin^2 \theta}{a^2} + \frac{\cos^2 \theta}{b^2} \right)$$

$$= \frac{1}{a^2} + \frac{1}{b^2} = \frac{a^2 + b^2}{a^2 b^2}, \text{ 故假设成立.}$$

（2）$S_{\triangle OAB} = \dfrac{1}{2} \rho_1 \rho_2$，用三角函数可得，当 $\theta = 0$ 时，$(S_{\triangle OAB})_{\max} = \dfrac{1}{2} ab$；

当 $\theta = \dfrac{\pi}{4}$ 时，$(S_{\triangle OAB})_{\min} = \dfrac{a^2 b^2}{\sqrt{4b^4 + 4b^2 c^2 + c^4}} = \dfrac{a^2 b^2}{a^2 + b^2}$.

所以 $(S_{\triangle OAB})_{\max} = \dfrac{ab}{2}$，$(S_{\triangle OAB})_{\min} = \dfrac{a^2 b^2}{a^2 + b^2}$.

例 12. 在 △ABC 中，AB = a，顶点 C 在 AB 上方移动，且 ∠A = 2∠C，试建立适当的极坐标系，求顶点 C 的轨迹方程.

解析： 以点 A 为极点，射线 AB 为极轴建立极坐标系，设点 $C(\rho, \theta)$，于是有 $AB = a$，$AC = \rho$，$\angle BAC = \theta$，$\angle BCA = \dfrac{\theta}{2}$，$\angle ABC = \pi - \dfrac{3\theta}{2}$，

由正弦定理得，$\dfrac{\rho}{\sin\left(\pi - \dfrac{3\theta}{2}\right)} = \dfrac{a}{\sin\dfrac{\theta}{2}}$，即 $\rho = \dfrac{a\sin\dfrac{3\theta}{2}}{\sin\dfrac{\theta}{2}}$ 为点 C 的轨迹方程.

例 13. 已知曲线 C_1 的参数方程是 $\begin{cases} x = 2\cos\varphi, \\ y = 3\sin\varphi, \end{cases}$（$\varphi$ 为参数），以坐标原点为极点，x 轴的正半轴为极轴建立极坐标系，曲线 C_2 的极坐标方程是 $\rho = 2$，正方形 ABCD 的顶点都在 C_2 上，且 A，B，C，D 依逆时针次序排列，点 A 的极坐标为 $\left(2, \dfrac{\pi}{3}\right)$.

（1）求点 A，B，C，D 的直角坐标.

（2）设 P 为 C_1 上任意一点，求 $|PA|^2 + |PB|^2 + |PC|^2 + |PD|^2$ 的取值范围.

解析：（1）依题意，点 A，B，C，D 的极坐标分别为

$\left(2, \dfrac{\pi}{3}\right)$，$\left(2, \dfrac{5\pi}{6}\right)$，$\left(2, \dfrac{4\pi}{3}\right)$，$\left(2, \dfrac{11\pi}{6}\right)$，

所以，点 A，B，C，D 的直角坐标分别为 $(1, \sqrt{3})$，$(-\sqrt{3}, 1)$，$(-1, -\sqrt{3})$，$(\sqrt{3}, -1)$.

（2）设 $P(x_0, y_0)$，则 $\begin{cases} x_0 = 2\cos\varphi, \\ y_0 = 3\sin\varphi, \end{cases}$（$\varphi$ 为参数），

$t = |PA|^2 + |PB|^2 + |PC|^2 + |PD|^2$

$\quad = 4x^2 + 4y^2 + 16 = 32 + 20\sin^2\varphi$.

∵ $\sin^2\varphi \in [0, 1]$，

∴ $t \in [32, 52]$.

【练习巩固】

1.（2012 年辽宁卷）在直角坐标系 xOy 中，圆 $C_1: x^2 + y^2 = 4$，圆 $C_2:(x -$

$2)^2 + y^2 = 4$.

（1）在以 O 为极点，x 轴正半轴为极轴的极坐标系中，分别写出圆 C_1，C_2 的极坐标方程，并求出圆 C_1，C_2 的交点坐标（用极坐标表示）.

（2）求出 C_1 与 C_2 的公共弦所在的直线方程.

2.（2011 年全国新课标卷）在直角坐标系 xOy 中，曲线 C_1 的参数方程为 $\begin{cases} x = 2\cos\alpha, \\ y = 2 + 2\sin\alpha, \end{cases}$（$\alpha$ 为参数），M 是 C_1 上的动点，P 点满足 $\overrightarrow{OP} = 2\overrightarrow{OM}$，$P$ 点的轨迹为曲线 C_2.

（1）求 C_2 的方程.

（2）在以 O 为极点，x 轴的正半轴为极轴的极坐标系中，射线 $\theta = \dfrac{\pi}{3}$ 与 C_1 的异于极点的交点为 A，与 C_2 的异于极点的交点为 B，求 $|AB|$.

3.（2013 年全国新课标卷 2）已知动点 P，Q 都在曲线 C：$\begin{cases} x = 2\cos\beta, \\ y = 2\sin\beta, \end{cases}$（$\beta$ 为参数）上，对应参数分别为 α 与 $2\alpha(0 < \alpha < 2\pi)$，$M$ 为 PQ 的中点.

（1）求 M 的轨迹的参数方程.

（2）将 M 到坐标原点的距离 d 表示为 α 的函数，并判断 M 的轨迹是否过坐标原点.

4.（2013 年福建卷）在直角坐标系中，以坐标原点 O 为极点，x 轴的正半轴为极轴建立极坐标系. 已知点 A 的极坐标为 $\left(\sqrt{2}, \dfrac{\pi}{4}\right)$，直线 l 的极坐标方程为 $\rho\cos\left(\theta - \dfrac{\pi}{4}\right) = a$，且点 A 在直线 l 上.

（1）求 a 的值及直线 l 的直角坐标方程.

（2）圆 C 的参数方程为 $\begin{cases} x = 1 + \cos\alpha, \\ y = \sin\alpha, \end{cases}$（$\alpha$ 为参数），试判断直线 l 与圆 C 的位置关系.

5.（2013 年辽宁卷）在直角坐标系 xOy 中，以 O 为极点，x 轴正半轴为极轴建立极坐标系. 圆 C_1 与直线 C_2 的极坐标方程分别为 $\rho = 4\sin\theta$，$\rho\cos\left(\theta - \dfrac{\pi}{4}\right) = 2\sqrt{2}$.

（1）求 C_1 与 C_2 交点的极坐标.

（2）设 P 为 C_1 的圆心，Q 为 C_1 与 C_2 交点连线的中点，已知直线 PQ 的参数方程为 $\begin{cases} x = t^3 + a, \\ y = \dfrac{b}{2}t^3 + 1, \end{cases}$ （$t \in \mathbf{R}$ 为参数），求 a，b 的值.

6. （2013 年全国新课标卷 1）已知曲线 C_1 的参数方程为 $\begin{cases} x = 4 + 5\cos t, \\ y = 5 + 5\sin t, \end{cases}$ （t 为参数），以坐标原点为极点，x 轴的正半轴为极轴建立极坐标系，曲线 C_2 的极坐标方程为 $\rho = 2\sin\theta$.

（1）把 C_1 的参数方程化为极坐标方程.

（2）求 C_1 与 C_2 交点的极坐标（$\rho \geqslant 0$，$0 \leqslant \theta < 2\pi$）.

7. （2018 年全国卷 3）在平面直角坐标系 xOy 中，圆 O 的参数方程为 $\begin{cases} x = \cos\theta, \\ y = \sin\theta, \end{cases}$ （θ 为参数），过点 $(0, -\sqrt{2})$ 且倾斜角为 α 的直线 l 与圆 O 交于 A，B 两点.

（1）求 α 的取值范围.

（2）求 AB 中点 P 的轨迹的参数方程.

【练习解析】

略.

第 三十六 讲

不等式综合应用

【题型背景】

（2018 年全国卷3）如图 37 – 1 所示，设函数 $f(x) = |2x+1| + |x-1|$.

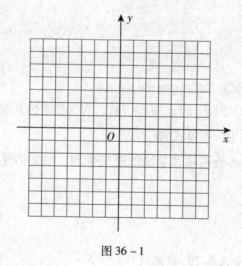

图 36 – 1

（1）画出 $y = f(x)$ 的图像.

（2）当 $x \in [0 + \infty)$，$f(x) \leqslant ax + b$，求 $a + b$ 的最小值.

解析：（1）将函数 $f(x)$ 写出分段函数：$f(x) = \begin{cases} -3x, & x < -\dfrac{1}{2}, \\ x+2, & -\dfrac{1}{2} \leqslant x < 1, \\ 3x, & x \geqslant 1, \end{cases}$ 再画出

在对应定义域的图像即可.

（2）如图 37 – 2 所示，由（1）知，$y = f(x)$ 的图像与 y 轴交点的纵坐标为 2，且各部分所在直线斜率的最大值为 3，故当且仅当 $a \geqslant 3$ 且 $b \geqslant 2$ 时，$f(x) \leqslant$

$ax+b$ 在 $[0,+\infty)$ 上成立，因此 $a+b$ 的最小值为 5.

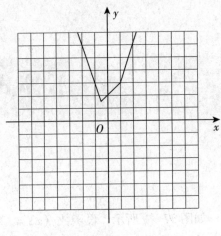

图 36-2

【知识分析】

含绝对值的不等式：$|x|<a \Leftrightarrow -a<x<a\ (a>0)$，$|x|>a \Leftrightarrow x<-a$ 或 $x>a$ $(a>0)$，$||a|-|b|| \leqslant |a \pm b| \leqslant |a|+|b|$，含参数不等式的分类讨论等.

重要不等式的应用，不等式的证明等.

本部分内容主要考查与培育学生的逻辑推理、数学运算与数学建模等核心素养.

【例题解析】

例 1. （2018 年全国卷 2）设函数 $f(x)=5-|x+a|-|x-2|$.

（1）当 $a=1$ 时，求不等式 $f(x) \geqslant 0$ 的解集.

（2）若 $f(x) \leqslant 1$，求 a 的取值范围.

解：（1）当 $a=1$ 时，不等式 $5-|x+1|-|x-2| \geqslant 0 \Leftrightarrow |x+1|+|x-2| \leqslant 5$ $\Leftrightarrow -2 \leqslant x \leqslant 3$. 所以，所求不等式的解集为 $\{x \mid -2 \leqslant x \leqslant 3\}$.

（2）$f(x) \leqslant 1$ 等价于对于任意的 x，$|x+a|+|x-2| \geqslant 4$ 恒成立，

则 $|a+2| \geqslant 4 \Leftrightarrow a \leqslant -6$ 或 $a \geqslant 2$.

所以，所求 a 的取值范围是 $(-\infty, -6] \cup [2, +\infty)$.

例 2. （2014 年全国卷 2）设 a，b，c，d 为正数，且 $a+b=c+d$，证明：

（1）若 $ab>cd$，则 $\sqrt{a}+\sqrt{b}>\sqrt{c}+\sqrt{d}$.

(2) $\sqrt{a}+\sqrt{b}>\sqrt{c}+\sqrt{d}$ 是 $|a-b|<|c-d|$ 的充要条件.

解析:

(1) **解法 1:** 因 $(\sqrt{a}+\sqrt{b})^2=a+b+2\sqrt{ab}$, $(\sqrt{c}+\sqrt{d})^2=c+d+2\sqrt{cd}$,

由题设 $a+b=c+d$, $ab>cd$ 得, $(\sqrt{a}+\sqrt{b})^2>(\sqrt{c}+\sqrt{d})^2$,

因此 $\sqrt{a}+\sqrt{b}>\sqrt{c}+\sqrt{d}$.

解法 2: 因 $ab>cd$, 所以 $\sqrt{ab}>\sqrt{cd}$, 从而 $2\sqrt{ab}>2\sqrt{cd}$,

因为 $a+b=c+d$, 所以 $a+b+2\sqrt{ab}>c+d+2\sqrt{cd}$,

故 $(\sqrt{a}+\sqrt{b})^2>(\sqrt{c}+\sqrt{d})^2$, 因此 $\sqrt{a}+\sqrt{b}>\sqrt{c}+\sqrt{d}$.

解法 3: 要证 $\sqrt{a}+\sqrt{b}>\sqrt{c}+\sqrt{d}$, 只要证 $(\sqrt{a}+\sqrt{b})^2>(\sqrt{c}+\sqrt{d})^2$,

即证 $a+b+2\sqrt{ab}>c+d+2\sqrt{cd}$, 因 $a+b=c+d$, 只要 $ab>cd$,

而已知 $ab>cd$, 所以 $\sqrt{a}+\sqrt{b}>\sqrt{c}+\sqrt{d}$.

(2) **解法 1:** (i) 若 $|a-b|<|c-d|$, 则 $(a-b)^2<(c-d)^2$,

即 $(a+b)^2-4ab<(c+d)^2-4cd$, 因 $a+b=c+d$, 所以 $ab>cd$,

所以由 (1) 得, $\sqrt{a}+\sqrt{b}>\sqrt{c}+\sqrt{d}$.

(ii) 若 $\sqrt{a}+\sqrt{b}>\sqrt{c}+\sqrt{d}$, 则 $a+b+2\sqrt{ab}>c+d+2\sqrt{cd}$,

因为 $a+b=c+d$, 所以 $ab>cd$,

于是 $(a-b)^2=(a+b)^2-4ab<(c+d)^2-4cd=(c-d)^2$,

因此 $|a-b|<|c-d|$.

所以 $\sqrt{a}+\sqrt{b}>\sqrt{c}+\sqrt{d}$ 是 $|a-b|<|c-d|$ 的充要条件.

解法 2: 若 $|a-b|<|c-d|$, 则 $(a-b)^2<(c-b)^2$,

即 $(a+b)^2-4ab<(c+d)^2-4cd$,

因 $a+b=c+d$, 所以 $ab>cd$.

若 $\sqrt{a}+\sqrt{b}>\sqrt{c}+\sqrt{d}$, 则 $a+b+2\sqrt{ab}>c+d+2\sqrt{cd}$,

因 $a+b=c+d$, 所以 $ab>cd$.

因为 $\sqrt{a}+\sqrt{b}>\sqrt{c}+\sqrt{d}$ 与 $ab>cd$ 等价, $|a-b|<|c-d|$ 与 $ab>cd$ 等价,

所以 $\sqrt{a}+\sqrt{b}>\sqrt{c}+\sqrt{d}$ 是 $|a-b|<|c-d|$ 的充要条件.

例 3. (2017 年全国卷 2) 已知 $a>0$, $b>0$, $a^3+b^3=2$, 证明:

(1) $(a+b)(a^5+b^5)\geqslant 4$.

(2) $a+b \leqslant 2$.

解析:(1) **解法** 1:由柯西不等式得,

$(a+b)(a^5+b^5)$

$= [(\sqrt{a})^2 + (\sqrt{b})^2] \cdot [(\sqrt{a} \cdot a^2)^2 + (\sqrt{b} \cdot b^2)^2]$

$\geqslant (a^3+b^3)^2 = 4$.

解法 2:

$$(a+b)(a^5+b^5) = a^6+b^6+ab^5+a^5b$$
$$= (a^3+b^3)^2 + ab^5 + a^5b - 2a^3b^3$$
$$\geqslant (a^3+b^3)^2 + 2\sqrt{a^6b^6} - 2a^3b^3$$
$$= (a^3+b^3)^2$$
$$= 4.$$

解法 3:

$$(a+b)(a^5+b^5) - 4 = (a+b)(a^5+b^5) - (a^3+b^3)^2$$
$$= ab^5 + a^5b - 2a^3b^3.$$

又 $a>0$,$b>0$,所以 $ab^5+a^5b-2a^3b^3 = ab(a^2-b^2)^2 \geqslant 0$.当 $a=b$ 时,等号成立.

所以,$(a+b)(a^5+b^5) - 4 \geqslant 0$,即 $(a+b)(a^5+b^5) \geqslant 4$.

(2) **解法** 1:由 $a^3+b^3=2$ 及 $ab \leqslant \dfrac{(a+b)^2}{4}$ 得,

$$2 = (a+b) \cdot (a^2+b^2-ab)$$
$$= (a+b) \cdot [(a+b)^2 - 3ab]$$
$$\geqslant (a+b) \cdot \left[(a+b)^2 - \frac{3(a+b)^2}{4}\right]$$
$$= \frac{(a+b)^3}{4},$$

所以 $a+b \leqslant 2$.

解法 2:(反证法)假设 $a+b>2$,则 $a>2-b$,两边同时立方得,

$a^3 > (2-b)^3 = 8 - 12b + 6b^2 - b^3$,即 $a^3+b^3 > 8-12b+6b^2$.

因为 $a^3+b^3=2$,

所以 $6-12b+6b^2 < 0$,即 $6(b-1)^2 < 0$,矛盾,所以假设不成立,即 $a+b \leqslant 2$.

解法 3:因为 $a^3+b^3=2$,

所以，$(a+b)^3-8=(a+b)^3-4(a^3+b^3)$

$$=a^3+3a^2b+3ab^2+b^3-4a^3-4b^3$$
$$=3a^2(b-a)+3b^2(a-b)$$
$$=-3(a+b)(a-b)^2.$$

又 $a>0$，$b>0$，所以，$-3(a+b)(a-b)^2\leqslant0$.

所以，$(a+b)^3\leqslant8$，即 $a+b\leqslant2$.

解法 4： 因为 $a^3+1+1\geqslant3\sqrt[3]{a}=3a$，$b^3+1+1\geqslant3\sqrt[3]{b}=3b$，

所以 $a^3+1+1+b^3+1+1\geqslant3(a+b)$，即 $6\geqslant3(a+b)$，

即 $a+b\leqslant2$（当且仅当 $a=b=1$ 时取等号）.

例 4.（2016 年全国卷 2）已知函数 $f(x)=\left|x-\dfrac{1}{2}\right|+\left|x+\dfrac{1}{2}\right|$，$M$ 为不等式 $f(x)<2$ 的解集.

（1）求 M.

（2）证明：当 a，$b\in M$ 时，$|a+b|<|1+ab|$.

解析：（1）当 $x<-\dfrac{1}{2}$ 时，$f(x)=\dfrac{1}{2}-x-x-\dfrac{1}{2}=-2x$，则 $-1<x<-\dfrac{1}{2}$；

当 $-\dfrac{1}{2}\leqslant x\leqslant\dfrac{1}{2}$ 时，$f(x)=\dfrac{1}{2}-x+x+\dfrac{1}{2}=1<2$ 恒成立；

当 $x>\dfrac{1}{2}$ 时，$f(x)=2x$，若 $f(x)<2$，$\dfrac{1}{2}<x<1$.

综上可得，$M=\{x\mid-1<x<1\}$.

（2）当 $a,b\in(-1,1)$ 时，有 $(a^2-1)(b^2-1)>0$，即 $a^2b^2+1>a^2+b^2$，

则 $a^2b^2+2ab+1>a^2+2ab+b^2$，则 $(ab+1)^2>(a+b)^2$，

即 $|a+b|<|ab+1|$，证毕.

例 5.（2013 年全国卷 2）设 a，b，c，d 均为正数，且 $a+b+c=1$.

证明：（1）$ab+bc+ca\leqslant\dfrac{1}{3}$.

（2）$\dfrac{a^2}{b}+\dfrac{b^2}{c}+\dfrac{c^2}{a}\geqslant1$.

解析：（1）由 $a^2+b^2\geqslant2ab$，$b^2+c^2\geqslant2bc$，$c^2+a^2\geqslant2ca$，

得 $a^2+b^2+c^2\geqslant ab+bc+ca$.

由题设得，$(a+b+c)^2=1$，

267

即 $a^2+b^2+c^2+2ab+2bc+2ca=1$.

所以 $3(ab+bc+ca)\leqslant 1$，即 $ab+bc+ca\leqslant \dfrac{1}{3}$.

（2）因为 $\dfrac{a^2}{b}+b\geqslant 2a$，$\dfrac{b^2}{c}+c\geqslant 2b$，$\dfrac{c^2}{a}+a\geqslant 2c$，

故 $\dfrac{a^2}{b}+\dfrac{b^2}{c}+\dfrac{c^2}{a}+(a+b+c)\geqslant 2(a+b+c)$，

即 $\dfrac{a^2}{b}+\dfrac{b^2}{c}+\dfrac{c^2}{a}\geqslant a+b+c$，

所以 $\dfrac{a^2}{b}+\dfrac{b^2}{c}+\dfrac{c^2}{a}\geqslant 1$.

【练习巩固】

1. 已知函数 $f(x)=-x^2+ax+4$，$g(x)=|x+1|+|x-1|$.

（1）当 $a=1$ 时，求不等式 $f(x)\geqslant g(x)$ 的解集.

（2）若不等式 $f(x)\geqslant g(x)$ 的解集包含 $[-1,1]$，求 a 的取值范围.

2. 已知函数 $f(x)=|x-a|+|x-3|$（$a<3$）.

（1）若不等式 $f(x)\geqslant 4$ 的解集为 $\left\{x\,\middle|\,x\leqslant \dfrac{1}{2}\text{或}x\geqslant \dfrac{9}{2}\right\}$，求 a 的值.

（2）若对任意的 $x\in\mathbf{R}$，$f(x)+|x-3|\geqslant 1$，求实数 a 的取值范围.

3. 已知函数 $f(x)=\sqrt{|x+1|+|x-3|-m}$ 的定义域为 $\mathbf{R}$.

（1）求 m 的取值范围.

（2）若 m 的最大值为 n，解关于 x 的不等式：$|x-3|-2x\leqslant 2n-4$.

4. 已知函数 $f(x)=|x+1|-|x-2|$.

（1）求不等式 $f(x)\geqslant 1$ 的解集.

（2）若不等式 $f(x)\geqslant x^2-x+m$ 的解集非空，求 m 的取值范围.

【练习解析】

1. **解析**：（1）当 $a=1$ 时，

不等式 $f(x)\geqslant g(x)$ 等价于 $x^2-x+|x+1|+|x-1|-4\leqslant 0$. ①

当 $x<-1$ 时，①式化为 $x^2-3x-4\leqslant 0$，无解；

当 $-1\leqslant x\leqslant 1$ 时，①式化为 $x^2-x-2\leqslant 0$，从而 $-1\leqslant x\leqslant 1$；

当 $x>1$ 时，①式化为 $x^2+x-4\leqslant 0$，从而 $1<x\leqslant\dfrac{-1+\sqrt{17}}{2}$.

所以 $f(x)\geqslant g(x)$ 的解集为 $\left\{x\left|\ -1\leqslant x\leqslant\dfrac{-1+\sqrt{17}}{2}\right.\right\}$.

(2) 当 $x\in[-1,1]$ 时，$g(x)=2$.

所以 $f(x)\geqslant g(x)$ 的解集包含 $[-1,1]$ 等价于当 $x\in[-1,1]$ 时 $f(x)\geqslant 2$.

又 $f(x)$ 在 $[-1,1]$ 的最小值必为 $f(-1)$ 与 $f(1)$ 之一，

所以 $f(-1)\geqslant 2$ 且 $f(1)\geqslant 2$，得 $-1\leqslant a\leqslant 1$.

所以 a 的取值范围为 $[-1,1]$.

2. **解析**：(1) $a=2$；

由已知得，$f(x)=\begin{cases}-2x+a+3, & x<a,\\ 3-a, & a\leqslant x\leqslant 3,\\ 2x-a-3, & x>3,\end{cases}$

当 $x\leqslant a$，即 $a-x+3-x\geqslant 4$，得 $x\leqslant\dfrac{a-1}{2}$；

当 $x>3$，即 $x\geqslant\dfrac{7+a}{2}$，

由已知，$f(x)\geqslant 4$ 的解集为 $\left\{x\left|\ x\leqslant\dfrac{1}{2}或x\geqslant\dfrac{9}{2}\right.\right\}$，则显然 $a=2$.

另解：由已知易得，$f(x)=|x-a|+|x-3|$ 的图像关于直线 $x=\dfrac{a+3}{2}$ 对称，

又 $f(x)\geqslant 4$ 的解集为 $\left\{x\left|\ x\leqslant\dfrac{1}{2}或x\geqslant\dfrac{9}{2}\right.\right\}$，则 $\dfrac{1}{2}+\dfrac{9}{2}=a+3$，即 $a=2$.

(2) 不等式 $f(x)+|x-3|\geqslant 1$ 恒成立，即 $|x-a|+2|x-3|\geqslant 1$ 恒成立.

当 $x\leqslant a$ 时，即 $-3x+a+5\geqslant 0$ 恒成立，得 $-3a+a+5\geqslant 0$，解得 $a\leqslant\dfrac{5}{2}$；

当 $a<x\leqslant 3$，即 $-x-a+5\geqslant 0$ 恒成立，得 $-3-a+5\geqslant 0$，解得 $a\leqslant 2$；

当 $x\geqslant 3$，即 $3x-a-7\geqslant 0$ 恒成立，得 $9-a-7\geqslant 0$，解得 $a\leqslant 2$.

综上可得，$a\leqslant 2$.

另解：不等式 $f(x)+|x-3|\geqslant 1$ 恒成立，

即 $|x-a|+|x-3|\geqslant-|x-3|+1$ 恒成立，

由图像可知，$f(x)=|x-a|+|x-3|$ 在 $x=3$ 处取得最小值 $3-a$，

而 $-|x-3|+1$ 在 $x=3$ 处取得最大值 1，故 $3-a \geqslant 1$，得 $a \leqslant 2$.

3. **解析**：（1）因为函数的定义域为 **R**，所以 $|x+1|+|x-3|-m \geqslant 0$ 恒成立，设函数 $g(x) = |x+1|+|x-3|$，则 m 不大于函数 $g(x)$ 的最小值，又 $|x+1|+|x-3| \geqslant |(x+1)-(x-3)| = 4$，即 $g(x)$ 的最小值为 4，所以 $m \leqslant 4$.

（2）当 m 取最大值 4 时，原不等式等价于 $|x-3|-2x \leqslant 4$，

所以有 $\begin{cases} x \geqslant 3, \\ x-3-2x \leqslant 4, \end{cases}$ 或 $\begin{cases} x < 3, \\ 3-x-2x \leqslant 4, \end{cases}$

解得 $x \geqslant 3$ 或 $-\dfrac{1}{3} \leqslant x < 3$.

所以，原不等式的解集为 $\left\{ x \,\middle|\, x \geqslant -\dfrac{1}{3} \right\}$.

4. 答案：（1）$\{x \,|\, x \geqslant 1\}$；（2）$\left(-\infty, \dfrac{5}{4} \right]$.

附　录

自我检测（一）

自主招生备考复习模拟试题

一、选择填空题

1. $f(\theta) = \cos\theta + \dfrac{1}{\cos\theta + 2}$ 的最大值是(　　).

A. $\dfrac{1}{3}$　　　　　　B. 1　　　　　　C. $\dfrac{4}{3}$　　　　　　D. $\dfrac{5}{3}$

2. 实数 a，b 满足 $a\sqrt{1 - b^2} + b\sqrt{1 - a^2} = 1$，则 $a^2 + b^2 = $ _____.

3. 在三角形 ABC 中，三边长 a，b，c 满足 $a + c = 3b$，则 $\tan\dfrac{A}{2}\tan\dfrac{C}{2}$ 的值为(　　).

A. $\dfrac{1}{5}$　　　　　　B. $\dfrac{1}{4}$　　　　　　C. $\dfrac{1}{2}$　　　　　　D. $\dfrac{2}{3}$

4. 若函数 $f(x)$，$g(x)$ 分别是 **R** 上的奇函数和偶函数，且满足 $f(x) - g(x) = e^x$，则有(　　).

A. $f(2) < f(3) < g(0)$　　　　　　B. $g(0) < f(3) < f(2)$

C. $f(2) < g(0) < f(3)$　　　　　　D. $g(0) < f(2) < f(3)$

5. 设实数 x，y 满足约束条件 $\begin{cases} 3x - y - 6 \leqslant 0, \\ x - y + 2 \geqslant 0, \\ x \geqslant 0,\ y \geqslant 0, \end{cases}$ 若目标函数 $z = ax + by$（$a > 0$，$b > 0$）的最大值为 12，则 $\dfrac{2}{a} + \dfrac{3}{b}$ 的最小值为(　　).

A. $\dfrac{25}{6}$ B. $\dfrac{8}{3}$ C. $\dfrac{11}{3}$ D. 4

6. 五个不同的元素 $a_i (i = 1, 2, 3, 4, 5)$ 排成一排，规定 a_1 不许排第一，a_2 不许排第二，不同的排法共有（　　）种.

A. 64   B. 72   C. 78   D. 84

7. $(1 + x) + (1 + x)^2 + \cdots\cdots + (1 + x)^{99}$ 中 x^3 的系数为 _____.

8. 在正三棱柱 $ABC - A_1B_1C_1$ 中，底面边长和侧棱长均等于 2，且 E 为 CC_1 的中点，则 C_1 点到平面 AB_1E 的距离为（　　）.

A. $\sqrt{3}$ B. $\sqrt{2}$ C. $\dfrac{\sqrt{3}}{2}$ D. $\dfrac{\sqrt{2}}{2}$

二、解答题

9. 在 $\triangle ABC$ 中，A，B，C 的对边分别为 a，b，c，已知 $2\sin^2 \dfrac{A+B}{2} = 1 + \cos 2C$.

（1）求角 C 的大小.

（2）若 $c^2 = 2b^2 - 2a^2$，求 $\cos 2A - \cos 2B$ 的值.

10. 已知 x，y，$z > 0$，a，b，c 是 x，y，z 的一个排列，求证：$\dfrac{a}{x} + \dfrac{b}{y} + \dfrac{c}{z} \geqslant 3$.

11. 求 $2 + 2e^{0.4\pi i} + e^{1.2\pi i}$ 的模.

12. 沿着正四面体 $OABC$ 的三条棱 $\overrightarrow{OA}$，$\overrightarrow{OB}$，$\overrightarrow{OC}$ 的方向有大小等于 1，2，3 的三个力 f_1，f_2，f_3，试求此三个力合力 f 的大小以及此合力与三条棱所成夹角的余弦.

13.（1）设 $f(x) = x\ln x$，求 $f'(x)$.

（2）设 $0 < a < b$，求常数 C，使得 $\dfrac{1}{b-a}\int_b^a |\ln x - C|\,\mathrm{d}x$ 取得最小值.

（3）记（2）中的最小值为 $m_{a,b}$，证明：$m_{a,b} < \ln 2$.

14. 已知函数 $f(x)$ 对任意 $x \in \mathbf{R}$，都有 $f(x) = 1 - \dfrac{1}{f(x+2)}$，若 $f(1) = \sqrt{5} - 1$，求 $f(7^n + 4)$ 的值（$n \in \mathbf{N}^*$）.

15. 有一些半径相等（假设为 R）的球，如图 1 堆放，相邻两个球都相外切，成一座"球山"，如果堆放层数为 n，试求"球山"中球的总个数，并求出"球山"的高.

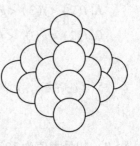

图 1

16. 已知二次曲线 C_k 的方程为 $\dfrac{x^2}{9-k} + \dfrac{y^2}{4-k} = 1$.

（1）分别求出方程表示椭圆和双曲线的条件.

（2）m，n 为正整数，且 $m < n$，是否存在两条曲线 C_m，C_n，其交点 P 与点 $F_1(-\sqrt{5}, 0)$，$F_2(\sqrt{5}, 0)$ 满足 $\overrightarrow{PF_1} \cdot \overrightarrow{PF_2} = 0$？若存在，求 m，n 的值；若不存在，说明理由.

自主招生备考复习模拟试题解析

1. **解析**：$g(t) = t + \dfrac{1}{t} - 2$ $(t = \cos\theta + 2 \in [1, 3])$ 在 $[1, 3]$ 上是增函数，所以，当 $t = 3$，即 $\cos\theta = 1$ 时，$f(\theta)_{\max} = 1 + \dfrac{1}{1+2} = \dfrac{4}{3}$，选 C.

2. **解析**：依题意，设 $a = \sin\alpha$，$b = \sin\beta$，于是有 $\sin\alpha\cos\beta + \cos\alpha\sin\beta = 1$，即 $\sin(\alpha + \beta) = 1$，所以 $\alpha + \beta = \dfrac{\pi}{2}$，即 $\sin^2\beta = \cos^2\alpha$，所以 $a^2 + b^2 = \sin^2\alpha + \cos^2\beta = 1$.

3. **解析**：由正弦定理得，$\sin A + \sin C = 3\sin B$，

所以 $2\sin\dfrac{A+C}{2}\cos\dfrac{A-C}{2} = 3 \times 2\sin\dfrac{A+C}{2}\cos\dfrac{A+C}{2}$.

即 $\cos\dfrac{A}{2}\cos\dfrac{C}{2} + \sin\dfrac{A}{2}\sin\dfrac{C}{2} = 3\left(\cos\dfrac{A}{2}\cos\dfrac{C}{2} - \sin\dfrac{A}{2}\sin\dfrac{C}{2}\right)$，

即 $4\sin\dfrac{A}{2}\sin\dfrac{C}{2} = 2\cos\dfrac{A}{2}\cos\dfrac{C}{2}$，所以 $\tan\dfrac{A}{2}\tan\dfrac{C}{2} = \dfrac{1}{2}$，选 C.

4. **解析**：依题意有，$f(x) - g(x) = e^x$，$f(x) + g(x) = -e^{-x}$，解之得，$f(x) = \dfrac{e^x - e^{-x}}{2}$，$g(x) = -\dfrac{e^x + e^{-x}}{2}$，所以有 $g(0) < f(2) < f(3)$，选 D.

5. **解析**：依题意有，$4a + 6b = 12$，即 $\dfrac{a}{3} + \dfrac{b}{2} = 1$，

所以，$\dfrac{2}{a} + \dfrac{3}{b} = \left(\dfrac{a}{3} + \dfrac{b}{2}\right)\left(\dfrac{2}{a} + \dfrac{3}{b}\right) = \dfrac{2}{3} + \dfrac{b}{a} + \dfrac{a}{b} + \dfrac{3}{2} \geqslant \dfrac{13}{6} + 2\sqrt{\dfrac{b}{a} \cdot \dfrac{a}{b}} = \dfrac{25}{6}$，

当且仅当 $a = b = \dfrac{6}{5}$ 时，$\left(\dfrac{2}{a} + \dfrac{3}{b}\right)_{\min} = \dfrac{25}{6}$，选 A.

6. **解析**：$A_5^5 - 2A_4^4 + A_3^3 = 78$. 选 C.

7. 解析：$(1+x)+(1+x)^2+\cdots+(1+x)^{99}=\dfrac{(1+x)\left[1-(1+x)^{99}\right]}{1-(1+x)}$

$=\dfrac{(1+x)^{100}-(1+x)}{x}$，所以 x^3 的系数为 C_{100}^4.

8. 解析：用等体积法，$V_{C_1-AB_1E}=V_{A-B_1C_1E}$，即 $\dfrac{1}{3}\cdot\left(\dfrac{1}{2}\cdot\sqrt{8}\cdot\sqrt{3}\right)d=\dfrac{1}{3}\cdot$

$\left(\dfrac{1}{2}\cdot2\cdot1\right)\cdot\sqrt{3}$，解之得，$d=\dfrac{\sqrt{2}}{2}$，选 D.

9. 解析：（1）由已知得 $1-\cos(A+B)=2\cos^2C$，即 $2\cos^2C-\cos C-1=0$，

解得，$\cos C=-\dfrac{1}{2}$ 或 $\cos C=1$（舍），所以 $C=\dfrac{2\pi}{3}$；

（2）由 $c^2=2b^2-2a^2$ 得，$\sin^2C=2\sin^2B-2\sin^2A$，

所以 $(\sin B+\sin A)(\sin B-\sin A)=\dfrac{3}{8}$，

即 $2\sin\dfrac{B+A}{2}\cos\dfrac{B-A}{2}\cdot2\cos\dfrac{B+A}{2}\sin\dfrac{B-A}{2}=\dfrac{3}{8}$，

即 $\sin(B+A)\sin(B-A)=\dfrac{3}{8}$，

所以 $\cos2A-\cos2B=-2\sin(A+B)\sin(A-B)=\dfrac{3}{4}$.

10. 证明：依题意，不妨设 $x\geqslant y\geqslant z>0$，则 $0<\dfrac{1}{x}\leqslant\dfrac{1}{y}\leqslant\dfrac{1}{z}$，

由排序不等式得，$\dfrac{a}{x}+\dfrac{b}{y}+\dfrac{c}{z}\geqslant\dfrac{x}{x}+\dfrac{y}{y}+\dfrac{z}{z}=3$.

11. 解析：依题意，有

$2+2e^{0.4\pi i}+e^{1.2\pi i}=(2+2\cos0.4\pi+\cos1.2\pi)+i(2\sin0.4\pi+\sin1.2\pi)$，

其模的平方为

$\left|2+2e^{0.4\pi i}+e^{1.2\pi i}\right|^2=(2+2\cos0.4\pi+\cos1.2\pi)^2+(2\sin0.4\pi+\sin1.2\pi)^2$

$=4+4+1+8\cos0.4\pi+4\cos1.2\pi+4(\cos0.4\pi\cos1.2\pi+\sin0.4\pi\sin1.2\pi)$

$=9+8\cos0.4\pi+4(\cos1.2\pi+\cos0.8\pi)$

$=9+8\cos0.4\pi+4\times2\cos\pi\cos0.4\pi$

$=9$，

所以 $\left|2+2e^{0.4\pi i}+e^{1.2\pi i}\right|=3$.

12. 13. 14. 15. 16. 解析：略.

自我检测（二）

数学高考模拟考试试题

一、选择题：本大题共 12 小题，每小题 5 分，共 60 分. 在每小题给出的四个选项中，只有一项是符合题目要求的.

1. 已知集合 $A = \{x \mid x^2 \leqslant 4x\}$，$B = \{x \mid 3x - 4 > 0\}$，则 $A \cap B = ($ $)$.

A. $(-\infty, 0)$ 　　　　　　　B. $\left[0, \dfrac{4}{3}\right)$

C. $\left(\dfrac{4}{3}, 4\right]$ 　　　　　　　D. $(4, +\infty)$

2. 已知 i 为虚数单位，复数 z 满足 $z(3 - i) = 2 + i$，则下列说法正确的是（   ）.

A. 复数 z 的模为 2

B. 复数 z 的共轭复数为 $-\dfrac{1}{2} + \dfrac{1}{2}i$

C. 复数 z 的虚部为 $-\dfrac{1}{2}$

D. 复数 z 在复平面内对应的点在第一象限

3. 阅读如图 1 所示的程序框图，则输出的数据为（   ）.

A. 21 　　　　　　　　　B. 58

C. 141 　　　　　　　　　D. 318

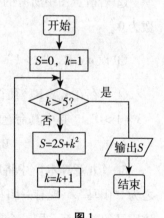

图 1

4. 已知双曲线 $\dfrac{x^2}{a^2} - \dfrac{y^2}{b^2} = 1$（$a > 0$，$b > 0$）的右顶点与抛物线 $y^2 = 8x$ 的焦点重合且其离心率 $e = \dfrac{3}{2}$，则该双曲线的方程为（   ）.

A. $\dfrac{x^2}{4} - \dfrac{y^2}{5} = 1$ 　　　　　　　B. $\dfrac{x^2}{5} - \dfrac{y^2}{4} = 1$

C. $\dfrac{y^2}{4} - \dfrac{x^2}{5} = 1$ D. $\dfrac{y^2}{5} - \dfrac{x^2}{4} = 1$

5. 已知函数 $f(x) = \sin(\omega x + \varphi)$ $\left(\omega > 0,\ |\varphi| < \dfrac{\pi}{2}\right)$ 图像相邻两条对称轴之间的距离为 $\dfrac{\pi}{2}$，将函数 $y = f(x)$ 的图像向左平移 $\dfrac{\pi}{3}$ 个单位后，得到的图像关于 y 轴对称，那么函数 $y = f(x)$ 的图像（　　）.

A. 关于点 $\left(\dfrac{\pi}{12},\ 0\right)$ 对称   B. 关于点 $\left(-\dfrac{\pi}{12},\ 0\right)$ 对称

C. 关于直线 $x = \dfrac{\pi}{12}$ 对称   D. 关于直线 $x = -\dfrac{\pi}{12}$ 对称

6. 设等比数列 $\{a_n\}$ 中，前 n 项和为 S_n，已知 $S_3 = 8$，$S_6 = 7$，则 $a_7 + a_8 + a_9$ = （　　）.

A. $\dfrac{57}{8}$ B. $\dfrac{55}{8}$ C. $\dfrac{1}{8}$ D. $-\dfrac{1}{8}$

7. 给出下列 4 个命题：

① 回归直线 $\hat{y} = bx + a$ 恒过样本点的中心 $(\bar{x},\ \bar{y})$，且至少过一个样本点.

② 若散点图中所有的样本点均在同一条直线上，那么残差平方为 1，相关系数为 0.

③ 设 $a \in \mathbf{R}$，"$a > 1$" 是 "$\dfrac{1}{a} < 1$" 的充要条件.

④ "存在 $x_0 \in \mathbf{R}$，使得 $x_0^2 + x_0 + 1 < 0$" 的否定是 "对任意的 $x \in \mathbf{R}$，均有 $x^2 + x + 1 > 0$". 其中真命题的个数是（　　）.

A. 0   B. 1   C. 2   D. 3

8. 《九章算术》中将底面为长方形，且有一条侧棱与底面垂直的四棱锥称之为"阳马"。现有一阳马，其正视图和侧视图是如图 2 所示的直角三角形。若该阳马的顶点都在同一个球面上，则该球的体积为（　　）.

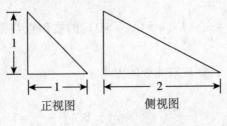

图 2

A. $\dfrac{8\sqrt{6}}{3}\pi$　　　　　　　　　B. $8\sqrt{6}\pi$

C. $\sqrt{6}\pi$　　　　　　　　　　　　D. 24π

9. 函数 $f(x)=(2^{x}-2^{-x})\cos x$ 在区间 $[-5,5]$ 上的图像大致为(　　).

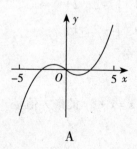

A

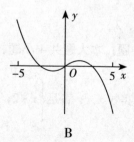

B

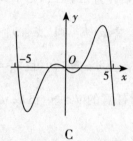

C

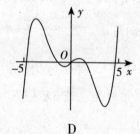

D

10. 底面是正多边形,顶点在底面的射影是底面中心的棱锥叫做正棱锥.如图 3 所示,半球内有一内接正四棱锥 $S-ABCD$,该四棱锥的侧面积为 $4\sqrt{3}$,则该半球的体积为(　　).

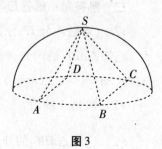

图 3

A. $\dfrac{4\pi}{3}$　　　　　　　　　　B. $\dfrac{2\pi}{3}$

C. $\dfrac{8\sqrt{2}\pi}{3}$　　　　　　　　D. $\dfrac{4\sqrt{2}\pi}{3}$

11. 已知 F_{1},F_{2} 为双曲线 C:$\dfrac{x^{2}}{a^{2}}-\dfrac{y^{2}}{b^{2}}=1$($a>0$,$b>0$)的左、右焦点,点 P 为双曲线 C 右支上一点,直线 PF_{1} 与圆 $x^{2}+y^{2}=a^{2}$ 相切,且 $|PF_{2}|=|F_{1}F_{2}|$,则双曲线 C 的离心率为(　　).

A. $\dfrac{\sqrt{10}}{3}$　　　　　　　　　B. $\dfrac{4}{3}$

C. $\dfrac{5}{3}$　　　　　　　　　　　D. 2

12. 设过曲线 $f(x) = e^x + x + 2a$ （e 为自然对数的底数）上任意一点处的切线为 l_1，总存在过曲线 $g(x) = \dfrac{a}{2}(1 - 2x) - 2\sin x$ 上一点处的切线 l_2，使得 $l_1 \perp l_2$，则实数 a 的取值范围为(　　).

A. $[-1, 1]$ 　　　　　　　　　　B. $[-2, 2]$

C. $[-1, 2]$ 　　　　　　　　　　D. $[-2, 1]$

二、填空题：本大题共 4 小题，每小题 5 分.

13. 已知实数 x，y 满足 $\begin{cases} x \geqslant 1, \\ x - 2y + 1 \leqslant 0, \\ x + y \leqslant 3, \end{cases}$ 则 $z = x + 3y$ 的最大值是_____.

14. 二项式 $\left(mx^2 - \dfrac{\sqrt{2}}{x} \right)^8$ 的展开式中 x 项的系数为 $224\sqrt{2}$，则 $m =$ _____.

15. 已知向量 $\boldsymbol{a} = (2, 3)$，$\boldsymbol{b} = (m, -6)$，若 $\boldsymbol{a} \perp \boldsymbol{b}$，则 $|2\boldsymbol{a} + \boldsymbol{b}| =$ _____.

16. 数列 $\{a_n\}$ 中，$a_n = \dfrac{1}{2}a_{n-1} - \dfrac{3}{2}$（$n \geqslant 2$，且 $n \in \mathbf{N}^*$），且 $a_1 = 1$，记数列 $\{a_n\}$ 的前 n 项和为 S_n，若 $3\lambda \cdot (S_n + n) \leqslant 4$ 对任意的 $n \in \mathbf{N}^*$ 恒成立，则实数 λ 的最大值为_____.

三. 解答题：解答应写出文字说明，证明过程或演算步骤.

17. （本题满分 12 分）

已知 $\triangle ABC$ 的内角 A，B，C 的对边分别为 a，b，c，若向量 $\boldsymbol{m} = (b - 2c, \cos B)$，$\boldsymbol{n} = (-a, \cos A)$，且 $\boldsymbol{m} /\!/ \boldsymbol{n}$.

（1）求角 A 的值.

（2）已知 $\triangle ABC$ 的外接圆半径为 $\dfrac{2\sqrt{3}}{3}$，求 $\triangle ABC$ 周长的取值范围.

18. （本题满分 12 分）

由中央电视台综合频道（CCTV-1）和唯众传媒联合制作的《开讲啦》是中国首档青年电视公开课. 每期节目由一位知名人士讲述自己的故事，分享他们对于生活和生命的感悟，给予中国青年现实的讨论和心灵的滋养，讨论青年们的人生问题，同时也在讨论青春中国的社会问题，受到青年观众的喜爱，为了了解观众对节目的喜爱程度，电视台随机调查了 A、B 两个地区的 100 名观众，得到如下的 2×2 列联表：

表1　观众调查表

	非常满意	满意	合计
A	30	y	
B	x	z	
合计			

已知在被调查的 100 名观众中随机抽取 1 名，该观众是 B 地区当中"非常满意"的观众的概率为 0.35，且 $4y=3z$.

（1）现从 100 名观众中用分层抽样的方法抽取 20 名进行问卷调查，则应抽取"满意"的 A、B 地区的人数各是多少.

（2）请完成上述表格，并根据表格判断是否有 95% 的把握认为观众的满意程度与所在地区有关.

（3）若以抽样调查的频率为概率，从 A 地区随机抽取 3 人，设抽到的观众"非常满意"的人数为 x，求 x 的分布列和期望.

$P(k^2>k_0)$	0.050	0.010	0.001
k_0	3.841	6.635	10.828

附：参考公式：$k^2 = \dfrac{n(ad-bc)^2}{(a+b)(c+d)(a+c)(b+d)}$.

19．（本题满分 12 分）

如图 4 所示，四棱锥 P—$ABCD$ 中，底面 $ABCD$ 是矩形，$PA \perp$ 底面 $ABCD$，$PA=AB=1$，$AD=\sqrt{3}$，点 F 是 PB 的中点，点 E 在边 BC 上移动.

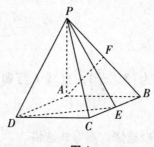

图4

（1）证明：无论点 E 在边 BC 的何处，都有 $PE \perp AF$.

（2）当 BE 为何值时，PA 与平面 PDE 所成角的大小是 45°.

20．（本题满分 12 分）

已知椭圆 C：$\dfrac{x^2}{a^2}+\dfrac{y^2}{b^2}=1$（$a>b>0$）过抛物线 M：$x^2=4y$ 的焦点 F，F_1，F_2 分别是椭圆 C 的左、右焦点，且 $\overrightarrow{F_1F}\cdot\overrightarrow{F_1F_2}=6$．

（1）求椭圆 C 的标准方程．

（2）若直线 l 与抛物线 M 相切，且与椭圆 C 交于 A，B 两点，求 $\triangle OAB$ 面积的最大值．

21．（本题满分 12 分）

已知函数 $f(x)=\ln(x+1)-x$．

（1）求 $f(x)$ 的最大值．

（2）求证：$\left(1+\dfrac{2}{2\times3}\right)\left(1+\dfrac{4}{3\times5}\right)\left(1+\dfrac{8}{5\times9}\right)\cdots\left[1+\dfrac{2^n}{(2^{n-1}+1)(2^n+1)}\right]<e$

（其中 e 为自然对数的底数，$n\in\mathbf{N}^*$）．

（3）设 $g(x)=f(x)-ax^2$（$a\geq0$），l 是曲线 $y=g(x)$ 的一条切线，证明：曲线 $y=g(x)$ 上的任意一点都不可能在直线 l 的上方．

请从下面所给的 22，23 两题中选定一题作答．

22．（本小题满分 10 分）选修 4—4：坐标系与参数方程．

在平面直角坐标系 xOy 中，已知直线 l：$\begin{cases}x=-\dfrac{1}{2}t,\\[2mm]y=3+\dfrac{\sqrt{3}}{2}t,\end{cases}$（$t$ 为参数），以坐标原点 O 为极点，x 轴的正半轴为极轴建立极坐标系，曲线 C 的极坐标方程为 $\rho=4\sin\left(\theta+\dfrac{\pi}{3}\right)$．

（1）求曲线 C 的直角坐标方程．

（2）设点 M 的极坐标为 $\left(3,\dfrac{\pi}{2}\right)$，直线 l 与曲线 C 的交点为 A，B，求 $|MA|+|MB|$ 的值．

23．（本小题满分 10 分）选修：不等式选讲．

设函数 $f(x)=|x-3|-|x+a|$，其中 $a\in\mathbf{R}$．

（1）当 $a=2$ 时，解不等式 $f(x)<1$．

（2）若对于任意实数 x，恒有 $f(x)\leq2a$ 成立，求 a 的取值范围．

数学高考模拟考试试题解析

一、选择题：本大题共 12 小题，每小题 5 分，满分 60 分. 在每小题给出的四个选项中，只有一项是符合题目要求的.

题号	1	2	3	4	5	6	7	8	9	10	11	12
答案	C	D	C	A	A	C	A	C	D	D	C	C

二、填空题：本大题共 4 小题，每小题 5 分.

13. 7；　　　　　　14. -1；　　　　15. 13；　　　　16. $\dfrac{2}{3}$.

三、解答题：本大题共 6 小题，满分 70 分. 解答须写出文字说明，证明过程和演算步骤.

17. 解答：（1）由 $\boldsymbol{m} \parallel \boldsymbol{n}$，得 $(6-2c)\cos A + a\cos B = 0$.

由正弦定理，得 $\sin B\cos A - 2\sin C\cos A + \sin A\cos B = 0$，

即 $2\sin C\cos A = \sin(A+B) = \sin C$. 在 $\triangle ABC$ 中，由 $\sin C \neq 0$，

得 $\cos A = \dfrac{1}{2}$，又 $A \in (0,\pi)$，所以 $A = \dfrac{\pi}{3}$.

（2）根据题意，得 $a = 2R\sin A = \dfrac{4\sqrt{3}}{3} \times \dfrac{\sqrt{3}}{2} = 2$.

由余弦定理，得 $a^2 = b^2 + c^2 - 2bc\cos A = (b+c)^2 - 3bc = 4$，

即 $3bc = (b+c)^2 - 4 \leqslant 3\left(\dfrac{b+c}{2}\right)^2$，整理得 $(b+c)^2 \leqslant 16$，

当且仅当 $b = c = 2$ 时取等号，所以 $b+c$ 的最大值为 4.

又 $b+c > a = 2$，所以 $2 < b+c \leqslant 4$，

所以 $4 < a+b+c \leqslant 6$. 所以 $\triangle ABC$ 的周长的取值范围为 $(4,6]$.

18. （1）由题意，得 $\dfrac{x}{100} = 0.35$，所以 $x = 35$，所以 $y + z = 35$. 因为 $4y = 3z$，

所以 $y = 15$，$z = 20$，A 地抽取 $15 \times \dfrac{20}{100} = 3$，B 地抽取 $20 \times \dfrac{20}{100} = 4$.

(2)

	非常满意	满意	合计
A	30	15	45
B	35	20	55
合计	65	35	100

$$k^2 = \frac{100 \times (30 \times 20 - 35 \times 15)^2}{65 \times 35 \times 45 \times 55} = \frac{100}{1007} \approx 0.1 < 3.841,$$

所以没有95%的把握认为观众的满意程度与所在地区有关系.

(3) 从 A 地区随机抽取 1 人, 抽到的观众"非常满意"的概率为 $P = \frac{2}{3}$,

随机抽取 3 人, X 的可能取值为 0, 1, 2, 3,

$P(X=0) = \left(\frac{1}{3}\right)^3 = \frac{1}{27}$, $P(X=1) = C_3^1 \left(\frac{2}{3}\right)\left(\frac{1}{3}\right)^2 = \frac{6}{27} = \frac{2}{9}$,

$P(X=2) = C_3^2 \left(\frac{2}{3}\right)^2\left(\frac{1}{3}\right) = \frac{12}{27} = \frac{4}{9}$, $P(X=3) = \left(\frac{2}{3}\right)^3 = \frac{8}{27}$, $EX = 2$.

X	0	1	2	3
P	$\frac{1}{27}$	$\frac{2}{9}$	$\frac{4}{9}$	$\frac{8}{27}$

19. (1) 建立如图 1 所示空间直角坐标系,

则 $P(0, 0, 1)$, $B(0, 1, 0)$, $F\left(0, \frac{1}{2}, \frac{1}{2}\right)$,

$D(\sqrt{3}, 0, 0)$.

设 $BE = x$, 则 $E(x, 1, 0)$, $\overrightarrow{PE} = (x, 1, -1)$. 所以 $\overrightarrow{PE} \cdot \overrightarrow{AF} = (x, 1, -1) \cdot \left(0, \frac{1}{2}, \frac{1}{2}\right) = 0$, 即无论点 E 在边 BC 的何处,

都有 $AF \perp PE$.

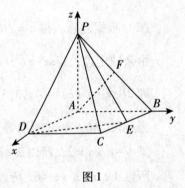

图1

(1) 设 $BE = x$, 平面 PDE 的法向量为 $\boldsymbol{m} = (p, q, 1)$,

由 $\begin{cases} \boldsymbol{m} \cdot \overrightarrow{PD} = 0, \\ \boldsymbol{m} \cdot \overrightarrow{PE} = 0, \end{cases}$ 得 $\boldsymbol{m} = \left(\frac{1}{\sqrt{3}}, 1 - \frac{x}{\sqrt{3}}, 1\right)$, 而 $\overrightarrow{AP} = (0, 0, 1)$,

依题意得, PA 与平面 PDE 所成的角为 $45°$,

所以，$\sin 45° = \dfrac{\sqrt{2}}{2} = \dfrac{|m \cdot \overrightarrow{AP}|}{|m||\overrightarrow{AP}|}$，即 $\dfrac{1}{\sqrt{\dfrac{1}{3} + \left(1 - \dfrac{x}{\sqrt{3}}\right)^2}} = \dfrac{1}{\sqrt{2}}$，

解得 $BE = x = \sqrt{3} - \sqrt{2}$ 或 $BE = x = \sqrt{3} + \sqrt{2}$（舍），

即当 $BE = \sqrt{3} - \sqrt{2}$ 时，PA 与平面 PDE 所成角的大小为 $45°$.

20. （1）∵ $F(0, 1)$，∴ $b = 1$.

又 $\overrightarrow{F_1F} \cdot \overrightarrow{F_1F_2} = 6$，

∴ $2c^2 = 6$，$c = \sqrt{3}$.

又 $a^2 - b^2 = c^2$，∴ $a = 2$，

∴ 椭圆 C 的标准方程为 $\dfrac{x^2}{4} + y^2 = 1$.

（2）设直线 l 与抛物线相切于点 $P(x_0, y_0)$，

则 l：$y - \dfrac{x_0^2}{4} = \dfrac{x_0}{2}(x - x_0)$，即 $y = \dfrac{x_0}{2}x - \dfrac{x_0^2}{4}$，

联立直线与椭圆方程，$\begin{cases} y = \dfrac{x_0}{2}x - \dfrac{x_0^2}{4}, \\ \dfrac{x^2}{4} + y^2 = 1, \end{cases}$ 消去 y，

整理得，$(1 + x_0^2)x^2 - x_0^3 x + \dfrac{1}{4}x_0^4 - 4 = 0$.

由 $\Delta = 16(x_0^2 + 1) - x_0^4 > 0$，得 $0 < x_0^2 < 8 + 4\sqrt{5}$.

设 $A(x_1, y_1)$，$B(x_2, y_2)$，则 $x_1 + x_2 = \dfrac{x_0^3}{1 + x_0^2}$，$x_1 x_2 = \dfrac{x_0^4 - 16}{4(1 + x_0^2)}$，

则 $|AB| = \sqrt{1 + \dfrac{x_0^2}{4}} |x_1 - x_2|$

$= \sqrt{1 + \dfrac{x_0^2}{4}} \sqrt{(x_1 + x_2)^2 - 4x_1 x_2}$

$= \sqrt{\dfrac{4 + x_0^2}{4}} \cdot \sqrt{\dfrac{16(x_0^2 + 1) - x_0^4}{(1 + x_0^2)^2}}$，

而原点 O 到直线 l 的距离 $d = \dfrac{x_0^2}{2\sqrt{x_0^2 + 4}}$.

故 $\triangle OAB$ 面积 $S = \dfrac{1}{2}d \cdot |AB|$

$$= \dfrac{1}{8}\dfrac{x_0^2\sqrt{16(x_0^2+1)-x_0^4}}{1+x_0^2}$$

$$= \dfrac{1}{8}\dfrac{\sqrt{[16(x_0^2+1)-x_0^4]\cdot x_0^4}}{1+x_0^2}$$

$$\leqslant \dfrac{1+x_0^2}{1+x_0^2}=1,$$

当且仅当 $16(1+x_0^2)-x_0^4=x_0^4$，即 $x_0^2=4+2\sqrt{6}$ 取等号，

故 $\triangle OAB$ 面积的最大值为 1.

21.（1）$f(x)$ 的定义域为 $(-1,\ +\infty)$，

$f'(x)=\dfrac{1}{x+1}-1=-\dfrac{x}{x+1}.$ 令 $f'(x)=0$，得 $x=0.$

当 $-1<x<0$ 时，$f'(x)>0$，$\therefore f(x)$ 在 $(-1,\ 0)$ 上是增函数，

当 $x>0$ 时，$f'(x)<0$，$\therefore f(x)$ 在 $(0,\ +\infty)$ 上是减函数，

故 $f(x)$ 在 $x=0$ 处取得最大值 $f(0)=0.$

（2）由（1）知，$\ln(x+1)\leqslant x$ 在 $(-1,\ +\infty)$ 上恒成立，当且仅当 $x=0$ 时，等号成立，故当 $x>-1$ 且 $x\neq 0$ 时，有 $\ln(x+1)<x.$

又因为 $\dfrac{2^n}{(2^{n-1}+1)(2^n+1)}=2\left(\dfrac{1}{2^{n-1}+1}-\dfrac{1}{2^n+1}\right),$

所以 $\ln\left\{\left(1+\dfrac{2}{2\times 3}\right)\left(1+\dfrac{4}{3\times 5}\right)\left(1+\dfrac{8}{5\times 9}\right)\cdots\left[1+\dfrac{2^n}{(2^{n-1}+1)(2^n+1)}\right]\right\}$

$=\ln\left(1+\dfrac{2}{2\times 3}\right)+\ln\left(1+\dfrac{4}{3\times 5}\right)+\ln\left(1+\dfrac{8}{5\times 9}\right)+\cdots+\ln\left[1+\dfrac{2^n}{(2^{n-1}+1)(2^n+1)}\right]$

$<\dfrac{2}{2\times 3}+\dfrac{4}{3\times 5}+\dfrac{8}{5\times 9}+\cdots+\dfrac{2^n}{(2^{n-1}+1)(2^n+1)}$

$=2\left[\left(\dfrac{1}{2}-\dfrac{1}{3}\right)+\left(\dfrac{1}{3}-\dfrac{1}{5}\right)+\left(\dfrac{1}{5}-\dfrac{1}{9}\right)+\cdots+\left(\dfrac{1}{2^{n-1}+1}-\dfrac{1}{2^n+1}\right)\right]$

$=2\left(\dfrac{1}{2}-\dfrac{1}{2^n+1}\right)$

$=1-\dfrac{2}{2^n+1}<1,$

所以 $\left(1+\dfrac{2}{2\times 3}\right)\left(1+\dfrac{4}{3\times 5}\right)\left(1+\dfrac{8}{5\times 9}\right)\cdots\left[1+\dfrac{2^n}{(2^{n-1}+1)(2^n+1)}\right]<e.$

(3) 由（1）得，$g(x) = \ln(x+1) - ax^2 - x$ $(a \geqslant 0)$．

设 $M(x_0, g(x_0))$ 是曲线 $g(x)$ 上的一点，

则 $y = g(x)$ 在点 M 处的切线方程为 $y - g(x_0) = g'(x_0)(x - x_0)$，

即 $y = \left(\dfrac{1}{x_0+1} - 2ax_0 - 1 \right)(x - x_0) + g(x_0)$．

令 $h(x) = g(x) - \left[\left(\dfrac{1}{x_0+1} - 2ax_0 - 1 \right)(x - x_0) + g(x_0) \right]$

则 $h'(x) = \dfrac{1}{x+1} - 2ax - 1 - \left(\dfrac{1}{x_0+1} - 2ax_0 - 1 \right)$．

$\because h'(x_0) = 0$，$h'(x)$ 在 $(-1, +\infty)$ 上是减函数，

$\therefore h(x)$ 在 $x = x_0$ 处取得最大值 $h(x_0) = 0$，即 $h(x) \leqslant 0$ 恒成立，

故曲线 $y = g(x)$ 上的任意一点不可能在直线 l 的上方．

另解：$g'(x) = \dfrac{1}{x+1} - 2ax - 1$，

$g''(x) = -\dfrac{1}{(x+1)^2} - 2a < 0$，所以函数 $g(x)$ 是一个上凸函数，

故曲线 $y = g(x)$ 上的任意一点不可能在直线 l 的上方．

22. 选修 4—4：坐标系与参数方程解答：

（1）把 $\rho = 4\sin\left(\theta + \dfrac{\pi}{3}\right)$ 展开得，$\rho = 2\sin\theta + 2\sqrt{3}\cos\theta$，两边同乘 ρ 得，

$\rho^2 = 2\rho\sin\theta + 2\sqrt{3}\rho\cos\theta$　①．

将 $\rho^2 = x^2 + y^2$，$\rho\cos\theta = x$，$\rho\sin\theta = y$ 代入①，即得曲线 C 的直角坐标方程为

$x^2 + y^2 - 2\sqrt{3}x - 2y = 0$　②．

（2）将 $\begin{cases} x = \dfrac{1}{2}t, \\ y = 3 + \dfrac{\sqrt{3}}{2}t, \end{cases}$ 代入②式，得 $t^2 + 3\sqrt{3}t + 3 = 0$，

易知点 M 的直角坐标为 $(0, 3)$．

设这个方程的两个实数根分别为 t_1，t_2，

则由参数 t 的几何意义，即得 $|MA| + |MB| = |t_1 + t_2| = 3\sqrt{3}$．

23. 选修 4—5：不等式选讲解答：

（1）$a = 2$ 时，$f(x) < 1$，即为 $|x-3| - |x+2| < 1$．

当 $x < -2$ 时，$3 - x + x + 2 < 1$，得 $5 < 1$，不成立；

当 $-2 \leqslant x < 3$ 时，$3 - x - x - 2 < 1$，得 $x > 0$，所以 $0 < x < 3$；

当 $x \geqslant 3$ 时，$x - 3 - x - 2 < 1$，即 $-5 < 1$，恒成立，所以 $x \geqslant 3$.

综上可知，不等式 $f(x) < 1$ 的解集是 $(0, +\infty)$，

(2) 因为 $f(x) = |x-3| - |x-a| \leqslant |(x-3) - (x+a)| = |a+3|$，

所以 $f(x)$ 的最大值为 $|a+3|$.

对于任意实数 x，恒有 $f(x) \leqslant 2a$ 成立等价于 $|a+3| \leqslant 2a$.

当 $a \geqslant -3$ 时，$a + 3 \leqslant 2a$，得 $a \geqslant 3$；

当 $a < -3$ 时，$-a - 3 \leqslant 2a$，$a \geqslant -1$，不成立.

综上，所求 a 的取值范围是 $[3, +\infty)$.

发挥好工作室作用　促进教师专业发展　提升教育教学质量

——贵州省高中数学袁景涛名师工作室活动纪实

党的十九大工作报告中提出："建设教育强国是中华民族伟大复兴的基础工程，必须把教育事业放在优先位置，加快教育现代化，办好人民满意的教育."十九大关于教师队伍提出了新要求，加强师德师风建设，培养高素质教师队伍，倡导全社会尊师重教，办好继续教育，加快建设学习型社会，大力提高国民素质. 习近平指出，人才是创新的根基，是创新的核心要素，培养人才的根本要依靠教育，教育就是要培养中国特色社会主义事业的建设者和接班人，而不是旁观者和反对派. 贵州省教育厅共建设了省级中小学名师名校长工作室 100 个，拟全面加强教师队伍建设，提升教育教学质量，办出人民满意的教育. 这既是政府与社会对优秀教师的渴求，同时是党和人民赋予教师的神圣使命.

自申报贵州省名师工作室以来，我们一直在规划着如何提升贵州省数学教师的专业化水平，全面提升教育教学质量. 有幸的是，我们工作室的申报获得了省教育厅的批准，成为贵州省第二批名师工作室，这更加坚定了我们的信心. 2015 年，工作室获得授牌并且成立以来，先后遴选了一批铜仁市的优秀数学教师，共同开展数学教研活动，就年轻教师的发展成长、数学课堂教学与数学教育以及如何全面提升学生的数学成绩等方面共同进行探讨与实践，并且与贵州省的十个省级数学名师工作室结成联盟，共同开展"高中数学教学培育学生核心素养"的课题研究，同时加入了"全国数学教师工作室协作体"，共同开展活动.

一、构建工作室教师团队

主持人：袁景涛，1988 年毕业于贵州师范大学数学系，理学学士. 现任铜仁一中副校长，特级教师、贵州省教育名师、贵州省骨干教师、贵州省高中数学名师工作室主持人、铜仁市市管专家、铜仁市第二届政协委员.

顾问：吕传汉，教授，贵州师范大学原副校长，贵州省高中课程改革专家指导组组长；刘隆华，正高级教师，贵州省教育学会数学教学专业委员会理事长，贵州省实验中学原校长，贵州省第一批名师工作室主持人；颜宝平，教授，铜仁学院大数据学院院长．

成员：龙昌和，高级教师，1983 年毕业于贵州大学数学系，铜仁一中数学教研组组长；高应洪，高级教师，思南中学教科所主任，贵州省骨干教师，铜仁市名师工作室主持人；张延舟，特级教师，铜仁市民族中学副校长，贵州省骨干教师，铜仁市名师工作室主持人；覃义超，正高级教师，特级教师，铜仁二中数学教研组组长，贵州省骨干教师，铜仁市名师工作室主持人；吴仕栋，高级教师，铜仁一中资深教师，铜仁市骨干教师；何天娥，高级教师，铜仁一中资深教师，全国模范教师；田庆丰，高级教师，铜仁市民族中学原数学教研组组长，贵州省骨干教师；李炼，特级教师，印江县教育局教研室主任，贵州省骨干教师．

助理：舒镜霖，中级教师，铜仁一中教务处副主任，哈尔滨工业大学数学系毕业，铜仁市骨干教师；沈琦，中级教师，铜仁一中高三年级备课组组长，北京师范大学数学系毕业；史文照，高级教师，铜仁一中教师，贵州省骨干教师，贵州省优质课比赛一等奖获得者．

学员：本工作室学员以铜仁市高中数学教师为主体，计划三年遴选学员 100 人以上，目前已经遴选学员 83 人，获得结业证书的学员有 56 人．

二、工作室开展的活动

1. 启动仪式

2015 年 8 月正式启动，制定工作室工作方案，聘请工作室顾问、成员，遴选工作室学员，举行开班启动仪式，并开展第一期研修活动．

2. 跟岗研修

明确工作室成员对学员的导师任务，明确学员跟岗研修的研修任务：完成研修课堂教学、完成研修学习笔记、完成研修课题研究、完成跟岗研修总结等，按照省教育厅名师管理办公室要求取得跟岗学习《学员结业证》，以《工作室简报》的形式记录研修过程．先后举办集中跟岗研修共 12 次．

3. 送培送教

送培送教活动由铜仁市教育局下文，以开展同课异构活动与专题讲座为主，先后送培送教到松桃县民族中学、石阡县民族中学、德江县煎茶中学、松桃县第三高级中学、印江县第一中学、铜仁市第八中学、松桃县明德中学、毕节市威宁县第六中学、毕节市民族中学等学校，献课数十节，开展讲座十余次，深受师生欢迎．

4. 合作研修

与其他名师工作室合作开展研修活动，先后在思南中学与铜仁市高应洪名师工作室共同开展研修活动，在铜仁市民族中学与铜仁市张延舟名师工作室共同开展研修活动，在铜仁二中与铜仁市覃义超名师工作室共同开展研修活动，在上海市光明中学与向宪贵名师工作室共同开展研修活动，研修活动中以上课、听课、评课、议课为主，同时开展专题讲座．

5. 承担优质课比赛任务

先后承办铜仁市 2016 年高中数学教师优质课比赛、2017 年铜仁市高三复习课优质课比赛和 2018 年铜仁市高三复习课优质课比赛，活动期间的一切事务均由工作室完成，铜仁市教育局只负责下文与颁奖．在活动期间，除了按照预设的流程完成比赛任务外，还专门安排了示范教学与专题讲座，在学校录播室给每一位教师的每一节课都进行了录像与智能剪辑，为教师们评优晋级提供了丰富的素材．

6. 参加学术活动

参加了在铜仁学院举办的贵州省数学学会 2016 年学术年会，推荐两名教师（袁景涛、高应洪）做分会学术交流发言；参加了在六盘水师范学院举办的贵州省数学学会 2017 年学术年会，推荐三名教师（袁景涛、龙昌和、史文照）做分会学术交流发言，工作室的教师在中学数学教学的分会场非常活跃；参加了在福州举办的全国第八届高中青年数学教师优秀课展示与培训活动，工作室教师沈琦代表贵州省参赛并荣获一等奖．

7. 邀请专家开展专题讲座

邀请贵州省高考评卷数学学科组副组长、贵州大学周国利教授开展《高考备考复习与答题增分策略》的专题讲座，2000 多名师生参加了讲座，效果非常好，与会师生对高考的阅卷给分有了实质性的理解；邀请山东省考试院副院长、山东省高考命题数学学科组组长宋宝和研究员开展《"一体四面"高考数学体系》专题讲座，500 多名师生参加了讲座，与会师生对高考的命题规则有了实质性的理解．

8. 承办省级数学研修活动

2017 年 6 月，工作室与铜仁一中共同承办了由吕传汉先生领衔的"贵州省高中数学教学培育学生核心素养的研修活动"，参加的有吕传汉教授、宋宝和教授、项昭教授、周国利教授、颜宝平教授、杨孝斌教授和贵州省八个省级名师工作室主持人，以及来自全省各地州市 20 多所学校 200 多位教师．活动中有 7 位教师进行了同课异构课堂教学，项昭等教授对课题分别进行了点评，刘隆华教授、宋宝和教授、吕传汉教授、杨孝斌教授分别进行了讲座，活动内容丰富，教师收获颇多．

9. 基于核心素养培育的新高考命题研究

积极开展新高考命题研究．新高考对学生数学学科核心素养的考核将有哪些体现，如何体现水平一（学业水平考试要求）、水平二（高考要求）与水平三（数学竞赛与自主招生考试要求）等不同层次的要求，命题要求规范严格．

10. 开展科研课题研究

参加省级课题"贵州省高中数学基于核心素养培育"的研究．工作室先后参加了在遵义四中、兴义八中、铜仁一中、习水一中、榕江一中、贵州师大附中的研修活动，研修活动期间，工作室要进行阶段性的研究情况汇报交流发言，即工作室推荐一名教师进行同课异构课堂教学研讨，同时邀请王尚志、章建跃、吕传汉、刘祖希、宋宝和、张晓斌等知名数学教育专家开展讲座与学术沙龙活动．

11. 共同探索教育硕士的培养模式

在贵州省教育厅的领导下，贵州师范大学、铜仁学院、铜仁一中联合开展教师型硕士研究生的培养模式探索．一年来，与贵州师范大学李俊阳教授、铜仁学院雷晓军教授联合培养硕士研究生刘端，通过一年的课堂教学实习指导、毕业论文指导、课题研究指导，该学生在毕业前的研究生课堂教学比赛中成绩优异．刘端同学顺利毕业并且获得硕士学位，同时自己成为硕士生导师．

三、工作室教师发展情况

工作室自 2015 年组建以来，全体成员、学员经过自己的努力与工作室的培养，教师专业化发展取得了非常显著的成效．

（1）有三位教师被评为"贵州省特级教师"，他们是铜仁市民族中学张延舟老师（原铜仁一中教师）、铜仁二中覃义超老师和印江县教育局教研室李炼老师

（原印江一中老师），覃义超老师还晋升为正高级教师．另外，全国模范教师何天娥、铜仁一中数学组组长龙昌和、思南中学教科所主任高应洪、碧江区教研室数学教研员谢华等也有实力进入特级教师行列．

（2）有一位教师被评为"贵州省乡村名师工作室主持人"，即德江县煎茶中学张羽飞老师．

（3）有三位教师被评为"铜仁市名师工作室主持人"，他们是思南中学高应洪老师、铜仁市民族中学张延舟老师（原铜仁一中教师）与铜仁二中覃义超老师．

（4）有一位教师参加全国数学教师优秀课比赛获得一等奖，即铜仁一中沈琦老师．另外，舒镜霖老师在此项比赛中获得二等奖．

（5）有八位教师参加铜仁市优质课比赛获得一等奖，即铜仁一中的周炳老师、蔡永勇老师、沈琦老师、李晓颖老师、浦仕捷老师；铜仁八中的吴承老师、龙华恩老师，铜仁市民族中学的周明老师．

（6）先后有两位教师参加贵州省学业水平考试命题工作（袁景涛、吴仕栋），有多人参加铜仁市高三年级诊断性质量检测考试命题工作与铜仁市高一、高二年级质量检测考试命题工作（袁景涛、吴仕栋、龙昌和、舒镜霖、史文照等）．先后有 50 多位教师参与讲座、上课、点评与交流发言等，这些教师的能力获得了不同程度的提升．

（7）工作室成员从最初的 5 人增加到 8 人，根据发展情况拟计划增加到12 人．工作室已有学员 83 人，已经完成学业任务且经考核合格准予结业的有 56人，三年内计划培养学员 100 人以上．

（8）铜仁市各高中的优秀教师，包括各学校的数学教研组组长，绝大多数都是我们工作室的成员或学员．通过我们的活动，不仅帮助了教师的发展与成长，而且提升了教育教学质量，让更多的黔东学生走出大山，报效祖国．由2017 年的高考成绩可知，铜仁市理科数学与文科数学的平均分与及格率等指标均居全省前三，明显高于其他学科．

四、工作室未来发展建设规划

（1）进一步加强学员跟岗研修活动，利用工作室平台打造一支高素质的数学教师团队．

（2）积极开展多种形式的相关教研活动，全面提升教师的专业化水平．

（3）进一步加强名师队伍建设，推荐教师参加正高级教师、特级教师、省级教学名师、省级骨干教师评选．

（4）积极加盟相近的研修团队，加强团队合作，实现共同发展．目前已经加盟的研修团队有铜仁市名师名校长工作站、贵州省名师名校长工作坊、贵州省中小学名师联盟、贵州省高中数学名师工作室研修团队等．

（5）参加全国高中数学教师工作室协作体（本次有 12 个工作室加入，前三次全国共有 44 个省级名师工作室加入），并在其中积极开展活动，展示贵州风采．

（6）在贵州省教育厅的领导下，贵州师范大学、铜仁学院、铜仁一中联合开展教师型硕士研究生的培养模式探索，进一步为贵州省教育硕士的培育探索一条切实可行的新途径．

总之，贵州省高中数学名师工作室是贵州省教育厅打造的一个高端的高中数学教师发展平台．我们要牢记嘱托，感恩奋进，不忘初心，不负使命，共同为培养一支高素质的教师队伍而努力．

贵州省高中数学名师工作室主持人

贵州省铜仁第一中学